Aprendiendo de las crisis anteriores para invertir con éxito en el futuro

Aprendiendo de las crisis anteriores para invertir con éxito en el futuro

PABLO GIL

EDICIONES DEUSTO

© Centro de Libros PAPF, SLU., 2023
Deusto es un sello editorial de Centro de Libros PAPF, SLU.
Av. Diagonal, 662-664
08034 Barcelona
www.planetadelibros.com

Primera edición: mayo de 2023
Segunda edición: mayo de 2023
Depósito legal: B. 6.602-2023
ISBN: 978-84-234-3568-5
Preimpresión: David Pablo
Impreso por Romanyà Valls, S. A.

Impreso en España - *Printed in Spain*

El papel utilizado para la impresión de este libro está calificado como **papel ecológico** y procede de bosques gestionados de manera **sostenible**.

Sumario

Introducción

En 1988, con tan sólo veinte años, pisé por primera vez la sala de tesorería de Banco Santander, y ahí se sembró la semilla que más tarde permitió mi desarrollo como inversor durante las siguientes cuatro décadas. Cuando tuve la oportunidad de entrar en el banco para hacer prácticas era uno más de los miles y miles de estudiantes de Económicas o Ciencias Empresariales que había en España. Mis conocimientos sobre los mercados financieros se limitaban a la existencia de la bolsa, y para ser sinceros, salvo que los índices de renta variable estaban formados por acciones de distintas compañías, no sabía mucho más. En mis primeros pasos por la tesorería comencé a oír hablar de los mercados monetarios, los de divisas, los de renta fija, y unos años más tarde, del nacimiento y expansión de los derivados financieros a través del mercado de futuros. Durante mis primeros años trabajando en Banco Santander mis conocimientos sobre la bolsa apenas avanzaron, pero sin saberlo estaba aprendiendo algo que definiría mi forma de entender los mercados financieros durante el resto de mi carrera. Cuando algún joven me pregunta hoy qué le recomendaría hacer si se quiere dedicar a gestionar profesionalmente una cartera de inversiones, tiendo a echar la vista atrás y recorrer mi carrera profesional en busca de la respuesta adecuada. Y entonces descubro que lo que más valor me ha aportado a mí ha sido tener la oportunidad de ver el mercado desde una perspectiva de trescientos sesenta grados.

La mayoría de los inversores que he conocido a lo largo de mi vida han tendido a especializarse tan pronto como podían en una familia de activos concretos, o en el uso de metodologías de inversión particular. Por el contrario, yo pertenezco a esa camada de gestores que ha crecido acumulando experiencias de lo más variadas, saltando de un área de mercado a otra hasta entender que la metodología que quería utilizar en mi toma de decisiones debía ser capaz de aglutinar la interrelación existente entre el análisis macro, técnico y fundamental, y hacerlo desde una perspectiva lo más global posible. Es probable que alguno esté pensando en el dicho «el que mucho abarca poco aprieta», pero a mí me gusta verlo desde otra perspectiva: «Si te especializas mucho en un tipo de árbol, en sus frutos, en cualquier enfermedad que puedas detectar en sus ramas o en el color de sus hojas..., dejarás de tener la perspectiva global que ofrece el bosque en su conjunto».

No se trata de defender una metodología de análisis frente al resto, existen muchas maneras distintas de enfocar la búsqueda de oportunidades de inversión en el mercado, y todas pueden ser válidas. En esta industria a veces da la sensación de que estás obligado a tomar partido por una tipología de análisis frente a las demás: o eres un inversor *value* o eres un inversor *growth*, o eres *trader* cortoplacista o inversor de largo plazo, o eres analista fundamental o lo eres técnico, o tomas decisiones sobre la base de modelos cuantitativos o lo haces desde una perspectiva subjetiva y discrecional. Una de las cosas que más me tentó a la hora de escribir este libro fue la de poder desmontar el mito de que hay que decantarse por un estilo concreto. En mi opinión, por mucho que en la industria se tienda a clasificar al gestor en una tipología concreta, se puede y se deben combinar muchas técnicas de análisis, porque son complementarias y no sustitutivas. Como es lógico, todos tendemos a inclinarnos por un estilo de análisis con el que nos identificamos más, bien porque lo hemos puesto en práctica con más frecuencia, o porque nos sentimos más cómodos con sus resultados, y en ocasiones porque la persona que nos lo enseñó era un gran divulgador y nos enamoró su forma de hacer las cosas. En mis decisiones de inversión, yo siempre he tenido dos enfoques que han prevalecido sobre el resto: el análisis técnico y el análisis macro. Dentro del análisis técnico lo he probado casi todo, desde el desarrollo de modelos cuantitativos o «cajas negras» alimentados con todo tipo de indicadores existentes y sus variaciones hasta la implementación de decisiones discrecionales en distintos espacios temporales. He diseñado sistemas direccionales, así como modelos de reversión a la media y también algunos basados en señales de volatilidad. Los he aplicado a divisas, bonos, acciones, índices, materias primas, tanto en términos absolutos como en términos relativos para detectar cambios en la pendiente de la curva entre distintos bonos, así como en la búsqueda de ajustes de reversión entre pares de acciones o índices bursátiles. A nivel macro, con el tiempo mi visión de los mercados también ha evolucionado mucho, algo imprescindible teniendo en cuenta el papel cada vez más preponderante de la política monetaria de los bancos centrales y la política fiscal de los gobiernos a la hora de explicar cómo se comportan los distintos activos financieros.

Pero tal vez la parte más atractiva del modo en que enfoco mi análisis macro está íntimamente relacionada con el efecto que tiene la evolución de las economías en relación con el sentimiento de los inversores. Desde un punto de vista psicológico, ese tándem entre realidad y expectativas me parece apasionante y determinante en la toma de decisiones de inversión, en especial cuando hablamos de posicionamiento a largo plazo. Pero como estaba comentando antes, para mí la clave está en comprender que los mercados financieros están tremendamente interrelacionados entre sí. Por lo tanto, lo que pasa con el tipo de cambio o divisas tiene su reflejo en la renta fija y el crédito, que a su vez afectan al mercado de renta variable, y todo ello ayuda a explicar lo que ocurre en el mercado inmobiliario o en el mercado de materias primas. A su vez, todos ellos están íntimamente relacionados con la evolución económica mundial, porque lo que ocurre en un país traspasa su frontera por el efecto de la globalización. A eso hay que sumarle las actuaciones de la política monetaria y fiscal, que durante las últimas décadas han ganado en importancia y que se aplican cada vez de forma más coordinada entre economías muy distintas entre sí. Una vez que eres consciente de la correlación existente es fácil entender las ventajas que tiene analizar el mercado desde una perspectiva de trescientos sesenta grados.

Otro motivo que me ha llevado a buscar una metodología de análisis tan global es que durante mi carrera he visto que en la mayoría de los casos el desencadenante de un cambio de tendencia en un activo concreto no nace de algo que ocurre en dicho activo, sino en el otro hemisferio del mercado. Durante las últimas décadas, la mayoría de las crisis que se han vivido en bolsa no han tenido como detonante un catalizador bursátil. Es cierto que antes de la crisis tienen que haberse dado ciertas condiciones: sobrevaloración, alto nivel de participación del inversor minorista, condiciones monetarias restrictivas, etcétera. Pero con frecuencia los primeros síntomas se han podido identificar con antelación en el mercado de crédito, o en el inmobiliario, en el de divisas o en el de deuda. De la misma forma que lo que enciende la chispa del desastre a veces no se aprecia a primera vista, tampoco es fácil identificar el final de los procesos bajistas, que representan las mejores oportunidades de inversión a largo plazo, y aún menos si uno sólo presta atención a un activo en concreto.

Por otro lado, a lo largo de mi carrera he tenido la suerte de aprender de grandes profesionales, y cada uno tenía sus valores y métodos concretos. Algo que he aprendido es que no tiene sentido perder el tiempo juzgando si una metodología es mejor o peor que otra, porque más allá del método escogido, lo que en realidad importa y a la larga marca la diferencia entre quien tiene éxito y quien fracasa es algo que ocurre en la cabeza de cada uno de ellos. La persona importa, y con frecuencia la clave del éxito responde a la forma en que se interpretan los datos y se extraen las conclusiones que nos llevan a abrir una estrategia concreta de inversión. Pero incluso más importante que todo lo anterior es la gestión monetaria que hacemos con dichas estrategias; es decir, cómo definimos correctamente el tamaño de las posiciones, cómo diversificamos nuestras estrategias dentro de la cartera global, cómo fijamos los objetivos de beneficio y cómo acotamos el riesgo potencial de pérdida si las cosas no salen como uno tiene previsto. Porque, seamos francos, el éxito de un gestor no estriba sólo en su ratio de acierto, como cree la mayoría de la gente, sino más bien en su capacidad de optimizar sus ganancias cuando acierta y minimizar sus pérdidas cuando falla.

Cuando me planteé por primera vez escribir este libro tenía muchas ideas en la cabeza. Desde enfocarlo al uso del análisis técnico en la selección del *timing* de las estrategias hasta intentar desvelar cómo interpretaba la información macroeconómica a la hora de desentrañar en qué punto del ciclo económico nos encontramos en cada momento. Por otro lado, pensé que sería imperdonable no hablar de lo importante que es la psicología colectiva del inversor en el mercado, ya que sustenta la inercia de cualquier burbuja y alimenta los miedos durante las peores crisis. También sentí la tentación de explicar la realidad de cómo había sido mi experiencia gestionando un fondo de quinientos millones de dólares junto a mi socio, que basaba sus decisiones exclusivamente en análisis fundamental mientras yo centraba mis decisiones en análisis técnico y cuantitativo. Y todo ello en uno de los períodos más convulsos de las últimas décadas, en el que, en un corto intervalo, entre el año 2000 y 2013, se aglutinaron varios «cisnes negros», como el pinchazo de la burbuja puntocom en 2001 y 2002, el pinchazo de la burbuja inmobiliaria y la crisis financiera en 2008 y, por último, la crisis periférica que afectó al sur de Europa entre 2010 y 2012 tras el *default* de Grecia. Pero a medida que iba escribiendo, las distintas opciones que tenía sobre un papel en blanco en busca de la decisión final fueron definiendo de forma clara cuál debía ser el contenido de este libro. ¿Por qué tenía que seleccionar sólo un tema cuando podía intentar tratarlos todos de forma simultánea? ¿Acaso no estoy defendiendo la importancia de la interrelación existente entre distintos ámbitos de análisis en el mercado?

Este libro es un repaso a mi vida como gestor, desde mis primeros pasos, cuando la ilusión representaba el 99 por ciento de mi motivación y mi conocimiento sobre la materia el 1 por ciento restante, hasta el momento actual, en el que es probable que lo que más me llena es poder transmitir lo que he aprendido a lo largo de casi cuarenta años de dedicación al análisis y a la gestión en los mercados financieros. Si consigo mi objetivo, haré de este libro una guía al alcance de cualquier interesado en cómo tomar decisiones de inversión en su vida, con independencia del nivel de conocimientos que tenga. Pero además quiero que sea un libro entretenido, que muestre mi evolución personal y profesional desde mis inicios, cuando primaba la carencia absoluta de conocimientos, pero combinada con una actitud insaciable por aprender, hasta llegar a mi situación actual, en la que sigo estudiando cada día para mejorar y ampliar esa sabiduría que he adquirido gracias a mis experiencias de las últimas cuatro décadas, y a mi continuo esfuerzo por ganarme el reconocimiento a mi labor como buen gestor y divulgador en los mercados financieros.

En este libro encontrarás dos partes muy diferenciadas. En la primera intento mostrar de una forma sencilla qué representa un gráfico para mí, cómo lo leo, qué información me aporta y cómo se puede aprender a interpretar para desvelar el sentimiento de mercado de los inversores del mismo modo que cualquier termómetro te ayuda a conocer la temperatura. Ése fue el motivo que me llevó a explayarme en algo tan sencillo e importante en la primera parte del libro. Quería compartir con mis lectores unas herramientas básicas para que pudiesen seguir mis razonamientos desde una perspectiva ligada a la psicología de los inversores. Nunca debemos olvidar que el precio de cualquier activo se encuentra siempre afectado por factores macroeconómicos y fundamentales, pero por encima de ellos hay una variable que llega a importar más que cualquier otra, y es la expectativa que tienen los inversores sobre lo que ocurrirá en el futuro en el mercado. Esas expectativas están determinadas por factores psicológicos que en la mayoría de las ocasiones se retroalimentan y dan lugar a las oportunidades de inversión más importantes a largo plazo, y suelen concluir creando grandes «burbujas alcistas» o «crisis de pánico» cuando al final explotan.

Tanto el análisis macro como el fundamental nos permiten detectar excesos al alza y a la baja en la valoración de cualquier activo, tanto si se trata de la bolsa como de los bonos o las materias primas. Pero cualquier inversor es consciente de que el hecho de que algo esté caro no implica que su precio vaya a bajar, del mismo modo que el que algo esté barato no significa que su precio vaya a subir. Para que ocurra ese cambio de dirección, antes tiene que producirse un cambio sustancial en las expectativas; es decir, en la psicología de los inversores. Y para poder medir ese cambio de sentimiento, esto es, para ser conscientes de la metamorfosis que se produce en la mentalidad de los inversores, una de las herramientas más eficaces que conozco es el análisis técnico, o lo que se conoce también como *chartismo*. Por ese motivo te invito a leer el capítulo en el que explico cómo interpretar un gráfico de precios, y lo que considero aún más importante, cómo llegar a interpretar a través del gráfico de precios el cambio de sentimientos en el mercado, que a la postre genera la sustitución de expectativas positivas por unas negativas, y viceversa. Aunque algunos de los lectores conozcan las bases de este análisis, espero que te sientas tentado de comparar cómo utilizan esa herramienta del modo en que lo hago yo.

La segunda parte de este libro es un recorrido personal por cada una de las grandes crisis financieras que he tenido que gestionar a lo largo de mi vida profesional. Intentaré mostrar el clima previo a cada crisis desde el punto de vista macroeconómico, técnico y de sentimientos, y cómo iba evolucionando ese proceso en los tres planos simultáneamente. Pero como a toda costa quería evitar que este libro se convirtiese en un compendio académico o manual de análisis, he decidido aportar a esos momentos críticos mis sensaciones en primera persona; es decir, tal como los viví, qué sentimientos ocupaban mi mente y la de aquellos con los que hablaba durante esas circunstancias, y qué opinión imperaba en los mercados a medida que se desarrollaban los distintos acontecimientos. Las anécdotas que desvelo en este texto harán más comprensibles mis análisis, pero sobre todo espero que hagan la lectura más entretenida y en ocasiones incluso divertida. También tengo la intención de plasmar mi evolución como gestor, que debería verse reflejada en la forma en que abordaba cada situación pasada, al principio con escasos conocimientos y luego, tal vez, con exceso de precaución, ya que la forma de tratar cualquier problema suele estar relacionada con la experiencia acumulada durante tu vida. Tras recorrer los distintos acontecimientos históricos que describo en el libro, quedará claro lo difícil que resulta encontrar el momento exacto en el que las cosas pasan de ir bien a ir mal, y viceversa. Por otro lado, también se podrá entender cómo se prepara la antesala para que dichos cambios se produzcan. Aprender a detectar los factores comunes que suelen estar presentes en cada una de esas antesalas nos dará una herramienta muy valiosa para poder maximizar la gestión monetaria de nuestras inversiones. Es decir, nos servirá para determinar cuándo debemos aumentar o reducir el nivel de riesgo con el que queremos estar expuestos al mercado y, por lo tanto, nos ayudará a preservar, si no todo, al menos una parte importante de nuestro capital durante las grandes crisis, de forma que podamos aprovechar para invertirlo cuando se presenten las mejores oportunidades de compra en el largo plazo.

Antes de concluir esta introducción querría dedicar un último párrafo a todos aquellos que desde hace años me seguís en redes sociales. Como me habéis oído repetir en muchas ocasiones, mi intención inicial era haber publicado este libro hace mucho, pero se ha ido dilatando en el tiempo siempre por alguna buena razón. Creedme si os digo que mi mujer lleva diciéndome que escriba este libro desde antes de que la mayoría de vosotros me conocieseis siquiera, y aunque nunca encontraba el momento y el tiempo necesario para terminarlo, desde que escribí la primera línea ya han transcurrido años. Cuando Roger, de la editorial Deusto (Grupo Planeta), se puso en contacto conmigo para proponerme una colaboración editorial, pensé que era la ocasión perfecta para poner una fecha límite a un sueño en el que llevo involucrado demasiado tiempo ya. Ojalá el resultado sea del agrado del lector y consiga despertar en él la misma ilusión que yo siento por la economía y los mercados financieros, y pueda aportar mi granito de arena para mejorar las decisiones de inversión que tomen a lo largo de su vida.

1

Conceptos necesarios para entender la psicología del inversor

Tal como explicaba en la introducción, uno de los aspectos más apasionantes en el proceso de invertir es el control del sentimiento propio y entender el sentimiento de mercado en cada fase. El factor psicológico que afecta al proceso de invertir es crucial para determinar el riesgo existente en el mercado. Imaginemos por un momento que vemos un cuadro en un salón, y nuestra primera impresión es... «qué feo». En el momento en que emitimos un juicio de valor sobre el objeto que estamos observando, da la sensación de que hemos llevado a cabo una valoración definitiva de nuestra apreciación del objeto en cuestión. Unos días más tarde nos invitan a una fiesta que se celebra en el mismo salón donde está expuesto el cuadro, y al llegar allí la iluminación ha cambiado por completo, lo que incide en la percepción que teníamos del cuadro al principio. De repente ya no nos parece «feo», simplemente nos deja indiferentes. Al cabo de tres horas en la fiesta y con unas copas de alcohol en el cuerpo, el ambiente se vuelve mucho más relajado, la música cambia, la gente está más desinhibida y alguien comenta: «Mira qué cuadro más curioso». Los que están al lado también admiran la obra con distintos comentarios positivos: «Tiene unos colores increíbles...»; «A mí me gusta porque no se parece a los típicos cuadros...»; «Qué bien le queda al salón...». Tras un breve período, nuestra percepción del cuadro comienza a cambiar. De repente ya no es tan feo o indiferente, sino que incluso nos parece que está bien. El cuadro es el mismo desde el principio, pero el entorno, la luz, el ambiente, alguna copita de alcohol y la opinión de los demás ha influido y han cambiado nuestra opinión. En el mercado esto ocurre continuamente, y una misma realidad es percibida de forma completamente distinta en función de cada momento.

Pensemos un instante en un hecho que se repite una y otra vez, y que a mí personalmente me parece fascinante. Cuando pregunto si comprarías en la bolsa si su cotización cayese un 50 por ciento en el mercado, casi siempre la respuesta es: «Por supuesto, vaya chollo». En las últimas cuatro décadas he asistido a varias de estas correcciones, y siempre que ocurren descubro que la gran mayoría de los que no dudaban en identificar el suceso como un «chollo» no aprovecharon para comprar. El motivo por el que no se animaron a invertir en esos momentos es variado, pero se puede resumir en un cambio profundo de sentimiento; es decir, cuando la bolsa se desploma, la forma de ver la situación cambia tanto como cuando mirábamos el cuadro del salón antes y durante la fiesta.

Si la bolsa baja un 50 por ciento, quiere decir que el entorno ha cambiado de manera drástica a peor. Es probable que haya un alto riesgo de que la economía haya entrado o vaya a entrar en recesión, los resultados empresariales están cayendo, la tasa de desempleo está subiendo, los desequilibrios financieros son más que evidentes y existe un alto riesgo de quiebra de algunas compañías o incluso de sectores enteros. Ese entorno es el que justifica que la bolsa pueda registrar una caída tan fuerte, y a su vez es lo que nos impacta para cambiar nuestros sentimientos respecto al objeto que estamos valorando. El inversor tiende a emitir un juicio de valor sobre un escenario futuro bajo unas hipótesis presentes y no es consciente de que para que el resultado de la ecuación varíe tanto, las variables que la definen también tienen que cambiar profundamente. Por lo tanto, no tiene ningún sentido pensar que compraríamos con un 50 por ciento de caída en la bolsa, pero manteniendo todo lo demás sin cambios. En ese supuesto, te lo puedo asegurar, la bolsa no va a bajar un 50 por ciento.

De forma similar, si preguntas quiénes comprarían una acción que cotiza a múltiplos de valoración extraordinariamente altos y muy alejados de la media del resto del mercado, casi todos responderían que ellos no, que casi habría que hacer lo contrario, venderla. Pero cuando observas la realidad del comportamiento de los inversores, de nuevo descubres que te sorprenden, y no sólo no venden cuando deberían hacerlo, sino que compran más. Una vez más, el entorno nos hace cambiar de opinión, y lo que bajo unos parámetros de análisis nos parecía obvio, ahora no resulta tan evidente. Cuando la acción alcanza semejante valoración suele estar acompañada de un optimismo extremo en torno a la situación económica, al igual que en los resultados de la compañía y, por supuesto, todos los demás inversores de nuestro entorno no hacen más que repetir que tal como ha ido ocurriendo hasta ahora la cotización seguirá subiendo durante las siguientes semanas o incluso meses. Hay una expectativa tan positiva en torno a la acción que vender casi parece un sacrilegio.

Una vez aceptada la idea de que nuestra percepción sobre una inversión depende de las gafas con las que se mire y que dichas gafas son el sentimiento que impera en cada momento en el mercado, la pregunta crucial es: ¿cómo puedo medir ese sentimiento o más en concreto cómo puedo interpretar el factor psicológico que tanto influye en las decisiones de los inversores?

Hay muchas estadísticas basadas en encuestas que tratan de medir el grado de optimismo o pesimismo reinante en el mercado. También hay métricas sobre el posicionamiento de compra y venta que nos pueden dar una idea indirecta de cuál es el sentimiento generalizado en el mercado. A veces acudimos a índices de volatilidad para descubrir el grado de nerviosismo existente y de ahí inferimos la percepción en términos de sentimiento. Pero por encima de cualquier otro indicador, la propia cotización de un activo —es decir, cuánto pagan por él en el mercado los demás inversores— es la herramienta más objetiva que se puede observar a la hora de determinar el sentimiento agregado existente en cada momento. Por ese motivo considero necesario explicar, aunque para algunos pueda parecer un tema demasiado básico, qué muestra la evolución del precio de cualquier bolsa, acción, divisa, materia prima, bono o criptomoneda. Tanto a los escépticos en lo referente al análisis gráfico como a los que creen que es un tema que ya dominan, les pediré que intenten leer el siguiente apartado de forma abierta, sin prejuicios, y que se olviden de lo que creen que ya saben, porque lo que pretendo es que, al finalizar mi exposición, puedan entender cómo uso los gráficos y qué tipo de información proceso cuando los veo. Así que empecemos por el principio.

¿Qué es un gráfico de cotizaciones de un activo?

Todos los activos que cotizan en el mercado se intercambian de manos a diario entre compradores y vendedores. Los gráficos nos ofrecen la historia de las transacciones que se producen entre dichos compradores y vendedores. Antiguamente, la información disponible era escasa, y solíamos recurrir a los gráficos de líneas o puntos; es decir, la información se limitaba a un único precio de compra/venta al día, y solía corresponder a la última transacción realizada en el mercado, o lo que llamamos dato de cierre o *close*.

Antes de que proliferasen los ordenadores y el uso de internet, usábamos métodos arcaicos como dibujar la evolución del precio en papel milimetrado. Durante los últimos cuarenta años, el mundo ha cambiado tanto que para aquellos que no vivieron la década de 1980 resultaría muy difícil entender que uno de los bienes más preciados por entonces era la información. Hoy tenemos sobreinformación, buscas cualquier cosa en internet y te pasas más tiempo eliminando lo que no quieres leer que leyendo lo que en realidad te interesa. A finales de la década de 1980 conocí a una persona que con el tiempo acabaría por convertirse en mi primer mentor, aunque yo aún no lo sabía. Se trataba de uno de los pocos analistas técnicos y cuantitativos que había en España por aquel entonces, y había adquirido sus conocimientos en Estados Unidos, donde la industria financiera estaba mucho más desarrollada que aquí, y llevaban ya muchos años indagando en lo que hoy se conoce como análisis técnico. En aquella época, yo

Gráfico 1.1. Gráfico diario de líneas de la cotización del euro frente al dólar

Fuente: TradingView.

no sabía nada de nada, y me dejó sin palabras ver a esta persona con una calculadora Casio de última generación, con una pantalla digital enorme y con teclado *qwerty* introducir los precios de forma manual para con posterioridad generar el gráfico de la evolución de la cotización en la pantalla de la propia calculadora. Alguno se estará preguntando por qué no lo hacía en el PC, y la respuesta es sencilla, porque no había. Los ordenadores personales no fueron una realidad en España hasta muchos años más tarde, y para cuando llegaron se basaban en un sistema operativo MSDos y no un entorno amigable como Windows, que se gestiona principalmente mediante el uso de un ratón. Hablamos de una época en la que los primeros ordenadores no tenían disco duro, la velocidad de procesamiento era extraordinariamente lenta, contaban con pantallas monocromo de baja resolución, y encontrar programas de software y datos para alimentarlos resultaba caro y en ocasiones imposible, aunque uno pudiese pagarlo. Todo esto fue cambiando durante la siguiente década y muy en especial con la llegada de internet.

Con la llegada de internet todo cambió de forma radical y con una curva de utilidad exponencial. Al principio se accedía a la red a buscar contenido, ya que el usuario no podía volcar contenido propio tal como se hace hoy día. Había portales que ofrecían noticias y en algunos casos datos para que el usuario los consumiese. Se trataba de Web 1.0, en la que el intercambio era casi unidireccional, del proveedor del servicio o información hacia su consumidor. Más adelante surgiría Web 2.0, en la que el usuario dejaría de ser un mero consumidor para ser proveedor de contenido, principalmente a través de las aplicaciones que estaban ligadas a las redes sociales, donde intercambiamos fotos, vídeos, texto, etcétera. A medida que la información se hizo más accesible y menos cara para el usuario final, comenzó a desarrollarse la industria en todos sus frentes: más y mejores programas de software y bases de datos más completas. A raíz de aquello también mejoró la forma en que se mostraba la evolución de las cotizaciones de cualquier activo, al principio fueron habituales técnicas como el punto y figura, o el gráfico de barras o de velas japonesas conocidas como *candlestick*, y más adelante otras como equivolumen, Heikin Ashi, Market Profile, etcétera.

Como la totalidad de los gráficos que mostraré a lo largo del libro estarán basados en gráficos de barras o de velas *(candlestick)*, permíteme que te explique con rapidez cómo leer la información que contiene este tipo de técnica.

Lo primero que hay que entender es que un gráfico muestra la evolución de todas las transacciones que se realizan a lo largo de un período determinado. El eje horizontal muestra el tiempo; es decir, el inicio y el final del lapso de estudio que estamos realizando. El eje vertical muestra el precio; esto es, el margen de fluctuación en el que se ha movido dicho precio. Cada barra o vela aglutina información referente a un período determinado. Ese período varía en función del espacio temporal que escojamos: un minuto, cinco minutos, quince minutos, una hora, un día, una semana, un mes, etcétera. Si escogemos un gráfico diario significa que cada vela nos mostrará qué ha ocurrido durante la sesión completa de cada día. Pero si escogemos un espacio temporal menor, como por ejemplo un gráfico de una hora, cada barra o cada vela nos mostrará datos de lo que ha ocurrido en el intervalo de cada hora. Independientemente del espacio temporal que escojamos, tanto las barras como las velas incluirán información como la apertura, el máximo o alto, el mínimo o bajo y el cierre de cada uno de dichos períodos.

Supongamos que hemos seleccionado ver un gráfico de la evolución diaria del precio de un activo. En ese caso, cada barra o vela nos estaría dando información de lo que ha ocurrido durante cada sesión diaria. En el caso de los gráficos de barras, la línea horizontal que se dibuja a la izquierda de la barra muestra el precio de apertura; es decir, la primera transacción que se realiza en el período escogido. La línea horizontal que se dibuja a la derecha de la barra muestra la última transacción que ha tenido lugar en el período escogido. La punta inferior de la barra muestra el precio más bajo al que se ha realizado una transacción en ese período y la punta superior de la barra muestra el precio más alto al que se ha realizado una transacción en ese mismo período.

Gráfico 1.2. Cotización del euro frente al dólar en un espacio temporal diario. A la izquierda mostrado con barras y a la derecha con velas

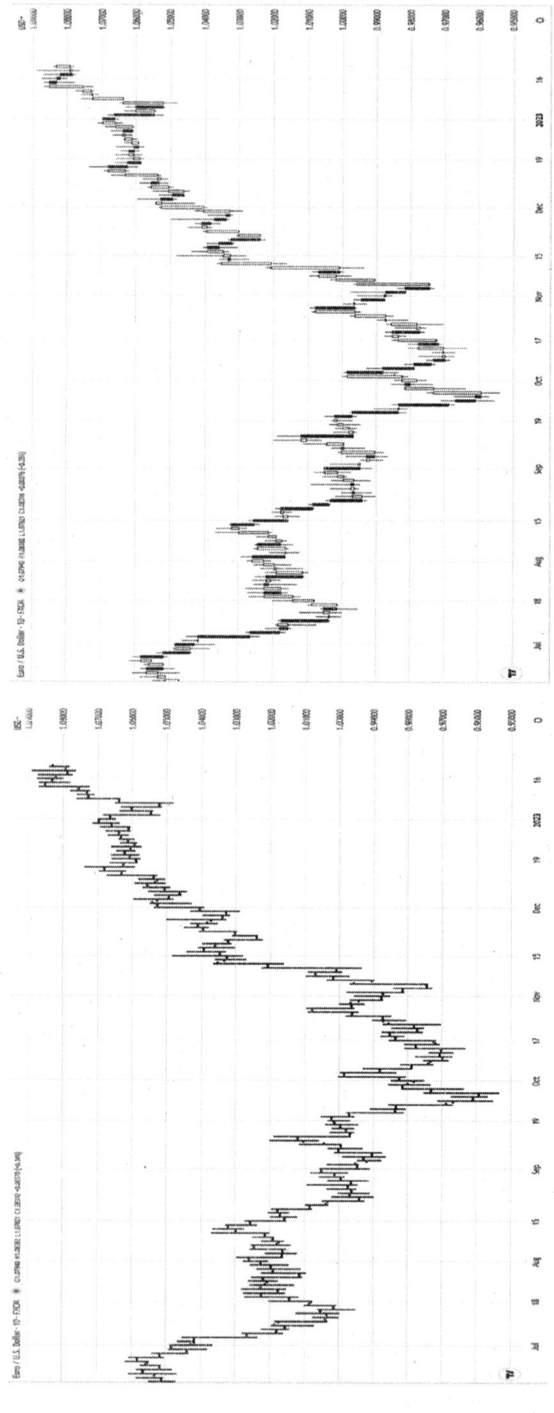

Fuente: TradingView.

Figura 1.1

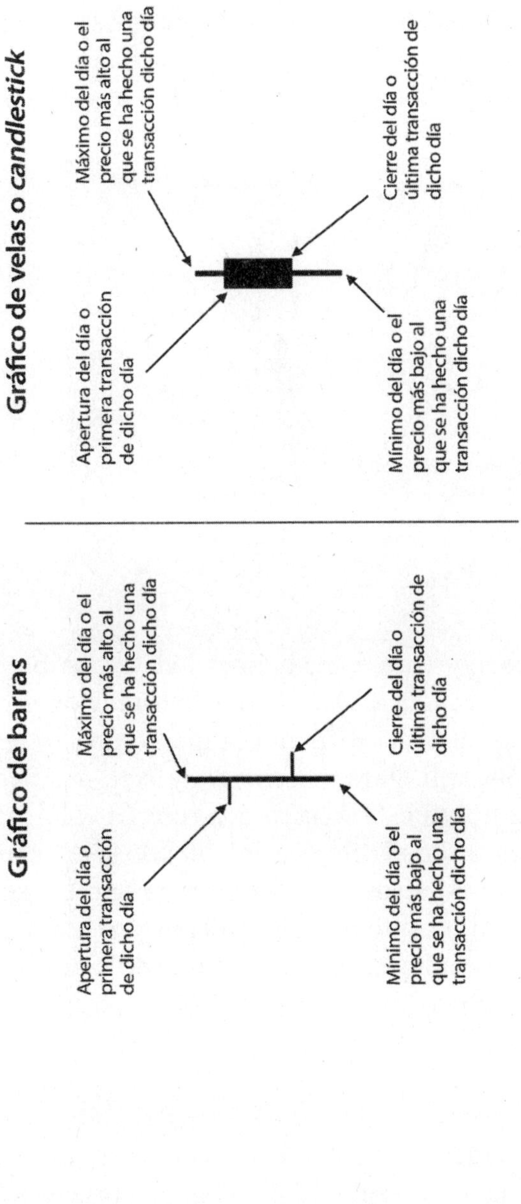

Fuente: Elaboración propia.

Cuando nos vamos a las velas, descubrimos que la información que contienen es idéntica, pero se muestra de una manera que ofrece una visión más clara y rápida al ojo del analista. En este caso se dibuja un rectángulo entre el precio de apertura y el precio de cierre al que denominamos «cuerpo». A las transacciones que quedan registradas por encima del cuerpo lo denominamos «sombra o mecha superior», y las transacciones que se realizan por debajo del cuerpo las denominamos «sombra o mecha inferior».

Figura 1.2

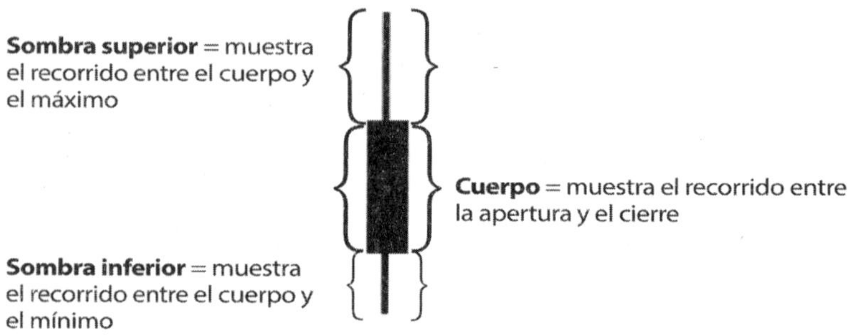

Fuente: Elaboración propia.

Cuando la apertura está abajo y el cierre arriba, se dice que estamos ante una vela alcista, ya que la evolución durante el período estudiado ha sido de menos a más y, por lo tanto, se trata de una vela positiva. Para mostrar ese efecto positivo, el cuerpo de estas velas no suele rellenarse con ningún color, si se hace, lo habitual es optar por el color verde. Cuando la apertura está arriba y el cierre abajo, se dice que estamos ante una vela bajista, ya que la evolución ha sido de más a menos y, por consiguiente, se interpreta como una vela negativa. Para mostrar ese significado, a menudo el cuerpo de estas velas se rellena de color negro o rojo.

Entre los analistas, las velas o *candlesticks* han ido ganando usuarios porque ofrecen una información visual muy fácil de interpretar, pero se trata de una técnica de análisis milenaria, ya que los historiadores datan su origen en el siglo XVII en Japón, y sus primeros usos aplicados al mercado del precio del arroz.

Figura 1.3

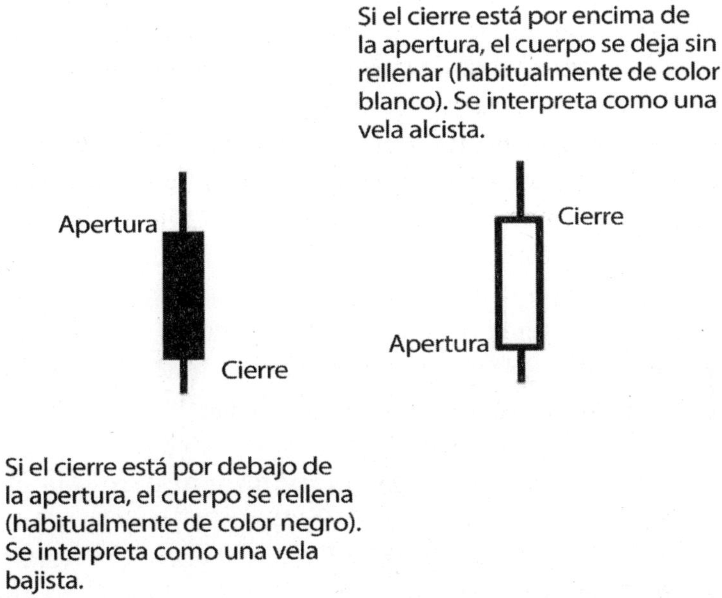

Fuente: Elaboración propia.

Una vez comprendida la forma en que los gráficos representan la evolución del precio y de las transacciones que se van realizando a lo largo del tiempo, y en que se aglutina esa información en períodos concretos (diario, 1 hora, 5 minutos, etcétera), podemos centrarnos en lo más interesante: ¿por qué un gráfico es como un termómetro del sentimiento de los inversores?

Empecemos por lo más sencillo. Por cada comprador siempre hay en el mercado un vendedor, y viceversa. Para que uno pueda comprar, otro tiene que vender. Es así de sencillo, aunque parece que a mucha gente se le olvida que para que haya una transacción se necesitan dos partes. Entonces, ¿por qué el precio sube o baja? Porque en cada momento el interés por comprar o vender no es el mismo, varía según las noticias, el entorno, nuestros sentimientos, los datos, etcétera.

Cuando observamos un gráfico en el que el precio lleva un tiempo subiendo, quiere decir que los compradores están persiguiendo el precio, sienten más convicción de que el precio va a seguir subiendo que los vendedores en que el precio va a bajar. Cuando los compradores están con ese sentimiento, no les importa pagar precios cada vez más altos por adquirir un bien que antes podían comprar a un precio más bajo. Por el contrario, los vendedores, que ven que a pesar de que ponen un precio cada vez más alto por sus bienes al final consiguen venderlos, siguen subiendo una y otra vez el precio de venta. Los compradores muestran más convicción y están dispuestos a pagar más por lo mismo, mientras que los vendedores tienen la sensación de que lo que venden es cada vez más valioso y por eso sólo están dispuestos a ponerlo en venta a un precio cada vez más elevado. Ésta es la esencia de una tendencia alcista, en la que el precio al que se intercambia un bien, que puede ser una acción, un índice de bolsa, una materia prima, un bono o una criptomoneda, es cada vez más elevado.

Por el contrario, cuando observamos un gráfico en el que el precio lleva un tiempo bajando, significa que son los vendedores los que están liderando el proceso. Cuando los vendedores están con ese sentimiento, no les importa ofrecer lo que venden a un precio cada vez menor ante la aparente ausencia de interés comprador. En ese entorno, los compradores, que ven que a pesar de mostrar interés por comprar a un precio cada vez más bajo, consiguen al final comprarlo, siguen bajando una y otra vez el precio de futuras compras. En ese contexto, los vendedores ven el riesgo de que el precio pueda seguir cayendo porque da la sensación de que los compradores ya no tienen prisa en comprar. De los dos grupos, los vendedores son los que ahora parecen estar más nerviosos, tienen más prisa por cerrar la transacción y están dispuestos a sacrificar el precio con tal de liberarse de lo que quieren vender. Ésta es la esencia de una tendencia bajista, en la que el precio al que se intercambia un bien, que puede ser una acción, un índice de bolsa, una materia prima, un bono o una criptomoneda, es cada vez más bajo.

Teniendo en cuenta que en un gráfico se aglutinan todas y cada una de las transacciones que se realizan en el mundo sobre cualquier activo en un tiempo determinado, podemos concluir que las tendencias al alza, a la baja, o los movimientos laterales que se observan en el gráfico determinan cómo piensan los inversores a escala global. Y esto es muy importante porque en nuestra aventura de interpretar los gráficos vamos a convertirnos en psicólogos de masas, y con el tiempo aprenderemos a diseñar parte de nuestras estrategias sobre la base de esos cambios en el sentimiento de los jugadores del mercado.

El gráfico como termómetro de la psicología del inversor

El gráfico es la última expresión del sentimiento del mercado, porque refleja la realidad de cada transacción que se produce en él. Cada orden de compra y venta ejecutada queda reflejada en la evolución de la cotización. Las pautas que detectamos en un gráfico se repiten en el tiempo con independencia del tipo de activo o espacio temporal que represente, porque hay un factor común presente en todos ellos, el inversor, el ser humano que toma la decisión final de dónde comprar y dónde vender. Incluso cuando hablamos de sistemas automáticos de *trading*, que generan órdenes de compra y venta sobre la base de algoritmos, los programadores de dichos sistemas no dejan de ser seres humanos que transmiten sus conocimientos para que el ordenador o programa de *trading* lance las órdenes basadas muchas veces en la interpretación que hacemos nosotros mismos de los datos que se publican.

Cuando miramos un gráfico, debemos pensar en términos de sentimientos. Una cotización que sube muy rápido refleja ansia o confianza en exceso por parte de la mayoría de los compradores, mientras que un gráfico que muestra pronunciadas cotizaciones a la baja es reflejo de dudas, miedos o desconfianza por parte de los vendedores. No olvidemos que todo inversor juega en los dos equipos, el de los compradores y en el de los vendedores, y que lo que determina que en un momento dado esté del lado de unos o de otros está estrechamente ligado con el sentimiento y el nivel de precios al que se están realizando las transacciones. Por consiguiente, las tendencias provocadas por los movimientos derivados de la acción de los inversores responden a la interpretación que hacen en cada momento de la información que hay disponible en el mercado. Y ya vimos que esa interpretación no descansa en un proceso objetivo, sino que más bien está sujeta a la percepción particular que nos genera nuestro entorno, tal como ocurría con el «cuadro en el salón», que pasaba de ser feo a ser interesante sin que en realidad hubiese habido ningún cambio en el lienzo. Por ese motivo, los sentimientos tienen un papel tan importante en la generación de patrones y extensión de las tendencias en los precios. Pero también nos ayudan a entender los cambios en los regímenes de volatilidad, o a cuantificar de forma aproximada el riesgo latente en el mercado en momentos que a la larga pueden ser cruciales para el inversor.

A medida que se desarrollan las tendencias, podemos observar cómo va cambiando el peso de los argumentos. En los extremos, el sentimiento lo es todo, ya que bajo ningún pretexto el fundamento puede justificar lo que estamos haciendo. Cuando compramos en los máximos cerca de los techos de las burbujas, sólo nos estamos dejando llevar por la expectativa de que la inercia que nos ha traído hasta aquí perdure, por poco sentido que pueda tener desde una perspectiva de análisis. Son fases de euforia compradora que se retroalimentan porque los precios no dejan de subir. Cuando vendemos en los mínimos cerca de los suelos de las peores crisis financieras, nos estamos dejando llevar por la desesperación que supone ver que nuestros ahorros o patrimonio invertidos valen cada vez menos. Las pérdidas nos impulsan a querer liquidar nuestras posiciones con independencia de si tiene sentido vender a unos precios tan bajos.

En conclusión, podemos decir que el análisis de la psicología que lleva a actuar al inversor es crucial en dos fases extremas del mercado: durante los finales de las burbujas alcistas y cerca de los suelos de las grandes crisis. El resto del tiempo el sentimiento importa también, aunque puede ser menos determinante. Pero es que, aunque el análisis de la psicología del inversor sólo fuese útil en los extremos alcistas y bajistas del mercado, es en esos momentos cuando más importante resulta, ya que saber reducir riesgos cerca de los techos de mercado y aumentarlos en torno a los suelos es la decisión más complicada a la que nos enfrentamos como inversores. Aprender a hacerlo bien es una de las herramientas más rentables para nuestras inversiones en el largo plazo.

Gráfico 1.3. Evolución semanal del índice de bolsa S&P500 en Estados Unidos

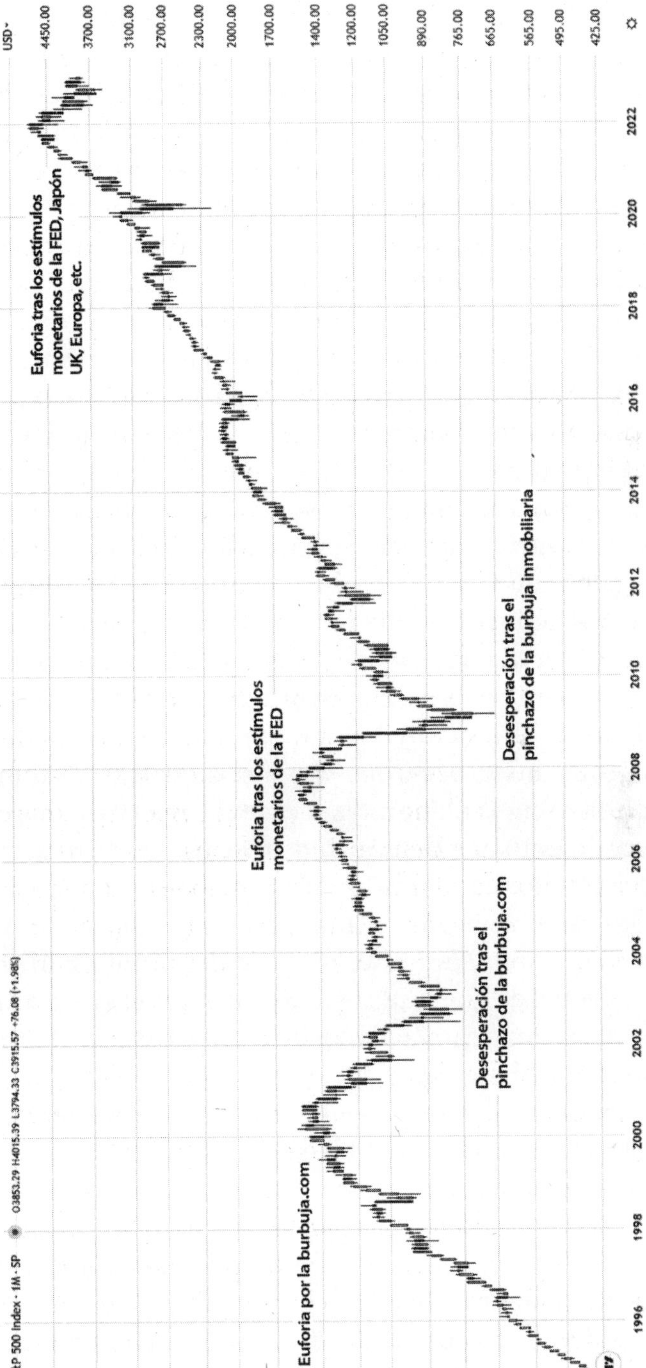

Fuente: TradingView.

Con el paso de los años he llegado a entender que un buen gestor no sólo es capaz de identificar los cambios de dirección del mercado, sino también los cambios de régimen de volatilidad, lo que con frecuencia indica si estamos en el inicio de una nueva fase impulsiva dentro de una tendencia existente, en una mera fase correctiva o finalizando un movimiento tendencial.

Como comentamos antes, nuestro entorno condiciona la forma en que percibimos una misma realidad, y uno de los efectos psicológicos más apasionantes a los que nos enfrentamos todos los inversores es lo que a mí me gusta denominar efecto «rebaño». Antes de invertir en un activo determinado, uno lleva a cabo un estudio sobre la base de la información disponible en el mercado para saber si tiene sentido invertir en él. Esto demuestra que se siguen unas pautas individuales inteligentes: localizar el activo, analizar su potencial, valorar la idoneidad del momento de entrada y salida, compararlo con otros candidatos antes de invertir, etcétera. Sin embargo, hay otra fuerza muy poderosa que interviene en la toma de decisiones del inversor, y que en casos excepcionales nos arrastra hacia decisiones injustificables. Estoy hablando del sentimiento y opinión de los demás inversores, que como si se tratase de un proceso de osmosis se cuela en nuestra mente sin que podamos evitarlo. Este sentimiento nos llega de muy distintas formas: a través de artículos escritos en medios generalistas o especializados, a través de las redes sociales u otras fuentes de internet, a través de la televisión y, por supuesto, a través del propio gráfico de las cotizaciones. Y es que una cosa es lo que pueda pensar uno sobre la valoración de un activo y otra muy distinta el precio que está poniendo el mercado.

En ocasiones el precio se aleja mucho de los fundamentos que sustentan una subida o bajada excesiva de las cotizaciones, y en ese momento el inversor se ve tentado, como si de cantos de sirena se tratase, a seguir al rebaño en lugar de seguir su instinto. En las fases finales de las tendencias escuchamos con frecuencia este tipo de razonamiento: «Si, sé que está caro, pero como todos los días sube...»; o «Ya sé que está muy barato, pero es que no aguanto más que todos los días baje y baje...». Este tipo de pen-

Gráfico 1.4. Gráfico mensual del índice de bolsa IBEX 35 en España

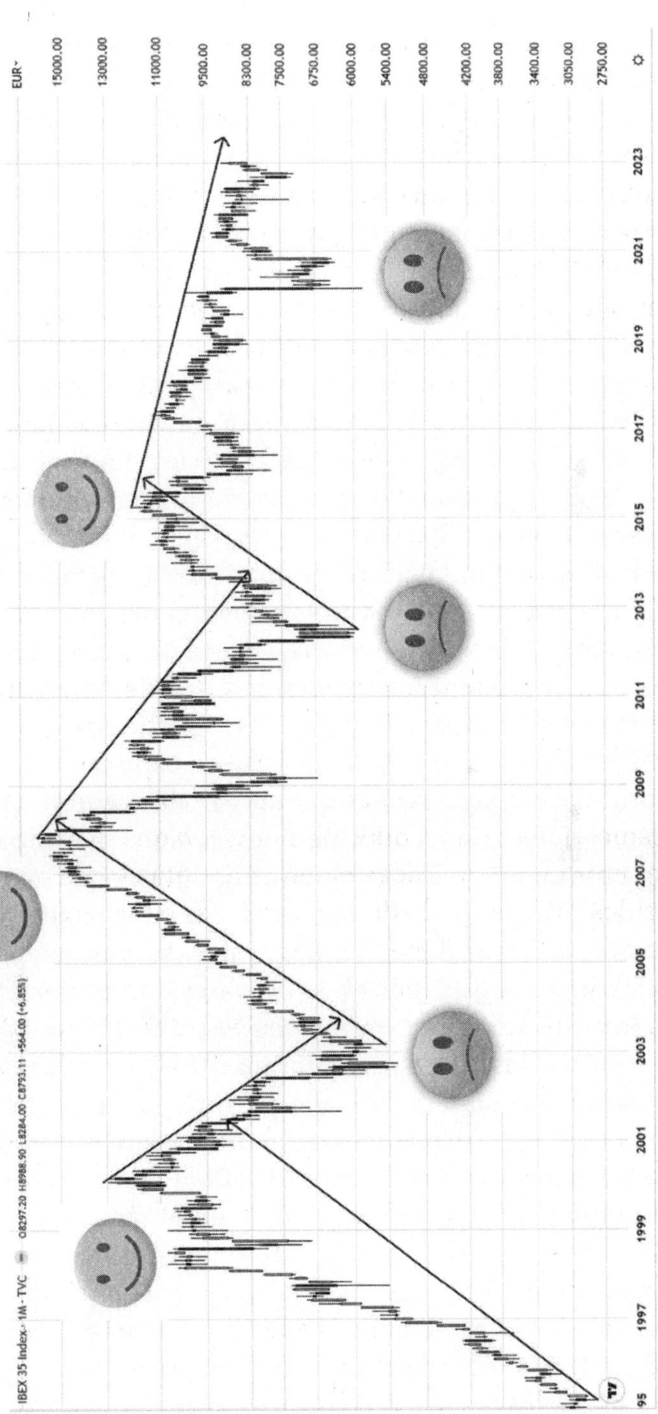

Fuente: TradingView.

samiento es el pilar en el que se sustentan las burbujas y los cracs en el mercado. Como ejemplo, basta con remontarse a las burbujas inmobiliarias que tuvieron lugar hasta el año 2008 en países como Estados Unidos y España, o el movimiento que experimentaron las criptodivisas a finales de 2017 o en 2021 antes de caer entre un 50 y un 80 por ciento en tan sólo unos pocos meses. A mí me gusta expresar este concepto con la siguiente frase: en situaciones extremas, el individuo inteligente da su brazo a torcer en favor de la «masa estúpida». El comportamiento rebaño nos reporta tranquilidad, porque nos vemos arropados en nuestra toma de decisiones por el comportamiento de los demás inversores a nuestro alrededor. Estas actuaciones en grupo son las que generan las tendencias en los precios que podemos identificar en el análisis de los gráficos. Llegados a este punto es probable que haya suscitado cierta confusión. Por un lado, mantengo la idea de que las tendencias las genera el rebaño, y yo como inversor quiero seguir la tendencia, porque como dice el refrán, «la tendencia es tu amiga». Pero, por otro lado, mantengo que el rebaño exagera los movimientos de los precios dando lugar a las burbujas, que cuando estallan producen los cracs.

Entonces, ¿hay o no hay que seguir al rebaño? La respuesta es que, si queremos ganar dinero invirtiendo en el mercado, debemos seguir al rebaño, o lo que es igual, hay que participar de las tendencias en los precios, pero simultáneamente hay que ser capaz de ver si dicha tendencia está sustentada por fundamentos lógicos, o si, por el contrario, se ha convertido en un círculo vicioso en el que los inversores participan por pura inercia sentando las bases para una nueva burbuja. Lógicamente, esto es mucho más fácil de decir que de hacer. En consecuencia, la mayoría de los inversores nos contentamos con intentar detectar el cambio en la dirección de la tendencia, lo que implica un cambio de menor o mayor grado en el sentimiento de mercado. Para poder acotar mejor este ejercicio en el que pretendemos saber cuánto tiempo hay que estar participando de los excesos del mercado y cuándo hay que bajarse de ellos, vamos a empezar por definir qué es una tendencia en los precios de cualquier activo.

Las tendencias en los precios

El comportamiento de los precios se puede observar desde distintos espacios temporales. Hay inversores que se centran en las variaciones que se producen a corto plazo, como, por ejemplo, los movimientos durante una o pocas sesiones diarias, y para ello utilizan gráficos intradiarios. Otros prefieren analizar la evolución a medio plazo y están pendientes de lo que ocurre en el mercado a lo largo de semanas o incluso meses. Y quedan los inversores que tienen un enfoque aún más largoplacista, y dedican su tiempo a analizar lo que ocurre con la cotización durante los últimos años. Pero una de las grandes ventajas que tiene el análisis del gráfico es que con independencia del plazo que se haya escogido, los patrones o comportamiento de los precios se repiten una y otra vez. Si alguien me pidiese que resuma en una sola frase cuál puede ser la clave principal del éxito en la gestión, creo que mi respuesta sería: «Identificar correctamente la tendencia principal del mercado». Y como veremos a continuación, no es una respuesta baladí, ya que el precio muestra distintas tendencias según el espacio temporal en que fijamos nuestra atención.

Pero primero de todo, y teniendo en cuenta lo importante que es conocer la tendencia del precio, expliquemos qué tipo de tendencias podemos observar en el mercado y cómo identificarlas. Hay tres tipos:

- Tendencia alcista: Se forma por una secuencia de mínimos y máximos crecientes.

Gráfico 1.5

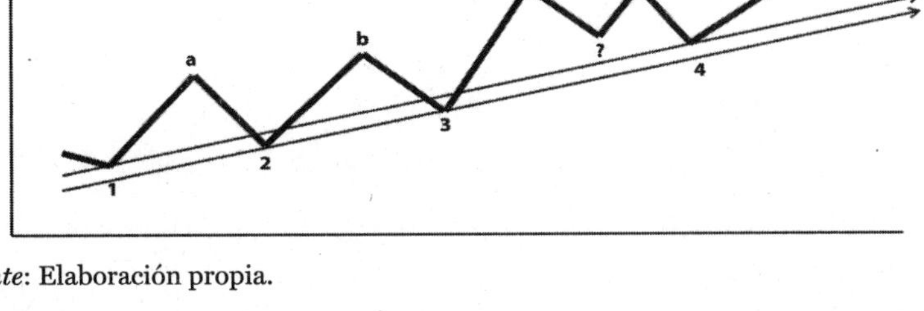

Fuente: Elaboración propia.

Esto no quiere decir que todos y cada uno de los mínimos y máximos deban ser crecientes, porque como ocurre entre el punto c y el punto 4, se aprecia un proceso a la baja que no altera la tendencia principal alcista. Trataremos este tema cuando hablemos de subtendencias de grado inferior.

- Tendencia bajista: Se forma por una secuencia de máximos y mínimos decrecientes.

Gráfico 1.6

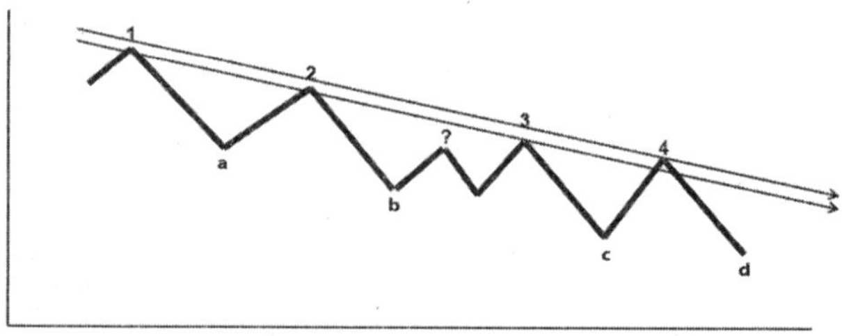

Fuente: Elaboración propia.

Esto no quiere decir que todos y cada uno de los mínimos y máximos deban ser decrecientes, porque como ocurre entre el punto b y el punto 3, se aprecia un proceso al alza que no altera la tendencia principal bajista. Trataremos este tema cuando hablemos de subtendencias de grado inferior.

- Tendencia lateral: Se forma cuando la secuencia de máximos y mínimos no mantiene una secuencia clara de máximos y mínimos crecientes o decrecientes.

Gráfico 1.7

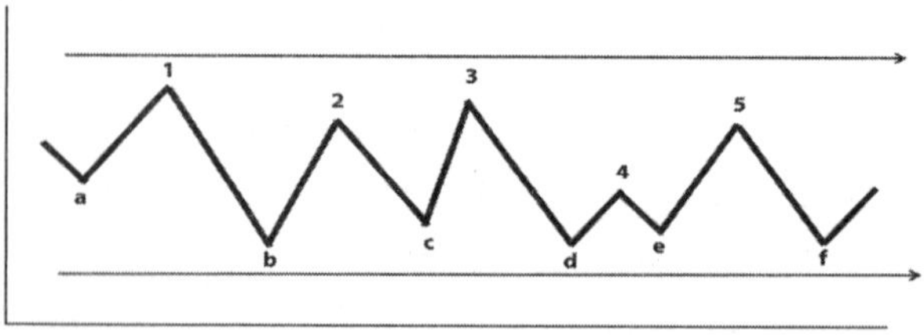

Fuente: Elaboración propia.

A la hora de dibujar sobre un gráfico las líneas de tendencia, a mí me gusta utilizar dos líneas paralelas en lugar de sólo una. Esto se debe a que el análisis gráfico no es una ciencia exacta, sino una técnica de análisis muy subjetiva. Y, por desgracia, en muchas ocasiones nos encontraremos con mínimos ascendentes o máximos descendentes que no están perfectamente alineados. En esas situaciones, los analistas se cuestionan qué puntos utilizar para dibujar sus directrices. Pero pensemos por un segundo qué representa una línea de tendencia. En mi opinión nos ofrece información de a qué ritmo o velocidad se está produciendo la subida o bajada de los precios de un activo. Por ello, en lugar de perder el tiempo intentando desentrañar qué mínimos o máximos debo intentar alinear para determinar la línea de tendencia correcta, intento alinear la mayor cantidad posible de mínimos y máximos creando una banda estrecha entre dos líneas paralelas que me indique correctamente el ritmo de subida o bajada de la cotización; es decir, la pendiente de la directriz.

Los ejemplos anteriores muestran líneas de tendencia alcistas, bajistas y laterales en espacios temporales distintos: semanales, diarios, horarios. Y es que cuando hablamos de tendencias en los precios nos estamos refiriendo a comportamientos direccionales que se observan en las cotizaciones y que tienen lugar en cualquier espacio temporal, desde el más corto plazo, representado por gráficos de un minuto, a gráficos de largo plazo, como mensuales.

La línea de tendencia es una herramienta útil que nos permite identificar el ritmo al que se está produciendo una subida o bajada del precio de un activo. Pero tal como avanzamos al inicio de este apartado, lo que en realidad define una tendencia no es la directriz, sino la secuencia a la baja o al alza de los máximos y mínimos que se producen en la cotización del precio. Y en ocasiones nos encontraremos con situaciones en que el precio es capaz de perforar la línea de tendencia, pero sin llegar a producir un cambio en la secuencia de máximos y mínimos.

Gráfico 1.8. Directrices que marcan la tendencia alcista en el gráfico diario de la cotización del euro frente al dólar

Fuente: TradingView.

Gráfico 1.9. Directrices que marcan la tendencia alcista en el gráfico diario del índice de bolsa DAX en Alemania

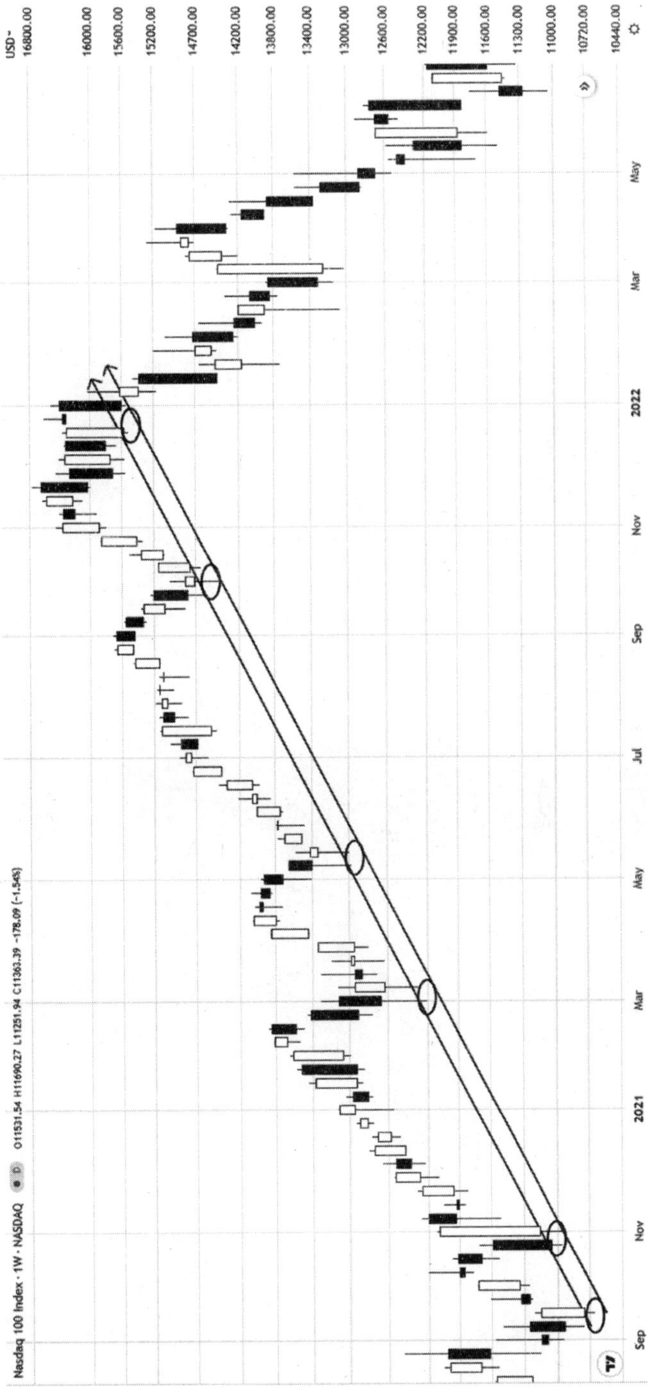

Fuente: TradingView.

Gráfico 1.10. Directrices que marcan la tendencia bajista en el gráfico semanal del índice de bolsa S&P 500

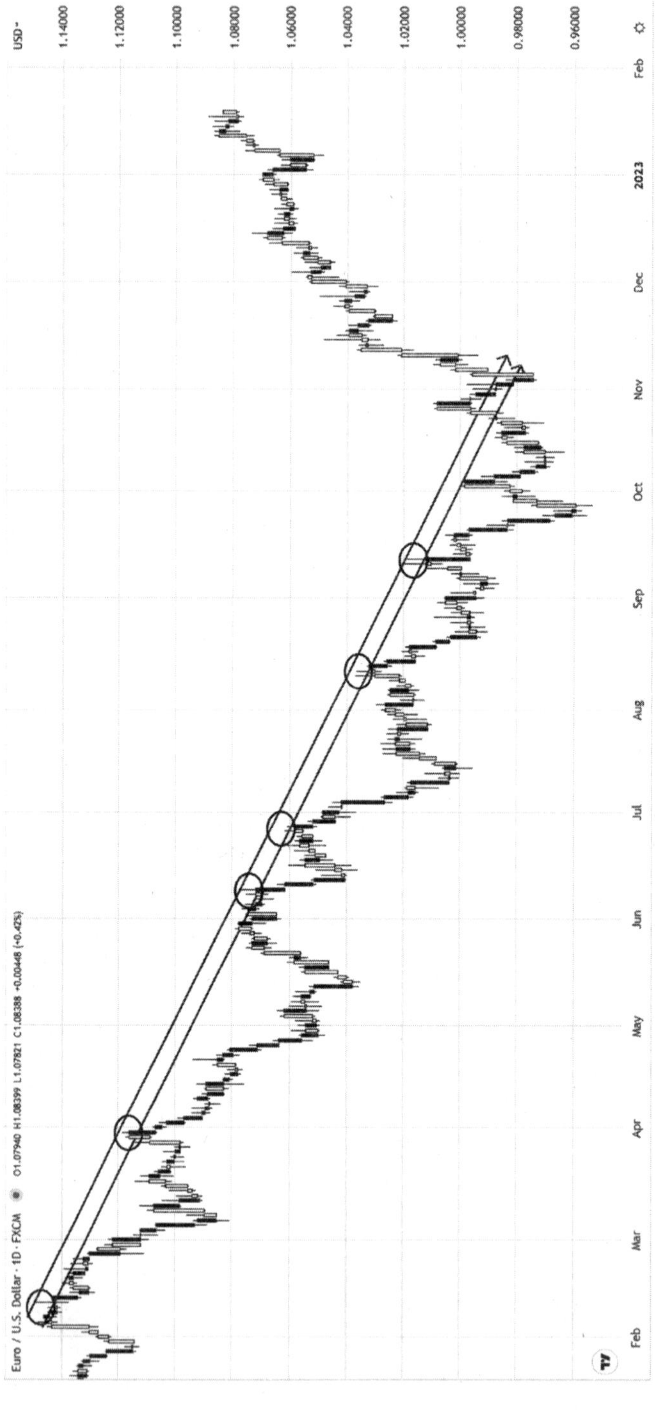

Fuente: TradingView.

Gráfico 1.11. Directrices que marcan la tendencia bajista en el gráfico horario del oro

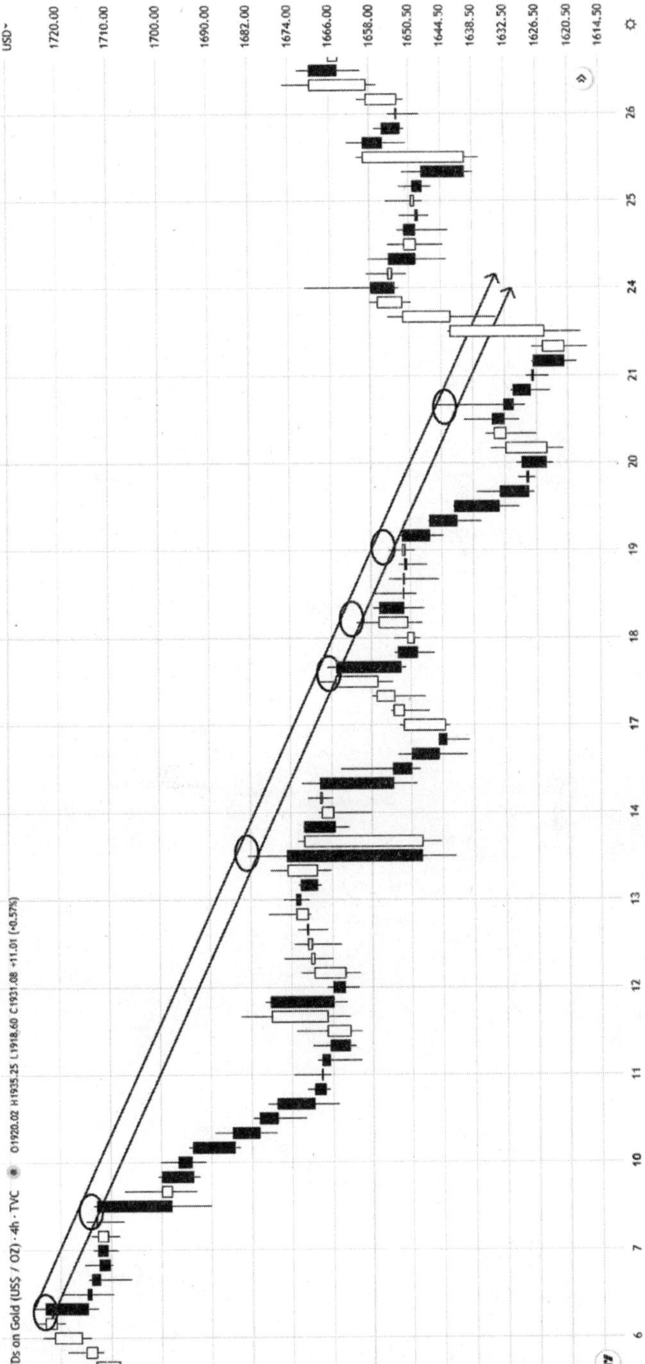

Fuente: TradingView.

Gráfico 1.12. Directrices que marcan la tendencia lateral en el gráfico de cuatro horas del AUDNZD

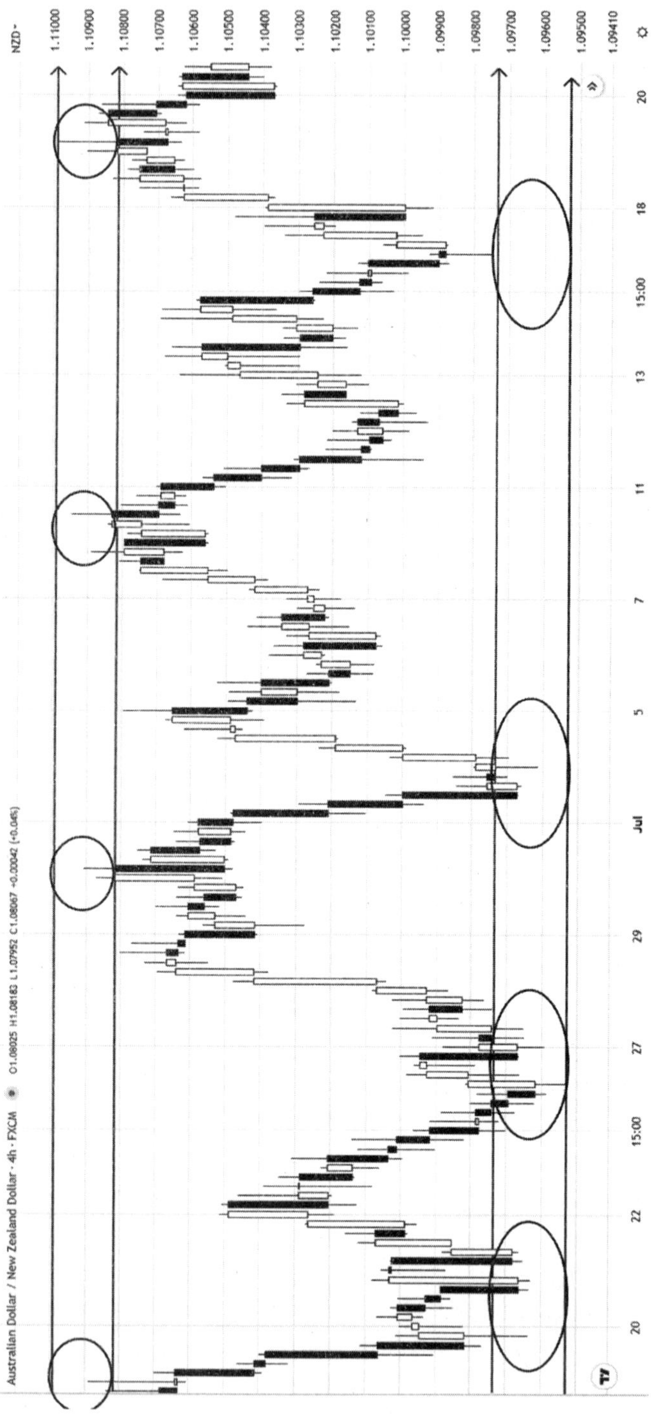

Fuente: TradingView.

Rupturas de líneas de tendencia que no provocan un cambio en la tendencia del precio

Con frecuencia nos encontraremos con situaciones en las que una ruptura de la línea de tendencia sólo implica un cambio en la velocidad a la que asciende o desciende el precio. Esta situación es en especial habitual cuando el precio ha estado sumido en un proceso muy vertical. En ese caso, la perforación de la línea de tendencia no suele provocar un cambio en la dirección del precio porque la secuencia de mínimos y máximos se mantiene intacta.

Gráfico 1.13

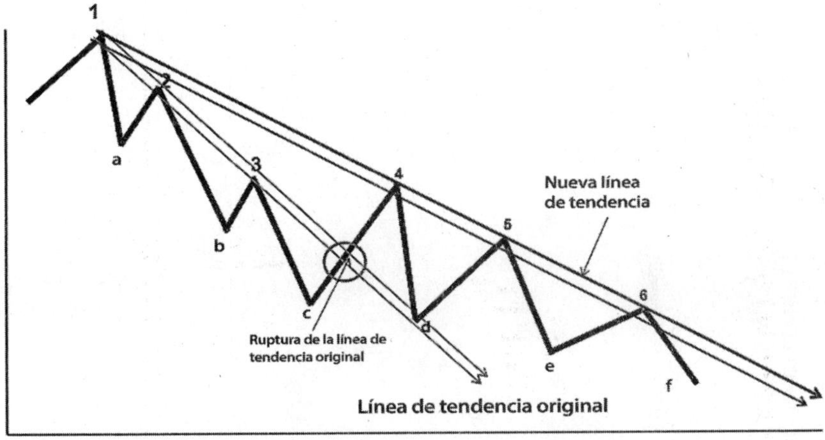

Fuente: Elaboración propia.

La línea de tendencia rota suele convertirse a partir de entonces en un nivel relevante. En nuestro ejemplo de la imagen superior, la directriz original marcaba la tendencia bajista uniendo los puntos 1, 2 y 3; es decir, la zona de techo donde esperar un rechazo a la baja del precio. Sin embargo, una vez que se rompe, esta directriz invierte su papel, y si antes representaba los techos, ahora comenzará a actuar de suelo o soporte, como ocurre en los puntos d y e, ofreciendo una buena zona en la que reducir posiciones cortas o vendidas.

Gráfico 1.14. Ejemplo del gráfico mensual del dólar frente al yen en el que la ruptura de tendencia no cambia la dirección

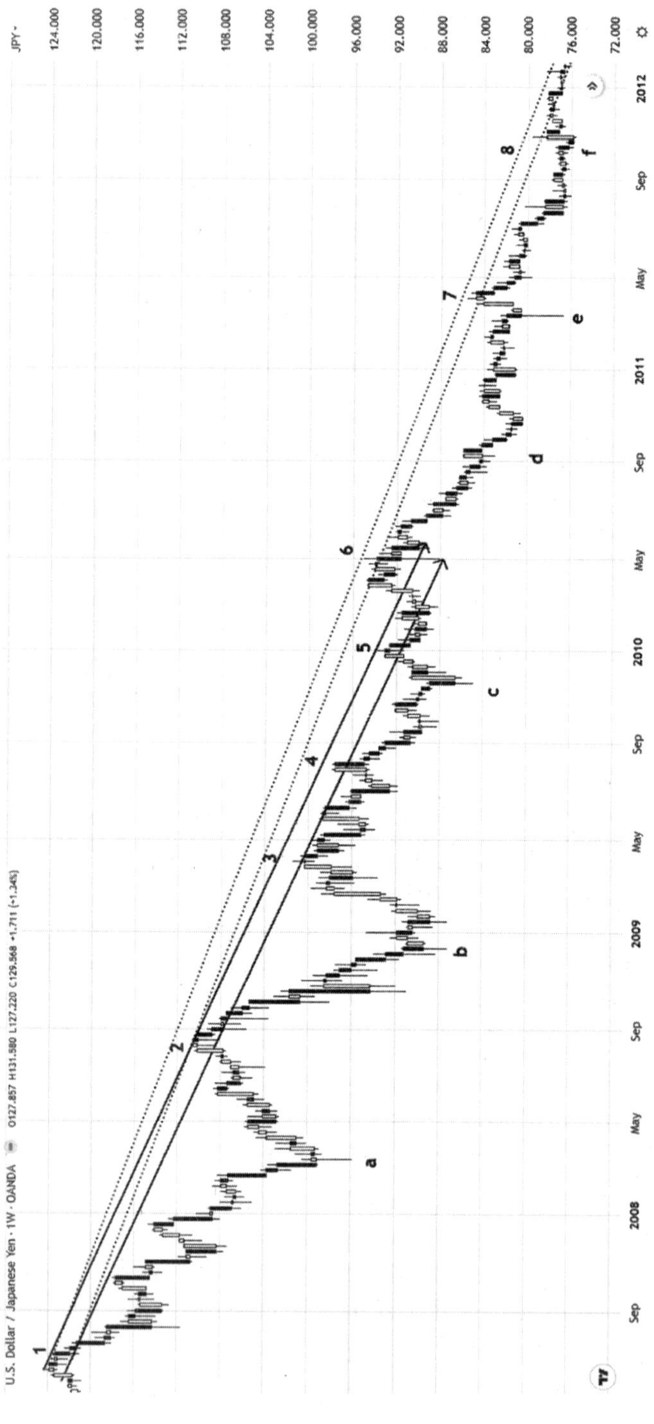

Fuente: TradingView.

Este tipo de circunstancias se pueden producir igualmente durante el desarrollo de una tendencia alcista:

Gráfico 1.15

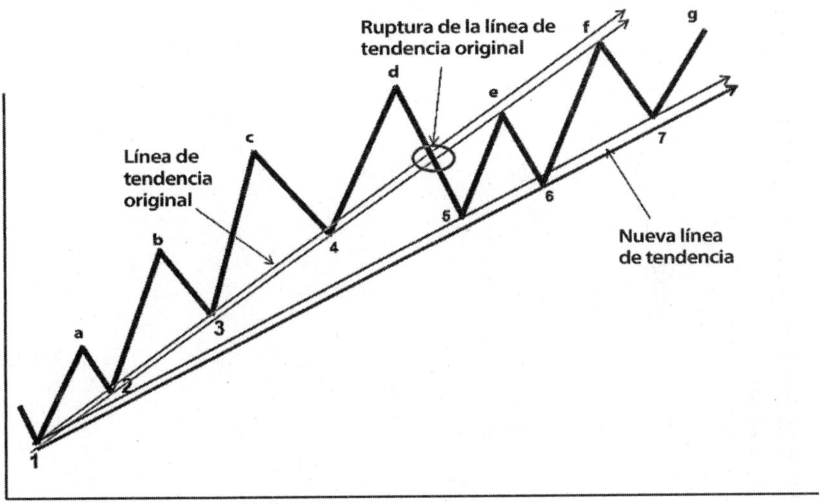

Fuente: Elaboración propia.

En el gráfico 1.15, una vez que se rompe la directriz alcista que une los puntos 1, 2, 3 y 4, tiende a actuar de techo en los siguientes impulsos alcistas identificados como puntos e y f. Por lo tanto, cuando hemos detectado un cambio de velocidad en el proceso de subida o bajada de los precios de un activo, la antigua directriz rota puede servir para localizar zonas de resistencia en las que aprovechar para reducir nuestras posiciones en espera de una nueva corrección.

En el gráfico 1.16 se observa que la directriz original, formada por los puntos 1, 2, 3, 4, 5 y 6, una vez que se rompe se convierte en una zona de resistencia más adelante en los puntos f, g y h.

Gráfico 1.16. Ejemplo del gráfico diario del petróleo (Brent) en el que la ruptura de tendencia no cambia la dirección

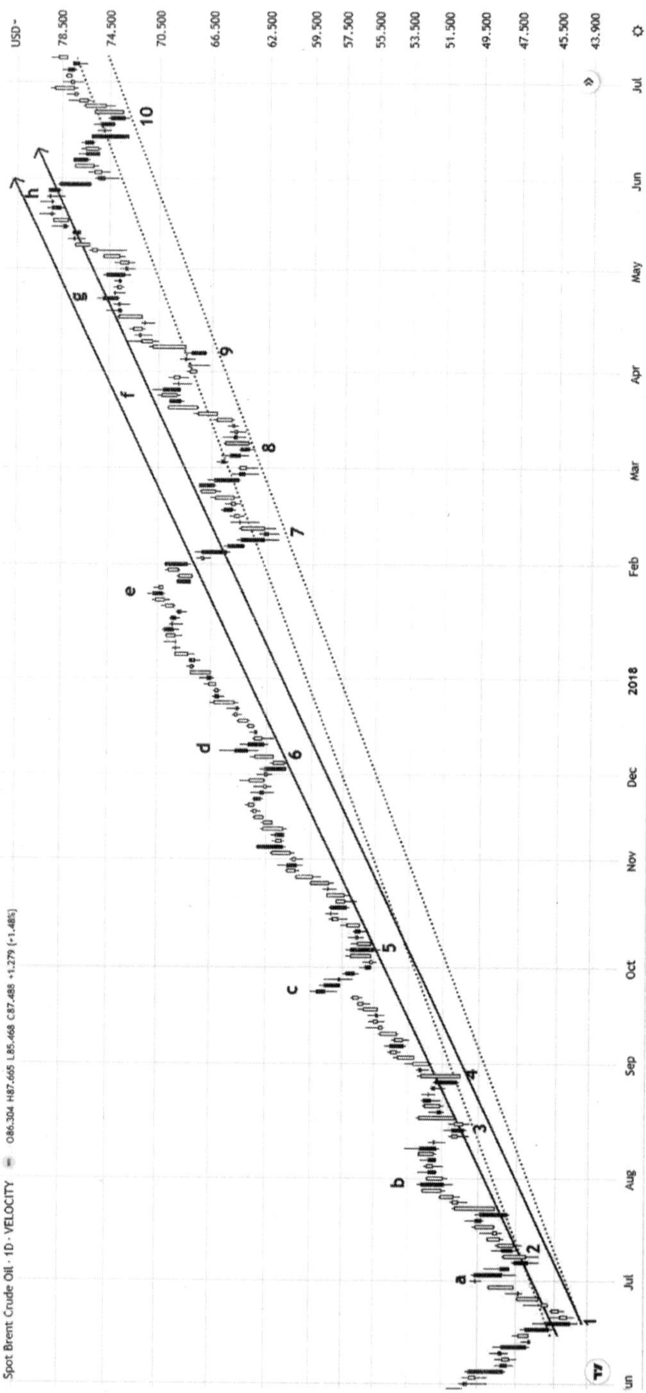

Fuente: TradingView.

Tendencias principales y subtendencias o tendencias de grado inferior

Una de las mayores complicaciones cuando analizamos un gráfico de cotizaciones de un activo cualquiera es determinar en qué plazo vamos a realizarlo. Debemos entender que la evolución de la cotización de cualquier activo se puede observar desde una perspectiva de largo, medio, corto o supercorto plazo, y para ello usaremos distintos gráficos: mensuales, semanales, diarios... e incluso intradiarios como, por ejemplo, de cinco minutos o un minuto. Imaginemos que estamos mirando un gráfico en el que localizamos una fuerte tendencia alcista en el largo plazo. Eso no quiere decir que no haya períodos en los que se producen fases correctivas contra dicha tendencia principal. Si las observamos en un espacio temporal menor, estas fases correctivas pueden mostrar claras tendencias en sentido opuesto a la tendencia principal.

Gráfico 1.17. Ejemplo del gráfico diario del Petróleo (Brent) donde la ruptura de tendencia no cambia la dirección

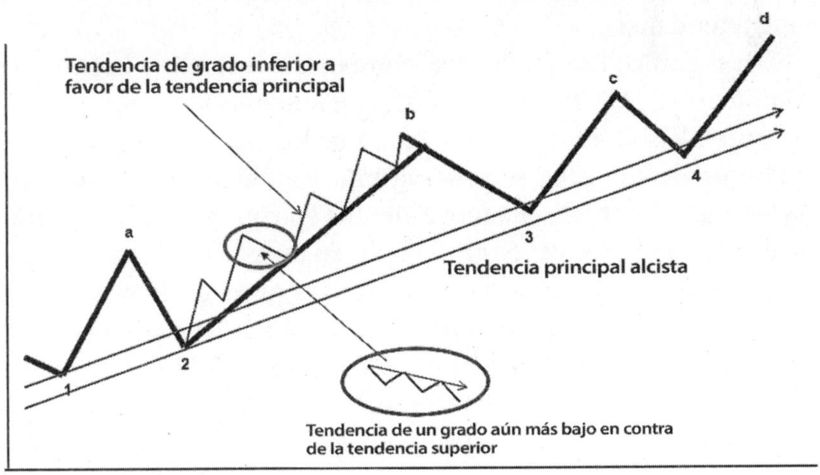

Fuente: Elaboración propia.

En nuestro ejemplo, la tendencia principal es claramente alcista y está determinada por los puntos 1, 2, 3 y 4. Supongamos que hemos identificado dicha tendencia en un gráfico mensual. Si ahora observamos el período comprendido entre el punto 2 y el b, y lo graficamos en un espacio temporal diario, es probable que viésemos una tendencia alcista de grado inferior que se mueve a favor de la tendencia principal. Pero como ya sabemos, los precios suelen moverse en zigzag; es decir, en fases impulsivas y correctivas. Si analizamos una de las fases correctivas de la tendencia de grado inferior, digamos en un período de una hora, quizá descubramos que dicha corrección muestra una tendencia a la baja de grado aún más pequeño en contra de la tendencia principal (mensual) y secundaria (diaria). Como inversores o *traders*, nuestro objetivo es utilizar dichas fases correctivas contra la tendencia principal para intentar encontrar oportunidades de inversión, en este caso, oportunidades de compra, porque la tendencia principal es claramente alcista. Por el contrario, si uno dedica su tiempo a intentar ganar dinero abriendo estrategias de forma recurrente para aprovechar las fases correctivas, lo más probable es que el resultado final sea decepcionante, ya que es mucho más rentable invertir a favor de tendencia que hacerlo contra tendencia.

En el gráfico 1.18 tenemos el comportamiento de la bolsa estadounidense desde 2009 hasta 2017. La tendencia principal es claramente alcista, y está identificada por los puntos 1, 2, 3, 4 y 5. Desde finales de 2011 se observa una subtendencia alcista más acelerada, y dentro de ella movimientos en zigzag mientras el precio continúa su ascenso. Si graficamos en un espacio temporal menor, dichas fases correctivas (mostradas en el gráfico pequeño en la esquina superior izquierda) muestran tendencias bajistas en contra de la tendencia principal y secundarias alcistas. Como *traders* deberemos procurar detectar el final de dichas fases correctivas para intentar comprar aprovechando que la tendencia principal es alcista.

Dado que el abanico de espacios temporales en los que podemos descomponer el gráfico es muy amplio y, por lo tanto, también el número de tendencias que podemos encontrarnos cuan-

Gráfico 1.18. Evolución semanal del S&P 500

Fuente: TradingView.

do analizamos la cotización de cualquier activo, vamos a intentar establecer una regla operativa sencilla que simplifique nuestro análisis. En principio, los inversores y *traders* deberían intentar respetar la tendencia principal, y para ello vamos a definir la tendencia principal como aquella que se puede identificar en el grado superior a aquel en el que vamos a realizar nuestra operativa. Por ejemplo, si un *trader* utiliza un gráfico de 5 o 15 minutos para establecer sus estrategias, debería intentar respetar la tendencia de ese mismo gráfico a nivel horario. Si donde realiza su operativa es en un gráfico de 30 minutos, debería respetar la tendencia del gráfico cuatro horas. Si toma sus decisiones de inversión en un gráfico horario, debería respetar la tendencia diaria. Si su operativa se centra en un gráfico diario, debería respetar la tendencia semanal, y así sucesivamente. Veamos algunos ejemplos.

El gráfico 1.19 muestra la evolución del oro en un espacio temporal de cinco minutos; es decir, cada vela aglutina todas las transacciones que se han realizado en cada período de cinco minutos. Como se puede apreciar, en la zona central se genera una tendencia alcista formada por mínimos y máximos crecientes. Un *trader* de corto plazo podría verse tentado a comprar con la idea de aprovechar dicha tendencia.

Sin embargo, si aplicamos la regla de respetar la tendencia superior y analizamos lo que está sucediendo en el gráfico horario del oro (gráfico 1.20), vemos que la tendencia principal es claramente bajista. Por lo tanto, deberíamos intentar esforzarnos en localizar dónde finaliza el proceso de rebote con el fin de abrir estrategias bajistas o ventas.

Si vamos al gráfico cinco minutos (gráfico 1.21) con la idea de encontrar puntos adecuados en los que abrir nuestras estrategias bajistas, encontramos tres puntos potenciales claros: 1) cuando el precio ha rotado hasta la directriz bajista a nivel horario; 2) cuando el precio rompe la directriz alcista del gráfico en un espacio temporal de cinco minutos, y 3) cuando el precio retorna a la directriz rota en lo que se conoce como *pullback*.

Gráfico 1.19. Cinco minutos del oro

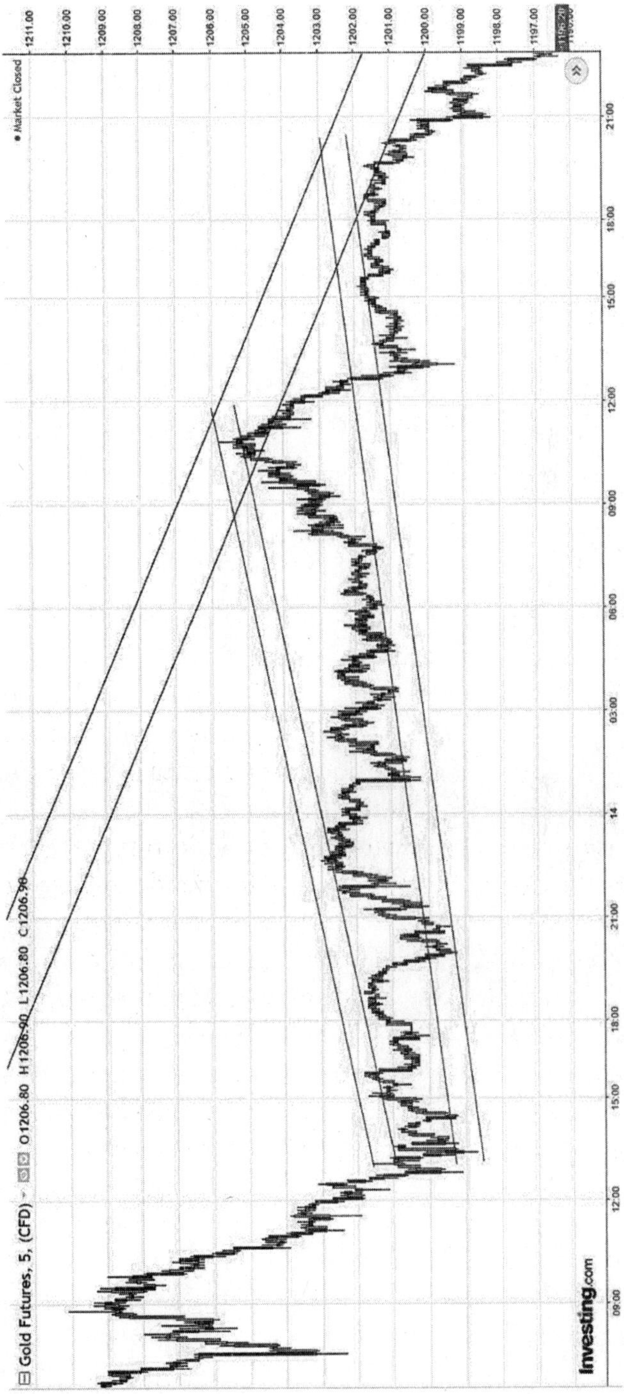

Fuente: Investing.

Gráfico 1.20. Gráfico horario del oro

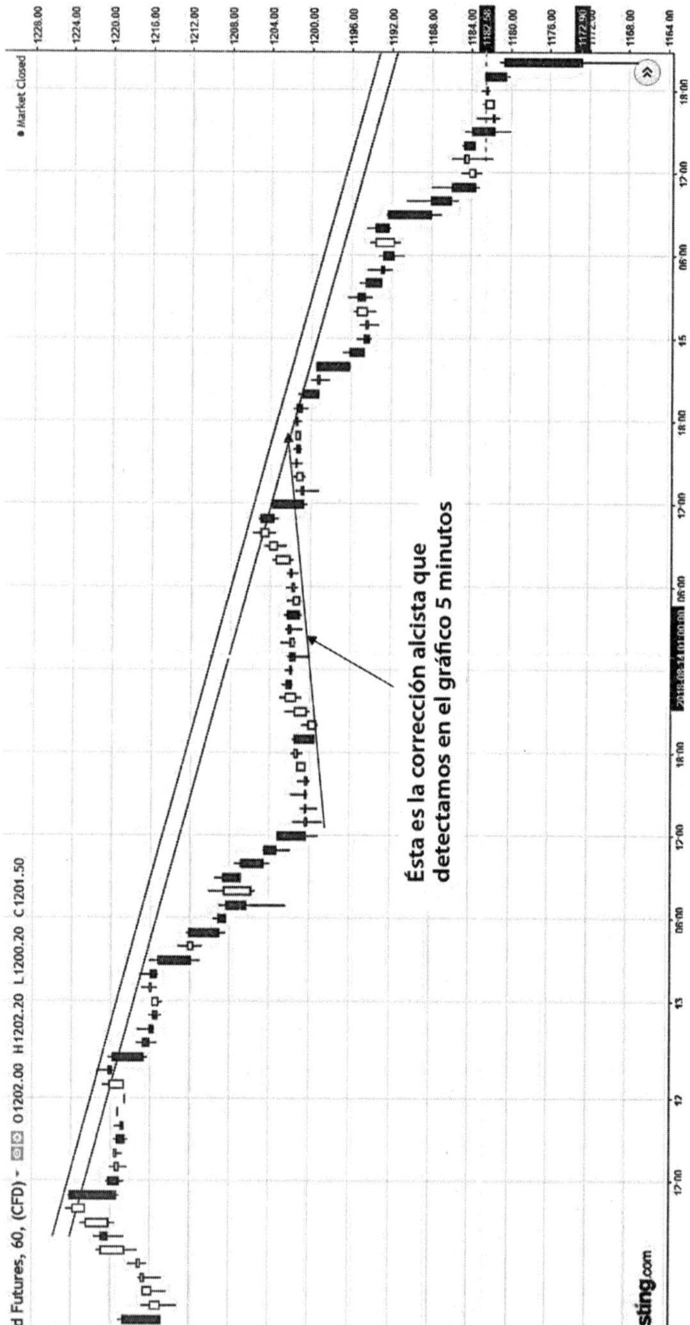

Fuente: Investing.

Gráfico 1.21. Cinco minutos del oro

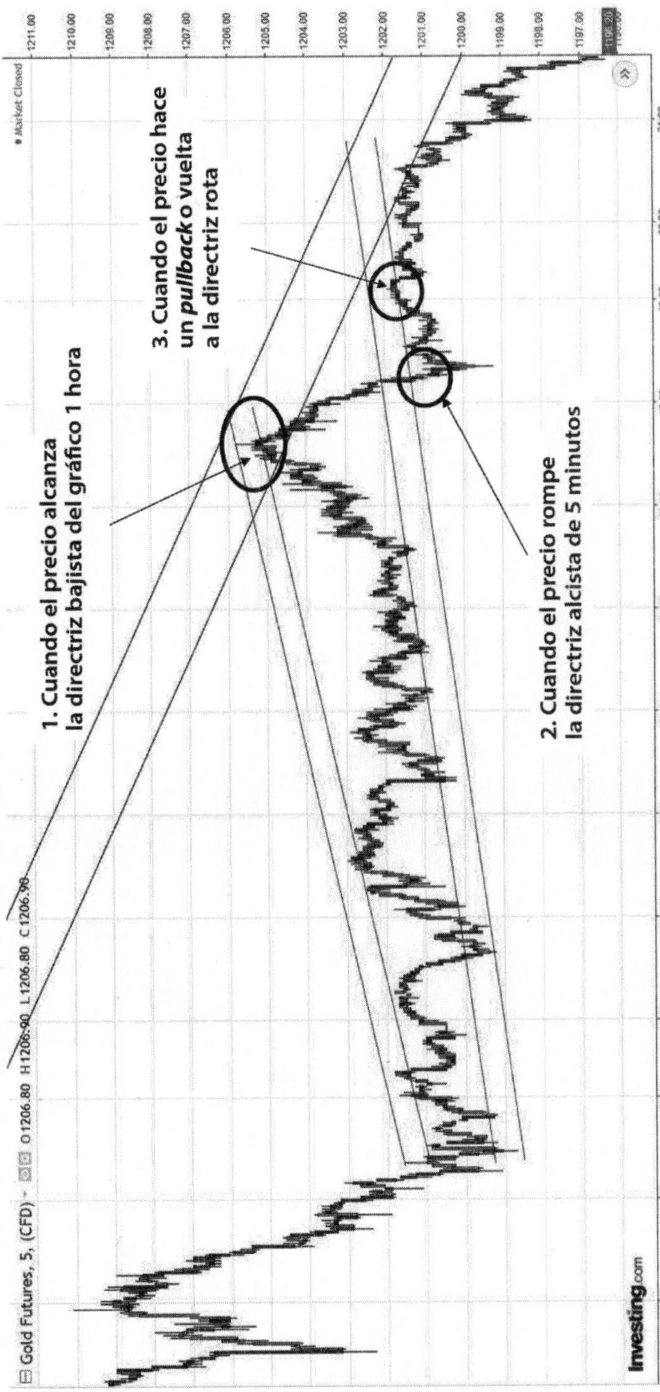

Fuente: Investing.

Gráfico 1.22. Gráfico diario de la libra frente al dólar

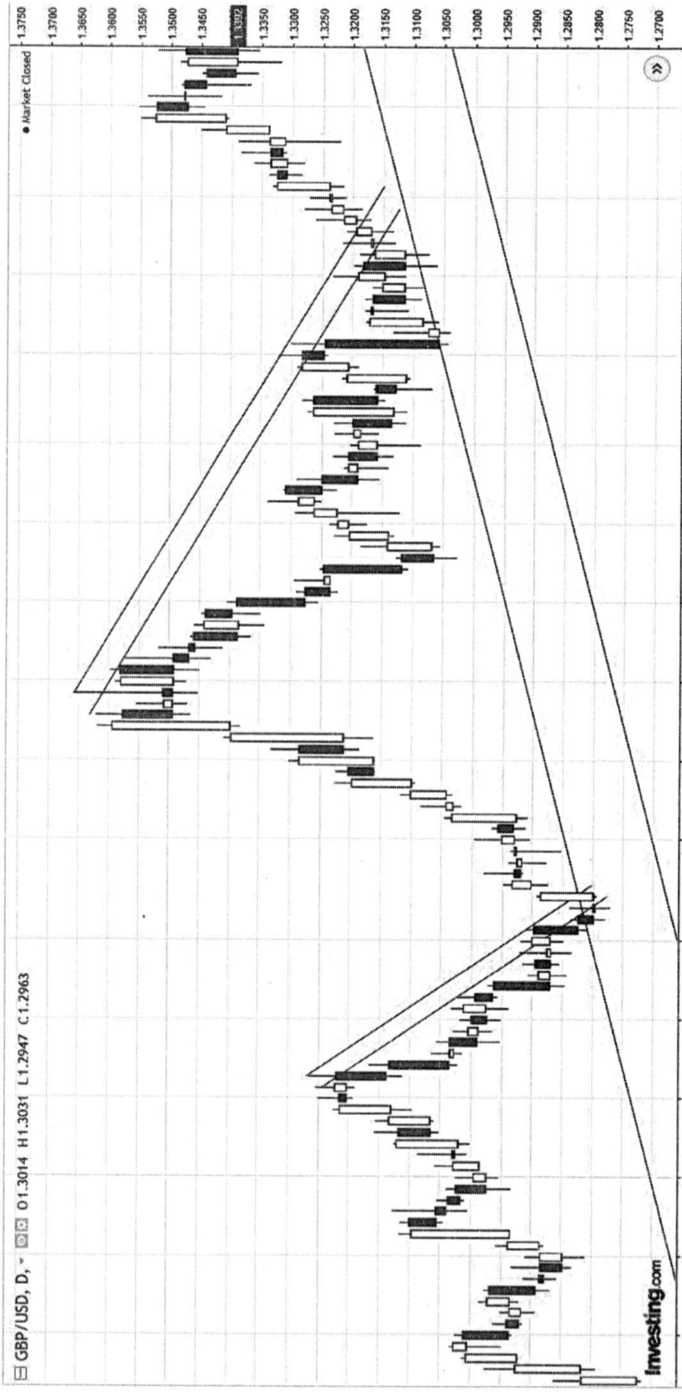

Fuente: Investing.

En el gráfico 1.22 vamos a suponer que el inversor toma sus decisiones sobre un gráfico diario en el mercado de Forex en el par libra-dólar o GBPUSD. Se han producido dos grandes movimientos a la baja que en el siguiente gráfico están resaltados con directrices bajistas.

Sin embargo, si damos un paso atrás para poder ver cuál es la tendencia principal en un espacio temporal semanal, constatamos que estamos ante una tendencia claramente alcista. Por lo tanto, lo ideal es intentar localizar oportunidades de compra en lugar de estrategias de venta (gráfico 1.23).

Ahora que tenemos claro lo que estamos buscando como oportunidad de inversión, podemos volver al gráfico diario anterior para encontrar esas oportunidades de compra. Al igual que antes con el oro, no hay sólo una oportunidad, sino varias (gráfico 1.24).

La primera oportunidad de compra se produce en agosto, cuando el precio rota hasta la directriz alcista en un espacio temporal semanal. La segunda oportunidad se produce cuando el precio rompe la línea de tendencia bajista a nivel diario que ha marcado el proceso de caída de los precios. La tercera oportunidad se presenta en el mes de noviembre, cuando el precio se vuelve a corregir hasta la directriz alcista de largo plazo, y la cuarta oportunidad es cuando el precio rompe la línea de tendencia bajista unos días después. Es decir, las oportunidades más claras de compra se generan cuando el precio alcanza la directriz alcista semanal y posteriormente cuando el precio rompe al alza las directrices bajistas que marcaban las subtendencias a nivel diario.

Cómo identificar el cambio de tendencia en la cotización de un activo

En el apartado anterior hemos visto cómo el hecho de detectar una perforación de una línea de tendencia no conduce siempre a un cambio en la dirección del precio de dicho activo. Lo que nunca debemos olvidar es que una tendencia alcista se compone de una secuencia de mínimos y máximos crecientes, mientras

Gráfico 1.23. Gráfico semanal de la libra frente al dólar

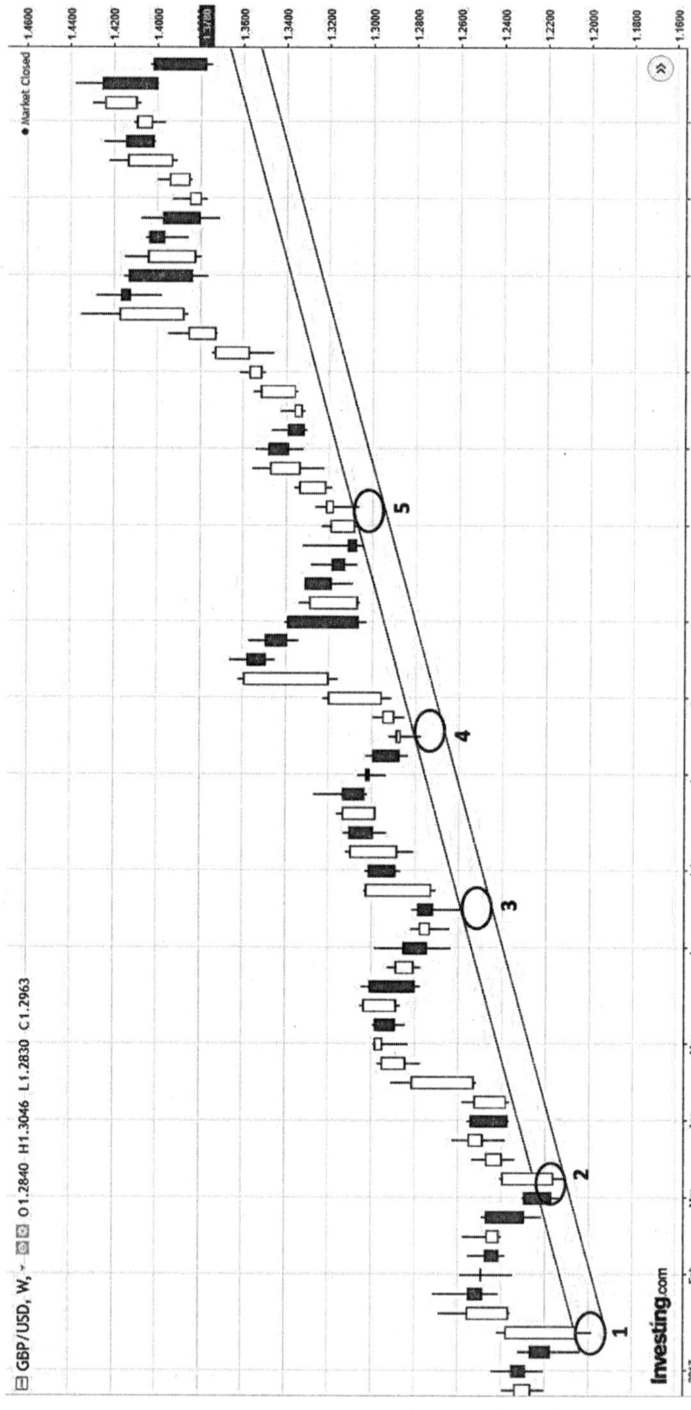

Fuente: Investing.

Gráfico 1.24. Gráfico semanal de la libra frente al dólar

Fuente: TradingView.

que una tendencia bajista se forma por una secuencia de máximos y mínimos decrecientes. Por lo tanto, si lo que queremos es detectar un cambio de tendencia tendremos que estar atentos para localizar el momento en que se produce ese cambio en la secuencia de mínimos y máximos en la cotización de un activo. Veamos un ejemplo con el gráfico semanal del oro (gráfico 1.25).

En ese ejemplo, hasta el punto 13 se aprecia una tendencia intacta de máximos y mínimos crecientes. Sin embargo, el máximo en 14 ya no es capaz de superar el techo previo en 12. Ésta es la primera señal de que podría producirse un cambio de tendencia. Pero para que ello ocurra no basta con tener máximos decrecientes, sino que necesitamos también ver mínimos a la baja, algo que no ocurre hasta el punto 19. Todo lo que acontece entre el punto 1 y el punto 14 es una tendencia alcista. A partir del punto 14 entramos en una fase de consolidación, o lo que aquí hemos denominado una tendencia lateral, y a partir del punto 19, con la generación de mínimos a la baja tras haber dejado previamente máximos decrecientes, es cuando pasamos a una tendencia bajista.

Veamos ahora cómo se produce en ese mismo activo (oro) el cambio de la tendencia bajista a una tendencia alcista (gráfico 1.26).

Los máximos en 7, 10, 12, 14 y 16 y los mínimos en 6, 8, 9, 11, 13, 15 y 17 muestran una tendencia decreciente continua. El punto 18 supera a los máximos anteriores en 14 y 16, y respeta el techo en 12. A partir de ahí, vemos una secuencia alcista de mínimos, ya que 19 y 21 son claramente superiores a 17. Durante ese período podemos decir que la secuencia de mínimos ya ha cambiado y muestra una estructura ascendente, pero todavía falta una clara confirmación de que los máximos son también crecientes, ya que 12, 18, 20 y 22 se encuentran todos a un mismo nivel. Es con la superación de 22 cuando podemos aseverar que la tendencia que inicialmente era bajista pasó a una consolidación lateral, y a partir de la superación de 22 cambia a una tendencia alcista.

Gráfico 1.25. Gráfico semanal del oro

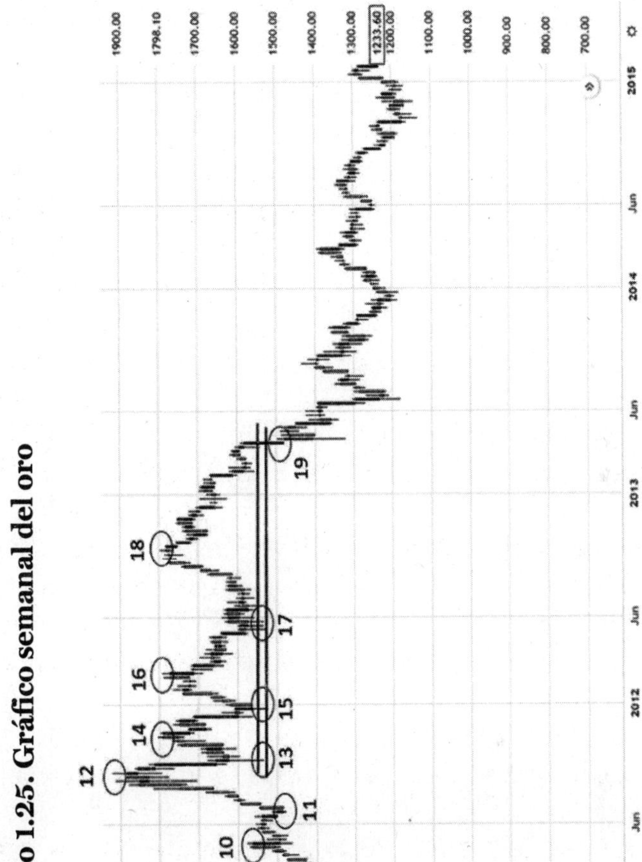

Fuente: TradingView.

Gráfico 1.26. Gráfico semanal del oro

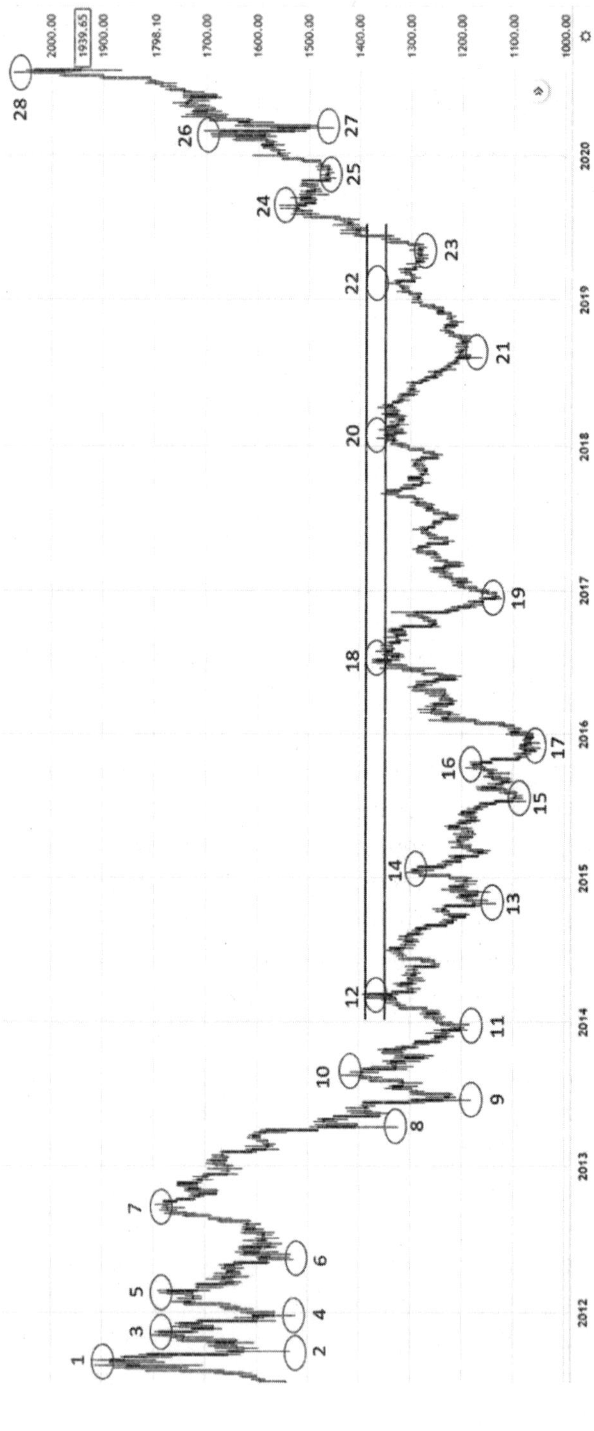

Fuente: TradingView.

2

Puntos en los que los inversores comienzan a cambiar de opinión o sentimiento

Los inversores buscan continuamente referencias o niveles en los que tomar decisiones de compra y venta. Estas zonas se convierten en áreas en las que se libra una batalla entre compradores y vendedores. Normalmente, tras un período de equilibrio de fuerzas entre ambos grupos surge un ganador: si ganan los compradores suelen producirse impulsos alcistas significativos, mientras que si ganan los vendedores veremos fuertes impulsos a la baja. A estas zonas se las denomina o bien «resistencias», cuando representan un techo, o bien «soportes», cuando forman un suelo. Al igual que ocurre con las líneas de tendencia, considero preferible establecer zonas, ya que los suelos y techos de mercado no se establecen en un punto concreto, sino en un área en la que se produce el rechazo.

Veamos algunos ejemplos de zonas de resistencia y soporte. En el gráfico 2.1 se observa una tendencia alcista en el índice de renta variable alemán, DAX, hasta que alcanza una zona en torno a 10.800 puntos, y a partir de ahí el mercado se frena y empieza a sufrir correcciones breves a la baja hasta que al final el precio consigue superar la zona de techos y se escapa con fuerza reanudando la tendencia alcista.

En el gráfico 2.2 se observa un comportamiento lateral en el petróleo durante finales de 2013 y principios de 2014, entre

Gráfico 2.1. Gráfico semanal de la bolsa alemana, índice DAX

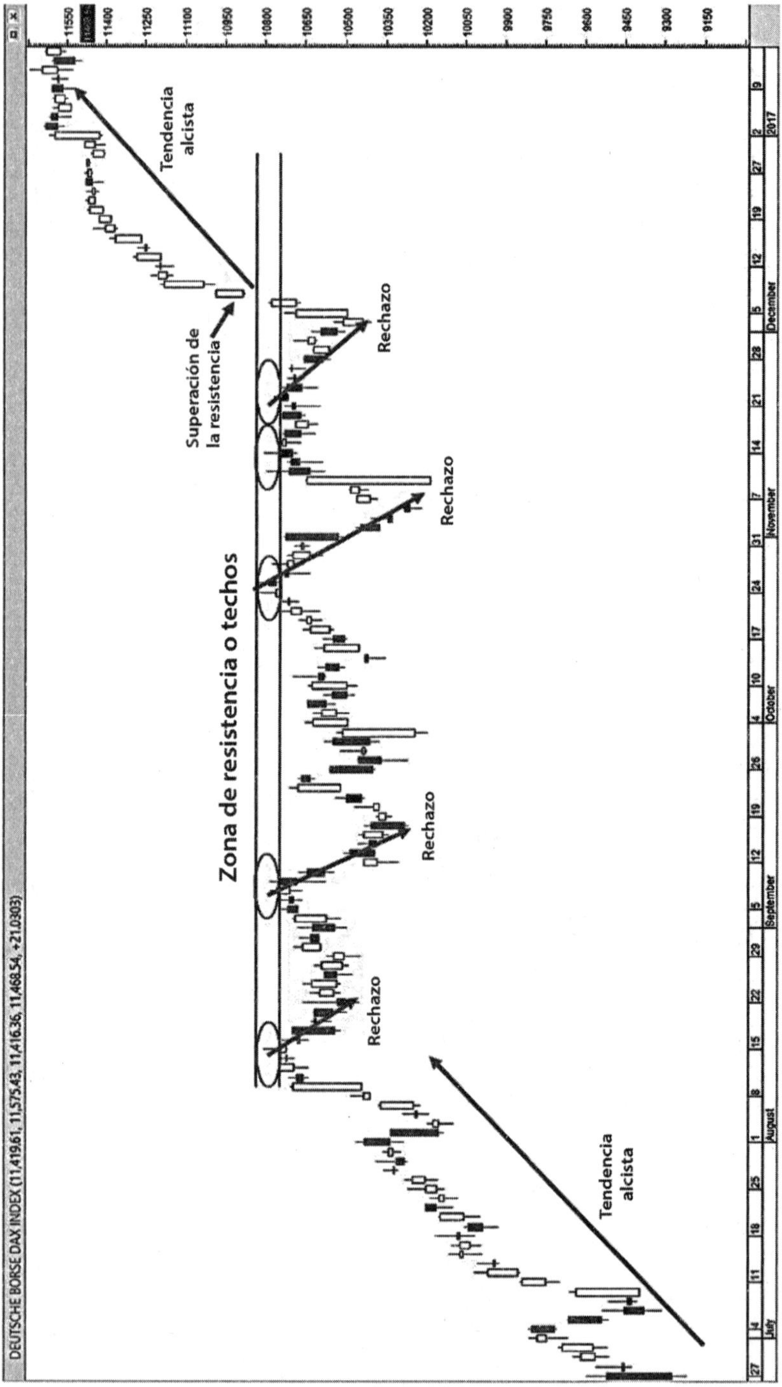

Fuente: Metastock.

Gráfico 2.2. Gráfico semanal del petróleo. Contrato Brent

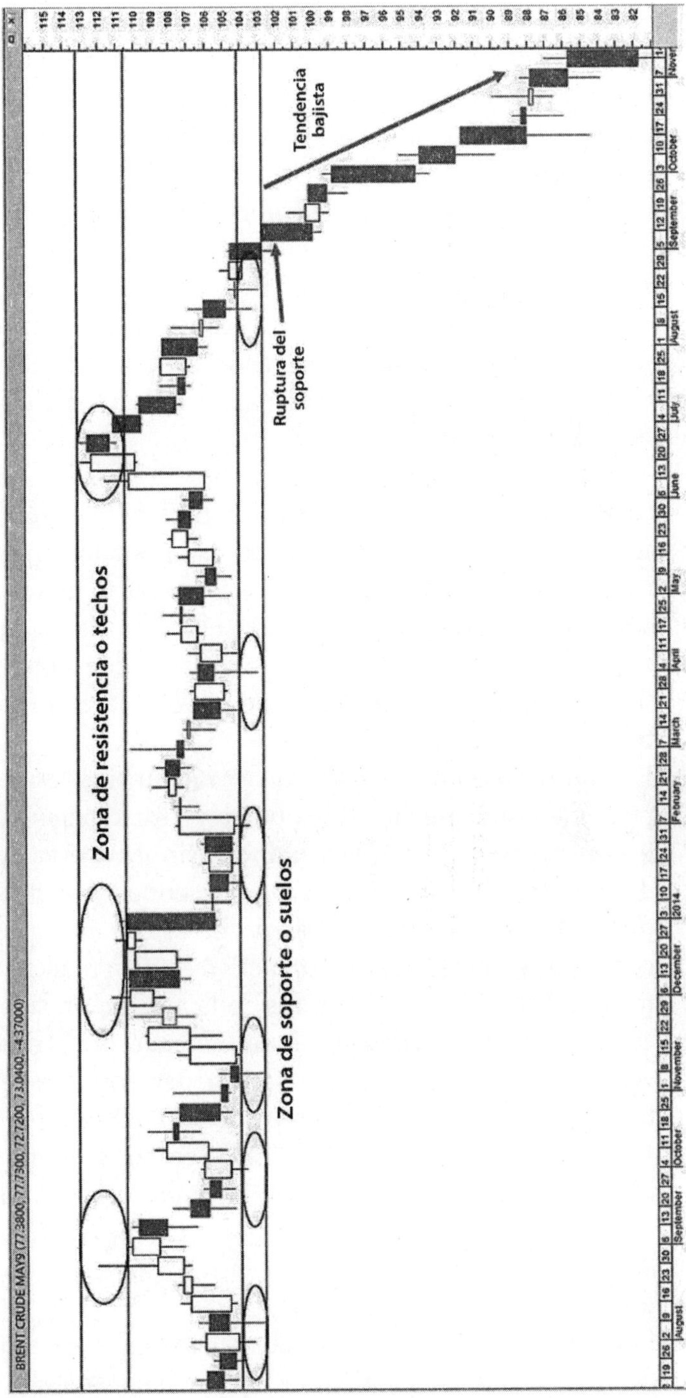

Fuente: Metastock.

103,00 y 113,00. En ese período hay un empate entre la fortaleza de compradores y vendedores. Sin embargo, en septiembre de 2014 se rompe el soporte y a partir de entonces el precio reacciona con fuerza a la baja generando una tendencia bajista con mucha pendiente.

Como estamos hablando de la importancia que tiene el sentimiento a la hora de interpretar correctamente lo que está sucediendo en el mercado, debemos entender que hay ciertas características importantes en torno a esos niveles de soportes y resistencias a los que hacíamos mención anteriormente. Digamos que podemos establecer ciertos axiomas que suelen cumplirse con bastante frecuencia:

- Cuantas más veces se pone a prueba un nivel de suelo o techo, más relevante o conocido es y, por lo tanto, si se rompe genera una reacción mayor por parte de los inversores. En el gráfico 2.3 se ve cómo el índice Nasdaq rechaza hasta en siete ocasiones el techo antes de romperlo definitivamente. Y entonces el precio retoma con fuerza la tendencia alcista.
- Los números redondos en la cotización tienden a comportarse como niveles de soporte y resistencia. Cuando los inversores tienen que tomar decisiones acerca de dónde comprar y vender en entornos desconocidos, porque el precio jamás ha cotizado a ese nivel con anterioridad, como por ejemplo cuando un activo está en máximos históricos, los números redondos de la cotización tienden a concentrar en muchas ocasiones consensos entre los inversores, lo que da pie a que se formen soportes y resistencias. En el gráfico 2.4 mensual del DAX podemos observar que, en el año 2000, el índice cotizaba en máximos históricos; es decir, nunca antes había alcanzado niveles tan altos. El punto que actuó de techo fue 8.100, y más adelante, en 2007 y 2008, ese techo quedó reforzado como una resistencia muy importante.
- Si son superados, los niveles de resistencia que han frenado la subida del precio tienden a invertir su papel; es decir,

Gráfico 2.3. Gráfico diario del índice de renta variable Nasdaq 100 en Estados Unidos

Fuente: Metastock.

Gráfico 2.4. Gráfico mensual del índice de renta variable alemán DAX

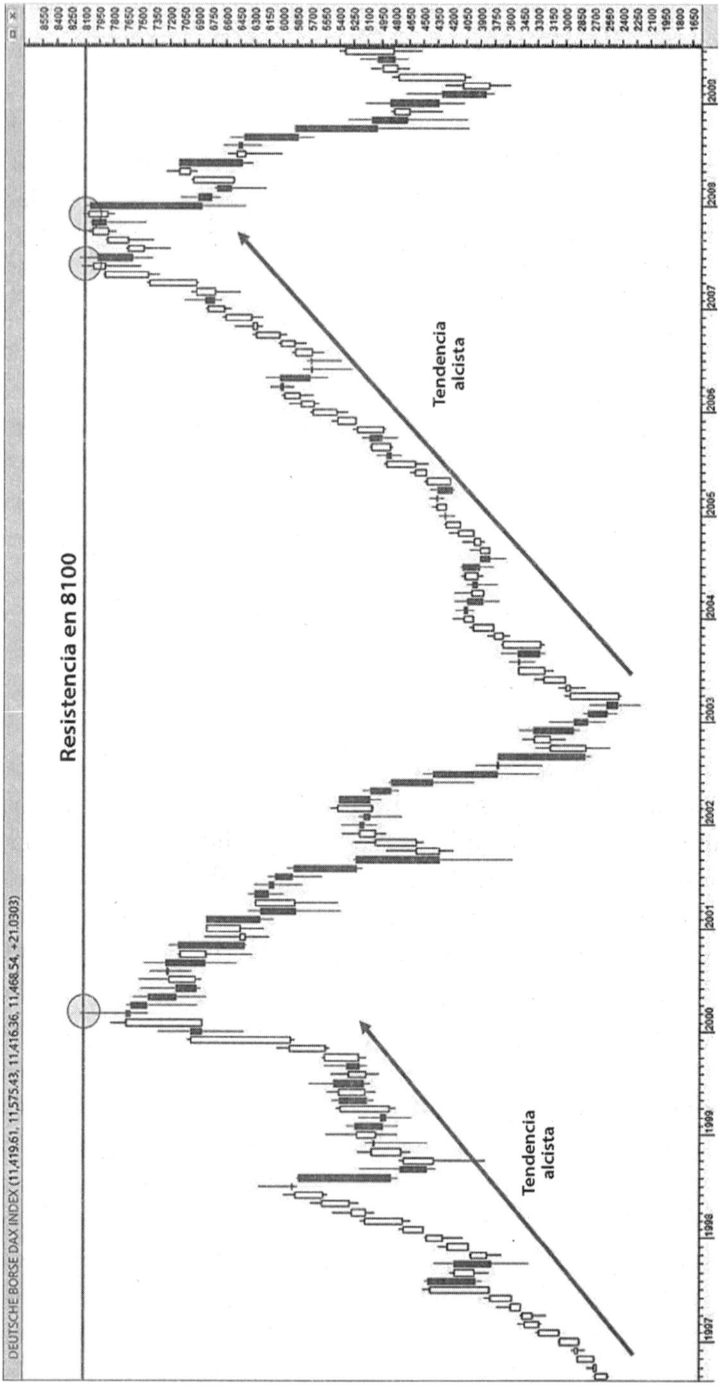

Fuente: Metastock.

más adelante actúan de soporte. Del mismo modo, cuando se rompe, una zona de soporte que en varias ocasiones ha frenado la bajada del precio invierte su papel y comienza a comportarse como una resistencia. Esto da lugar a lo que a mí me gusta llamar «zona pivote». En el gráfico 2.5 vemos cómo en el EURUSD, una vez que las zonas de techo son superadas actúan más adelante de suelo fuerte.

Como ya hemos visto, este tipo de comportamiento de mercado no está ligado a un período de análisis específico, sino que se puede observar indistintamente tanto en gráficos de espacios temporales largos, como son los formados por velas mensuales o semanales, como en gráficos intradiarios. En la página 69 podemos ver un ejemplo en el gráfico del Dow Jones (gráfico 2.6), donde las velas representan períodos de 15 minutos. En este caso, una vez rebasados, los soportes o suelos que frenan los ataques a la baja cambian su papel y en futuros rebotes actúan de techo o resistencia.

Para desentrañar la mecánica que conduce a que esto se produzca, lo primero que hay que entender es que en todo momento en el mercado hay tres grupos de inversores activos. Los interesados en comprar, los que quieren vender y el tercer grupo está formado por los que todavía no han decidido qué quieren hacer, pero que están buscando una señal para decantarse por uno de los dos primeros grupos.

Veamos qué ocurre en la mente de los inversores a través del siguiente ejemplo: el precio está atacando una zona de resistencia que ya se ha respetado en varias ocasiones. Los vendedores se sienten confiados en que el precio acabará rechazando esa zona y la cotización comenzará a caer de forma significativa. Los compradores confían en que esta vez el precio acabe rompiendo el techo generando subidas importantes. Los que no saben qué hacer simplemente están observando el desenlace. Supongamos que el precio supera la zona de techos gracias al empuje de los compradores. En el momento en que ocurre, los vendedores comienzan a perder dinero, y ven que el nivel que se rechazaba continuamente y que era el pilar de su confianza a la hora de

Gráfico 2.5. Gráfico semanal de la cotización del euro frente al dólar

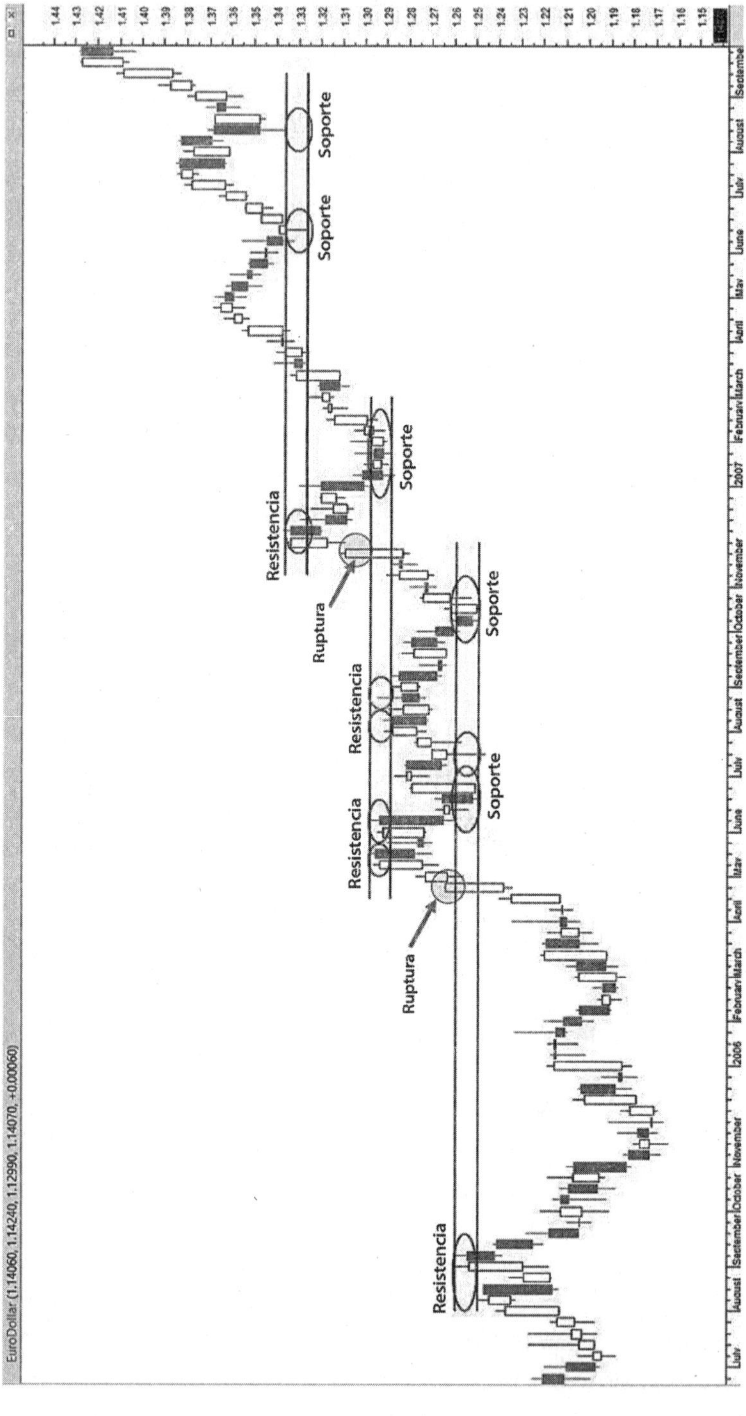

Fuente: Metastock.

Gráfico 2.6. Quince minutos del índice de bolsa estadounidense Dow Jones

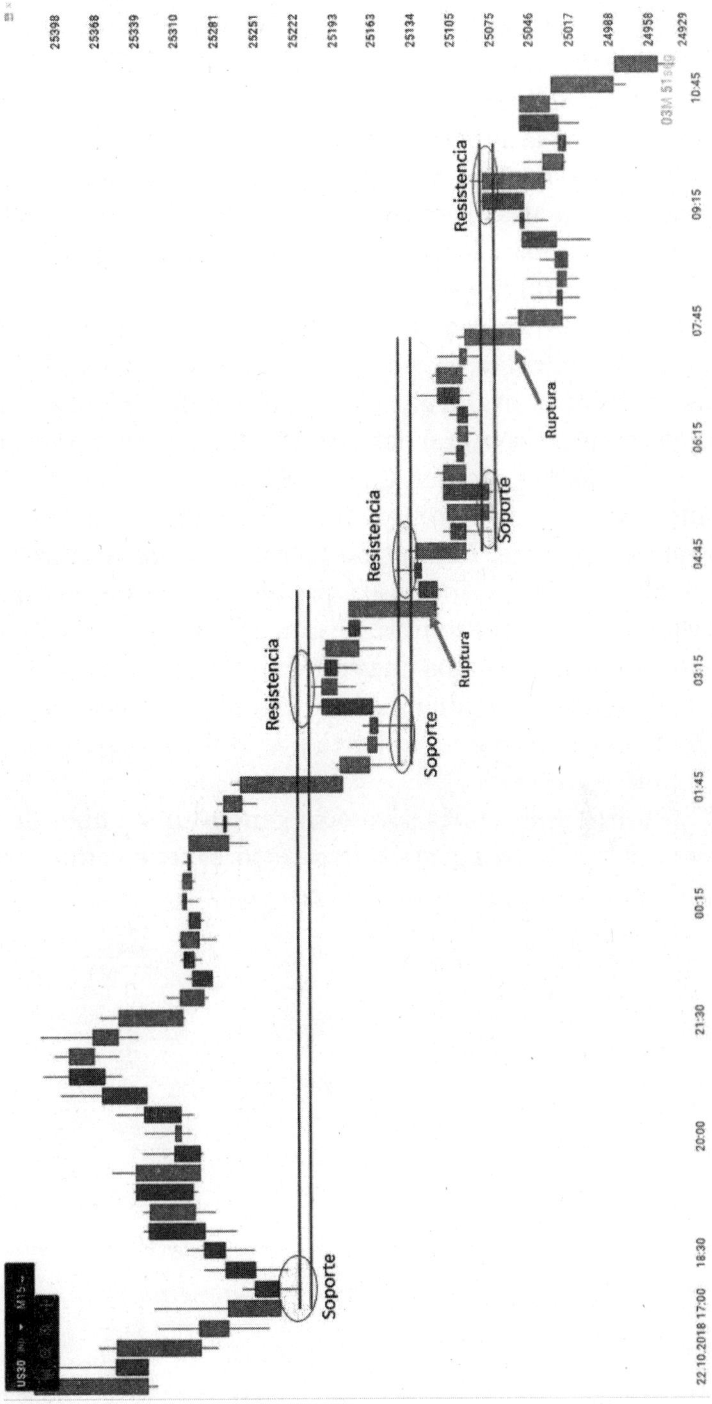

Fuente: xStation.

vender ya no existe. Por su lado, los compradores comienzan a ganar dinero y se sienten seguros de que al superarse el techo se reanudará la tendencia alcista. Los indecisos, o al menos parte de ellos, ven en la superación del techo la señal que estaban buscando, y deciden comprar ante la expectativa de que se restaure la tendencia al alza. Tras ver que el precio ha superado el techo en el que confiaban, los vendedores empiezan a sentir la presión de que la decisión de venta no era la adecuada. A partir de ahí, su mayor deseo es poder cerrar la estrategia equivocada con el menor coste posible. Por ese motivo, si el precio retorna a la zona de antiguos techos, surgirá una gran cantidad de antiguos vendedores deseosos de comprar las posiciones vendidas previamente ahora que apenas pierden dinero. Si el precio retrocede ligeramente, algunos de los compradores desean incrementar sus posiciones de compra. Del mismo modo, si el precio retrocede un poco, algunos de los indecisos que ahora ven más claro que la decisión acertada era comprar están deseosos de hacerlo. De ese modo, donde antes había una situación de equilibrio entre quienes compraban y vendían, ahora, cuando el precio vuelve a la resistencia rota, surge una fuerte presión compradora que crea un soporte (gráfico 2.7).

En torno a las zonas pivote se genera un cambio de sentimiento entre los tres grupos de inversores, que cambia en función de si se rompe o no un nivel crítico.

Gráfico 2.7. Gráfico diario del dólar frente al yen

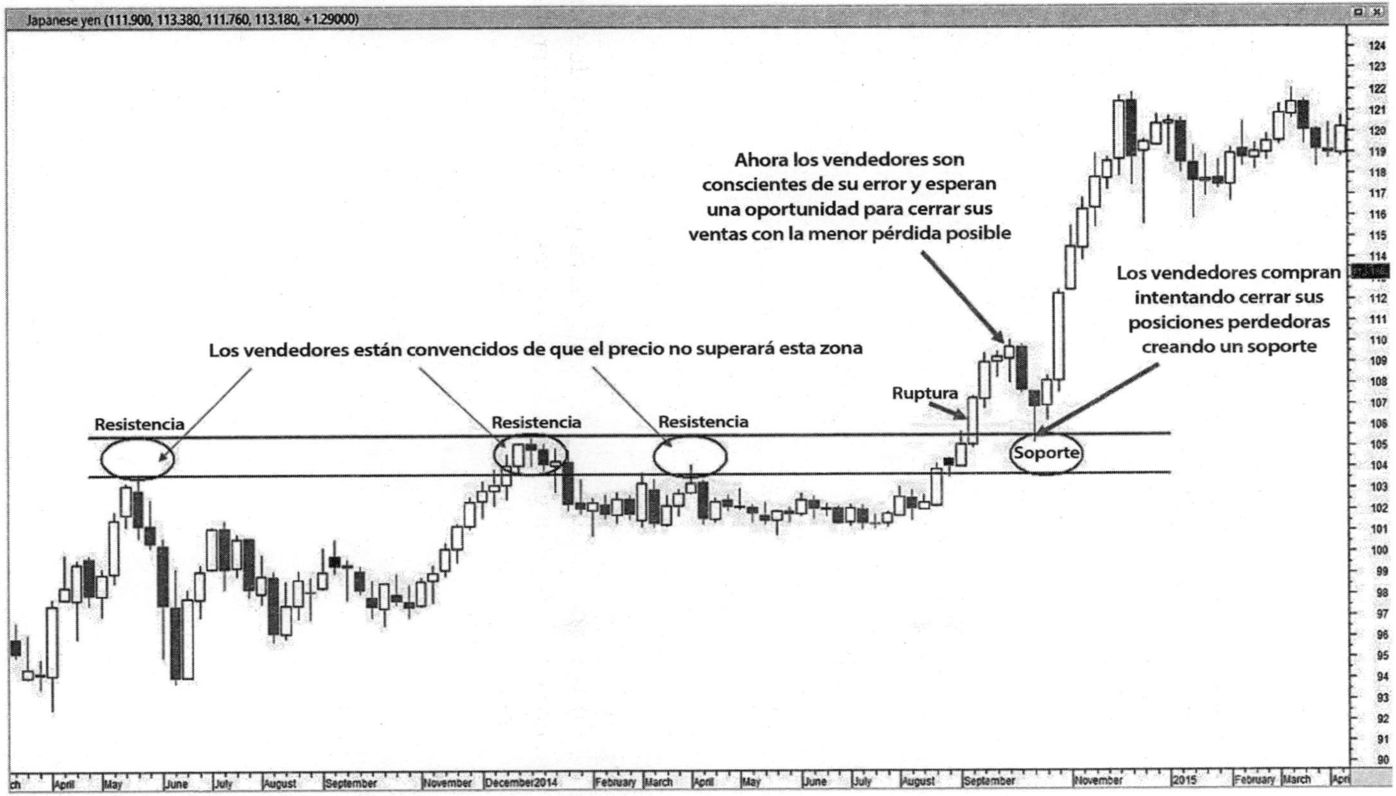

Fuente: TradingView.

3

Patrones o figuras que ofrecen oportunidades de inversión

No cabe duda de que a lo largo de las últimas décadas el mercado ha evolucionado mucho con la llegada de internet, los ordenadores potentes, la inteligencia artificial, el *trading* algorítmico, etcétera. Sin embargo, hay algo que con independencia del transcurso del tiempo no cambia, y es el comportamiento humano. Lo cierto es que hoy en día, en los mercados financieros, la mayoría de las decisiones de compra y venta las procesamos los humanos, o las máquinas en las que los humanos definimos ciertas reglas operativas. Para mí, la argumentación de nuestras decisiones desde un punto de vista fundamental, macro o técnico es tan importante como el peso de la psicología que nos arrastra a decidir qué hacer con nuestro dinero. Con frecuencia, las emociones y el sentimiento hacia el mercado superan a los argumentos objetivos que nos llevan a tomar nuestras decisiones. ¿Cuántas veces nos vemos arrastrados a perseguir tendencias al alza y a la baja aun a sabiendas de que no es una decisión inteligente?

A lo largo de las décadas, en lo que a los procesos de inversión se refiere, el ser humano no ha evolucionado tanto. Seguimos guiados por sentimientos básicos como la esperanza, el optimismo, la avaricia, el miedo y en ocasiones el pánico. Estos sentimientos son la raíz que sustenta las «burbujas financieras»; o sea, subidas incomprensibles del precio de un activo que no están justificadas por ningún criterio de valoración razonable. Por lo general, tras esas burbujas llegan los «cracs financieros»; es decir, un proceso de ajuste que suele extenderse muy por debajo del punto de equilibrio, y que provoca valoraciones muy inferiores a lo que justificaría cualquier modelo fundamental o macroeconómico. Lo que impera en esas «burbujas y cracs» es el sentimiento de euforia, primero, y el de pánico, después. Cuando estudiamos este tipo de comportamientos, se tiende a hablar de situaciones que ocurrieron hace mucho tiempo: la burbuja de los tulipanes en Holanda en el siglo XVII, la burbuja de los mares del sur en Gran Bretaña a principios del siglo XVIII, la burbuja tecnológica o puntocom que estalló en el año 2000 o la burbuja inmobiliaria en Estados Unidos que pinchó en 2008. Pero tenemos ejemplos de comportamientos similares mucho más recientes, como la subida exponencial de las criptodivisas hasta finales de 2017 y 2021 y el colapso posterior superior al 60 por ciento en cuestión de pocos meses. O las subidas verticales de las *meme stocks* tras la pandemia de la COVID-19 y su posterior hundimiento.

Como decía, los seres humanos repetimos los mismos errores una y otra vez, porque no podemos eliminar el peso del factor psicológico que conduce nuestras decisiones de compra y venta. Pero ese tipo de psicología crea unos patrones identificables en las cotizaciones del precio de todos los activos. No podemos predecir el futuro, pero sí podemos aprender a identificar ciertos patrones que se repiten en el tiempo y que nos ofrecen una probabilidad más alta de lo normal de que en el futuro se desarrolle un escenario determinado. Toda decisión de inversión se basa en un mapa de probabilidades, porque nadie tiene una bola de cristal que nos garantice qué va a ocurrir en el futuro. Por consiguiente, cuando decidimos abrir una estrategia de inversión partimos de unos argumentos que nos ofrecen una alta probabilidad de éxito, a lo que añadimos una gestión monetaria adecuada; es decir, ciertos límites que nos protegen de fuertes pérdidas si al final las cosas no salen como estaban previstas, del mismo modo que establecemos niveles a partir de los cuales recogemos las ganancias generadas si el escenario que se ha desarrollado es el que habíamos previsto. Desde ese prisma, la utilización de patrones que se repiten una y otra vez a lo largo de la historia nos sirve como herramienta para la toma de decisiones. Aprender a identificar dichos patrones puede ser la mejor forma de detectar que hay que abandonar el barco antes de que sea demasiado tarde en las tendencias alcistas, o como señal de que debemos prepararnos para comenzar a comprar tras el final de una tendencia bajista.

En este capítulo vamos a ver algunas de las figuras o formaciones más habituales que podemos aprender a localizar en la cotización de cualquier activo. Para ello lo primero que haremos es catalogar los patrones o figuras en dos grandes grupos:

- Las que implican un cambio en la dirección de la tendencia del precio (figuras de cambio de tendencia). Son formaciones que una vez que se confirman provocan una reacción del precio en sentido opuesto a la tendencia previa.
- Las que implican una continuidad en la dirección de la tendencia del precio (figuras de continuación de tendencia). Son formaciones que una vez que concluyen provocan la reanudación de la tendencia previa.

Formaciones de cambio de tendencia

Este tipo de figuras implican que una vez confirmadas provocan un cambio de dirección en el precio. Pero dentro de esta categoría podemos encontrarnos dos tipos de formaciones muy distintas. Unas se desarrollan de forma lenta, e implican muchas velas o barras hasta que pueden darse por activadas. Los procesos de formación de este tipo de figuras se denominan fases de distribución cuando provocan el paso de una tendencia al alza a una tendencia a la baja. Y fases de acumulación cuando provocan el paso de una tendencia a la baja a una tendencia al alza.

Por el contrario, otras figuras son muy rápidas porque están formadas por tan sólo una, dos o a lo sumo tres velas o barras, y si bien no suelen provocar cambios de tendencia estructural, pueden ser buenos indicadores de que estamos ante una alta probabilidad de corrección fuerte del precio.

Dentro de las formaciones o patrones lentos los más conocidos son:

- Doble techo y doble suelo
- Triple techo y triple suelo
- Cabeza y hombros, y cabeza y hombros invertido

Dentro de las formaciones o patrones rápidos, los más utilizados son:

- Día de vuelta, envolventes alcistas y bajistas.
- Isla de vuelta o estrellas del amanecer y del atardecer.

Todas estas formaciones gráficas pueden identificarse en cualquier espacio temporal, desde gráficos mensuales o semanales a gráficos diarios e incluso en períodos intradiarios (gráficos de 1, 5, 15, 30 minutos, 1 o 4 horas, etcétera). Cuanto más largo sea el espacio temporal en que aparece la estructura, mayor será su impacto y, en consecuencia, normalmente más tiempo tardará en alcanzarse el objetivo, y viceversa.

Formaciones de cambio de tendencia (lentas)

Como ya hemos comentado antes, cualquier cambio de tendencia implica una alteración en la secuencia de máximos y mínimos en la cotización de los precios. Por lo tanto, en este tipo de estructuras gráficas veremos cómo se produce ese cambio en la estructura ratificando que estamos ante un paso de tendencia alcista a bajista, y viceversa. No debemos olvidar que este tipo de figuras se presentan en todo tipo de espacios temporales, en gráficos mensuales, semanales, diarios e intradiarios. Y lo que en realidad importa es la alteración de la secuencia de mínimos y máximos más allá de si estamos analizando el comportamiento del mercado en el largo o en el corto plazo.

Doble techo

Se trata de una estructura que surge en plena tendencia alcista. En un momento dado, el precio no es capaz de superar el máximo anterior (punto 1). Es decir, los compradores comienzan a perder la batalla en favor de los vendedores en el punto 2, en torno a la altura del máximo previo (punto 1). A partir de ahí surge la alerta, ya que no se ha confirmado un nuevo máximo alcista. Pero para confirmar esta estructura es necesario que el precio caiga por debajo del último mínimo creciente (punto A). No olvidemos que para poder hablar de un cambio de tendencia necesitamos que la estructura de máximos y mínimos realmente cambie (gráfico 3.1).

En el momento en que la cotización cae por debajo del punto A, podemos dar por activada la formación del cambio de tendencia. Este tipo de figuras nos ofrece una proyección mínima en sentido contrario a la tendencia alcista anterior. El objetivo se calcula como la altura desde el punto A hasta los puntos 1 y 2, proyectándola a la baja desde el punto A, al que se suele denominar nivel de *neckline*. La proyección de la altura del doble techo es nuestro objetivo mínimo; esto es, debemos esperar que al menos se produzca una caída de la cotización proporcional a dicha altura. Este objetivo sólo representa el recorrido potencial mínimo que esperamos ver, pero con frecuencia la aparición de este tipo de estructuras acaba teniendo repercusiones mayores a las inicialmente previstas. Cuando al final se confirma la tendencia a la baja, los tres tipos de inversores comienzan a estar cada vez más convencidos de que para ganar dinero tienen que vender.

Veamos un ejemplo real de este tipo de figura en el índice de renta variable alemán, el DAX, a finales de 2007 (gráfico 3.2). Esta formación fue la precursora de un cambio de tendencia en la bolsa alemana que se extendió mucho más allá del propio objetivo del doble techo.

Gráfico 3.1

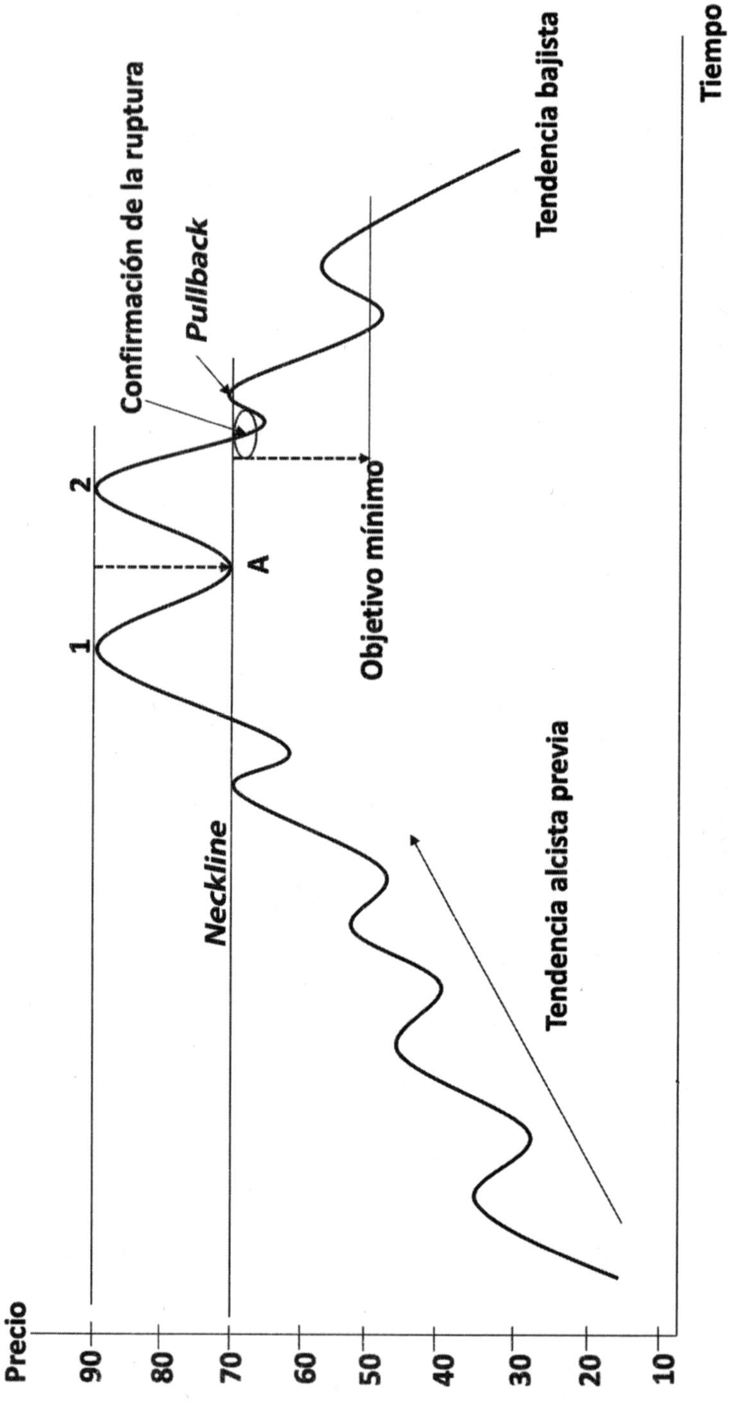

Fuente: Elaboración propia.

Gráfico 3.2. Gráfico mensual del DAX entre finales de 2002 y mediados de 2009

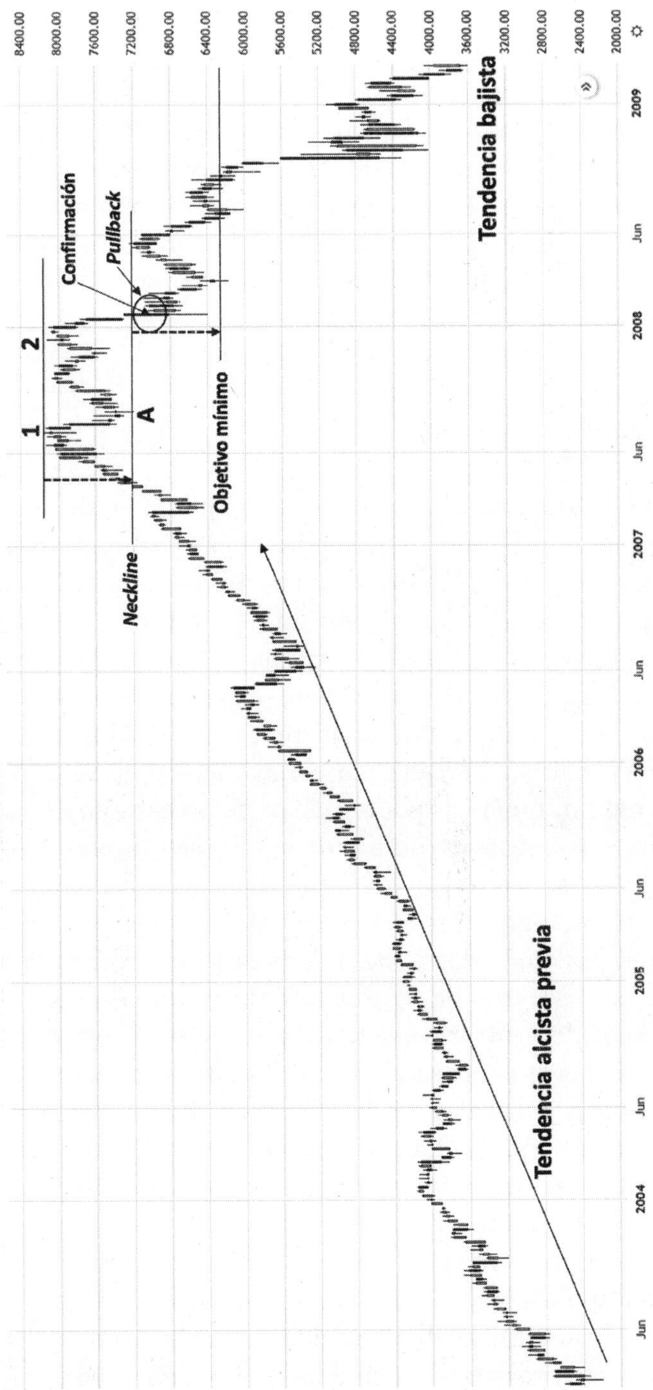

Fuente: TradingView.

Triple techo

Se trata de una variante de la figura de doble techo en la que se prolonga el proceso de distribución generando el rechazo de la zona de techos en tres ocasiones. Del mismo modo, también se respeta la zona de suelos dos veces consecutivas antes de romperlos definitivamente. La forma de interpretar esta figura apenas difiere de la manera en que lo hacemos con el doble techo. El aspecto que muestra este patrón es el mostrado en el gráfico 3.3.

Doble suelo

Se trata de una estructura que surge en plena tendencia bajista. En un momento dado, el precio no es capaz de caer por debajo del mínimo anterior (punto 1). Es decir, los vendedores comienzan a perder la batalla en favor de los compradores en el punto 2, en torno a la altura del mínimo previo (punto 1). A partir de ahí surge la alerta, ya que no se ha confirmado un nuevo mínimo bajista. Pero para confirmar esta estructura es necesario que el precio supere el último máximo decreciente (punto A). No olvidemos que para poder hablar de un cambio de tendencia necesitamos que la estructura de máximos y mínimos realmente cambie (gráfico 3.4).

En el momento en que la cotización sube por encima del punto A, podemos dar por activada la formación de cambio de tendencia. Este tipo de figuras nos ofrece una proyección mínima en sentido contrario a la tendencia alcista anterior. El objetivo se calcula como la altura desde el punto A hasta los puntos 1 y 2, proyectándola al alza desde el punto A, al que se suele denominar nivel de *neckline*. La proyección de la altura del doble suelo es nuestro objetivo mínimo; o sea, debemos esperar que al menos se produzca una subida de la cotización proporcional a dicha altura. Este objetivo sólo representa el recorrido potencial mínimo que esperamos ver, pero con frecuencia la aparición de este tipo de estructuras acaba teniendo repercusiones mayores a las inicialmente previstas. Cuando al final se confirma la tendencia

Gráfico 3.3

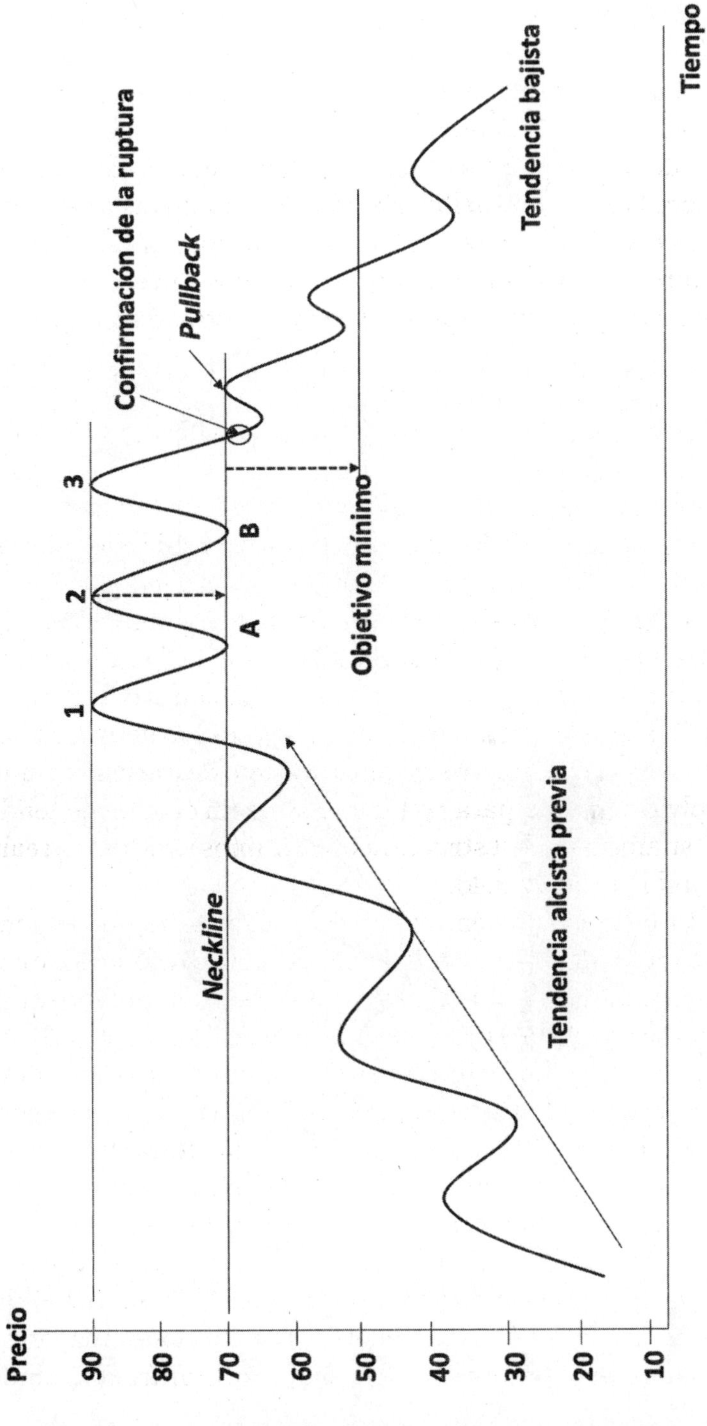

Fuente: Elaboración propia.

Gráfico 3.4

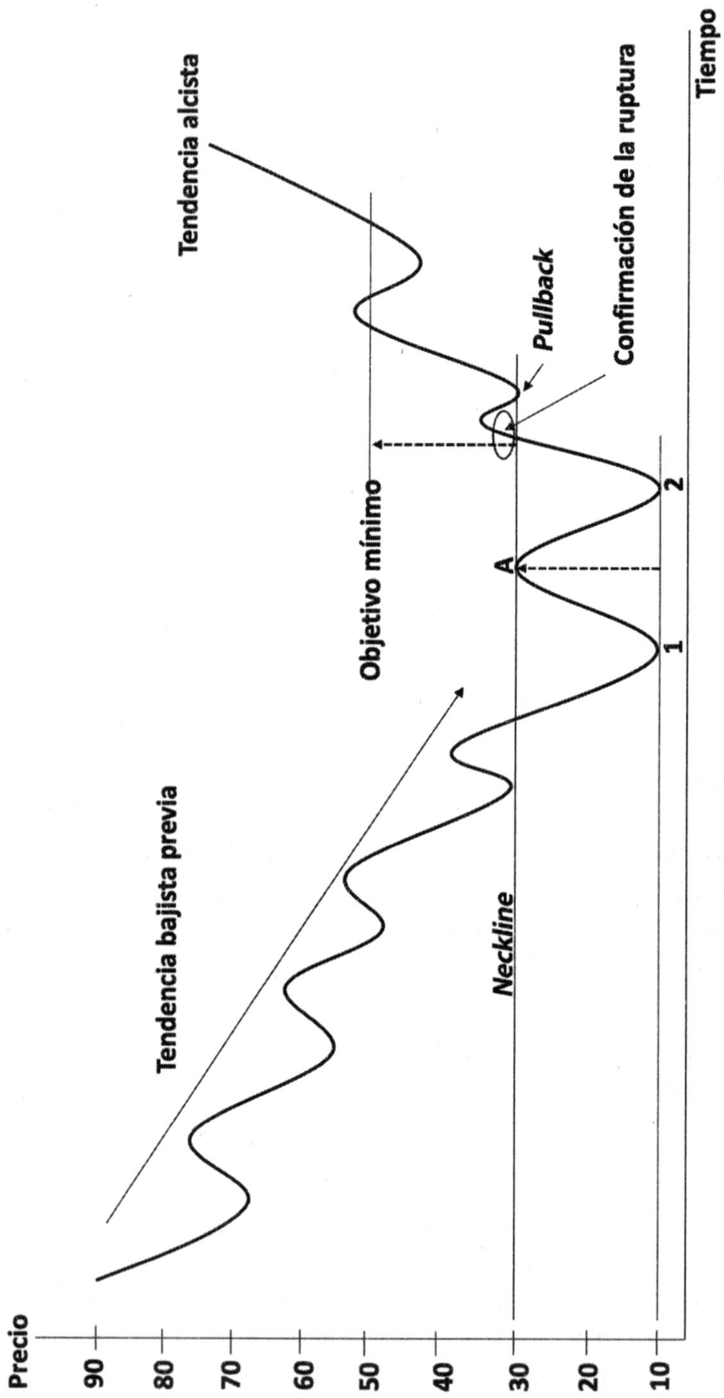

Fuente: Elaboración propia.

al alza, los tres tipos de inversores comienzan a estar convencidos de que la forma de ganar dinero es comprar en el mercado.

En el gráfico 3.5 un ejemplo real de este tipo de figura en el índice de renta variable español, el Ibex 35, a mediados de 2012. Esta formación fue la precursora de un cambio de tendencia en la bolsa española y se extendió mucho más allá del propio objetivo del doble suelo.

Triple suelo

Se trata de una variante de la figura de doble suelo en la que se prolonga el proceso de acumulación generando el rechazo de la zona de suelos en tres ocasiones. Del mismo modo, también se respeta la zona de techos dos veces consecutivas antes de romperlos definitivamente. La forma de interpretar esta figura apenas difiere de la manera en que lo hacemos con el doble suelo. El aspecto de este patrón se muestra en el gráfico 3.6.

Hombro-cabeza-hombro

Se trata de una estructura que surge en plena tendencia alcista y que está compuesta por tres máximos relevantes y dos mínimos que determinan un soporte clave. En un momento dado, el precio no es capaz de superar el máximo anterior (la cabeza). Es decir, los compradores comienzan a perder la batalla en favor de los vendedores en el punto 3, marcando un máximo claramente descendente respecto al máximo previo. A partir de ahí surge la alerta, ya que no se ha confirmado la secuencia de máximos crecientes. Pero para confirmar la estructura bajista es necesario que el precio caiga por debajo del último mínimo alcista (punto B). No olvidemos que para poder hablar de un cambio de tendencia necesitamos que la estructura de máximos y mínimos realmente cambie (gráfico 3.7).

En el momento en que la cotización cae por debajo del punto B, podemos dar por activada la formación de cambio de ten-

Gráfico 3.5. Gráfico diario del Ibex 35 entre 2011 y octubre de 2013

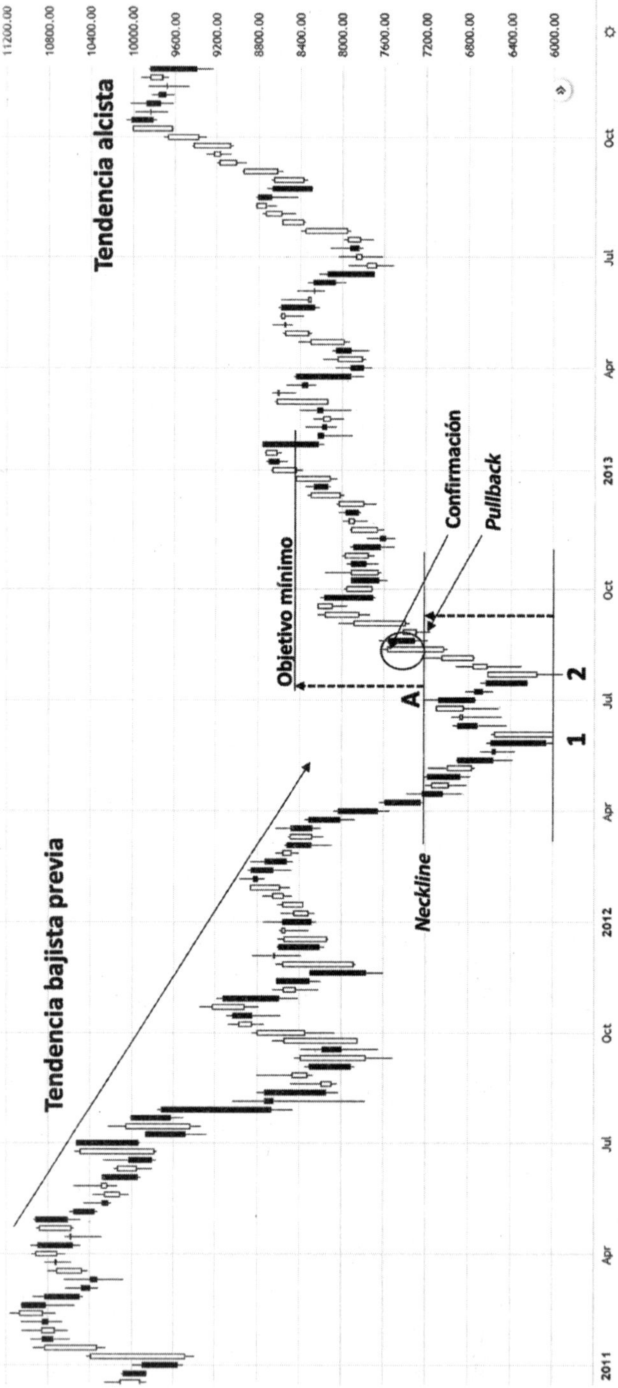

Fuente: TradingView.

Gráfico 3.6

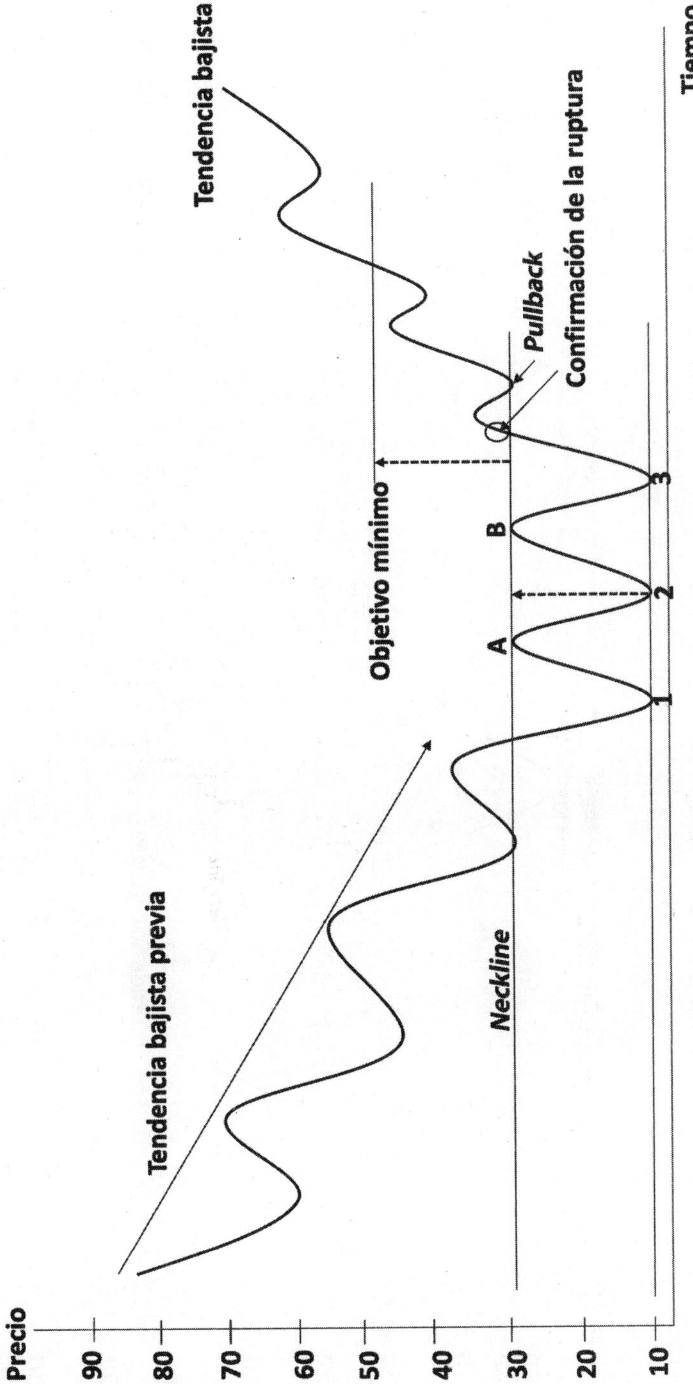

Fuente: Elaboración propia.

Gráfico 3.7

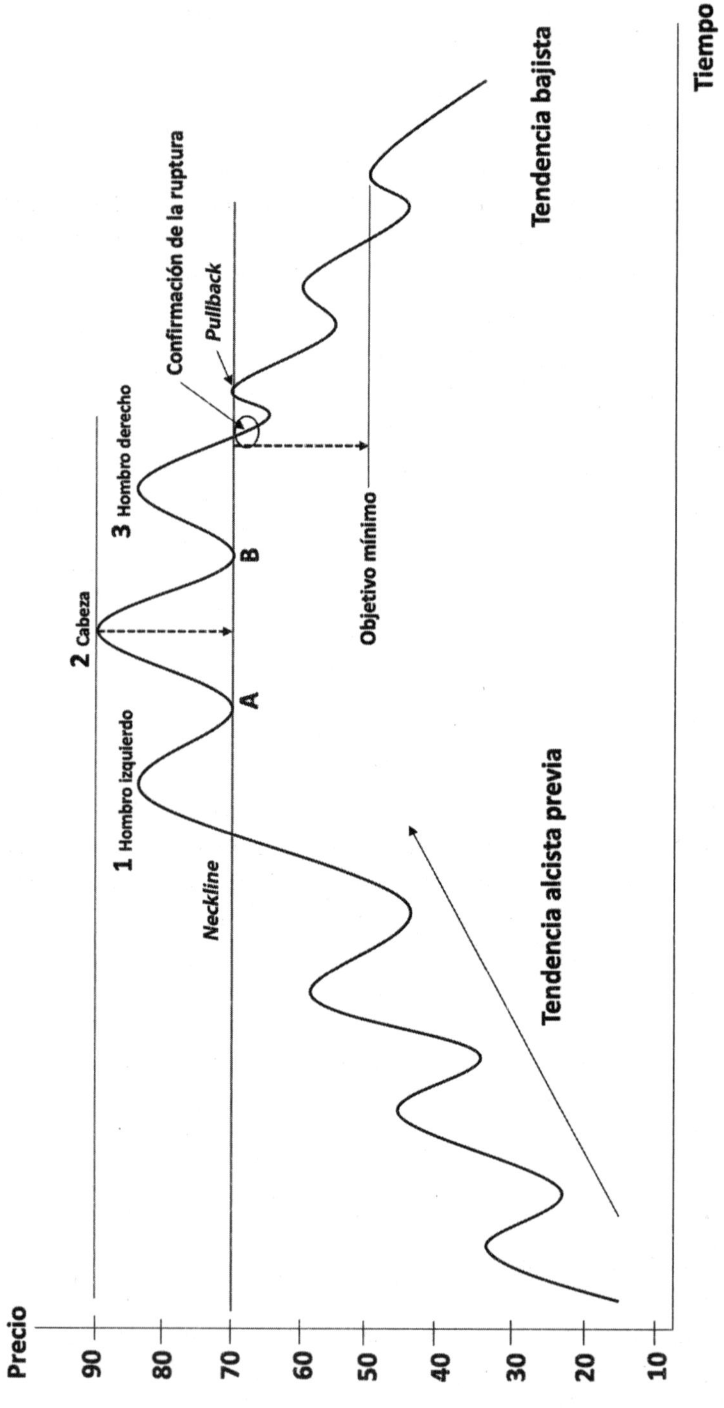

Fuente: Elaboración propia.

dencia. Este tipo de figuras nos ofrece una proyección mínima en sentido contrario a la tendencia alcista anterior. El objetivo se calcula como la altura entre la línea que une los puntos A y B hasta lo más alto de la cabeza o punto 2, y proyectamos dicha altura a la baja desde la línea de *neckline*. Se trata tan sólo de un objetivo mínimo, pero con frecuencia veremos que una vez que se produce una figura de este tipo, el cambio de tendencia implica recorridos mayores de lo inicialmente previsto en sentido contrario a la tendencia anterior. Cuando al final la tendencia cambia a la baja, los tres tipos de inversores comienzan a estar cada vez más convencidos de que la decisión correcta para ganar dinero implica vender en el mercado.

Veamos un ejemplo real de este tipo de figura en el par de divisas USDJPY en el gráfico 3.8; esto es, el tipo de cambio entre el dólar estadounidense y el yen japonés. Esta formación fue la precursora de un cambio de tendencia que provocó la apreciación del yen frente al dólar durante el año 2016.

Hombro-cabeza-hombro invertido

Se trata de una estructura que surge en plena tendencia bajista y que está compuesta por tres mínimos relevantes y dos máximos que determinan una resistencia clave. En un momento dado, el precio no es capaz de caer por debajo del último mínimo decreciente (la cabeza). Es decir, los vendedores comienzan a perder la batalla en favor de los compradores en el punto 3, marcando un mínimo claramente ascendente respecto al mínimo previo. A partir de ahí surge la alerta, ya que no se ha confirmado la secuencia de mínimos decrecientes. Pero para confirmar la estructura alcista, es necesario que el precio supere el último máximo bajista (punto B). No olvidemos que para poder hablar de un cambio de tendencia necesitamos que la estructura de máximos y mínimos realmente cambie (gráfico 3.9).

En el momento en que la cotización supera el punto B, podemos dar por activada la formación de cambio de tendencia. Este tipo de figuras nos ofrece una proyección mínima en sentido

Gráfico 3.8. Gráfico diario del tipo de cambio entre el dólar y el yen entre marzo de 2013 y octubre de 2016

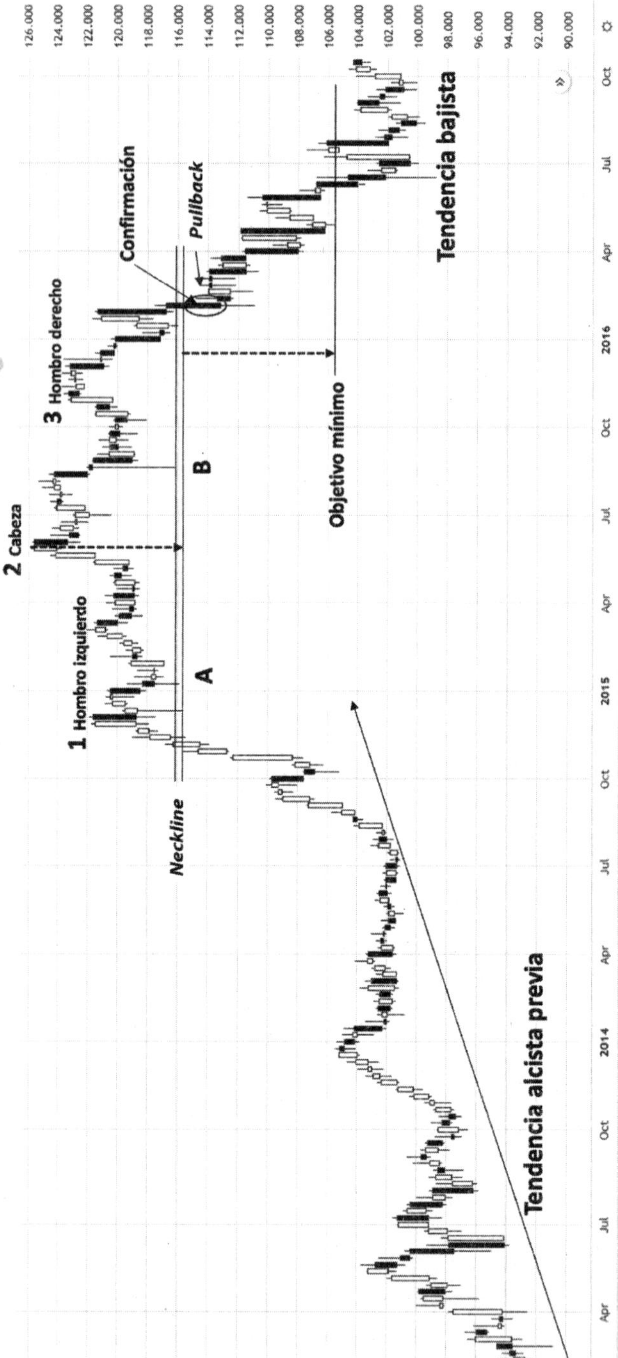

Fuente: TradingView.

Gráfico 3.9

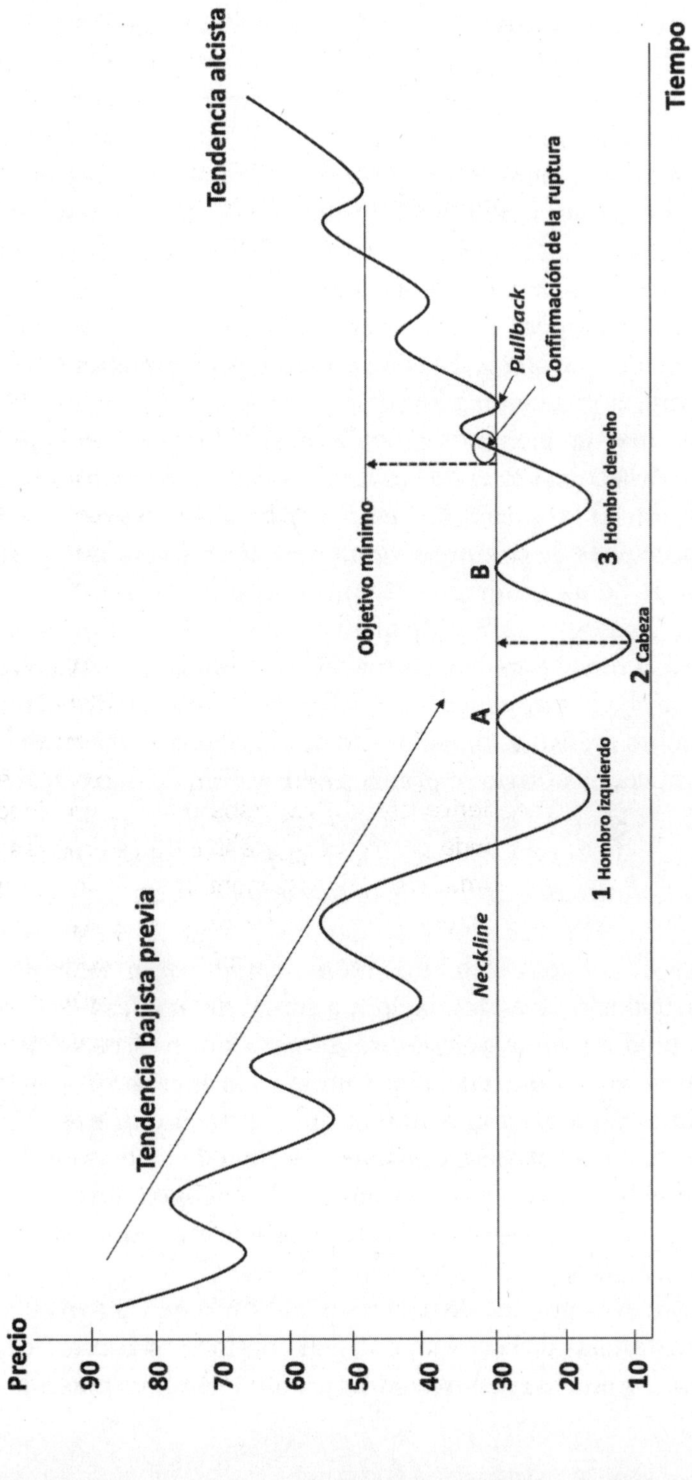

Fuente: Elaboración propia.

contrario a la tendencia bajista anterior. El objetivo se calcula como la altura entre la línea que une los puntos A y B hasta lo más bajo de la cabeza o punto 2, y proyectamos dicha altura al alza desde la línea de *neckline*. Se trata tan sólo de un objetivo mínimo, pero con frecuencia veremos que una vez que se produce una figura de este tipo, el cambio de tendencia implica recorridos mayores de lo inicialmente previsto en sentido contrario a la tendencia anterior. Cuando al final cambia la tendencia al alza, los tres tipos de inversores comienzan a estar cada vez más convencidos de que la decisión correcta para ganar dinero implica comprar en el mercado.

Veamos un ejemplo real de este tipo de figura en la materia prima del cobre, pero esta vez utilizando un gráfico intradiario de cuatro horas (gráfico 3.10); es decir que cada vela representa las transacciones de compra y venta que suceden durante períodos de cuatro horas. La formación se genera durante el mes de mayo de 2022. Cuando tratamos de análisis en espacios temporales más cortos, el funcionamiento y análisis no cambia, pero las implicaciones son acordes al período analizado, lo que quiere decir que lo que en un gráfico semanal puede desarrollarse en varios años, en un gráfico intradiario se produce en cuestión de unos pocos días.

Formaciones de cambio de tendencia (rápidas)

En ocasiones, los cambios de tendencia no nacen de un proceso de distribución o acumulación; a saber, de una fase de consolidación lateral en la que se forman patrones o estructuras reconocibles al ojo del analista. Cuando los mercados atraviesan por una fase de caída o subida muy vertical e insostenible, es habitual que el proceso que marca el final de dicho movimiento sea muy brusco. En esas ocasiones nos encontramos vueltas en forma de v, en las que en cuestión de pocas sesiones se pasa de un entorno muy positivo a uno muy negativo o de uno muy negativo a otro muy positivo. Desde el punto de vista gráfico, las circunstancias de este tipo encajan con los procesos de capitulación extrema de los inversores y, como veremos más adelante

Gráfico 3.10. Gráfico de cuatro horas del cobre durante mayo de 2022

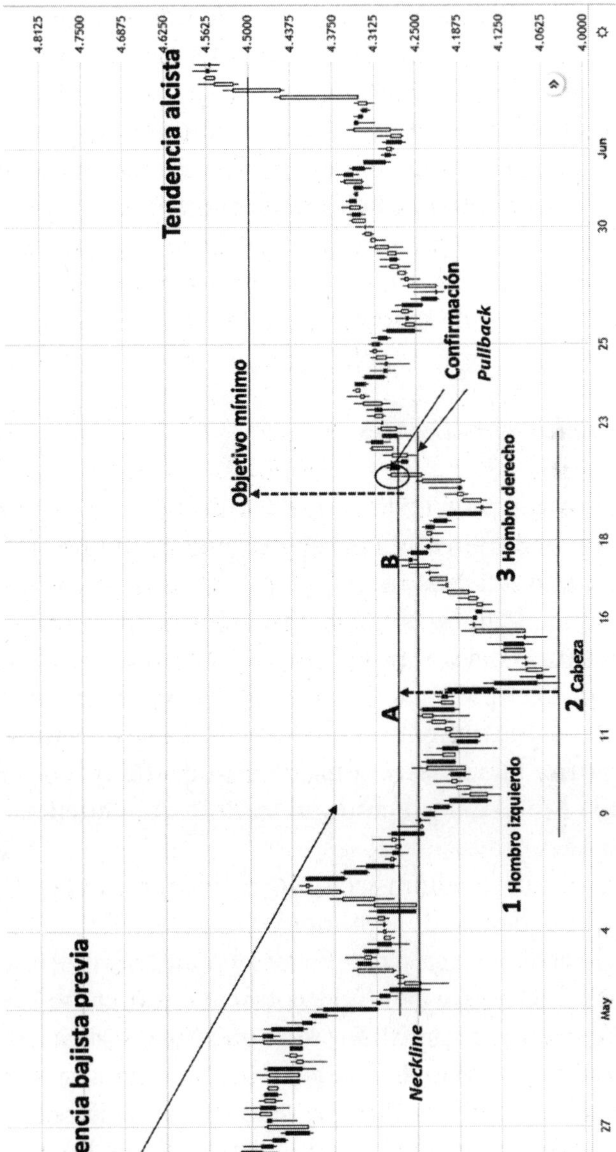

Fuente: TradingView.

—cuando analicemos las grandes burbujas y crisis de los últimos cuarenta años—, requieren una serie de condiciones previas para que sean posibles.

En este apartado vamos a repasar con rapidez cómo son este tipo de señales, que si bien pueden identificarse en todos los espacios temporales, son mucho más relevantes cuando aparecen en gráficos de largo plazo, ya que no provocan meros rebotes o correcciones, sino que en muchas ocasiones será lo que marque el final de un proceso tendencial.

Día de vuelta-envolventes

Se trata de una sesión en la que el equilibrio entre los compradores y los vendedores cambia tras una tendencia muy vertical que nos indica que estamos en un proceso de capitulación. Debemos recordar que el concepto de capitulación hace referencia a una forma de actuar del inversor en la que sobre cualquier otro argumento prima el «pánico comprador» o el «pánico vendedor». En esas fases los movimientos son verticales e insostenibles, y este tipo de patrón tal vez sea la única forma de identificar con cierta fiabilidad el final del proceso y el cambio de tendencia que tendrá lugar a continuación.

A estas alturas, algún lector se estará preguntando: ¿y qué pasa con la secuencia de mínimos y máximos? En efecto, cuando utilizamos esta técnica para dar por concluido un proceso tendencial no estamos esperando confirmar un cambio en la secuencia de mínimos y máximos, sino que nos estamos anticipando a ese potencial cambio, lo que representa un riesgo enorme. Sin embargo, si limitamos el uso de este tipo de análisis a aquellos momentos en los que el mercado ha entrado en fases de capitulación extrema, encontraremos que merece la pena asumir esos riesgos en favor de identificar lo antes posible el cambio de tendencia. No obstante, a medida que vayamos identificando esos momentos clave en la historia se entenderá mejor la utilidad de estos patrones y cómo incorporarlos a nuestra batería de herramientas en la toma de decisiones de inversión.

Cuando las barras se utilizan como método de graficar, el nombre de esta figura es «día de vuelta» o *reversal day*. Aunque el nombre lleva implícito un período diario, la barra no tiene por qué representar una sesión diaria, ya que, si estamos usando para nuestro análisis un espacio temporal más largo, como por ejemplo gráficos semanales o mensuales, cada barra reflejará lo que sucede en la semana o en el mes. Por lo tanto, sólo se trata de una nomenclatura que no limita su uso a otros espacios temporales (gráfico 3.11).

Antes de aparecer esta vela, el movimiento tendencial se ha ido acelerando hasta un nivel insostenible. Al inicio de la sesión todo parece ir bien, ya que el precio es capaz de moverse en la misma dirección que la tendencia previa y marca un nuevo máximo si la tendencia era alcista o un nuevo mínimo si la tendencia era bajista, pero durante la formación de la barra, el equilibrio entre compradores y vendedores cambia drásticamente y lo que parecía que iba a ser una continuación de lo que venía sucediendo en las barras anteriores acaba en un giro inesperado. Para confirmar este cambio es necesario que, si estamos en una tendencia alcista, el «día de vuelta» cumpla con las siguientes condiciones: la barra debe generar un máximo por encima del máximo de la barra previa, para marcar con posterioridad un cierre por debajo de los mínimos de la barra anterior. Si por el contrario estamos en una tendencia bajista, el «día de vuelta» debe cumplir las siguientes condiciones: la barra debe generar un mínimo por debajo del mínimo de la barra previa, para marcar con posterioridad un cierre por encima de los máximos de la barra anterior. El cambio en el liderazgo que se produce durante la barra unido a un comportamiento previo de capitulación es lo que nos indica que se ha terminado el proceso tendencial y que es muy probable un cambio de dirección.

Veamos en el gráfico 3.12 un ejemplo real de este tipo de figura en el índice de renta variable estadounidense, el Nasdaq 100, que marcó un techo en 2018 y un suelo en 2002.

Si en lugar de utilizar gráficos de barras usamos gráficos de velas, el patrón es idéntico al «día de vuelta», pero cuando surge en el techo de una tendencia alcista se le denomina «envolvente

Gráfico 3.11

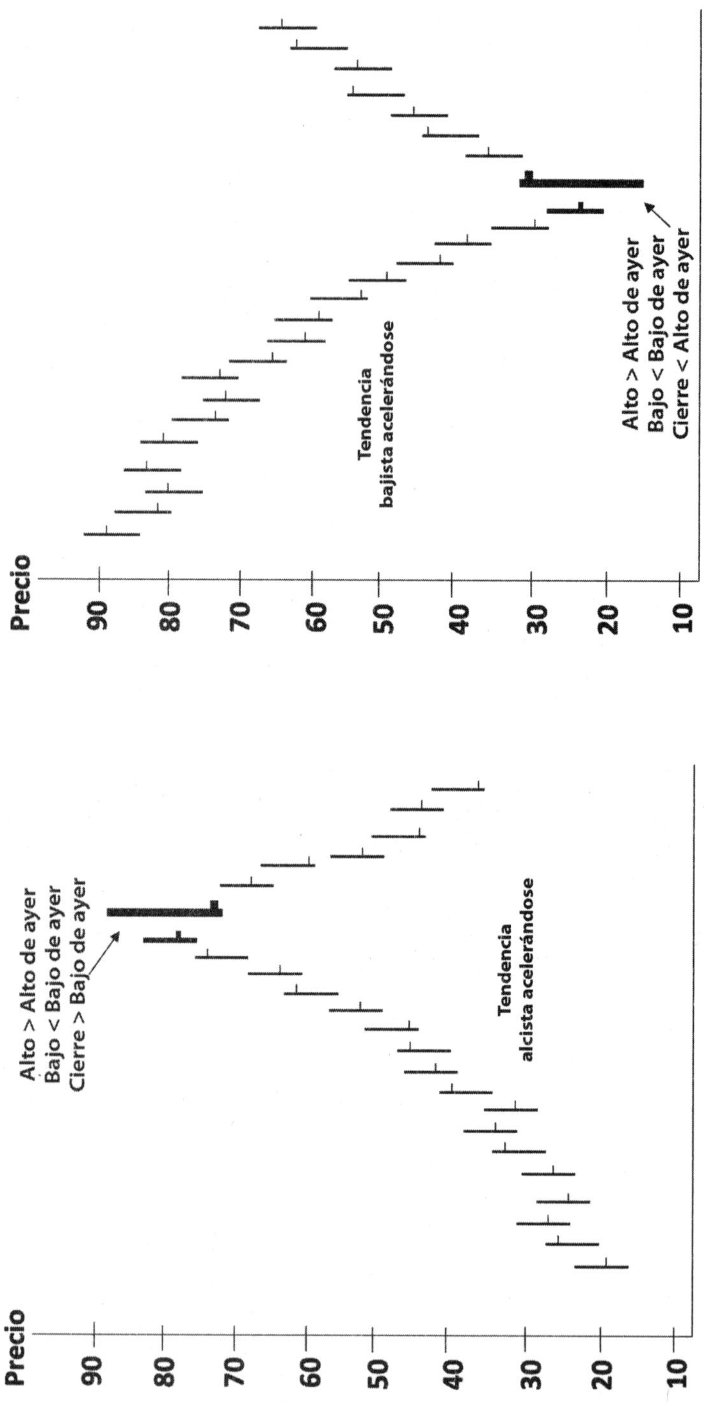

Fuente: Elaboración propia.

Gráfico 3.12. Gráfico semanal del Nasdaq 100. A la izquierda 2018, y a la derecha en 2002

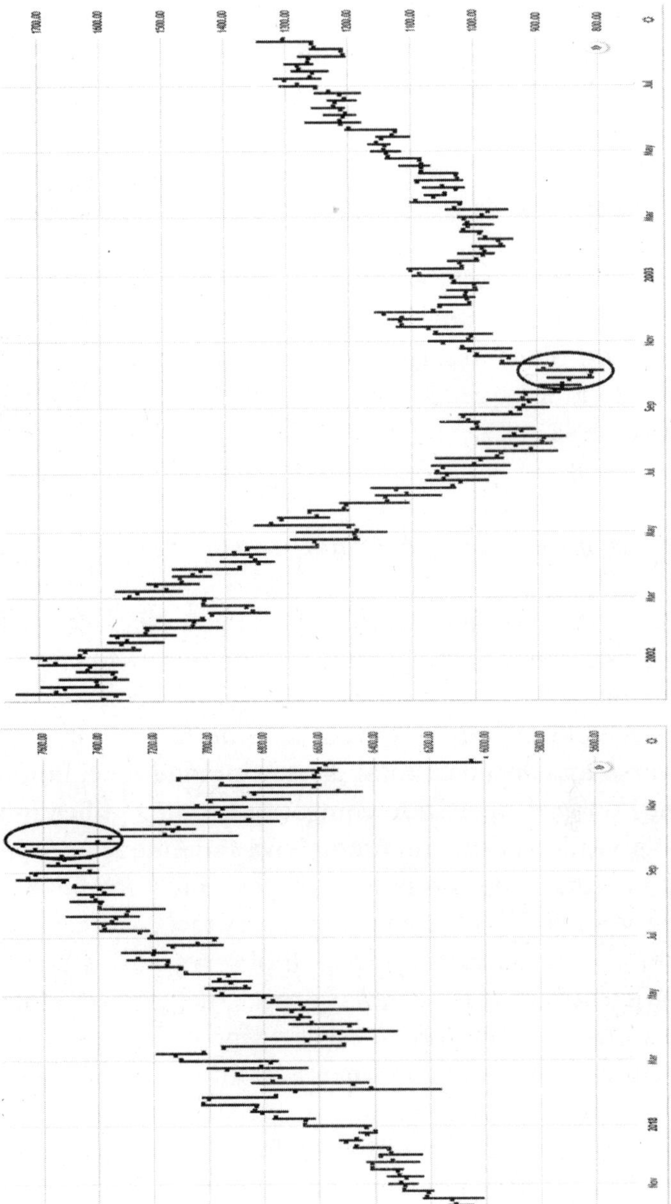

Fuente: TradingView.

bajista», y cuando surge en el suelo de una tendencia bajista, «envolvente alcista». El término *envolvente* se debe a que el cuerpo de la vela que marca el final del proceso tendencial envuelve completamente al cuerpo de la vela previa; es decir que supera tanto por arriba como por abajo al cuerpo de la vela anterior. El aspecto de este patrón se muestra en el gráfico de velas 3.13.

El ejemplo anterior del Nasdaq 100 trasladado a un gráfico de velas mostraría estos dos patrones como en el gráfico 3.14.

La interpretación sería la misma que hicimos con el «día de vuelta», lo único que cambia es la forma en que mostramos la variación de la cotización.

Isla de vuelta-estrellas del amanecer y atardecer

Se trata de un patrón que queda aislado a izquierda y derecha por dos *gaps* o huecos en el precio. Dado el ímpetu observado en la tendencia existente, el primer *gap* da la sensación de ser un hueco de continuación, pero al cabo de uno a tres días suele apreciarse una ausencia total de continuidad en el empuje y se produce un *gap* en sentido contrario. Eso nos indica que se ha acabado la inercia que mantenía viva la tendencia. A partir de ahí, lo más probable es que se produzca o bien una fuerte corrección en sentido contrario a la tendencia previa o directamente un cambio de tendencia completa. Si observamos este patrón en un gráfico de barras mostrará el aspecto del gráfico 3.15.

Veamos un ejemplo real de este tipo de figura en la acción estadounidense de Apple en mayo de 2019 y en agosto de 2007 en el gráfico 3.16.

Este ejemplo de Apple trasladado a un gráfico de velas mostraría estos dos patrones como en el gráfico 3.17.

Tras este repaso a los patrones más habituales que podemos utilizar para detectar finales de tendencia en el mercado, vamos a hacer un resumen de los conceptos más importantes del análisis gráfico. Posteriormente recorreremos la historia para ver cómo nos podrían haber ayudado a reducir y aumentar nuestra exposi-

Gráfico 3.13

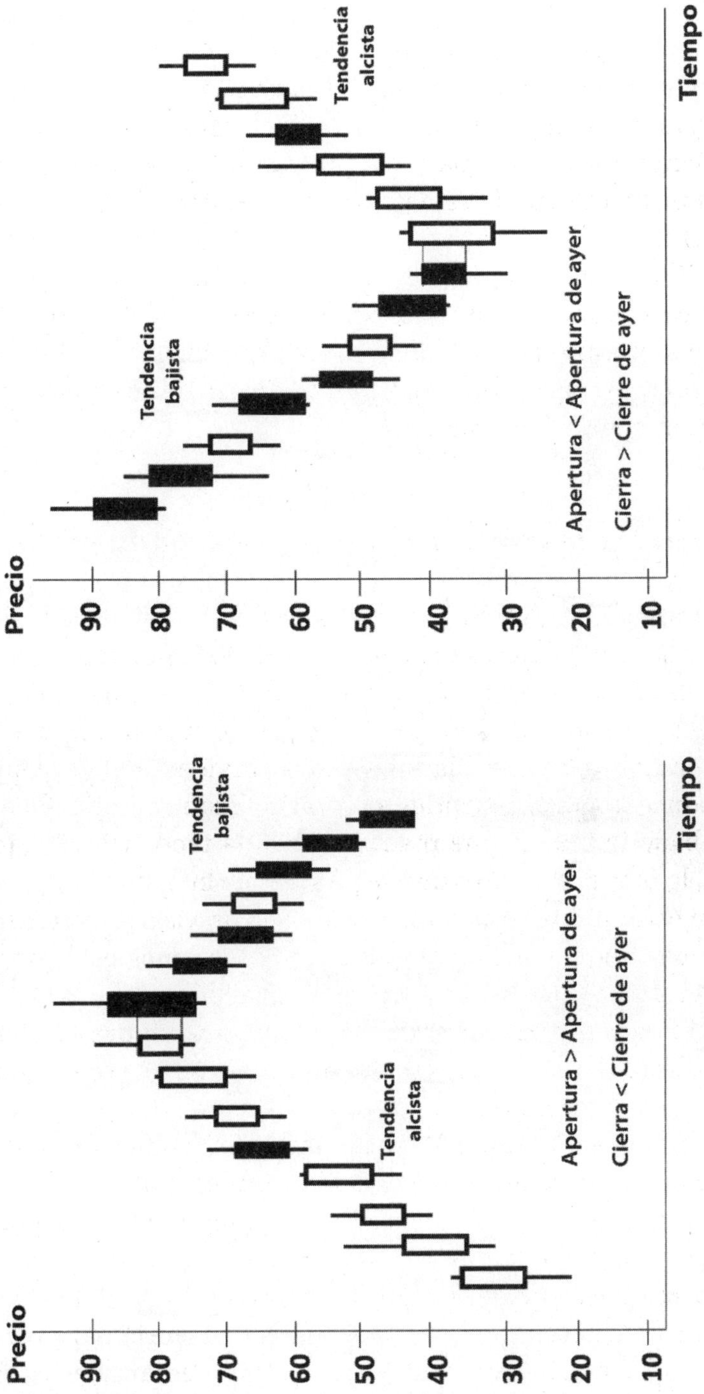

Fuente: Elaboración propia.

Gráfico 3.14. Gráfico semanal del Nasdaq 100. A la izquierda en 2018 y a la derecha en 2002

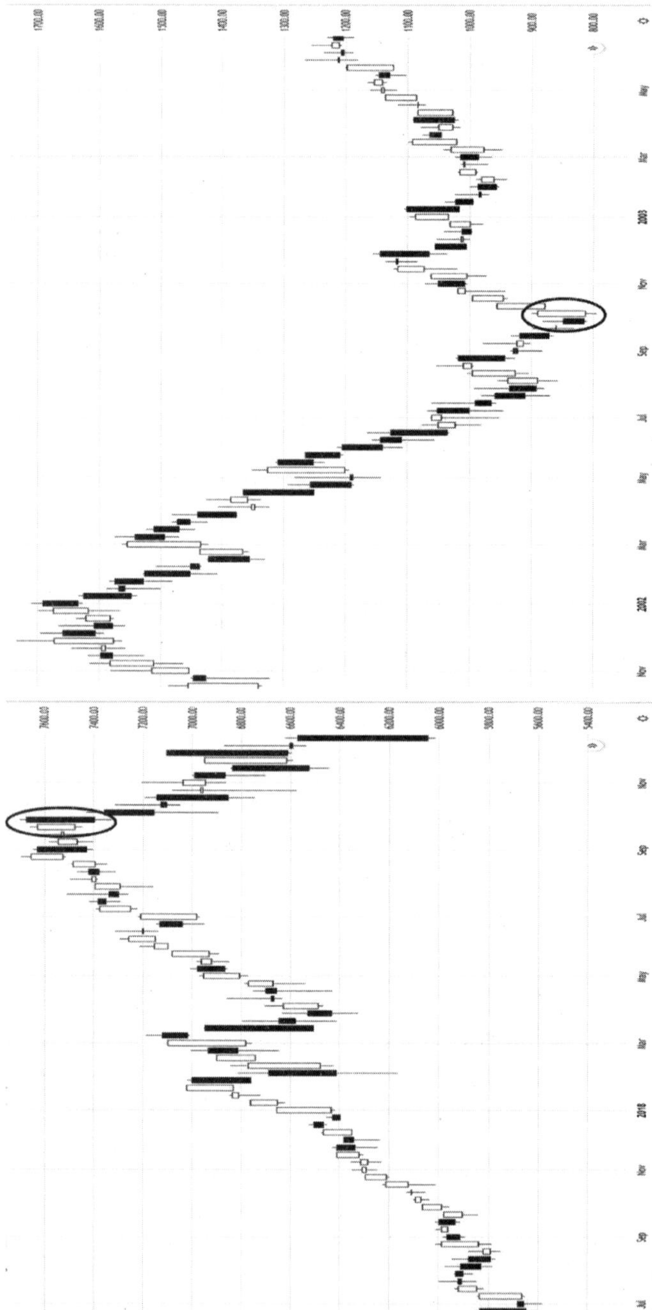

Fuente: TradingView.

Gráfico 3.15

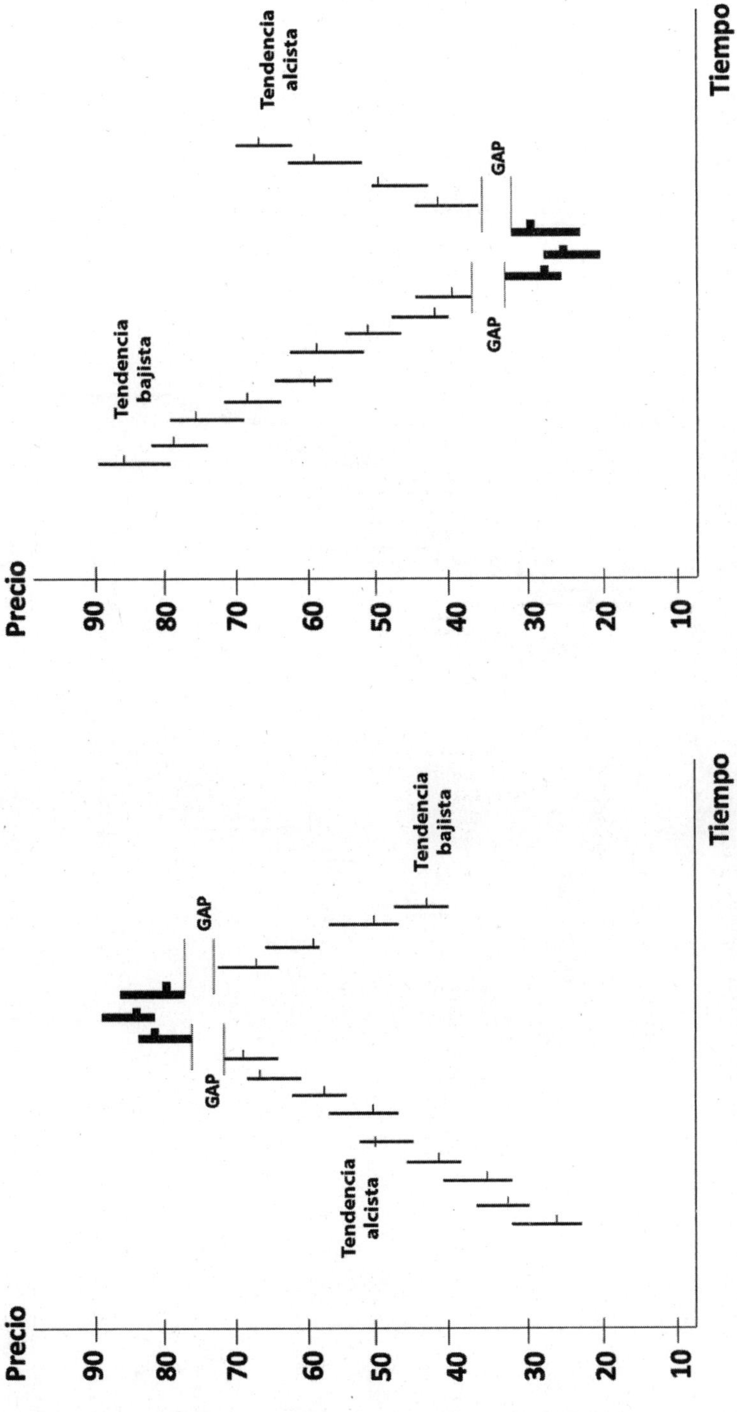

Fuente: Elaboración propia.

Gráfico 3.16. Gráfico diario de Apple. A la izquierda, isla de vuelta en 2007, y a la derecha, isla de vuelta en 2019

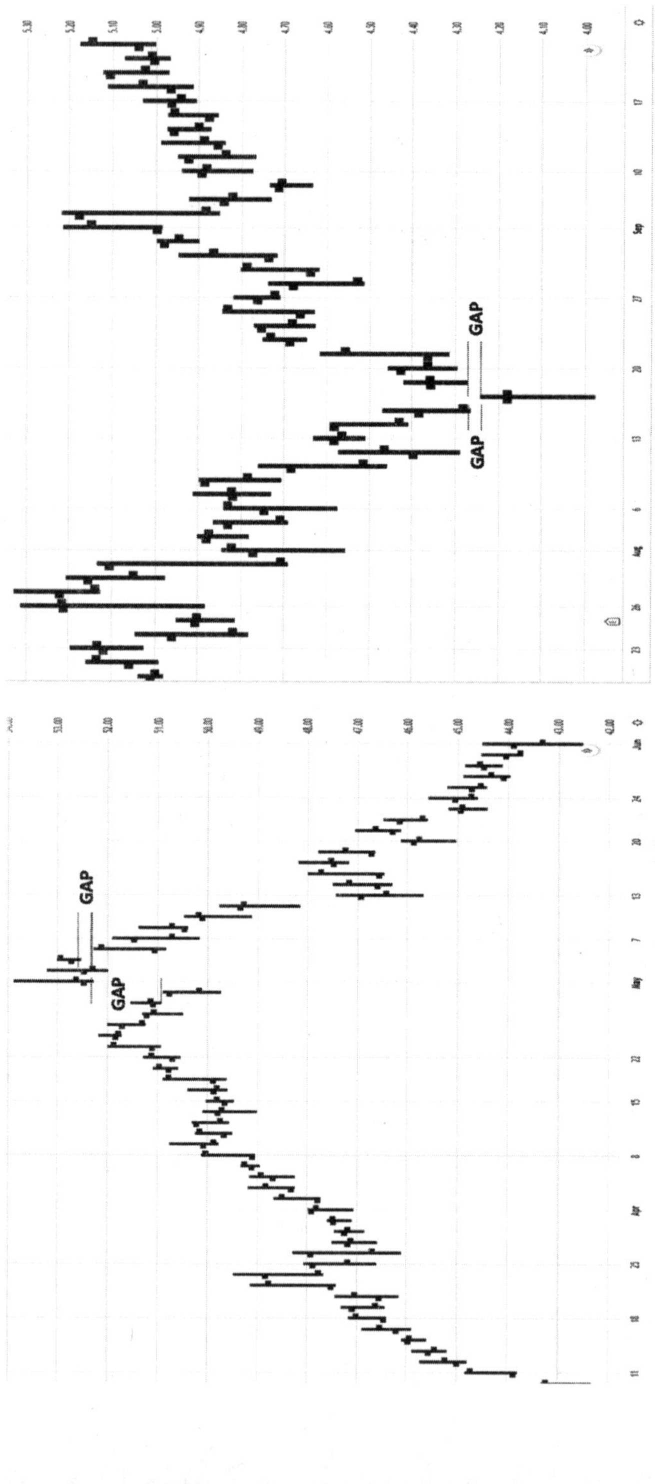

Fuente: TradingView.

Gráfico 3.17. Gráfico diario de Apple. A la izquierda, isla de vuelta en 2007, y a la derecha, isla de vuelta en 2019

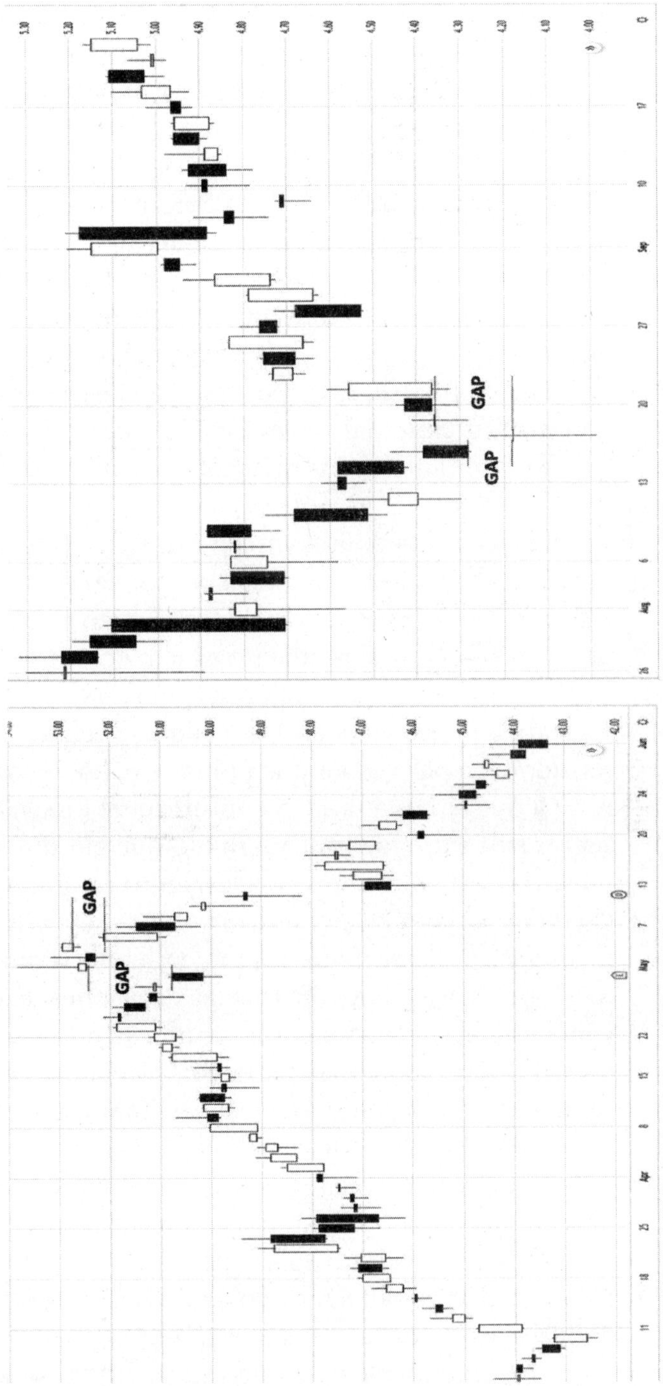

Fuente: TradingView.

ción al mercado en los momentos más interesantes de las últimas cuatro décadas. Ideas que debemos mantener en la retina antes de adentrarnos en las lecciones que nos ha dejado la historia de los mercados financieros:

- Las tendencias tanto al alza como a la baja tienen una gran inercia, porque mientras se desarrollan atraen a los inversores poco a poco hasta que participan del efecto rebaño, provocando burbujas, y crisis profundas cuando estallan.
- El mercado no se detiene por mucho que carezca de argumentos fundamentales o macro. Es necesario un cambio en el sentimiento de los inversores para invertir una tendencia.
- El análisis fundamental y macro nos pone de manifiesto lo caro o barato que puede estar cotizando un activo o bolsa concreta, pero es el análisis técnico el que nos va a permitir localizar el momento exacto en que ese exceso o defecto de valoración comienza a ajustarse.
- El gráfico de la evolución de cualquier activo es el mejor termómetro para saber qué opina el resto de los inversores, ya que sin una mayoría optimista el precio no puede seguir subiendo, del mismo modo que sin que haya una mayoría pesimista el precio no puede continuar bajando.
- Cuando hablamos de que la historia se repite a sí misma no quiere decir que todos los movimientos serán iguales a los ya ocurridos, sino que tras las decisiones de compra y venta está el ser humano, que se mueve por sentimientos básicos como la confianza, la complacencia, la avaricia, las dudas, el miedo y el pánico. Ese denominador común que mueve los mercados desde el principio de los tiempos genera patrones de comportamiento que nos permiten anticipar con una probabilidad razonable posibles desarrollos futuros en las cotizaciones.
- No existe ninguna técnica de análisis con una probabilidad de éxito cercana al cien por cien. Por ese motivo, cualquier buen analista sabe que muchas de sus estrategias

acabarán en pérdidas. Pero el éxito de un buen gestor no reside en cuántas veces acierta y cuántas falla, sino en cuánto gana cuando la estrategia sale bien respecto a cuánto pierde cuando se equivoca. Por consiguiente, la llave hacia el éxito como inversor es la correcta gestión monetaria de nuestras inversiones.

4

Aprendiendo a leer las señales anticipadas que generan indicadores técnicos como el RSI o índice de fuerza relativa

Aunque no pretendo hacer de este libro un compendio de técnicas de análisis técnico, sí he considerado necesario introducir este capítulo en el que explico el funcionamiento de un indicador llamado índice de fuerza relativa (RSI). El motivo que me ha llevado a hacerlo ha sido poder incluir en la batería de señales anticipadas de cambio de sentimiento un índice que ofrezca señales anticipadas. Las formaciones lentas confirman el cambio de tendencia una vez que se ha constatado, ya que la secuencia de máximos y mínimos ha variado. Las formaciones rápidas ofrecen menor seguridad, pero a cambio dan la alerta en los máximos o mínimos de mercado, de manera que para poder actuar con confianza es preferible tener la mayor cantidad de señales posibles a nuestro favor. A lo largo de este libro veremos que la combinación de esos patrones rápidos y las señales que se pueden detectar con antelación en un indicador técnico, como el índice de fuerza relativa (RSI), ofrecen grandes oportunidades de inversión, tanto de compra como de venta.

El RSI pertenece a la familia de los «osciladores». Eso quiere decir que se trata de un indicador adelantado, porque mide el cambio en la aceleración del movimiento y no el cambio en la dirección. Imaginemos un vehículo que va hacia delante a una velocidad de veinte kilómetros por hora. Una formación de cambio de tendencia o un indicador retrasado de seguimiento de tendencia nos advertiría de una situación en la que el vehículo pasase de su avance hacia delante a comenzar a moverse marcha atrás; es decir, nos confirmaría que ha cambiado la tendencia, pero antes el vehículo ha tenido que reducir la velocidad, luego pararse y, por último, comenzar a moverse marcha atrás, o sea, en sentido contrario. Los osciladores como el RSI nos alertan tan pronto como detectan que el vehículo que circulaba hacia delante a veinte kilómetros por hora empieza a hacerlo a una velocidad menor, digamos a diez kilómetros por hora. El mensaje dice: «Ojo, se está perdiendo fuerza en el avance, y si esto sigue así puede que acabes parándote».

Jamás una señal de pérdida de fuerza debe interpretarse como una confirmación de cambio de dirección, pero si lo combinamos con un patrón gráfico lento o rápido, la fiabilidad es mucho mayor. De modo que en primer lugar vamos a explicar cómo se construye el RSI desde un punto de vista matemático, aunque no sea estrictamente necesario entender su formulación para hacer buen uso de él. Por defecto, el RSI se calcula sobre los últimos catorce datos, eso quiere decir que, si estamos usando un gráfico diario, el RSI utilizará los últimos catorce días, pero si estamos en un gráfico semanal, tomará para el cálculo las últimas catorce semanas, y así con cualquier espacio temporal que escojamos. Para calcular el resultado, lo primero que debemos hacer es separar de esas catorce sesiones las que fueron al alza (grupo A) de las que fueron a la baja (grupo B). Una vez que hemos filtrado los datos en dos grupos, procedemos a calcular la fuerza relativa (RS) como el cociente del grupo A entre el grupo B.

$$\text{RS (14)} = \frac{\text{Grupo A, en el que están todas las sesiones alcistas}}{\text{Grupo B, en el que están todas las sesiones bajistas}}$$

A continuación, vamos a normalizar el factor RS para que fluctúe siempre entre 0 y 100. Para ello usaremos la siguiente fórmula:

$$RSI (14) = 100 - (100 / (1 + RS))$$

De ese modo delimitaremos los valores que puede tomar el índice, y así será más fácil analizar cuando se acerca a zonas extremas por arriba y por abajo. Como es lógico, cualquier señal de pérdida de fuerza que se produzca en las zonas extremas será más importante que la señal que pueda presentarse en zonas neutras.

Ahora vamos a mostrar el aspecto y la forma de utilizar el indicador junto al gráfico de cotizaciones de cualquier activo. Por defecto llamaremos zonas extremas de sobrecompra al intervalo entre 70 y 100, y zona de sobreventa al intervalo entre 0 y 30. Sólo estaremos pendientes de las señales que se produzcan dentro de esas zonas. Y esas señales serán de dos tipos:

- Rupturas de directrices: El indicador tiende a replicar lo que hace el precio y, por lo tanto, las tendencias que podemos detectar en el gráfico de cotizaciones normalmente también se verán reflejadas en el RSI. Pero como el indicador actúa con cierta antelación, las rupturas de esas tendencias se detectarán antes en el indicador que en el precio.
- Divergencias: Se detectan cuando hay discrepancias entre el comportamiento del precio y el del indicador. Lo normal es que cuando el precio está llegando a nuevos máximos, el RSI también los esté alcanzando. Si detectamos que no es el caso, estamos ante una divergencia bajista. Se trata de una señal anticipada de pérdida de fuerza. Por el contrario, si lo que ocurre es que el precio está marcando mínimos cada vez más bajos y el RSI hace lo contrario, marca mínimos al alza, estaríamos ante una divergencia alcista y es una señal de fuerza que suele indicar un alto riesgo de que el mercado rebote. Veamos estos conceptos en el gráfico 4.1.

Gráfico 4.1. Gráfico semanal del DAX entre 2016 y 2019

Fuente: TradingView.

En la primera parte del gráfico se detecta una tendencia alcista tanto en el precio como en el RSI. La directriz en el indicador se rompe mucho antes de que se detecte un problema con la directriz en el precio. La A representa la primera señal. Más adelante vemos que entre los puntos 1 y 2 del precio la secuencia de máximos es creciente; pero en el RSI, entre los mismos puntos la secuencia es decreciente. Eso es una divergencia bajista. La B es la segunda señal de debilidad. Justo después se forma un patrón tipo «doble techo». La C es la tercera señal negativa. Por último, la directriz alcista del precio se rompe en D, y ésa ya es la cuarta señal bajista que hemos cosechado con el tiempo.

Veamos ahora la secuencia de señales positivas. Primero se produce una envolvente alcista F y justo después la ruptura al alza de la directriz bajista en RSI, E. Bastantes sesiones después, tiene lugar la ruptura de la directriz en el precio. No siempre veremos las mismas agrupaciones de señales, pero con frecuencia aglutinaremos varias de las que hemos analizado en este gráfico, y nos servirán para afianzar la señal de que algo está cambiando en torno al sentimiento de los inversores, y a la postre generará un cambio de dirección en el precio; es decir, un cambio de tendencia.

5

El índice de volatilidad como termómetro del sentimiento del inversor: El VIX

Hasta ahora hemos hablado de las tendencias de máximos y mínimos, de los patrones gráficos que suelen anticipar los cambios de tendencia y de algún indicador técnico como el RSI, o índice de fuerza relativa, que nos ayudan a identificar oportunidades de compra y venta en el mercado. Pero a esa batería de herramientas habría que añadir una más que refleja de modo muy limpio cuál es el sentimiento reinante en cada momento. En el mercado existen índices de volatilidad; es decir, referencias que hacen alusión directa a la expectativa que tienen los inversores sobre el tipo de entorno en el que se va a mover el mercado. Primero de todo hay que entender que este tipo de índice cotiza como cualquier otro activo y se puede comprar y vender. La volatilidad se puede medir de dos formas. En términos históricos, lo que nos da información de lo que ha ocurrido en el pasado. Pero también se puede medir en términos implícitos; esto es, intentando medir el riesgo que perciben los inversores de cara al futuro, y se construye sobre la base de cómo cotizan en el mercado determinadas opciones *call* y *put*.

No tiene sentido que en este capítulo entremos en los detalles de su construcción, pero sí es crucial que se entienda cómo funciona el índice, ya que la volatilidad implícita resulta muy interesante como termómetro de la confianza del inversor. Casi todos los índices de bolsa más importantes del mundo tienen un índice de volatilidad propio, pero en este libro nos centraremos en uno de los más utilizados a nivel mundial, el VIX, que representa la volatilidad de la bolsa S&P500 en Estados Unidos. Primero vayamos con el concepto, luego podemos ver el gráfico y sacar las primeras conclusiones.

El VIX mide la desviación estándar ponderada a 30 días del movimiento anual del S&P500. La tabla 5.1 muestra la variación porcentual mensual y diaria que debe ocurrir en función de dónde cotice el VIX. Por ejemplo, si el índice VIX está cotizando a un nivel de 30, implica que la variación diaria del precio del S&P500 debería ser de en torno a 1,89 por ciento, y la variación mensual del índice de alrededor de 8,66 por ciento. Como es lógico, en los períodos bajistas tienden a registrarse los niveles más altos de volatilidad, ya que los inversores pierden los nervios cuando viven períodos de capitulación, y con esa actitud generan movimientos más violentos de lo habitual, lo que queda recogido con lecturas extremas en los índices de volatilidad.

Ahora veamos en la página siguiente un gráfico de la historia del VIX (gráfico 5.1), y constataremos que es fácil extraer las primeras conclusiones.

Como se puede observar, en todas y cada una de las crisis de los últimos treinta años se han registrado fuertes repuntes en el índice de volatilidad. Una inspección visual permite establecer tres zonas clave en el gráfico:

1. La zona de complacencia: Cuando las condiciones económicas son muy buenas y el inversor no percibe ningún riesgo en el horizonte. En este tipo de circunstancias la bolsa suele estar en plena tendencia alcista.
2. La zona de miedo: Cuando se produce alguna crisis grave. Por lo general, el índice alcanza cotas entre 45 y 55, y puede ser un indicador interesante que nos puede advertir de que tal vez ya lo peor se ha puesto en precio y, por lo tanto, que el suelo de mercado no está lejos.
3. La zona de pánico: Sólo suele alcanzarse este nivel cuando además de ser grave, la crisis es global, como ocurrió

> con la crisis financiera y la crisis de la COVID-19. En esos casos, el nivel de incertidumbre y desesperación es máximo. Los inversores llegan a cuestionarse la viabilidad del sistema financiero y económico en sí mismo.

Debemos utilizar este tipo de termómetro financiero para medir el sentimiento real del conjunto de los inversores, porque como ya hemos explicado antes, más allá del entorno macro o los fundamentales, lo que nos lleva a generar excesos por arriba y por debajo respecto al punto de equilibrio natural de cualquier activo es la forma en que percibimos los riesgos en cada momento. De modo que detectar en este indicador demasiada complacencia, miedo o pánico nos ayudará a conocer mejor la realidad subyacente en el comportamiento del mercado en términos de psicología del inversor.

Tabla 5.1

VIX	Variación SP500 mensual	Variación SP500 diaria
10 %	2.89 %	0.63 %
12 %	3.46 %	0.76 %
14 %	4.04 %	0.88 %
16 %	4.62 %	1.01 %
18 %	5.20 %	1.13 %
20 %	5.77 %	1.26 %
22 %	6.35 %	1.39 %
24 %	6.93 %	1.51 %
26 %	7.51 %	1.64 %
30 %	8.66 %	1.89 %
34 %	9.81 %	2.14 %
36 %	10.39 %	2.27 %
38 %	10.97 %	2.39 %
40 %	11.55 %	2.52 %
42 %	12.12 %	2.65 %
35 %	10.10 %	2.20 %
40 %	11.55 %	2.52 %
45 %	12.99 %	2.83 %
50 %	14.43 %	3.15 %
55 %	15.88 %	3.46 %
60 %	17.32 %	3.78 %
65 %	18.76 %	4.09 %
70 %	20.21 %	4.41 %
75 %	21.65 %	4.72 %
80 %	23.09 %	5.04 %
85 %	24.54 %	5.35 %
90 %	25.98 %	5.67 %
95 %	27.42 %	5.98 %
100 %	28.87 %	6.30 %

Fuente: Elaboración propia.

Gráfico 5.1. Gráfico semanal del VIX entre 1990 y 2023

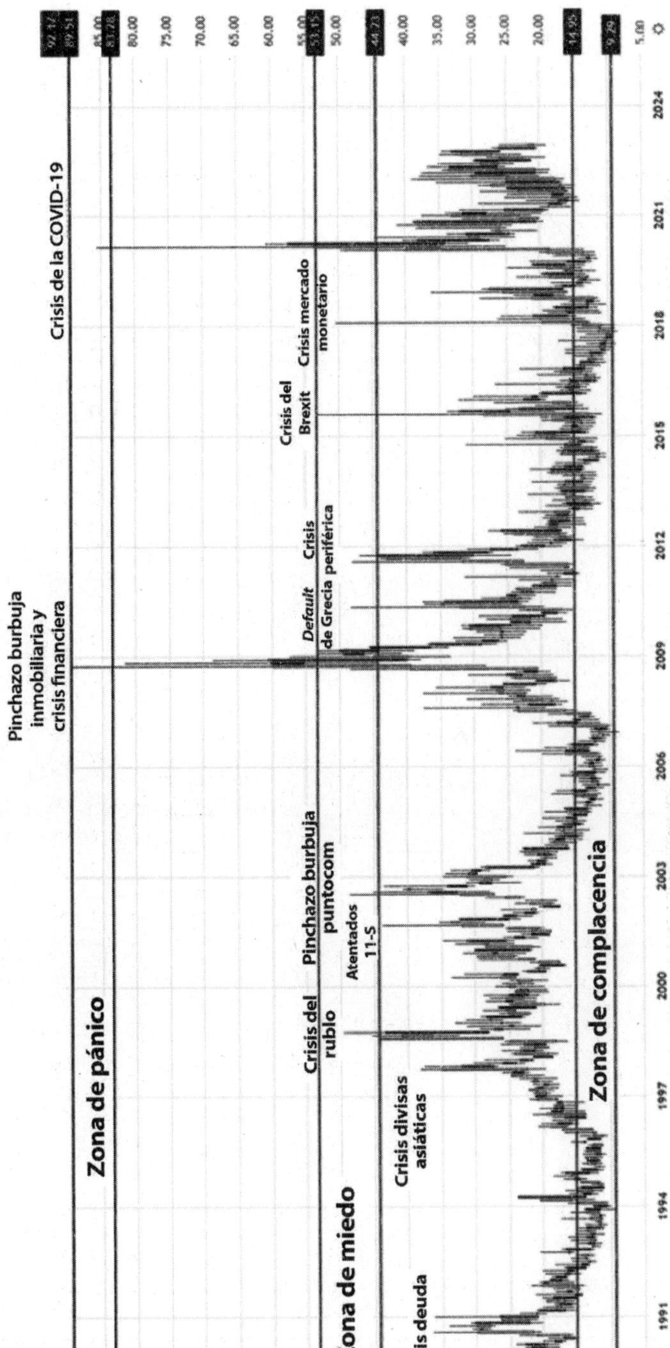

Fuente: TradingView.

6

Aprendiendo de crisis anteriores para ser un gestor más eficiente en el futuro

Cuando decidí escribir este libro y esbocé el guion de lo que más tarde se convertiría en la obra que está en tus manos en este momento, lo que más ilusión me hacía era narrar este capítulo. En mi vida siempre me han apasionado los retos, y no quería que el libro fuese un manual de inversión en el que se aglutinasen conceptos abstractos de cómo habría que hacer las cosas. Tal como he comentado antes, mi experiencia me ha permitido desarrollar una metodología de inversión en la que se fusiona el análisis macro, el técnico y el fundamental. Además, mi aproximación al mercado se ha basado en el entendimiento de que todos los activos están interconectados entre sí, y de ahí que sólo tenga sentido analizar los mercados financieros con un enfoque global.

En este capítulo quiero mostrarte la historia que he vivido bajo ese prisma de trescientos sesenta grados. Repasar los momentos clave que han afectado a distintos activos a lo largo de casi cuatro décadas debería permitirnos extraer valiosas conclusiones que expondré en el capítulo siguiente. A medida que desarrolle cada caso concreto, espero que vayas observando pautas y extrayendo ideas en torno al comportamiento del mercado en esos momentos clave de la historia, y que te permitan más adelante tomar decisiones de inversión de forma más eficiente y también con un mayor grado de confianza.

A lo largo de los últimos treinta y cinco años he tenido ocasión de ver todo tipo de escenarios, he sido testigo de la formación de grandes burbujas financieras en renta variable, mercado inmobiliario, crédito, divisas, criptodivisas..., y también de cómo acabaron explotando, provocando increíbles desplomes en las cotizaciones. Algunas veces las crisis no están precedidas de burbujas, simplemente son provocadas por cambios drásticos en el escenario económico, o se deben a tragedias geopolíticas. Con independencia de qué motiva un movimiento de ese tipo en el mercado, yo no comparto la idea de que la evolución de los precios sea aleatoria, tal como defienden algunas teorías del comportamiento de las cotizaciones en el mercado. Creo que la cotización de cualquier activo responde a un conjunto amplio de factores que no siempre afectan de la misma manera. Dependiendo de la fase de mercado en la que nos encontremos, un mismo dato se puede interpretar de modo positivo o negativo. Es como mirar un vaso lleno de agua hasta la mitad. Algunos dirán que el vaso está medio vacío y otros que está medio lleno. Ambas aseveraciones son ciertas, pero la forma de expresarlo puede mostrar una visión más negativa o positiva de la misma realidad. En el mercado, este comportamiento también es habitual. Al margen de la valoración, de la situación macroeconómica, de los riesgos geopolíticos, o de la política monetaria que implementan los bancos centrales, lo que a la postre determina que el mercado suba o baje es el sentimiento de los inversores, que expresa la suma de expectativas, deseos, dudas, confianza, euforia y miedos del mercado. De hecho, no son pocas las veces que hemos presenciado que con datos negativos un activo ha subido y con datos positivos su cotización ha bajado.

Para el desarrollo de este capítulo realizaré un viaje en el tiempo, en el que pretendo compartir los momentos históricos en los que se crearon las mayores burbujas financieras seguidas del pinchazo posterior. Intentaré mostrar el entorno macroeconómico previo a esos momentos históricos, así como la situación que se percibía desde una perspectiva del análisis gráfico, apoyado en los conceptos básicos que he desgranado en el capítulo anterior. Pero como he dicho antes, la foto no estaría completa si en cada momento crítico no entendemos los sentimientos que imperaban entre los inversores del mercado. De modo que compartiré mis recuerdos, mis esperanzas y miedos, y en la mayoría de los casos, en cada una de las ocasiones, las dudas respecto a cómo debía actuar siendo un gestor profesional. Como es lógico, cuanto más atrás me remonto, los recuerdos se vuelven más difusos, por lo que, aunque intentaré ser lo más fiel posible a mi memoria y a mis experiencias vividas, si en algún momento me alejo de lo que pudo ser la realidad, no será movido por la mala fe, sino por una memoria que tal vez flaquee más de lo que me hubiese gustado.

Mis primeros pasos

Cuando en 1984 comencé a estudiar Ciencias Empresariales en el Centro Universitario de Estudios Financieros (CUNEF) tenía 18 años. El año anterior había estado estudiando en Estados Unidos, y allí tuve la oportunidad de descubrir la asignatura de Informática. Cuando volví a España, mi sueño era cursar la carrera de Informática y en su defecto la de Bellas Artes. Pero para mi sorpresa, cuando busqué información sobre posibles carreras universitarias, descubrí que en España ni siquiera existía una licenciatura en Informática, tan sólo una diplomatura y el enfoque de la carrera era eminentemente teórico, ya que apenas se dedicaba una hora a la semana al uso de ordenadores. Aún recuerdo la discusión con mis padres sobre qué estudios universitarios ofrecían mejores oportunidades laborales y su temor a que Informática o Bellas Artes no tuviesen demasiadas salidas en el futuro. Al final alcanzamos un acuerdo por el cual mis padres invertirían en satisfacer mis conocimientos de informática si a cambio yo decidía estudiar algo que *a priori* podía tener mejores salidas laborales. Por eso me matriculé en Empresariales, y ellos me compraron un ordenador, que en aquellos años era un artículo de lujo bastante caro.

A lo largo de los siguientes años tuve varios ordenadores, pero recuerdo con especial interés uno en particular, era el primer Macintosh de Apple. Hoy es una reliquia que aún conservamos y que me recuerda cómo ha cambiado la tecnología a lo largo de mi vida. Por supuesto, hablamos de una época en la que no había internet, los ordenadores no tenían disco duro y en su defecto todo el trabajo se realizaba con disquetes, las pantallas eran monocromas, y la resolución y velocidad de procesamiento era ridícula si las comparamos con las de hoy en día. Pero lo importante es que tenía mi ordenador, y pasaba el tiempo intentando encontrar programas de software del tipo que fuese para saciar mis ganas de aprender. En ese proceso de búsqueda di con una joya, un programa que permitía simular inversiones en el mercado de bolsa en Estados Unidos. El juego tenía como objetivo llegar a ganar un millón de dólares. Y pese a que hablamos de un software de hace décadas, ya te permitía abrir posiciones tanto al contado como en derivados tipo opciones *call* y *put*.

Jugaba a todas horas, incluso aquellas que debería haber destinado a estudiar. No entendía por qué había tanta diferencia en los resultados cuando invertía al contado y cuando lo hacía en opciones. Desconocía el concepto de «apalancamiento financiero» en el mercado de derivados, y no contaba con la posibilidad de escribir en Google mi duda para obtener de inmediato decenas de explicaciones sobre el tema. En 1986 o encontrabas a alguien que supiera del tema o ibas a una biblioteca a ver si tenías suerte y había algún libro que lo explicase, algo que casi nunca ocurría, porque en España estábamos tan sólo en los albores del desarrollo de esta industria. Pese a todo, lo cierto es que ese programa despertó mi interés por los mercados financieros. Quería entender por qué subía o bajaba la bolsa y cómo invertir para ganar dinero. Es curioso, porque a pesar de mi interés creciente por las inversiones, no era capaz de unir lo que iba aprendiendo en la carrera de Economía con los criterios que usaba para invertir en el juego. Para mí eran dos mundos paralelos sin ninguna relación entre sí.

Tiempo después de haber comenzado a mostrar mi interés por la bolsa, mi padre se me acercó un día y me dijo: «Hijo, yo tengo una cartera de acciones, y la verdad es que no la gestiono mucho. Seguro que tú puedes manejarla, y a medida que vayas aprendiendo, conseguirás mejores rentabilidades que yo». Tenía una colección de títulos «clásicos», como las «matildes» (Telefónica), Tabacalera y alguna compañía eléctrica. Con veinte años, para mí fue un chute de adrenalina, y lo primero que hice fue venderlas todas. A los pocos días, mi padre me preguntó por su cartera de acciones, y cuando le dije que ya no tenía ninguna casi le da un infarto. Supongo que llevaba tanto tiempo con ellas que debía haberles cogido cariño. Me defendí argumentando que para poder comprar otras acciones necesitaba efectivo para invertir, y la única forma era liquidando antes sus posiciones. Para cuando se le pasó el malestar, yo ya estaba estudiando todo lo que podía sobre el tema, con la ilusión y la osadía de alguien que acaba de cumplir 20 años y piensa que se va a hacer millonario como en el juego del ordenador. Por aquel entonces me sobraba soberbia y me faltaba conocimiento.

Aún recuerdo una de las estupideces de mis primeros pasos como inversor. Leyendo en el periódico cómo iban las cotizaciones de las distintas acciones, un día me percaté de que las órdenes de compra y venta se podían cursar a través de cualquiera de las cuatro bolsas que había en España. Creo recordar que eran la de Madrid, la de Barcelona, la de Bilbao y la de Valencia. De repente me quedé atónito al descubrir que el precio de las acciones de Tabacalera en Valencia estaba más alto que la cotización en Madrid. De modo que cuando fui a vender las acciones de mi padre me acerqué a la ventanilla del Banco Santander y le dije muy serio al caballero que tramitaba las órdenes que quería vender unas acciones. Me dio un papel donde quedaba registrada la orden, y yo insistí una y otra vez en que quería procesar la orden en la bolsa de Valencia. Él me miró con sorpresa, pero no dijo nada, se limitó a asentir. Al día siguiente acudí a la ventanilla del banco para saber a qué precio final se había ejecutado la orden, y me dijo que todavía no se habían vendido. Aquello me sorprendió sobremanera y como es lógico, pregunté a qué se debía. El caballero me dijo que la liquidez en la Bolsa de Valencia era escasa, y que muchos días no se reunía el corro donde se llevaban a cabo las transacciones de compra y venta. Yo no terminaba de entender de qué diablos estaba hablando, ni siquiera sabía que había corros en los que se juntaban los agentes de bolsa para llevar a cabo las transacciones, así que al día siguiente fui con el recorte de periódico donde se apreciaba que en Valencia la acción cotizaba más alto que en Madrid. Él me miró con cara de cansancio, y simplemente puso un dedo encima de una cifra. Cuando miré vi una fecha, y al levantar la vista me dijo que desde hacía días en Valencia no había operaciones, por eso la última cotización era más alta que en Madrid, donde sí había transacciones todos los días. Salí muy digno del edificio, pero pensando para mí: «Eres un pardillo, y de esto a mi padre ni media, esta historia me la llevo conmigo a la tumba».

Cómo cambia la vida, ahora no sólo lo sabe mi padre, sino que lo cuento públicamente, y no puedo evitar una sonrisa de oreja a oreja al recordar lo pardillo que era. Aprender en aquella época era muy lento porque apenas había fuentes de información al alcance de los estudiantes. Yo no conocía a nadie de quien aprender, y mi frustración crecía día a día. Pero mi determinación, algo que nunca me ha faltado, compensaba en parte las lagunas de conocimiento y fuentes de información existentes.

A medida que iban pasando los meses, leía libros tediosos sobre mercados financieros en un intento por aprender lo que fuese, y poco a poco me iba sintiendo más preparado, más optimista. Tal vez sí consiguiese ser un inversor de éxito después de todo. Quién sabe, tal vez conseguiría un día beneficios por valor de un millón de dólares como en el juego. En ésas estaba, invirtiendo en la bolsa con poco conocimiento y una ilusión enorme por hacerme millonario mientras transcurrían los meses y entrábamos en 1987. Cada vez me sentía más seguro de lo que hacía y asumía más riesgos, abría cada vez posiciones más grandes y me iba realmente bien. Entre mayo y octubre de 1987, ¡la bolsa española subió un 67 por ciento!, y mis acciones no paraban de darme alegrías. Era incapaz de intuir que se acercaba mi primera gran lección como inversor. Pero ¿cómo iba a saber que estaba a las puertas de uno de los peores desplomes bursátiles de la historia? El *crash* del 87.

Ahora soy consciente de que a las puertas de mi primera debacle financiera no sabía nada de análisis técnico, y para ser francos, en realidad no sabía casi nada de ninguna otra técnica de análisis, por lo que tomaba las decisiones sobre la base de mi instinto, o dicho de una forma más directa, de un modo impulsivo y aleatorio. Así que como puedes imaginar, fui una víctima más de la carnicería que comenzó a principios de octubre de 1987 y que culminó con la mayor caída en un solo día, el 19 de ese fatídico mes.

La crisis en bolsa de 1987: El «lunes negro»

El epicentro de esa crisis se situaba en los mercados asiáticos, lo que hacía aún más complejo entender qué estaba sucediendo. Hoy vivimos en un mundo tremendamente globalizado en el que la información se comparte de forma inmediata en todo el planeta, y si necesitas conocer los detalles de cualquier asunto basta con teclearlo en el ordenador para recibir cientos de noticias al respecto. Pero en aquella época, la información brillaba por su ausencia. Lo que comenzó siendo un problema en los mercados asiáticos se extendió como la pólvora por todo el mundo. A finales de octubre, en una crisis que se había vuelto global, Hong Kong había caído más de un 45 por ciento; Nueva Zelanda, un 60 por ciento; Australia, un 42 por ciento; España, un 39 por ciento; Estados Unidos y Canadá, un 39 por ciento, y el Reino Unido, cerca de un 30 por ciento. Todavía hoy se habla del «lunes negro» en referencia al desplome de un 22,6 por ciento del Dow Jones en Estados Unidos en tan sólo una sesión. Pero si tenemos en cuenta el movimiento total desde principios de octubre hasta el día veinte de ese mismo mes, el índice perdió la friolera de un 39 por ciento (gráfico 6.1).

El gráfico 6.2 muestra cómo se vivió en el índice general de la Bolsa de Madrid.

Por aquel entonces, todo el mundo se preguntaba cómo podía estar sucediendo algo así, y había más preguntas que respuestas. Yo no tenía ni idea, y escuchaba demasiadas versiones sobre el potencial detonante de dicho desplome, que en tan sólo una semana había hecho evaporarse las ganancias de varios años. Ahora, con más de tres décadas de experiencia a mis espaldas, lo pienso y sé que este tipo de crisis se deben a un conjunto de factores y no a uno aislado. En aquella época, una de las tesis con más peso era la que argumentaba que la semilla del problema surgió en Japón,

Gráfico 6.1. Gráfico diario del Dow Jones en la crisis de 1987 (DJIA)

Fuente: TradingView.

Gráfico 6.2. Gráfico diario de la Bolsa de Madrid en la crisis de 1987

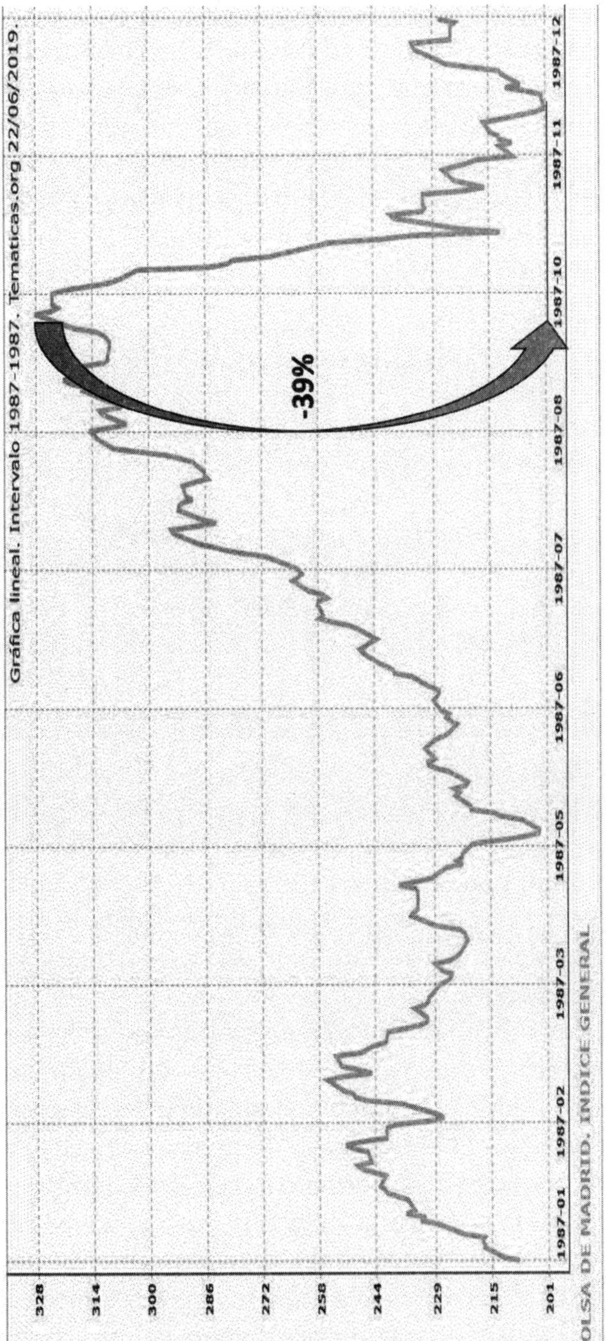

Fuente: BolsasyMercados.

que entonces se había convertido en el principal rival económico de Estados Unidos, y que venía registrando crecimientos del PIB cada vez mayores, lo que mes tras mes propulsaba a su índice de renta variable, el Nikkei 225, a marcar máximos históricos. Sin embargo, a principios de 1986, la expansión económica japonesa se frenó, y en tan sólo un año, el PIB pasó de crecer el 7 por ciento a escasamente el 1 por ciento (gráfico 6.3).

Gráfico 6.3. Evolución del crecimiento económico (PIB) en Japón entre 1982 y 1987

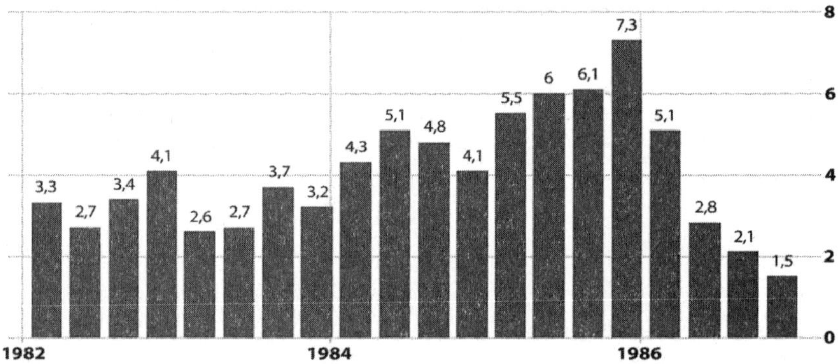

Trading Economics.

Entre 1982 y septiembre de 1987, el Nikkei 225 había estado subiendo un 290 por ciento. Y cuando se desató la crisis, en tan sólo un par de meses registró correcciones cercanas al 20 por ciento (gráfico 6.4).

Pero como digo, ésa era sólo una de las tesis. Otros defendían que lo sucedido se debió a un entorno económico inestable en Estados Unidos, donde se sumaban desequilibrios en términos de un déficit comercial récord, subidas de tasas de interés para luchar contra la elevada inflación, la guerra entre Irán e Irak que afectaba al suministro de petróleo, e incluso la burbuja en el mercado inmobiliario y, por encima de todo, se hablaba mucho del mal funcionamiento del recién instalado mercado electrónico mediante el que se llevaban a cabo las transacciones de compra y venta de bolsa. Adicionalmente, la bolsa se había visto beneficiada por algunas

Gráfico 6.4. Evolución del Nikkei 225 en Japón entre 1982 y 1987

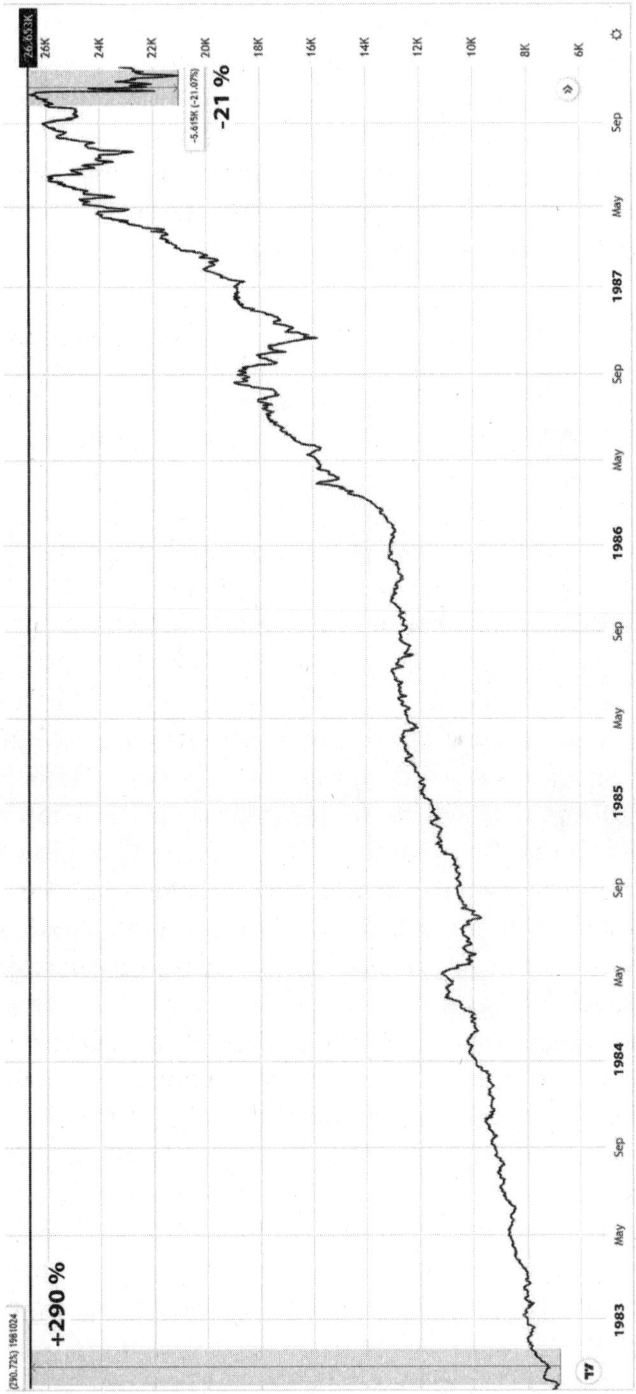

Fuente: TradingView.

reformas fiscales, como el cambio en el tratamiento de la financiación para llevar a cabo adquisiciones corporativas y la deducción de los gastos por intereses asociados con la deuda emitida durante una compra, lo que había desatado la fiebre por las adquisiciones de otras compañías, y con ello la subida del precio de muchas compañías que podían ser objeto de ese tipo de transacciones.[1]

A lo largo de mi carrera profesional he aprendido que los problemas con los que tenemos que lidiar en el presente son el resultado de las decisiones financieras que tomamos en el pasado. Eso genera y explica buena parte de los ciclos económicos en el medio plazo, y es probable que sirva para entender cómo llegamos a la situación de 1987. Así que permíteme arrojar un poco de luz respecto a la situación previa al fatídico «lunes negro», ya que es necesario remontarse varios años atrás para entender el clima que se respiraba en los mercados.

A principios de la década de 1980, Estados Unidos se encontraba sumido en la lucha contra la inflación, que se había convertido en un problema de difícil solución y que comenzaba a superar la cota del 14 por ciento. Para frenar las presiones inflacionistas, aunque sabía las consecuencias desastrosas que ello tendría en el crecimiento económico del país, Paul Volcker, presidente de la Reserva Federal, decidió entonces subir las tasas de interés hasta el 20 por ciento. Los temores se hicieron realidad a mediados de 1980, y posteriormente durante todo el año 1982, con períodos de contracción del PIB que en poco tiempo provocaron dos recesiones en Estados Unidos. Entretanto, la bolsa era incapaz de restaurar su tendencia alcista, y se movía inmersa en un proceso lateral que acabó durando quince años, como atestigua el hecho de que a finales de 1982 los precios a los que cotizaba el S&P500 fuesen los mismos a los que lo hacía en 1968 (gráfico 6.5).

Pero a partir de finales de 1982, todo comenzó a cambiar. Las fuertes medidas implementadas por la Reserva Federal permitieron ganar la batalla contra la inflación, que fue remitiendo paulatinamente desde cotas superiores al 14 por ciento hasta niveles del 1 por ciento en el año 1986. A medida que cedían las presiones

1. Presidential Task Force on Market Mechanisms [Informe Brady, 1988].

Gráfico 6.5. Gráficos correspondientes a Estados Unidos, de arriba abajo y de izquierda a derecha: PIB, inflación, bolsa (S&P500) y tasas de interés entre 1978 y 1987

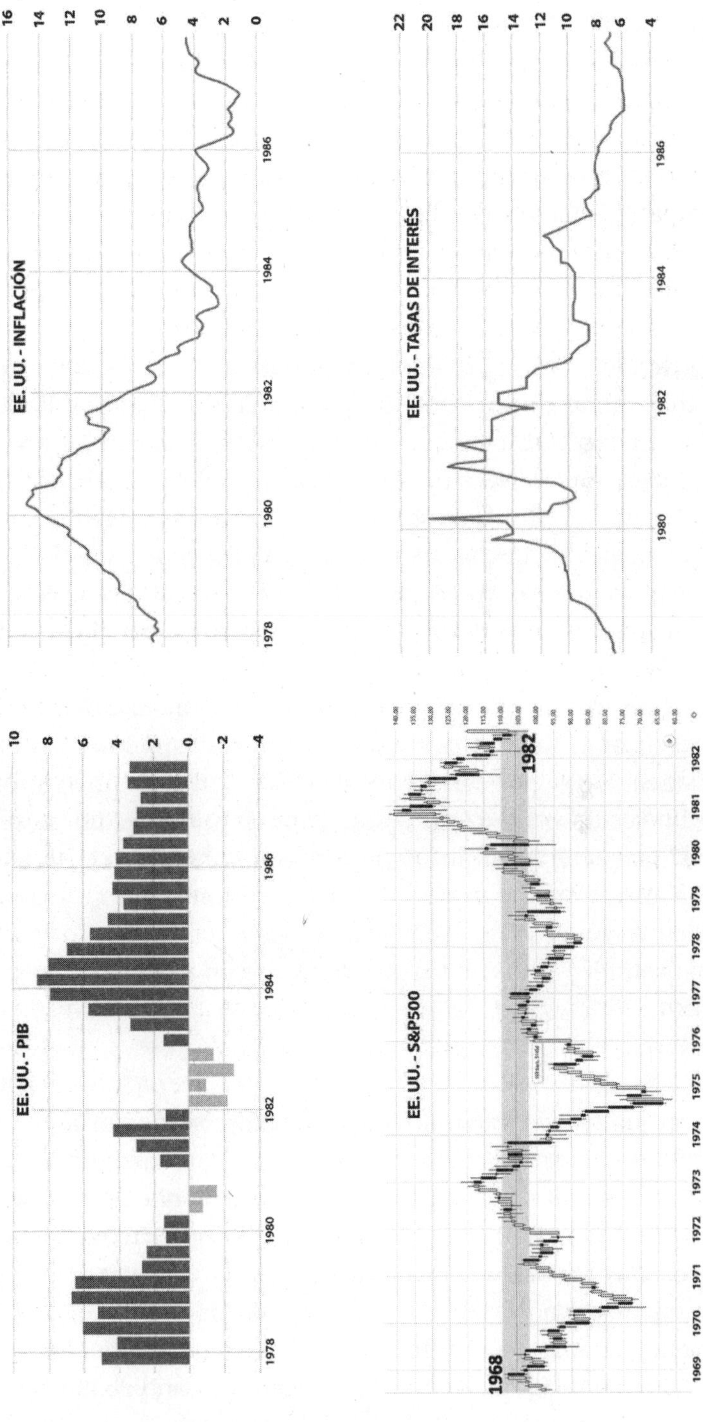

Fuente: Trading Economics y TradingView.

inflacionistas, la FED fue reduciendo las tasas de interés hasta que a mediados de 1986 se estabilizaron en torno al 7 por ciento. Las recesiones económicas vividas al inicio de la década de 1980 dieron paso a un ciclo expansivo de crecimiento entre el 4 y 8 por ciento en términos de PIB entre los años 1983 y 1986. Desde los mínimos de 1982 y a lo largo de los siguientes cinco años, la bolsa estadounidense registró una subida superior al 230 por ciento; o sea, ¡un incremento anual medio del 46 por ciento! (Gráfico 6.6)

Pero esa euforia bursátil no quedó limitada a los inversores americanos, sino que se vivió en todo el mundo, y en algunos casos superando el retorno de la bolsa en Estados Unidos. El DAX alemán subió en ese intervalo temporal un 233 por ciento, mientras que el Nikkei japonés se apreció más de un 293 por ciento. En cuanto a la bolsa general de Madrid, IGBM, la subida fue estratosférica, y nada mejor que el gráfico 6.7, en el que se ven superpuestos el comportamiento de la bolsa estadounidense, Dow Jones, y la bolsa española, IGBM, para atestiguar lo sucedido en España.

En el mismo período en que la bolsa en Estados Unidos se revalorizaba un 230 por ciento, la bolsa española se apuntaba más de un 700 por ciento de subida en tan sólo cinco años.

Por ese motivo resulta tan importante no analizar ninguna crisis financiera sin antes ponerla en contexto con lo sucedido unos años antes, porque el comportamiento del mercado siempre es un proceso de causa-efecto, algo que tardé mucho tiempo en aprender y que trato de recordarme en todo momento, incluso hoy.

Ahora que hemos visto el ritmo de subida de las bolsas en todo el mundo en tan sólo unos pocos años, y el caso especial de la bolsa española, es más fácil entender el ánimo con el que me acercaba a mi primera gran lección como inversor. En aquel momento me sentía como el rey Midas, todo lo que compraba se convertía en oro. Pensaba que las ganancias que estaba obteniendo eran fruto de mi conocimiento, cuando en realidad eran producto de una tendencia alcista inusitadamente fuerte de la cual no entendía nada de nada.

Gráfico 6.6. El S&P500 entre mediados de 1982 y finales de 1987

Fuente: TradingView.

Gráfico 6.7. Comparación del Dow Jones y el índice general de la Bolsa de Madrid, ambos indexados a 1980

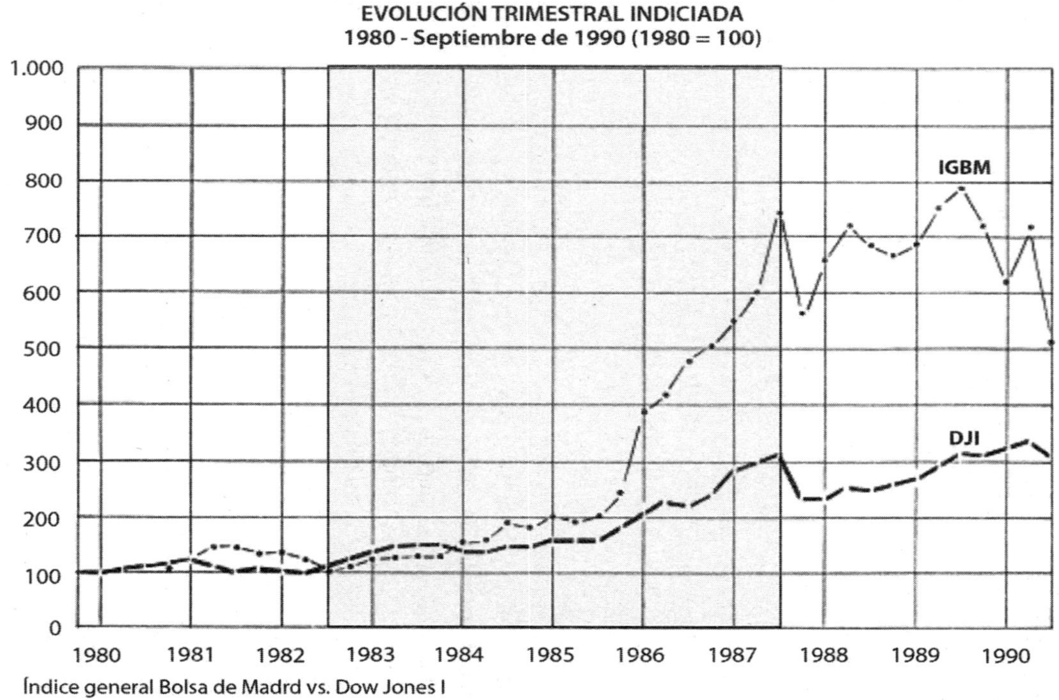

Fuente: <funcas.es>.

Cuando en 2021 mis hijos comenzaron a hablar insistentemente de criptomonedas y las *meme stocks* que habían puesto de moda foros de inversores como WallStreetBets, tuve la sensación de que estaba viviendo la película *Atrapado en el tiempo*, con Bill Murray y Andie MacDowell, en la que el protagonista queda atrapado y revive una y otra vez el mismo día. Éste es el tipo de conversaciones que manteníamos en casa:

Ellos: Quiero invertir en criptomonedas y en alguna acción...

Yo: Pero ¿qué sabéis de esos valores? ¿Habéis analizado algo para llegar a esa decisión?

Ellos: ¡Mis amigos han invertido y se están forrando!

Yo: Y tus amigos, ¿qué saben de esas compañías? ¿Las han analizado?

Ellos. Supongo, tienen que saber lo que hacen porque alguno lleva ya un año invirtiendo y siempre ganan.

Yo: ¿Y qué criptomonedas han comprado?

Ellos: ¡Da igual!, todas suben.

Yo: ¿Y no os parece raro?

Ellos: Al principio sí..., pero es que todos mis amigos están invirtiendo y ganando dinero. Uno se ha comprado un móvil de mil pavos sólo con los beneficios.

Yo: ¿Sabéis lo que es una burbuja financiera?

Ellos: No lo entiendes, papá, lo de las criptomonedas va a ser el nuevo dinero, pero es difícil que lo comprendas porque a los de vuestra generación os pilla ya muy mayores.

Yo: Cuidadito con la soberbia, chicos. No le digas a un panadero cómo debe hacer pan —a esas alturas yo ya empezaba a calentarme—. Además, yo tengo bitcoin y ethereum desde hace un año.

Ellos: ¡¿Qué?! ¡O sea que nosotros no podemos comprar y resulta que tú tienes ya dinero invertido en criptos! ¡Y nos vienes con que se puede perder todo y que no nos metamos a la ligera!

Yo: Bueno, hagamos una cosa, la próxima vez que compre en una corrección os compro a vosotros un poco, no más de 300 euros, y lo gestionamos juntos.

Ellos: Bueno, vale, ¿y de las acciones?

Yo: ¡¡Como compréis una *meme stock* no os dejo sentaros a comer a la mesa!! Por favor, un poco de sentido común, que la mayoría de esas acciones lleva años perdiendo dinero. ¡Por ahí sí que no paso!

Por la noche, hablando con mi mujer en la cama:

Ella: Pero ¿por qué te has puesto así con los chicos?

Yo: Cariño, me han recordado tanto a cuando yo empecé a invertir...

Ella: Pues a ti te ha ido genial, déjales.

Yo: Se la van a pegar, seguro.

Ella: Y qué, ¿no dices siempre que para aprender hay que caerse antes?

Yo: ¡Sí, pero no por un acantilado!

Ella: Entonces, ¿qué habéis decidido?

Yo: Les he dicho que en criptomonedas pueden invertir, pero que sea una cantidad que no les duela perderla, y me han mirado con una cara que me ha recordado a cuando yo empezaba a invertir y pensaba que no iba a perder dinero...

Ella: A mí no me parece mal que lo hagan y vayan aprendiendo a invertir sus ahorros, tal como les dices siempre que hagan cuando empiecen a trabajar.

Yo: Ya, ya sé que lo digo siempre, pero es que lo hacen con tan poco conocimiento y tan a la ligera que me fascina...

Ella: ¿Acaso no fue así como empezaste tú?

Yo: Por eso mismo, yo ya he estado allí y sé lo que les va a pasar. Sólo quiero que cuando se la peguen les salga un chichón en lugar de que se abran la cabeza.

Durante los años previos a 1987, a mí nadie me frenó, y por eso cuando llegó el «lunes negro» y las cuatro semanas siguientes en las que la bolsa española bajó casi un 40 por ciento, cometí todos los errores que se podían cometer. La primera mitad de la bajada me la pasé buscando información sobre qué estaba ocurriendo, la segunda parte de la bajada dando órdenes de venta ante lo que parecía el fin del mundo. Para cuando había liquidado la totalidad de mi cartera, la bolsa estaba cerca de alcanzar los mínimos y volver a remontar. A raíz de aquello aprendí algunos conceptos cruciales de la inversión: diversificación de cartera, máxima pérdida que estás dispuesto a asumir *(stop)*, nivel a partir del cual recoges parte o toda la ganancia que llevas acumulada *(take profit)*, definir el tamaño de las estrategias correctamente, etcétera. Pero tal vez uno de los más importantes fue entender el coste de oportunidad que pagas cuando vas a pie cambiado, porque no sólo te hace entrar tarde y salirte en el peor momento posible, sino porque te deja tan descolocado mentalmente y te crea tantas dudas que no eres capaz de volver a entrar cuando más tarde surge la mejor oportunidad. Eres materialmente incapaz de verla, o tienes tanto miedo a volver a perder que simplemente te quedas bloqueado y pasa por delante de tus narices sin que reacciones.

A mis ojos de aquel momento fue imposible detectar lo que se avecinaba. Pero a mis ojos de hoy, mucho mejor entrenados que cuando tenía veinte años, ciertas cosas no me habrían pasado inadvertidas. Veamos algunas de aquellas señales de alerta que podrían haberme advertido del riesgo que se gestaba, aunque nunca hubiese pensado que se iba a desencadenar una caída de semejante magnitud y en tan poco tiempo. La primera señal de aviso se vio en la divergencia bajista que se formó en agosto de 1987. Poco después de esa señal de debilidad se produjo la ruptura de las directrices tanto en el indicador RSI como en el precio (gráfico 6.8).

La primera caída encontró soporte en la línea de tendencia alcista de medio plazo, la que llevaba funcionando desde finales de 1986. Pero tras recuperar algo más de un 50 por ciento de lo que había caído antes, el índice no fue capaz de superar la zona pivote (resistencia) que se había formado. Poco después resurgió de nuevo la presión vendedora, y esta vez provocó la ruptura del soporte anterior y de la directriz alcista. Aunque no había una formación o patrón de cambio de tendencia, lo cierto es que habíamos pasado de una secuencia de máximos y mínimos crecientes a otra en la que los máximos eran a la baja y los mínimos también, advirtiendo que la tendencia podía estar cambiando o al menos dando paso a un proceso correctivo. Ese hecho debería haberme llevado a reducir o quitar las posiciones compradas, máxime teniendo en cuenta cuánto había subido el mercado durante los últimos años. Pero por aquel entonces desconocía que

Gráfico 6.8. Gráfico diario del Dow Jones en la crisis de 1987 (DJIA)

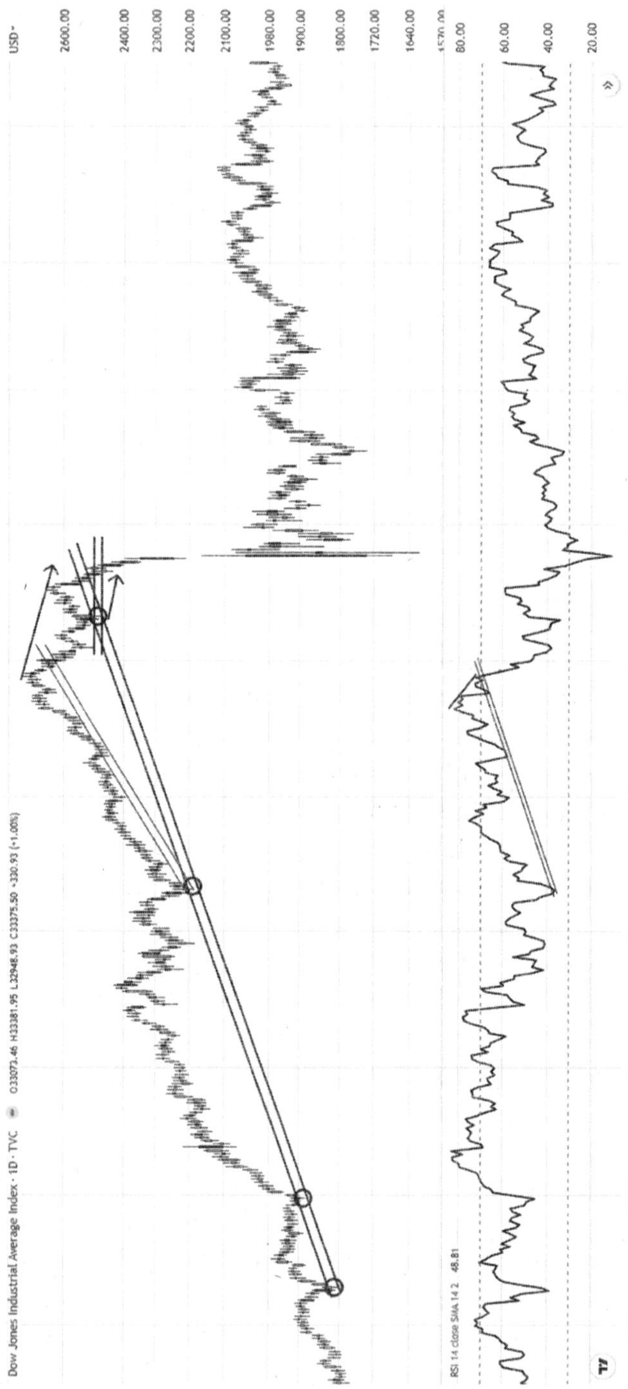

Fuente: TradingView.

existe cierta armonía entre las fases impulsivas y las correcciones. De modo que, conociendo la intensidad y duración del movimiento alcista previo, debería haberme preparado para una corrección de gran intensidad tan pronto cambiase el sentimiento de los inversores.

La crisis de 1987 provocó caídas de casi un 40 por ciento en la mayoría de las bolsas del mundo, pero al ser un movimiento tan rápido y brutal, concentrado en tan sólo un mes, no generó una tendencia bajista propiamente dicha. Sin embargo, en el interior de aquella hecatombe se produjeron muchos acontecimientos que retroalimentaron las caídas y que siguen estando presentes en las crisis más actuales:

- Suspensiones de cotización. En los peores momentos del desplome hubo sesiones de mercado en las que muchas acciones no comenzaban a cotizar en la apertura, sino que quedaban suspendidas durante horas, generando aún más miedo entre los inversores que querían desprenderse de sus posiciones a cualquier precio. Como ejemplo, el «lunes negro», una hora después de haber abierto la sesión, el 30 por ciento de las acciones que componían el S&P500 aún no habían empezado a cotizar.
- Problemas de liquidez que amenazaban la solvencia de muchas cámaras de compensación y de inversores y empresas apalancados.
- Continuos *margin call* o exigencias inmediatas a los inversores para que cubriesen sus posiciones con más colateral, lo que en muchas ocasiones provocaba la venta forzosa.
- Un sistema de ejecución que tecnológicamente estaba en sus inicios y que no fue capaz de gestionar la avalancha de órdenes de venta en plena crisis de pánico. El nivel récord de órdenes llevadas a cabo provocó que en algunos casos una hora después de la ejecución todavía hubiese *traders* que no tenían confirmación de si sus órdenes se habían llevado a cabo o no, lo que generó aún más pánico entre los operadores de mercado.

- A eso hay que añadir el funcionamiento de los primeros sistemas automáticos de trading, que a medida que el precio bajaba iban haciendo saltar nuevas órdenes de venta en cascada.
- Las cámaras de compensación pidieron a las instituciones de crédito que otorgasen préstamos para cubrir las necesidades de empresas e inversores, pero incluso así, dada la vertiginosa caída que se estaba registrando, a los pocos días se había excedido el límite de crédito.

La respuesta de la Reserva Federal

Como era de esperar, la FED irrumpió en el mercado de forma rápida y decisiva, convirtiéndose en el prestamista de último recurso. Su presidente, Alan Greenspan, declaró el 20 de octubre: «La Reserva Federal, en consonancia con sus responsabilidades como banco central de la nación, afirmaba su disposición a servir como fuente de liquidez para apoyar al sistema económico y financiero».[2] A partir de ese instante comenzó a desplegar su intervención de la forma más amplia posible, empezando con mensajes públicos de apoyo a fin de tranquilizar a los inversores e influir en su sentimiento, y apoyando simultáneamente su mensaje con una batería de medidas de ayuda entre las que destacaron las siguientes:

- Relajó las condiciones crediticias a corto plazo mediante la realización de operaciones de mercado abierto más expansivas de lo habitual.
- Redujo el precio del dinero del 7,5 por ciento al 7.
- Liberalizó temporalmente las reglas que regían el préstamo de valores del Tesoro de su cartera.
- Alentó al sistema bancario a extender el apoyo de liquidez a otros participantes del mercado financiero.

2. Greenspan, Alan, «Statement by Chairman Greenspan on providing liquidity to the financial system», *Federal Reserve Bulletin*, 73 (12), 1987, 915.

Supongo que algunos de los inversores más experimentados aprovecharían lo ocurrido durante aquella crisis para comprar, es probable que otros se hayan quedado paralizados, y eso les permitió recuperar las pérdidas con el tiempo, y para algunos más novatos, como yo, fue un máster carísimo que duró tan sólo unas pocas semanas, pero aprendí de forma acelerada cosas que en otras circunstancias habría tardado años en entender.

Si analizamos lo sucedido desde una perspectiva de análisis técnico, se puede detectar que la primera señal que indicaba que tal vez lo peor ya había pasado se pudo observar en diciembre de 1987, con la aparición de una «envolvente alcista» diaria. Unos meses más tarde, ya en marzo de 1988 se activó una estructura de vuelta tipo «doble suelo». A partir de ahí se fueron concatenando movimientos al alza que dejaban máximos y mínimos crecientes, y aunque constataban que de nuevo se estaba reestableciendo la tendencia alcista, el proceso a lo largo de 1988 comenzó con muchas dudas para luego afianzarse durante 1989. Los inversores que mantuvieron sus posiciones originales experimentaron una corrección cercana al 40 por ciento, y veintidós meses más tarde, en agosto de 1989, volvían a estar donde estaban (gráfico 6.9).

Los inversores que redujeron su exposición a tiempo se ahorraron parte del sufrimiento, y seguro que algunos de ellos aprovecharon el desplome para volver a comprar muchos puntos porcentuales por debajo tan pronto como notaron que se confirmaban patrones alcistas y cambiaba positivamente la secuencia de mínimos y máximos del índice. Por desgracia, ése no fue mi caso.

La crisis en el mercado de divisas a principios de los años noventa

La siguiente lección importante que tuve que aprender se centró en lo que conocemos como Forex o mercado de divisas a principios de la década de 1990. Seguramente conoces este mercado en el que se intercambian las divisas de distintos países o regiones. Pero durante los últimos treinta y cinco años han cambiado tantas cosas que merece la pena dedicar unas líneas del libro a in-

Gráfico 6.9. Gráfico diario del S&P500 entre agosto de 1987 y septiembre de 1989

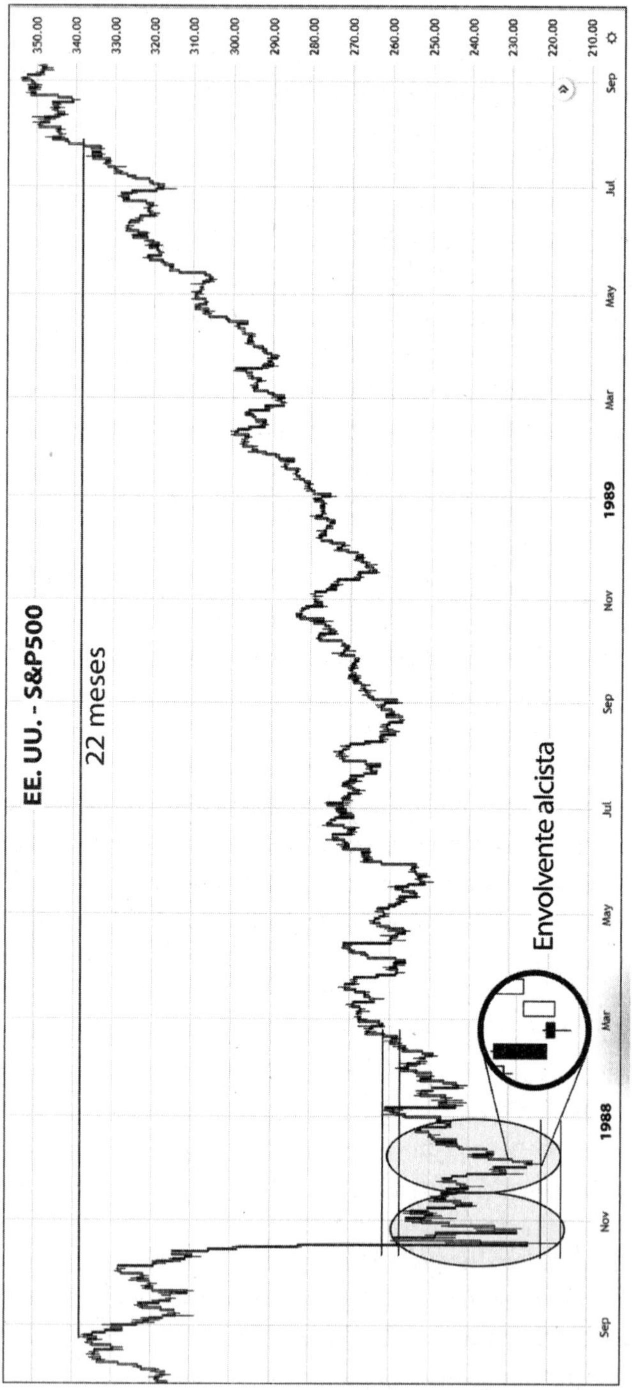

Fuente: TradingView.

tentar explicar la realidad que yo vivía por entonces. Así que permíteme que dedique unas líneas del libro a escenificar cómo era aquella realidad, de modo que puedas acompañarme en este maravilloso viaje por el tiempo.

Di mis primeros pasos en los mercados financieros en la tesorería del Banco Santander allá por 1988. En aquella época, en la que los mercados no estaban muy desarrollados y las salas de tesorería eran pequeñas, comencé mi aprendizaje en el mercado interbancario. Creo recordar que nuestra mesa estaba compuesta de diez *traders* y la mesa de divisas tenía un tamaño similar. Para que se entienda la expansión de la industria, basta mencionar que cuando dejé la sala de tesorería en el año 2000 ya había más de doscientos *traders* sólo en Banco Santander.

Aunque yo estaba en la mesa de interbancario, a mí me llamaba mucho la atención lo que hacían los que se dedicaban al Forex, porque, a diferencia de hoy, las cotizaciones de los brókeres se «cantaban» a través de unos altavoces que llamábamos boxes. Imagina esta escena: los *traders* sentados a sus mesas en unas butacas altas y cómodas, con unos paneles delante que tenían unos treinta botones que conectaban con distintos brókeres o teléfonos programados que estaban apagados si no había comunicación, pero que parpadeaban si te llamaban y se quedaban iluminados de forma fija si había una conversación en marcha. Además, dos soportes de teléfono, como aquellos antiguos que se veían en los teléfonos con roseta para marcar, pero con un botón a la altura del dedo gordo, que si lo presionabas te oían, y si no, se producía el efecto mute de los teléfonos actuales. Además, dos pantallas verdes monocromo, cada una con unas viseras para que la luz del techo no produjera reflejos, una calculadora de cajera de supermercado antiguo, de esas que tenían un rollo de papel donde quedaba registrada cada operación que se realizaba, y sobre el soporte de las pantallas unos altavoces negros que no dejaban de sonar, y que lo único que emitían eran cifras todo el día. Es decir, durante ocho horas seguidas se escuchaba de forma continua en cada altavoz la cotización de cada par de divisas: marco frente a la peseta, libra frente al yen, dólar frente al franco suizo, etcétera. ¿Qué significa que se «cantaban»? Pues que en cada altavoz se oían los últimos dos dígitos de la cotización de un par de divisas concreto. Por ejemplo, si el marco frente a la peseta estaba a 88,40-88,045, en el altavoz se oía cada dos o tres segundos «cuarenta a cuarenta y cinco, cuarenta a cuarenta y cinco», y en el momento en que la cotización bajaba porque alguien había vendido en el mercado, se oía «cuarenta *given* (dado)..., treinta y cinco a cuarenta..., treinta y cinco a cuarenta...». Esto a la vez en más de diez altavoces.

¡Era como estar en un mercadillo! Al final te acostumbrabas al jaleo. Las pantallas verdes monocromas también mostraban cotizaciones, pero en aquella época los ordenadores eran tan lentos que lo que se veía en la pantalla iba por detrás de la cotización real del mercado, en especial cuando había fuerte volatilidad, por lo que te fiabas más de lo que oías que de lo que veías. Si querías vender o comprar, sólo tenías que «pinchar» el botón del bróker que estaba «cantando» la cotización que escuchabas, y decir, por ejemplo, *yours five*, o «tuyos cinco», en cuyo caso significaba que al último precio de demanda cantado tú habías vendido cinco millones de esa divisa frente a la otra. Si estaba cantando la cotización del marco alemán frente a la peseta, acababas de vender cinco millones de marcos alemanes y comprado su equivalente en pesetas. Algunos altavoces eran más importantes que otros, ya que al igual que ocurre en los casinos, donde hay mesas que exigen un límite de apuesta, algunos altavoces estaban para operar con cantidades que fuesen superiores a veinte millones, mientras que los otros te permitían bajar hasta un mínimo de un millón. Una vez cerrada la transacción, había que rellenar una boleta. Era el documento físico que registraba la transacción, el precio, la cantidad, el bróker, el operador, etcétera. Y luego debías entregar ese documento al departamento de *middle office* para que procesaran en contabilidad la operativa realizada. Así era el mercado en sus inicios, o al menos el que yo conocí.

Al tiempo que me formaba en el mercado interbancario, no dejaba de admirar lo que veía y oía en la mesa de divisas, y ya soñaba con un día poder aprender lo que hacía esa gente, que parecía de otro mundo completamente diferente. El problema es que sabía tan poco de todo que por aquel entonces bastante tenía con centrarme en el funcionamiento del mercado interbancario, que también tenía su miga. Los volúmenes que movíamos cuando dábamos órdenes eran mucho mayores que los de la mesa de Forex. Al fin y al cabo, estábamos saliendo al mercado para financiar las necesidades de liquidez del banco a distintos plazos, a veces a una semana, otras a tres meses, etcétera. Cuando el tesorero entraba en la sala con sus papeles, nos decía: «Tenemos que tomar dinero a cinco días hasta un total de sesenta mil millones de pesetas y a tres meses por un total de noventa mil millones de pesetas. No quiero que paguéis en el corto plazo más de un cinco y un octavo y en el largo el tope es seis y tres cuartos». Los precios en el mercado interbancario se cotizaban de una forma poco común. Hoy en día, un octavo, un cuarto, tres octavos, un medio, cinco octavos, tres cuartos, etcétera. O sea, para indicar que el tipo de oferta era 6,375, se decía seis y tres octavos o tan sólo tres octavos, porque todos conocían de sobra que la base era seis. La cotización sonaba de esta forma: «Un cuarto a tres octavos», lo que indicaba que la demanda estaba en 6,25 por ciento y la oferta en 6,375 por ciento. Para operar hacíamos lo mismo que los *traders* de divisas, porque las mesas en la tesorería eran iguales con independencia del mercado en el cual operabas. A principios de 1990 conseguí que me dejaran empezar a operar en Forex. Cuando llevaba poco tiempo en mi andadura, se produjo algo que me enseñó una lección muy importante. Pero antes de entrar de lleno en la época en que el sistema de cambios entró en crisis, voy a poner en contexto lo que había ocurrido años antes, porque como ya he resaltado al hablar de la crisis de 1987, nunca debemos aislar el efecto de la causa si lo que queremos es entender a qué nos enfrentamos. De modo que permíteme contextualizar la situación para que lo entiendas lo mejor posible.

Cuando narraba lo ocurrido durante la crisis de 1987 hablé de la importancia que había tenido la inflación en la década de 1970 y principios de la de 1980, y cómo la Reserva Federal había tenido que implementar políticas monetarias restrictivas, principalmente subiendo las tasas de interés hasta el 20 por ciento. Veamos ahora con más detalle algunos de los pilares que alimentaron esas presiones inflacionistas, y cómo afectó más adelante al mercado de divisas. A principios de los años setenta se desató la crisis del petróleo, y a lo largo de esa década el precio del crudo pasó de niveles cercanos a 3 dólares el barril hasta rozar los 40. En una década, ¡el precio del crudo West Texas había subido un 1.000 por ciento! (Gráfico 6.10.)

Eso provocó que en la mayoría de las economías desarrolladas del mundo la inflación se disparase a cotas superiores al 10 por ciento. Como ya vimos en el capítulo anterior, el IPC en Estados Unidos superó el 14 por ciento, pero en otros países la situación era aún peor. En Japón, en 1974 la inflación superaba el 25 por ciento, y en 1978 en España llegaron a registrarse niveles del 27 por ciento (gráficos 6.11 y 6.12).

En este entorno de altísimas tasas de inflación, los países europeos acordaron la creación de una zona monetaria estable. Para ello, en marzo de 1979 se acordó constituir el Sistema Monetario Europeo (SME o ERM, en sus siglas en inglés). El objetivo era reducir la alta volatilidad de los tipos de cambio de las divisas europeas entre sí y crear, por lo tanto, una zona de estabilidad monetaria que ayudase a aumentar la integración económica europea, promoviendo un incremento de las transacciones comerciales. Este modelo fue el paso previo a lo que más tarde dio lugar a la creación del euro en 1999.

El modelo monetario del SME perseguía establecer unos tipos de cambio fijos entre determinados países, aunque permitiendo una leve fluctuación en los precios siempre que se moviesen dentro de unas bandas predefinidas. En consecuencia, el sistema definía un margen de variación para las divisas que se denominaron bandas de fluctuación por arriba y por abajo. Era responsabilidad de cada país defender esos límites, que representaban la apreciación o depreciación máxima permitida entre una divisa y el resto. Por ejemplo, si la peseta, la lira italiana y la libra esterlina se depreciaban alcanzando el límite inferior frente al marco alemán, los bancos centrales de España, Italia y el Reino Unido debían intervenir en el mercado comprando pesetas, liras y libras vendiendo marcos alemanes. Por aquel entonces, el marco alemán era la moneda más fuerte, y siempre que se alcanzaba un límite solía ser contra la moneda alemana. *A priori*, esta estructura mo-

Gráfico 6.10. El precio del petróleo West Texas desde 1960 hasta 2008

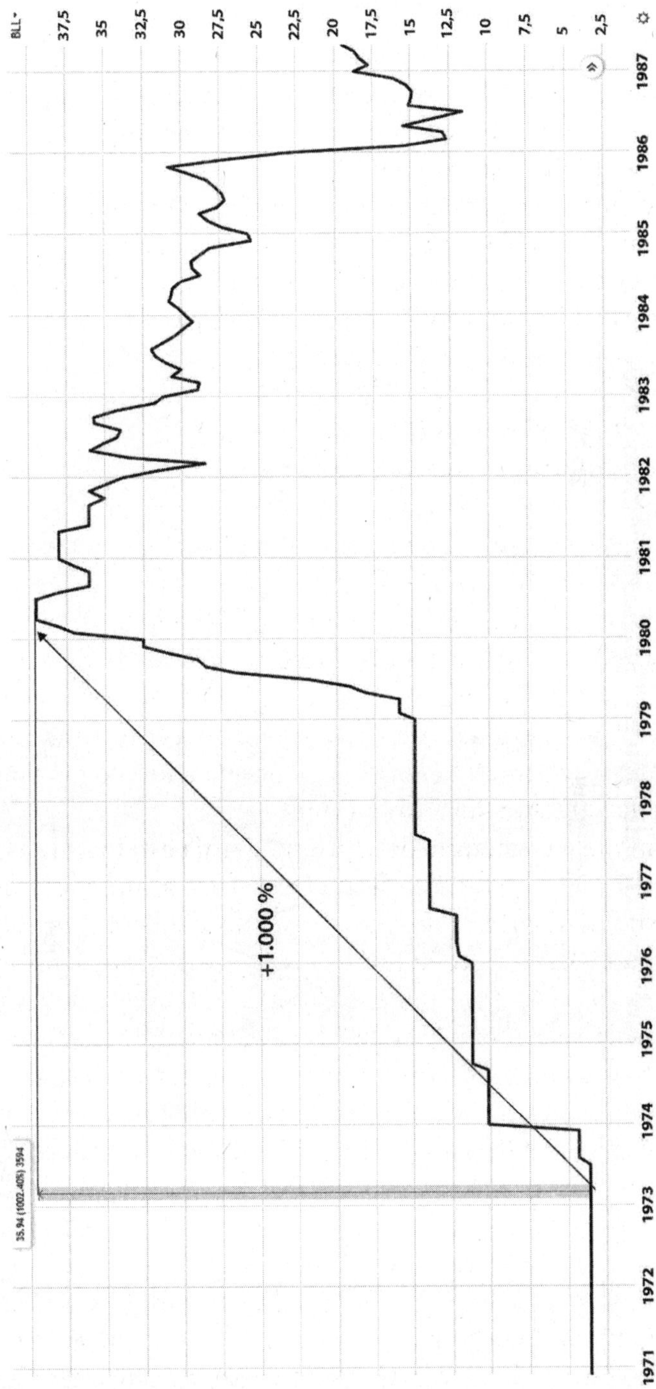

Fuente: TradingView.

Gráfico 6.11. Inflación en España entre 1956 y 1980

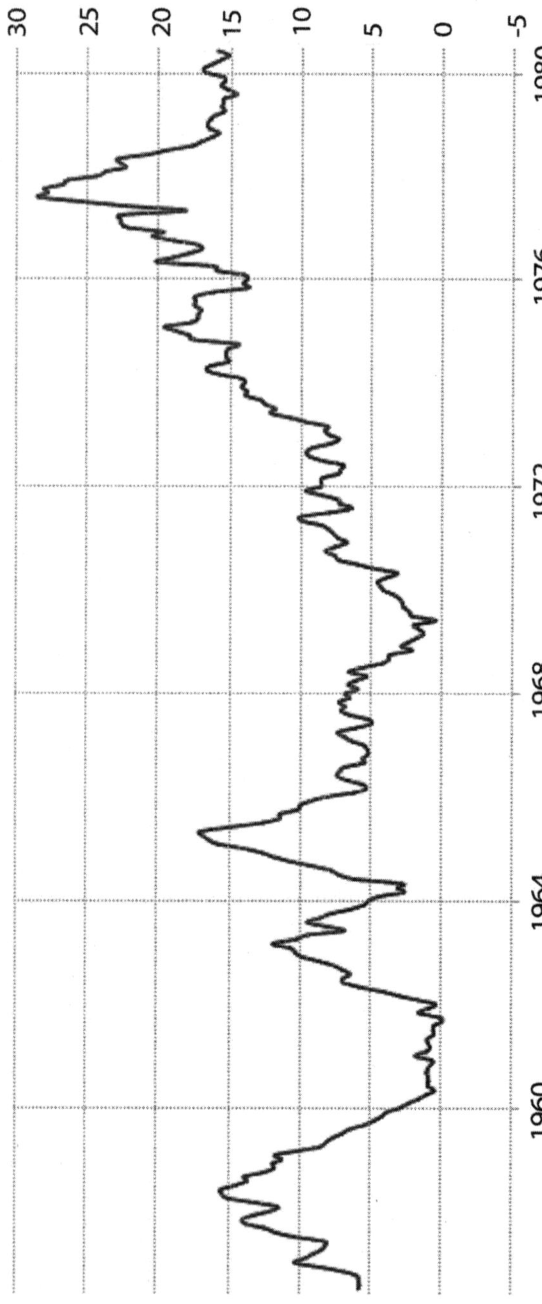

Fuente: Trading Economics.

Gráfico 6.12. Inflación en Japón entre 1956 y 1980

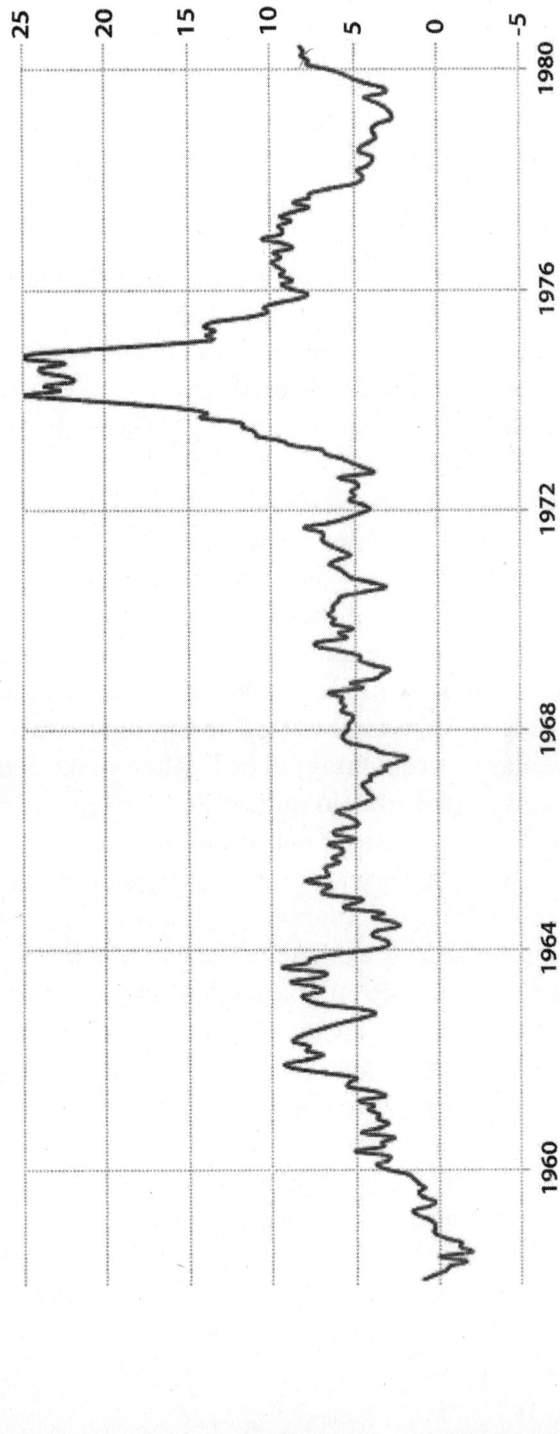

Fuente: Trading Economics.

netaria era muy estable y, por consiguiente, muy buena para la economía de sus países, excepto cuando algún país sufría fuertes desequilibrios económicos respecto a los países con mayor estabilidad, como era habitualmente el caso de Alemania.

Cuando en 1979 se creó el SME, Gran Bretaña declinó entrar, lo que creó un debate político en el país. Pero cuando Nigel Lawson entró en el gobierno como ministro de Economía, los ingleses cambiaron de opinión. Lawson era un defensor de la estabilidad monetaria alemana gracias la dura política económica aplicada por el Bundesbank (el banco central alemán).

En octubre de 1990, Gran Bretaña decidió entrar en el SME con la libra esterlina con un tipo de cambio fijo de 2,95 frente al marco alemán. El límite inferior era 2,778, por lo que, si la cotización llegaba a ese punto, el Banco de Inglaterra debía intervenir. Uno de los motivos por el que el Reino Unido decidió entrar en el SME fue que a finales de la década de 1980 la inflación en Gran Bretaña estaba desbocada y alcanzaba tasas de entre el 7,8 y el 9,5 por ciento. Los británicos querían conseguir una inflación controlada, como la que tenía Alemania, unas tres veces inferior a la británica. Pero a finales de los años ochenta se produjo la reunificación de Alemania. El tipo de cambio fijado entre el marco de la Alemania occidental y el de la Alemania oriental fue muy generoso con este último, lo que desató el riesgo de que la unificación pudiese provocar un sobrecalentamiento de la economía alemana. Ante este riesgo, el banco central alemán, el Bundesbank, decidió comenzar a subir las tasas de interés en un intento por frenar el consumo de la población de la Alemania del Este. El problema surgió cuando Alemania, que gozaba de una economía sólida y estable, atrajo con su subida de tipos a los inversores de todo el mundo, incrementando la demanda de marcos alemanes y apreciando su cotización. A raíz de aquello, el marco alemán comenzó a situarse en el límite por arriba del SME, y los países que no seguían su estela por problemas internos de competitividad caían al punto límite de la banda inferior.

Esto llevó a que los bancos centrales de Gran Bretaña, España e Italia tuvieran que defender como podían un tipo de cambio que no reflejaba la realidad económica tan dispar entre los distintos países. Al cabo de unos meses quedó claro que sólo quedaba la opción de reconocer que no era posible mantener unos tipos de cambio europeos artificiales. Pero antes de que eso ocurriese, algunos inversores con mucha visión vieron que, aunque la libra, la lira o la peseta estuviesen en el margen mínimo inferior, la realidad acabaría haciendo que tuviesen que devaluar sus divisas. Habrás oído acerca de George Soros o Stanley Druckenmiller, dos famosos gestores de *hedge funds* en el mundo del Forex. Esos *traders* se hicieron famosos porque en el punto límite decidieron empezar a comprar marcos alemanes y vender libras. En teoría, no había recorrido posible y sus estrategias parecían condenadas al fracaso porque se suponía que la libra no podía caer ni el marco apreciarse más allá de su límite inferior. Sin embargo, Soros y Druckenmiller no cejaron en su empeño.

En aquella época, los políticos europeos, y en especial los ingleses defendieron de manera agresiva en público que no cederían en su empeño de mantener sus divisas dentro del SME. En concreto, el banco central de Inglaterra subió repetidas veces los tipos de interés muy por encima de los tipos alemanes para atraer capital y revaluar su maltrecha divisa. (Algo que muchas décadas después siguen utilizando otros países con problemas similares, como ocurre con la situación que se vive en Argentina o en Turquía, y que la historia nos demuestra que es una medida que está condenada al fracaso.) En el Reino Unido, los tipos subieron primero al 10 por ciento, luego al 12 y por último hasta el 15 por ciento. A pesar de la determinación del Banco de Inglaterra por defender la libra, George Soros fue incrementando su posición compradora de marcos y vendedora de libras sin vacilar en un pulso de tú a tú entre un inversor privado y un banco central.

En septiembre de 1992, las posiciones vendedoras del *hedge fund* de Soros ascendían a 10.000 millones de libras. Entonces el banco central de Inglaterra declaró que quería pedir un préstamo de 15.000 millones de libras. Soros declaró posteriormente que si era necesario estaba dispuesto a llevar su posición hasta ese límite, porque estaba convencido de que ganaría la batalla. Recuerdo presenciar ese combate con la máxima expectación y respeto, ya que era la primera vez que veía a un banco central contra las cuerdas debido a la tozudez y confianza que mostraba un inversor profesional. Cuanto más se hablaba de lo que estaba haciendo Soros, más *traders* se sumaban a su causa empujando al Banco de Inglaterra hacia una situación insostenible. Al final, esa lucha titánica entre un potente y visionario inversor y uno de los bancos centrales más poderosos del mundo acabó el miércoles 16 de septiembre de 1992 en el llamado «miércoles negro». El gobierno de John Major tuvo que rendirse. Su ministro de Economía, Norman Lamont, declaró públicamente que tiraba la toalla y pedía a Bruselas una reunión urgente para tratar el problema y abandonar el SME. Una vez que el Reino Unido aceptó la necesidad de devaluar su divisa, la libra esterlina cayó en el mercado un 15 por ciento, lo que permitió a Gran Bretaña bajar los tipos de interés que estaban ahogando a los ciudadanos británicos. Para entonces, George Soros y Stanley Druckenmiller habían ganado 1.100 millones de libras para los inversores de su fondo Quantum Fund (gráfico 6.13).

Pero la situación de inestabilidad no sólo afectaba a la libra esterlina, y tanto en España como en Italia y Portugal se vivía una situación similar, que desencadenó también en la necesidad de llevar a cabo la devaluación de la peseta, la lira y el escudo. La única diferencia fue que España se mantuvo dentro del SME. El gobierno español se dio cuenta de que era imposible que el Banco de España pudiera controlar por mucho más tiempo el tipo de cambio, por lo que acudió a Comité Monetario de la Unión Europea solicitando una devaluación del 5 por ciento frente al resto de las monedas y al mismo tiempo solicitó una revaluación del marco alemán en otro 5 por ciento. Ante la negativa de Alemania, España planteó la opción de devaluar su divisa un 10 por ciento, pero Francia vetó esa idea ante el miedo de que el foco de los inversores se tornase hacia el franco francés en plena campaña electoral. Las tensiones iban en aumento porque los *traders* de divisas olíamos la sangre, y después de lo sucedido con la libra en el Reino Unido nos creíamos que todo era posible. El caos comenzó en 1992 con una primera devaluación del 5 por ciento, el mismo día que la lira y la libra abandonaban el SME. La segunda devaluación de la peseta española llegó el 22 de noviem-

Gráfico 6.13. Gráfico de la evolución del fondo de George Soros y Stanley Druckenmiller y el marco alemán vs. la libra esterlina durante 1992

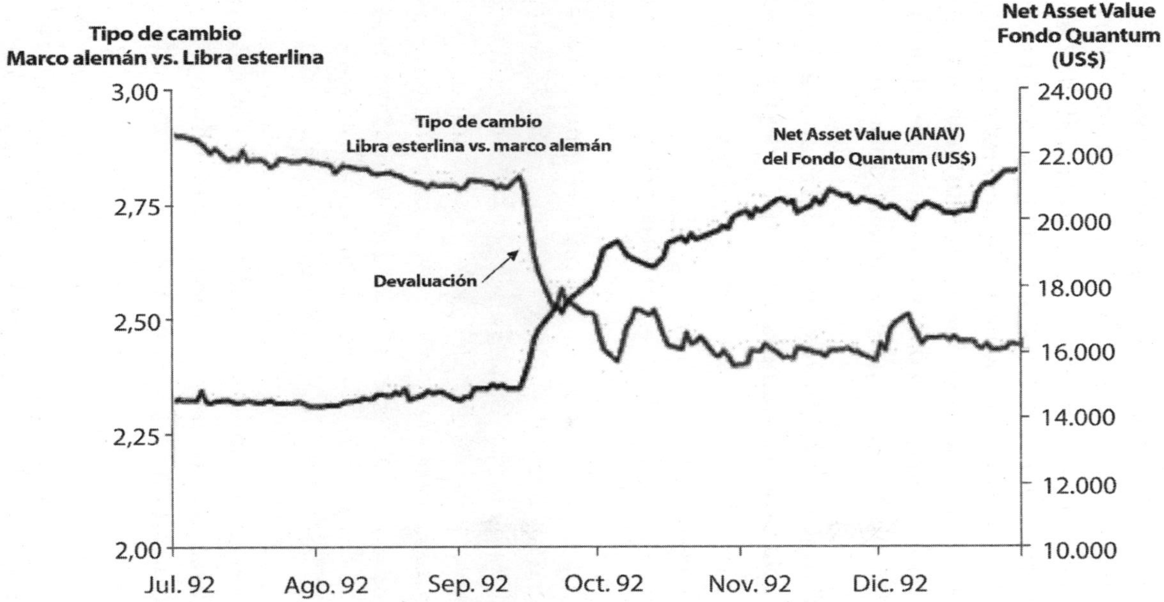

Fuente: <priceconomics.com>.

bre de ese mismo año, y fue de un 6 por ciento. Ese mismo día, Portugal anunció la devaluación del escudo portugués también en un 6 por ciento. El proceso no había hecho más que empezar, y desató una auténtica carnicería en un mercado que unos años antes venía de ser uno de los más estables y que en ese momento vivía un nivel de incertidumbre y volatilidad sin parangón. La tercera devaluación llegó el 13 de mayo de 1993, y fue de un 8 por ciento para la peseta y de un 6,5 por ciento para el escudo portugués. La última se produjo en marzo de 1995, y supuso otro 7 por ciento para España y un 3,5 por ciento para Portugal. En unos pocos años, la peseta española se había devaluado más de un 40 por ciento frente al marco alemán (gráfico 6.14).

Gráfico 6.14. El tipo de cambio del marco alemán contra la peseta española entre 1970 y el año 2000

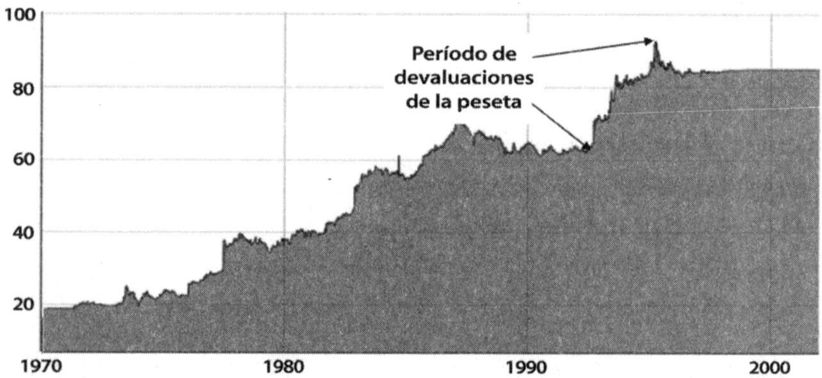

Fuente: <cambioeuro.es>.

Es muy probable que lo que le ocurrió a Gran Bretaña en esta crisis fuese uno de los motivos que más influyó a la hora de negarse a entrar en un sistema con tipos de cambio fijos cuando se creó el euro en 1999.

De esta crisis aprendí que cuando las instituciones intentan mantener situaciones económicamente desequilibradas, por mucho que estén sustentadas en leyes y defendidas por un banco central o gobierno, la realidad acaba imponiéndose, porque tarde o temprano el entorno se hace insostenible. Recuerda que los mercados tienden a buscar siempre su punto de equilibrio natural, y que la manipulación y las intervenciones pueden alterar la realidad en el corto y medio plazo, pero a la larga el ajuste será inevitable. Además, cuanto más alejados estemos de ese punto de equilibrio, más brutal será luego la vuelta a la realidad que se ha estado negando artificialmente.

En 1993 comencé a estudiar por primera vez análisis técnico. En España apenas se hablaba de ello, y casi toda la información que se podía recabar venía del mundo anglosajón. Tuve la oportunidad de viajar a Estados Unidos en nombre de Banco Santander y comprar libros y programas de software que me permitieron profundizar en mis conocimientos. También tuve la ocasión de hacer algún curso en Londres. Por entonces manejaba un software llamado Computrac, y había que alimentarlo manualmente. Al estar en la mesa de Forex tuve la suerte de poder pedir a la mesa de Nueva York el listado de cotizaciones del dólar frente al marco, del dólar frente al yen y del marco frente a la peseta. Un día recibí una caja enorme, y cuando la abrí me encontré con una sábana interminable de papel continuo en el que figuraban cinco columnas con datos: divisa, fecha, alto, bajo y cierre. Cómo cambian los tiempos, hoy me sentiría un desgraciado si tuviese que pasarme meses tecleando la base de datos de tres pares de divisas para poder generar los gráficos y posteriormente analizarlos. Entonces me pareció el regalo más preciado, ya que, tras meter todos los datos en el ordenador, algo que me llevó varios meses, pude empezar a analizar las divisas con técnicas rudimentarias de análisis técnico.

A medida que iba adquiriendo más conocimientos, comencé a programar sistemas algorítmicos de *trading*, siempre enfocados al mercado de divisas. Recuerdo un día en que estaba manejando dos sistemas de *trading* de diseño propio sobre el dólar frente al marco alemán. A primera hora de la mañana actualizaba los datos de la sesión del día anterior, y luego corría el programa para que generase las órdenes. Curiosamente, el primer sistema dio orden de compra en el par, pero el segundo sistema dio orden de venta en el mismo par. Sabía que al tener un sistema basado en señales de seguimiento de tendencia y, por otro lado, un segundo sistema basado en osciladores, podía ocurrir que las señales se cruzasen, pero cuando me acerqué al *trader* de Forex y le dije que quería lanzar dos órdenes a mercado de un millón de dólares cada una se quedó pasmado al escuchar: «Cómprame un millón de dólares contra marco alemán, y véndeme un millón de dólares contra marco alemán». La conversación siguió en estos términos:

Él: ¿Te estás quedando conmigo?

Yo: No, ¿por qué?

Él: Tío, si compras y vendes no tienes posición…

Yo: Eso lo dirás tú, tengo dos posiciones encontradas.

Él: Pero si son del mismo importe y en la misma divisa, ¡no tienes un carajo!

Yo: Claro que sí, tendré una posición de mi sistema uno comprado y otra de mi sistema dos vendido.

Él: Pablo, desde que has empezado a estudiar análisis técnico te estás volviendo tonto del culo, tío.

Yo: Bueno, lo que tú digas, pero ¿puedes meter las órdenes o no?

Él: Pero qué pretendes que haga, ¿que llame al bróker y le dé la primera orden y acto seguido le diga, espera, espera…, ahora haz justo lo contrario, y te quedas las comisiones? Vamos a parecer estúpidos, por ahí no paso.

Además, yo tenía que meter el *stop* (máxima pérdida que estaba dispuesto a soportar) y el *take profit* (máxima ganancia que esperaba conseguir) para las dos órdenes de forma independiente. Cuando se lo dije, se empezó a reír y ya no conseguí que me hiciese caso. Como es natural, él tenía razón y bastaba con hacer un apunte contable privado con un punto de referencia en el par sabiendo que el resultado neto era cero, que todo lo que estaba ganando uno de los sistemas lo estaba perdiendo el otro. Y en el momento en que uno de ellos cerrase su estrategia, por *stop* o *take profit*, era cuando en efecto tendría que haber pasado la orden a mercado del sistema que aún mantuviese la posición abierta. A raíz de aquello, aprendí a netear posiciones no en la misma divisa sino entre divisas, algo que los *traders* de la mesa de Forex hacían constantemente y de forma mecánica, pasando su posición de marcos a pesetas, a liras, a francos suizos, yenes, etcétera. También entendí lo que era un *carry trade*; es decir, una posición en la que la diferencia de tipos de interés de una divisa frente a la otra es tan grande que la estrategia busca como principal objetivo llevarse como resultado el diferencial de tipos. Descubrí que cuando un banco central llamaba a tu puerta no era para darte una alegría, sino todo lo contrario. Por aquel entonces, si el Bundesbank (banco central alemán) llamaba al jefe de la mesa de Forex era para intervenir el tipo de cambio, y lo hacía de forma drástica, y casi siempre en contra de tus intereses, ya que tendía a hacer lo contrario de lo que estaba haciendo el mercado. Si no le gustaba que el marco alemán estuviese tan fuerte, nos llamaba y preguntaba: «¿Cómo estás en marco contra peseta?». A lo que estabas obligado a dar un precio de compra y uno de venta y aunque podías abrir un poco la horquilla de precios eso no te libraba de lo que venía a continuación. Algo como: «Te doy 20 millones, ¿cómo sigues?». La situación era que te acababan de vender 20 millones de marcos contra peseta y te estaba pidiendo cotización de nuevo para volver a enchufarte otro tanto. Mientras el jefe de mesa retrasaba un poco la respuesta a la segunda pregunta, y con el *mute* del micrófono puesto, gritaba: «El BUBA me está enchufando marcos, joder. ¡¡Moveos ya!!». El BUBA era el nombre del banco central alemán, y lo que el jefe pretendía era que lo más rápido posible nosotros vendiésemos esos marcos a otro pardillo antes de que la cotización del marco se desplomase aún más. Al terminar con nosotros, el BUBA visitaba a otros bancos, y por lo general, para cuando terminaba su ronda había provocado un desplome brutal de la divisa.

Los problemas que he descrito en torno a los años noventa, hoy siguen siendo de actualidad. Todavía hay países que intentan controlar el valor de su divisa en relación con el dólar estadounidense pese a la gran diferencia que muchas veces existe entre los ciclos económicos de Estados Unidos y esos otros países. En la actualidad, el error más común, y podemos verlo en lugares como Venezuela o Argentina, es el incremento constante de la masa monetaria en circulación (M2), mientras se suben las tasas de interés para luchar contra una inflación derivada de la propia pérdida de capacidad adquisitiva de la moneda local. Es como «la pescadilla que se muerde la cola».

El gráfico 6.15 muestra la relación entre el incremento de la masa monetaria y la depreciación del peso argentino frente al dólar estadounidense. En la parte superior se ve el tipo de cambio, que ha pasado de estar en torno a 3 en 2010 a superar 170 en 2022. En la parte inferior vemos cómo esa depreciación sigue un patrón muy similar al incremento del dinero en circulación o M2. Por más que inyecten nuevo dinero al sistema, cada vez vale menos y más ciudadanos tratan de usar dólares en lugar de la moneda local.

La crisis en el mercado de renta fija a principios de 1994

La siguiente crisis que me impresionó mucho fue la que se produjo durante 1994 en el mercado de renta fija; es decir, en los bonos. Para quienes desconocen cómo funciona este tipo de activo, voy a explicar los pilares fundamentales para entender cómo funcionan los bonos:

- Cuando un gobierno quiere pedir dinero prestado emite bonos soberanos. El préstamo se puede solicitar a distintos plazos. Cuando hablamos de plazos inferiores a un año nos referimos a este producto como Letras del Tesoro. Si el bono supera el año de duración lo denominamos bonos a dos, a cinco, a siete, a diez años, etcétera.
- De la misma forma en que un gobierno emite deuda denominada bono soberano, una empresa emite bonos corporativos. En ambos casos se trata de un mecanismo de financiación a través del cual el gobierno o la empresa recibe un dinero durante un plazo determinado, y a cambio paga al comprador del bono un interés anual llamado cupón.
- Cada bono tiene su propia rentabilidad. La rentabilidad es el interés anual que el emisor de la deuda tiene que pagar al inversor que compra el bono. Esa rentabilidad depende de varios factores, pero los que más influyen son:

Gráfico 6.15. Tipo de cambio entre el dólar estadounidense y el peso argentino (USDARS) y masa monetaria (M2) en Argentina

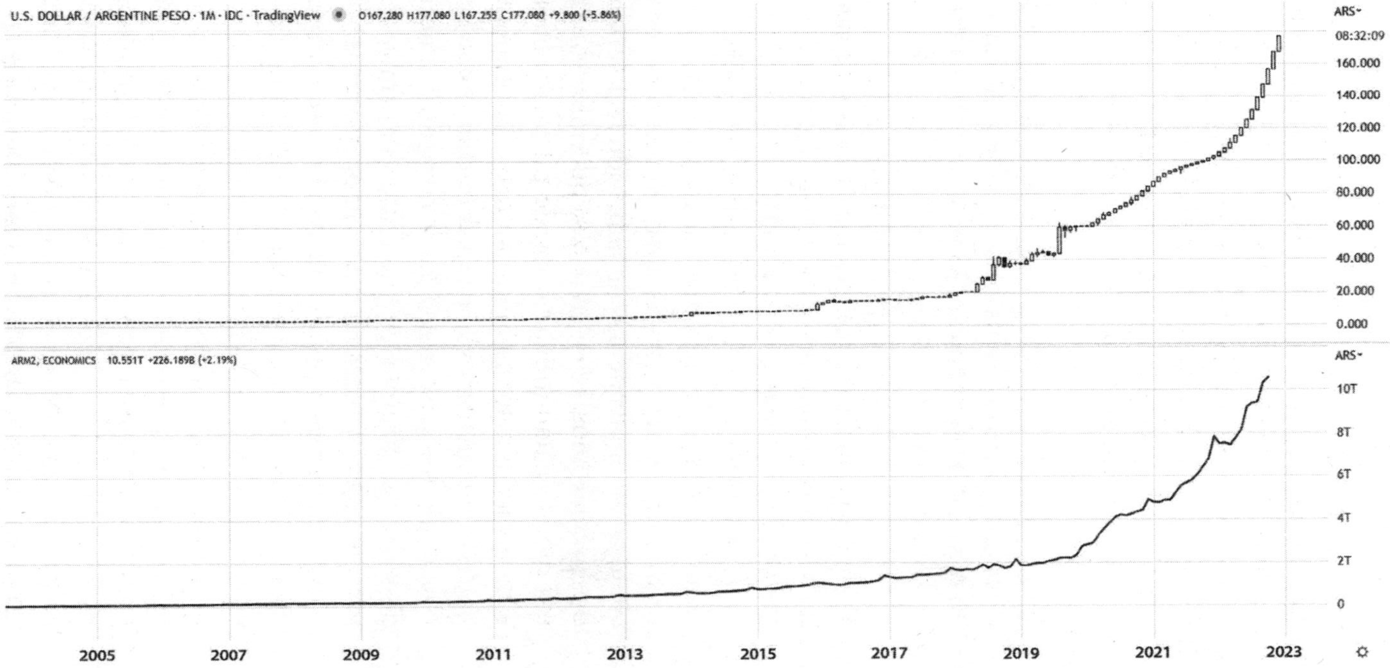

Fuente: TradingView.

  - El nivel de los tipos de interés oficial en el momento de emitir el bono.
  - El plazo al cual se emite el bono. Normalmente, a mayor plazo, mayor será el tipo de interés que paga el bono porque entraña un riesgo más alto.
  - La calidad crediticia del emisor. Cuanto menor sea, más riesgo tiene la operación, por lo que el emisor tendrá que ofrecer un pago de intereses mayor, y viceversa.

- La primera vez que se emite un bono se hace en el mercado primario, y una vez ha sido emitido comienza a cotizar en el mercado secundario. El precio del bono varía como el de cualquier otro activo, y fluctúa en función de las previsiones económicas, la evolución de los tipos de interés, el sentimiento de los inversores. Cualquier inversor puede dirigirse al mercado secundario para vender o comprar bonos soberanos o corporativos.
- Los bonos son activos de renta fija. Si el comprador del bono lo mantiene hasta que llega su fecha de vencimiento, al término del plazo recibe de vuelta el dinero que invirtió en el bono, además de haber ido recibiendo el pago de cupones anuales en concepto de intereses. El funcionamiento es muy similar a cuando un particular se acerca a un banco a solicitar un préstamo. En el momento en que nos lo conceden, debemos ir devolviendo el principal y pagando unos intereses mensualmente. Si en lugar de devolver mensualmente una parte del principal y pagar los intereses nos dejasen devolver el principal al término del plazo del préstamo y pagar los intereses cada seis meses o un año, estaríamos replicando exactamente lo mismo que ocurre con el emisor del bono.
- El tipo de interés que paga el bono es inverso a su precio. Veamos un ejemplo que aclare esto. El emisor de la deuda paga al comprador un cupón fijo durante la vida del bono. Supongamos que se emite un bono a diez años por un nominal de 100 euros con cupón o tipo de interés del 4 por ciento. Al cabo de un mes, el bono en el mercado

secundario ha caído en precio hasta 90, y el comprador original del bono (Juan) se lo vende a otro inversor (Pepe) en el mercado secundario. Pepe sólo tiene que pagar 90 por un bono que ofrece un 4 por ciento de interés anual. Por lo tanto (4 por ciento/90) = 4,44; es decir, Pepe tiene que pagar menos por obtener ese 4,44 por ciento de rentabilidad o, lo que es lo mismo, con una inversión equivalente a la que hizo originalmente Juan, Pepe está obteniendo 4,44 por ciento de rentabilidad en lugar de 4 por ciento. En este caso, el precio del bono ha bajado de 100 a 90 y su rentabilidad ha subido de 4 a 4,44 por ciento. Veamos el supuesto contrario, en el que el precio del bono sube. Si Juan quiere vender su bono y este vale 110, cuando Pepe lo va a comprar descubre que tiene que desembolsar 110 euros para recibir un interés anual del 4 por ciento. Esto es (4 por ciento/110) = 3,64. En este caso, el precio ha subido de 100 a 110 y la rentabilidad ha caído de 4 a 3,64 por ciento. Por ese motivo se dice que el precio y la rentabilidad de un bono son inversos.

- Cualquier bono se considera renta fija porque si el inversor mantiene la posición hasta el vencimiento conocemos exactamente la rentabilidad que vamos a obtener, y al término de la operación recuperamos el cien por cien de nuestro dinero. El único riesgo para el inversor a vencimiento es que se produzca un *default*; es decir, que el emisor del bono no pueda hacerse cargo de sus obligaciones de pago porque la empresa quiebre o porque un gobierno se encuentre en una situación financiera crítica. El ejemplo más cercano lo vivimos con Grecia en 2010, aunque en general que un gobierno haga impago de su deuda es anómalo.

Ahora que ya conocemos los entresijos básicos del mercado de renta fija vamos a poner en contexto el desarrollo de este tipo de industria para entender mejor lo que sucedió en 1994.

A principios de los años noventa, el mercado de derivados sobre bonos estaba en sus primeras etapas de desarrollo. Hacía tan sólo unos años que se había creado MEFF y OM Ibérica, por lo que la mayoría de las transacciones se seguían haciendo en el mercado al contado. En aquella época, los grandes bancos formaban parte de lo que se denominaba el «mercado de negociación de deuda pública». Y podían realizar sus transacciones principalmente de dos formas. La primera era un canal de negociación bilateral, directa o través de un bróker usando el servicio de liquidación del Banco de España, que permitía las transacciones entre dos entidades distintas.

Pero donde más volumen se movía era en el «mercado ciego». Se trataba de un mercado reservado sólo para los miembros creadores de mercado, donde se encontraban los principales bancos nacionales. La negociación se realizaba electrónicamente, pero sin conocer la contrapartida. Los participantes de esta plataforma se comprometían a cotizar precios de compra y venta con diferenciales reducidos (en torno a cinco centésimas en precio para emisiones activamente negociadas), garantizando la liquidez para el conjunto del mercado. Es lo que hoy en día se entiende como *market maker*. En las pantallas se podía ver el precio actualizado de los bonos a distintos plazos. Cuando querías operar, llamabas al bróker y pedías que te bloquearan las pantallas durante unos minutos. En ese momento se informaba al resto de los participantes del «mercado ciego» que un banco, sin decir cuál, quería comprar o vender un bono en particular. Todos los participantes debían cotizar la horquilla de precios para dicho bono. El problema es que no se sabía si el que había solicitado el precio pretendía comprar o vender ni quién era en concreto. Por lo que empezaba un proceso de especulación intentando adivinar por qué lado te iba a entrar la orden, si como una venta o como una compra. Si pensabas que el que solicitaba el bloqueo pretendía vender, lo lógico era mover la horquilla de precios lo más abajo posible, de manera que tuviese que vender lo más barato posible y, por lo tanto, tú comprabas a un buen precio. Pero si tu pronóstico era erróneo y en realidad quería comprar, le estabas poniendo una oferta a un precio muy bajo. Era un juego interesante en el que todos intentaban adivinar quién podía ser, qué importe quería cruzar y por qué lado, si comprador o vendedor, venía la orden.

Como decía antes, pese a que en Estados Unidos era una realidad hacía ya muchos años, en España no había mercado de derivados sobre renta fija (futuros y opciones). Aunque hay libros que hablan de pseudomercados de derivados en Japón hace siglos, el mercado de futuros más conocido es el de Chicago, en Estados Unidos. El CBOT o Chicago Board of Trade que nació en 1848. En aquella época se negociaban fundamentalmente productos agrícolas (arroz, trigo, soja...) entre agricultores y comerciantes. Al cabo de pocos años se creó el primer contrato a plazo llamado Contract to Arrive, y su uso se extendió con rapidez. En 1898, el mismo CBOT creó una filial para la negociación de productos agrícolas elaborados llamado Chicago Butter and Egg Board, que en 1919 pasó a denominarse Chicago Mercantile Exchange (CME). A partir de 1961 empezó a ofrecer también contratos ganaderos.

El CME era mucho menos importante que CBOT hasta que a finales de los sesenta llegó casi por casualidad Leo Melamed, uno de los padres de los mercados de derivados financieros. Nacido en 1932, abogado de profesión e hijo de emigrantes polacos, su familia se estableció en Chicago en 1941 huyendo de la Segunda Guerra Mundial. En 1969 se convirtió en *chairman* del Chicago Merc, como se denominaba al CME. Bajo su mandato se innovó con el establecimiento de nuevos contratos a plazo más sofisticados, pero el golpe de efecto se produjo cuando en 1971 el presidente Nixon declaró la no convertibilidad del dólar, por lo que se eliminó definitivamente el patrón oro; es decir, la necesidad de un respaldo en oro depositado en la Reserva Federal de los dólares que se imprimían.

Melamed supo prever la gran volatilidad que ello ocasionaría a los tipos de cambio, y puso en marcha un proyecto para la creación de futuros sobre el tipo de cambio; o sea, sobre el mercado Forex. El cambio cultural fue radical, ya que los *trader* del CME, que estaban acostumbrados a negociar productos derivados ganaderos, no sabían nada de tipos de cambio. La presentación del producto fue con mapas de los países con sus respectivas monedas. Para el CME, estos productos supusieron un gran avance que ponía en jaque la superioridad que había tenido hasta entonces el CBOT. El CBOT reaccionó con mucha rapidez. El entonces presidente, Warren Lebeck, fichó a un joven profesor de finanzas de la Universidad de Berkeley (California) de 22 años llamado Richard L. Sandor. Sandor diseñó un contrato de futuros sobre hipotecas llamado GNMA (Government National Mortgage Association) que cubría el tramo largo de la curva de tipos. Los problemas de entrega a vencimiento de este contrato hicieron que se modificase el subyacente al Bono del Tesoro estadounidense a 30 años. Así nació el futuro sobre el Bono Nacional. Fue un éxito rotundo, de hecho, desde entonces prácticamente no ha sufrido modificaciones.

Tanto a Leo Melamed como a Richard L. Sandor se los considera los padres de los productos financieros derivados modernos. El mismo CBOT creó una filial en 1976 que empezó a negociar opciones sobre acciones, el Chicago Board Options Exchange (CBOE), gracias a que en 1973 Fischer Black y Myron Scholes llegaron a una fórmula para poder valorar este tipo de productos, hecho que durante siglos había supuesto un desafío matemático. Con posterioridad, Robert Merton modificó la fórmula. Un producto bastante novedoso y que fue recibido con bastante escepticismo por parte del mercado, pero que poco a poco acabó imponiéndose.

En Europa, los mercados de derivados no llegaron hasta 1978, año en que la Bolsa de Ámsterdam, considerada la más antigua del mundo (1602), constituyó en Ámsterdam la European Options Exchange, al principio como una *joint venture* con la Bolsa de Londres, y luego sólo con capital neerlandés. Los comienzos fueron duros, pero la volatilidad de los tipos de interés a finales de los años setenta y principios de los ochenta incrementó notablemente la actividad. El resto de los mercados de derivados europeos comenzaron a crearse durante los años ochenta. Así, en 1982 se creó LIFFE (London International Financial Futures Exchange) y en 1986 MATIF (Marché à Terme International de France) impulsado por el Tesoro francés. En España, la reforma de 1988 de los mercados de valores permitió la creación de los mercados de derivados. En 1988, OM Ibérica en Madrid y en 1989, MEFF en Barcelona, que con posterioridad se unirían en el

Holding MEFF (hoy en día integrados en Bolsas y Mercados Españoles). Ahora que conocemos un poco más de la historia que sustenta el mercado de renta fija de aquella época, veamos qué ocurrió en 1994 con el mercado de bonos.

Desde una perspectiva de análisis macro, el catalizador del desplome de los precios fue una subida «demasiado» rápida de tipos de interés por parte de la Reserva Federal, que en tan sólo un año incrementó los tipos del 3 al 5,5 por ciento (gráfico 6.16).

Gráfico 6.16. Evolución de los tipos de interés durante 1994-1996 en Estados Unidos

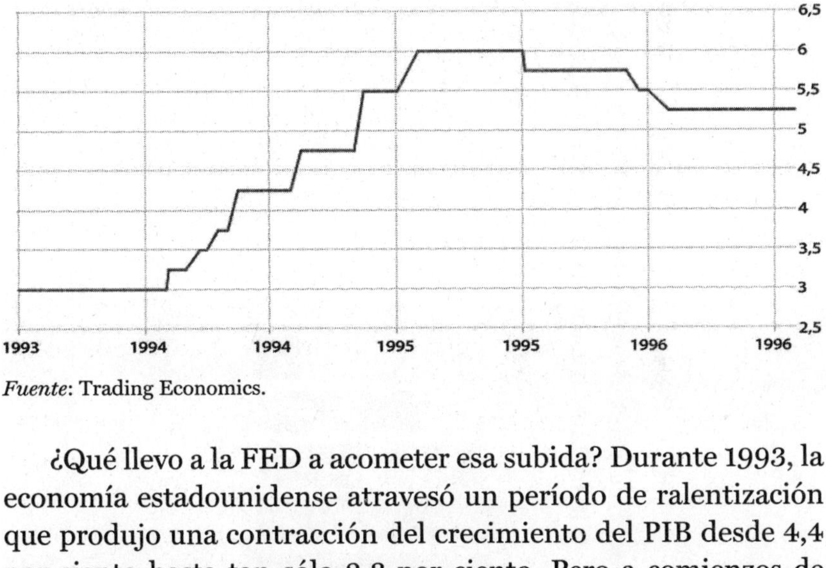

Fuente: Trading Economics.

¿Qué llevo a la FED a acometer esa subida? Durante 1993, la economía estadounidense atravesó un período de ralentización que produjo una contracción del crecimiento del PIB desde 4,4 por ciento hasta tan sólo 2,3 por ciento. Pero a comienzos de 1994, la desaceleración económica terminó, y dio paso a un nuevo proceso expansivo y también al resurgimiento de presiones inflacionistas. El miedo a que se produjese otra crisis de inflación como la que se había vivido hacía un par de décadas llevó a la Reserva Federal a actuar con rotundidad, subiendo con rapidez los tipos de interés (gráfico 6.17).

Desde el punto de vista del sentimiento de los inversores, todos esperábamos que la FED subiese los tipos, pero nadie podía pensar que el proceso fuese tan rápido. La primera subida llegó en febrero, cuando en aquella reunión la probabilidad que asig-

Gráfico 6.17. Evolución en Estados Unidos del PIB entre 1993 y 1995 (izquierda) y la inflación entre 1994 y 1995 (derecha)

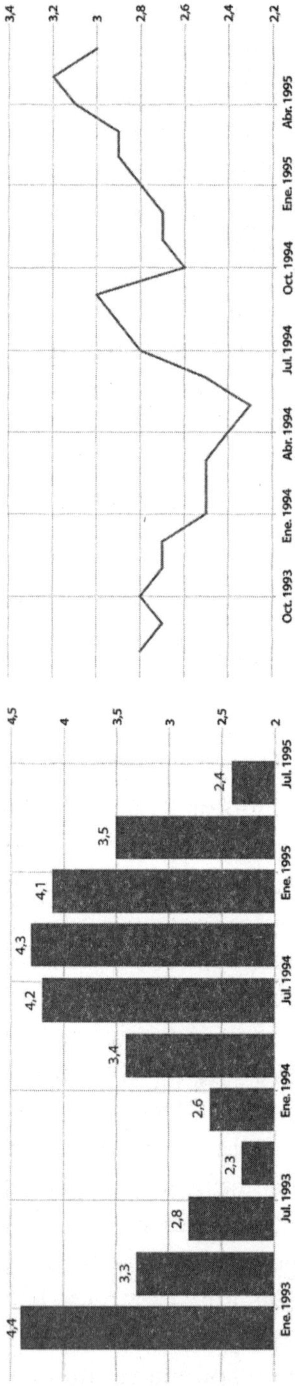

Fuente: Trading Economics.

nábamos a un potencial movimiento era de tan sólo el 22 por ciento. Y aunque nos pilló a pie cambiado, lo más sorprendente fue que en marzo la FED volvió a subir las tasas otro 0,25 por ciento; en abril, otro 0,25 por ciento, y la guinda del pastel llegó en mayo con una subida adicional, esta vez del 0,50 por ciento. Para entonces el daño ya estaba hecho, y el mercado de bonos había entrado en caída libre. Los meses de junio y julio fueron tranquilos, pero en agosto llegó otra subida, de 0,50 por ciento. El final del proceso de ajuste monetario tan duro culminó con una última subida de 0,75 por ciento en noviembre de 1994.

Muchos analistas dicen que la FED cometió un error garrafal siendo tan agresiva y en especial por sorprender a los inversores en varias ocasiones seguidas. A los inversores no nos gusta la incertidumbre, de modo que cuando la FED llevó a cabo subidas continuadas de tipos que no esperábamos, todos tuvimos que poner en precio la nueva realidad sin tiempo para hacerlo de forma paulatina. Los ajustes bruscos son el equivalente a «todo el mundo queriendo salir a la vez por la misma puerta», y eso no suele acabar bien. El resultado fue el colapso en el mercado de renta fija, y es probable que desde aquella época los bancos centrales hayan hecho mucho más hincapié en cómo se aplica hoy en día la política monetaria. Como todos sabemos, ahora los bancos centrales cuidan mucho lo que se denomina el *forward guidance*, que no es otra cosa que las indicaciones sobre futuros movimientos de tipos. Es decir, preparan a los inversores con gran antelación ante futuros cambios en la política monetaria para evitar sorpresas desagradables y reacciones extremas en los mercados financieros.

En aquella época yo dirigía el departamento de análisis técnico de Banco Santander. Lo había creado hacía poco, y todavía tenía mucho que demostrar, pero ya participaba en los comités de inversión del banco que reunía una vez a la semana a los jefes de cada área. Personalmente me parecía un lujo que alguien tan joven tuviese voz en una reunión de ese nivel y que se prestara atención a mis conclusiones técnicas sobre lo que podía ocurrir en el mercado de renta fija, divisas, etcétera. Utilizando técnicas de análisis sencillas, presentaba análisis a los distintos departamentos con proyecciones en todo tipo de activos, y mis informes iban teniendo cada vez más éxito. Pero, además, desde 1991 llevaba tiempo desarrollando sistemas de *trading*, o lo que ahora mucha gente denomina robots o cajas negras, con los que tomaba decisiones de inversión en todo tipo de activos para la cartera que gestionaba desde mi departamento. Era una época oscura para los que nos dedicábamos a este tipo de análisis. Quiero recordar que por aquel entonces todavía no contábamos con datos en tiempo real. Yo usaba un programa llamado Computrac que había salido al mercado en 1979 y funcionaba bajo un entorno de MS-DOS, ya que Windows no existía. Tampoco había internet, y el software no era «amigable», sino un hueso duro de roer. Había que alimentarlo manualmente; es decir, yo dedicaba varias horas al día a teclear en un fichero electrónico los datos de apertura, alto, bajo y cierres diarios de distintos pares de divisas y bonos, que como he comentado antes, tan amablemente me mandaban por correo físico, en papel, desde la oficina del Banco Santander en Nueva York. Tras introducir los datos, podías pedirle al programa que te mostrara un gráfico de barras diario de cualquiera de los activos que habías cargado manualmente. Lo normal era que al teclear los datos hubieses bailado alguna cifra, de modo que la primera vez que el programa te mostraba el gráfico lo encontrabas cargado de errores. Entonces tocaba editar, arreglabas el error y sólo entonces estabas en disposición de poder empezar a trabajar con el gráfico, los indicadores técnicos y diseñar un sistema de *trading*. Por aquel entonces casi todo lo que programaba eran sistemas de seguimiento de tendencia, cuyo núcleo estaba basado en medias móviles. Este tipo de señales de compra y venta funcionaban bien en mercados con tendencias definidas, por lo que 1994 fue un gran año para mí, ya que todos los mercados de renta fija colapsaron brutalmente.

Por aquel entonces ya tenía 28 años y llevaba ocho años en la tesorería de Banco Santander, de modo que ya no era un novato, aunque continuaba siendo bastante joven. Recuerdo esta crisis con un sabor agridulce. En ese tiempo estaba intentando defender a capa y espada la utilidad del análisis técnico en su variante cuantitativa. Ya era habitual que los *traders* de la sala de tesorería viniesen a mi sitio de trabajo solicitando opinión sobre un par de divisas, un bono concreto, o incluso la bolsa. También exponía mi visión de mercado en las reuniones semanales a las que acudía con los jefes de cada área. Pero todavía luchaba por conseguir algún sistema de *trading* algorítmico que fuese realmente eficaz. En el año 1994 mis sistemas dieron el do de pecho, no tanto porque fuesen buenos, sino porque el mercado entró en una tendencia como hacía tiempo que no veía. De modo que ahí estaba yo, analizando los gráficos de bonos y advirtiendo en las reuniones de las formaciones bajistas que se estaban completando y del desplome que vendría a continuación, cuando el mercado comenzó a darme la razón. Además de haber hecho advertencias acertadas, mis sistemas de *trading* comenzaron a vender. En cuestión de unas pocas semanas todo se había puesto de cara. Por un lado, cosechaba un gran reconocimiento profesional por acertar en mis pronósticos con unas técnicas de análisis que casi nadie utilizaba en aquel entonces y, por otro, iba acumulando ganancias por las posiciones cortas abiertas con sistemas algorítmicos de *trading*, algo que, en España, en aquella época, para la mayoría de los *traders* sonaba a ciencia ficción.

Cuando mezclas una edad de 28 años y mucho éxito profesional concentrado en poco tiempo el resultado no suele ser bueno, tal como ocurrió en mi caso. Cuando comenzó la sangría en el mercado de renta fija, yo me pavoneaba por la sala de tesorería con una sonrisa de oreja a oreja porque era de los pocos que ganaba dinero en ese entorno tremendamente bajista. Un día, el tesorero se me acercó y me dijo: «Como te vea celebrar una vez más el desplome del mercado de renta fija te corto los huevos». El banco tenía una cartera grande de bonos españoles, italianos, alemanes y franceses, y estaba perdiendo mucho dinero, pero yo sólo me preocupaba de mi cuenta de resultados que iba viento en popa gracias a la fuerte tendencia bajista en la que me había montado desde principios de ese año. Mi juventud, mi ego y mi afán de superación pesaban mucho más que la visión global de la sala y los resultados del banco. Estaba claro que en aquella época me faltaba madurez para comprender lo que estaba sucediendo en las cuentas de resultados del banco. A veces nuestros éxitos sin la discreción adecuada pueden volverse en nuestra contra.

La crisis en el mercado de renta fija fue global, lo que quiere decir que afectó a bonos de distintos plazos en Estados Unidos y contagió a los bonos de otras geografías hasta convertirse en un movimiento generalizado. Pero a fin de establecer en qué momento concreto el análisis técnico nos avisaba de que comenzaba y terminaba el desplome, voy a utilizar en primer lugar el bono estadounidense a diez años, uno de los más líquidos e importantes del mundo, y que en tan sólo un año registró una caída cercana al 20 por ciento, erradicando las ganancias que se habían ido acumulando desde el año 1991 (gráfico 6.18).

Antes de 1994, el mercado llevaba inmerso en un proceso alcista perfectamente definido por un canal ascendente entre 1990 y 1993. Los primeros síntomas de debilidad se fueron desarrollando entre 1992 y 1993 con la aparición de las primeras divergencias bajistas entre el precio y el RSI a nivel semanal. Pero hasta el verano de 1993, en el que se confirmó la primera formación bajista con un clásico doble techo, la estructura de precios no ofreció ninguna confirmación preocupante. Pese a la caída que provocó esta primera figura negativa, la tendencia seguía intacta y el canal ascendente era la mejor demostración. Sin embargo, los intentos de subida que tuvieron lugar a finales de 1993 y principios de 1994 no consiguieron superar la base del doble techo, y dieron un aviso importante de que algo gordo podía ocurrir. Poco después se fue desarrollando una figura de mayor magnitud tipo hombro-cabeza-hombro. En febrero de 1994, coincidiendo con la primera subida de tipos de la Reserva Federal, el bono activó la figura bajista y rompió el canal ascendente de los últimos tres años. Ahí comenzó la carnicería en el mercado de renta fija. La primera fase del desplome se extendió hasta mayo sin respiro, con caídas constantes, sin correcciones alcistas de ningún tipo. Entre junio y agosto, coincidiendo con un período en que la FED no subió más los tipos de interés, el mercado se estabilizó en un intervalo lateral. Pero tan pronto como se reto-

Gráfico 6.18 Evolución del bono a 10 años en Estados Unidos entre principios de 1990 y finales de 1995

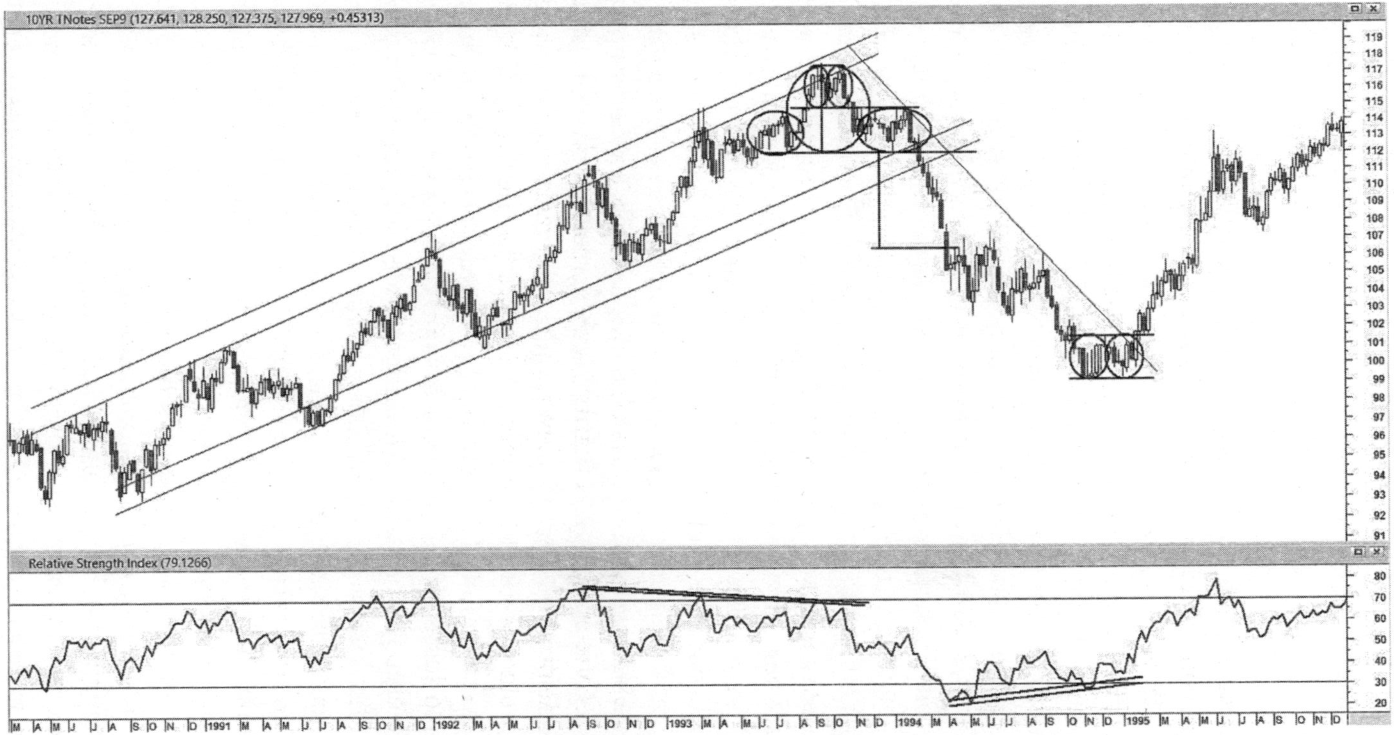

Fuente: MetaStock.

mó el ciclo de subidas de tipos, el bono rompió a la baja la línea de consolidación lateral y cayó con fuerza hasta alcanzar sus mínimos en noviembre y diciembre de ese año. Para entonces ya se comenzaban a detectar las primeras señales positivas en las divergencias alcistas que se estaban desarrollando entre el precio y el RSI a nivel semanal. Pese a que, en noviembre de ese año, la FED hizo una última subida drástica de 0,75 por ciento, la reacción del precio no fue tan fuerte. El bono cayó y retesteó el mínimo previo, pero sin perderlo. A partir de ahí subió con fuerza y confirmó que se había activado un patrón alcista tipo doble suelo que cambió la tendencia a la baja, y la subida se extendió apoyada en el cambio de actitud de la Reserva Federal que ya había comenzado a bajar los tipos de interés de nuevo.

Como es habitual, el comportamiento de los bonos en Estados Unidos se extendió a todo el mundo. Encontrar datos de los bonos europeos de aquella época no es tan sencillo. Pero podemos ver cómo se comportó en términos de rentabilidad el bono alemán a diez años. Antes de analizar el gráfico, es importante recordar el siguiente concepto: «El precio de un bono es inverso a su rentabilidad». Esto quiere decir que, si el precio del bono está subiendo, su rentabilidad está bajando, y viceversa.

En el gráfico 6.19 veremos que, durante la crisis, la rentabilidad del bono alemán subió con mucha fuerza; es decir, experimentó una fuerte caída en precio. Antes de 1994, al igual que pasaba en Estados Unidos, el precio del bono (Bund) había estado subiendo con fuerza a lo largo de 1992 y 1993. Las mismas divergencias que habíamos detectado en la renta fija estadounidense se podían apreciar en el bono alemán. Era la primera señal de riesgo que se podía detectar usando análisis técnico. Unos meses más tarde se rompía la línea de tendencia bajista en rentabilidad poniendo de manifiesto el riesgo de subida de la rentabilidad (caída en precio). El proceso alcista se extendió durante todo 1994, y provocó un salto de la rentabilidad desde 5,52 hasta 7,92 por ciento. Estamos hablando de un cambio de 2,4 por ciento en tan sólo doce meses. El final de la crisis se pudo identificar de la misma manera que había empezado. En primer lugar, surgieron triples divergencias bajistas en el RSI. Poco después se

Gráfico 6.19. Evolución del bono a 10 años en Alemania en términos de rentabilidad entre mediados de 1992 y principios de 1996

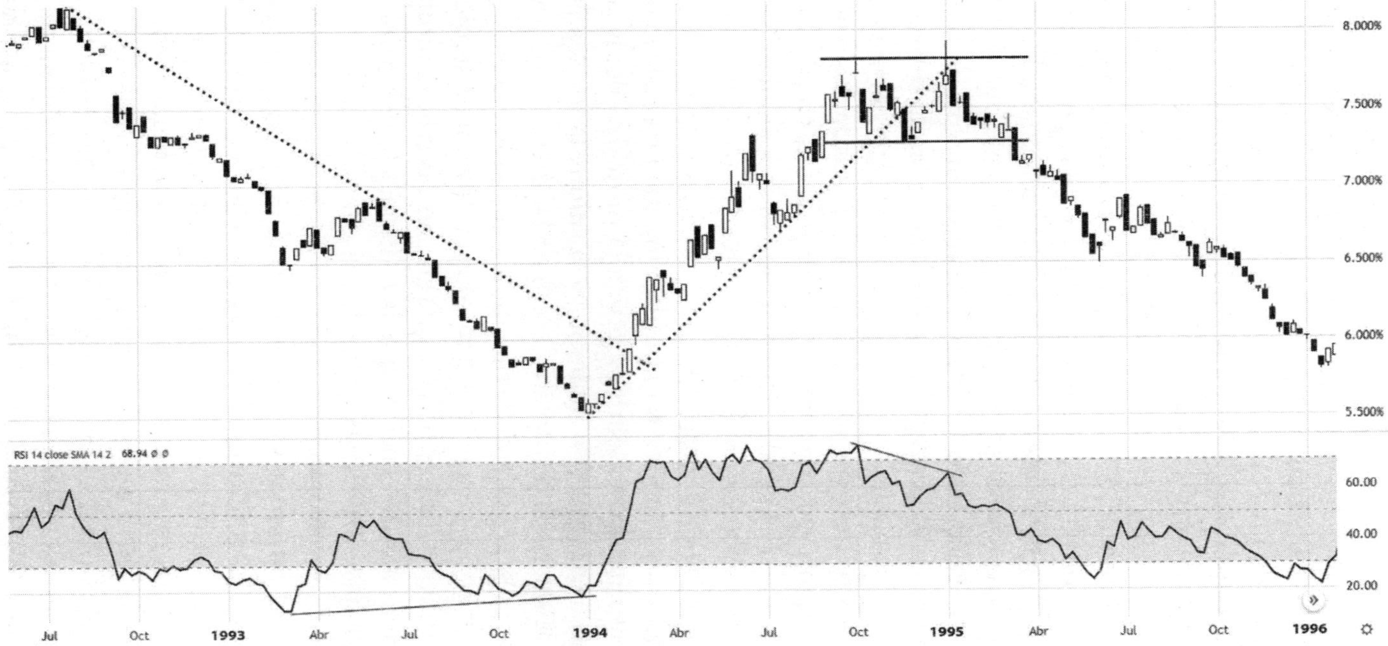

Fuente: TradingView.

produjo la ruptura de la línea de tendencia alcista. A finales de 1994, cuando la rentabilidad del bono alcanzó su punto más elevado, la vela semanal terminó siendo un *long upper shadow*; es decir, una vela con sombra alargada arriba y cuerpo pequeño en los mínimos de ese período. Además, parecía que se había completado un *pullback* a la directriz alcista rota. En abril de 1994 se rompía a la baja el soporte en 7,25 por ciento, lo que activaba una figura habitual de cambio de tendencia llamada «doble techo». A partir de ahí, el mercado cambió de dirección definitivamente y cayó de nuevo hasta alcanzar niveles cercanos a los mínimos de antes de la crisis.

Esta crisis puso de manifiesto hasta qué punto llevamos mal los inversores las sorpresas, en especial cuando se producen en el seno de los bancos centrales. Las condiciones macroeconómicas son las que desatan las expectativas y, por lo tanto, determinan el sentimiento que impera en el mercado. Las sorpresas son como la gasolina al fuego, inflaman lo que ya está en marcha y elevan a otra dimensión el impacto que tiene el sentimiento de los inversores en las cotizaciones de mercado. Cuando se alcanza ese punto álgido se produce la capitulación, que no es otra cosa que un proceso mental en el que cambia la prioridad del inversor. Durante la capitulación no importa la valoración ni los fundamentos, lo que más importa es la supervivencia, la preservación del capital y la sensación de que uno no aguanta más la pérdida y lo que quiere es cerrar las estrategias tanto si tiene sentido como si no. Nunca debemos olvidar que en esas fases de capitulación uno no sabe cuánto recorrido queda todavía, y lo único que conoce es lo que ha venido sucediendo durante las últimas semanas o meses. En esos momentos, el entorno es tremendamente negativo desde el punto de vista macroeconómico, y queda reflejado en cientos de titulares y noticias en los que se pronostica que más adelante va a ser aún peor. Es en ese clima de desesperación cuando los inversores abandonan la esperanza y capitulan, y a partir de ahí el suelo suele no estar muy lejos.

Por otro lado, tampoco debemos olvidar que en los mercados financieros los distintos activos están interrelacionados, lo que significa que lo que ocurre en la renta fija afecta a la renta variable, y viceversa. En la crisis de 1994, el coste de financiación subió mucho y tuvo su impacto en el comportamiento de la bolsa. En Estados Unidos, la corrección del S&P500 fue de apenas un 10 por ciento y muy concentrada en la primera parte del año. El gráfico 6.20 acabó por formar un patrón conocido como triángulo simétrico, que es una formación de continuación de tendencia, y por consiguiente advertía de que una vez finalizado el proceso correctivo era muy probable que se retomase la tendencia alcista previa. En el caso del DAX alemán, la corrección fue más fuerte, provocando caídas superiores al 17 por ciento, y no se alcanzó el mínimo hasta principios de 1995. La estructura en la bolsa alemana fue una cuña correctiva que también representaba una consolidación tras las fuertes subidas registradas los años anteriores.

La crisis en el mercado asiático de divisas a principios de 1997

La siguiente época que recuerdo como convulsa en los mercados se centró en el mercado de divisas o Forex, pero provocó tal incremento en la prima de riesgo global que se dejó notar también en la renta variable a nivel mundial.

La crisis comenzó el 2 de julio de 1997 en Asia, y se la denominó la crisis del Fondo Monetario Internacional. El primer incendio surgió con la devaluación del baht tailandés, pero pronto contagió a otras divisas en Malasia, Indonesia, Filipinas, Taiwán, Hong Kong y Corea del Sur, muchas de las cuales cotizaban ancladas al dólar estadounidense en lo que se conoce con el término anglosajón «*peg* al dólar». Antes de que se desatase el problema en toda su magnitud, Tailandia llevaba tiempo registrando una gran burbuja inmobiliaria y, por otro lado, tenía una deuda externa que había ido creciendo sin control hasta alcanzar el 180 por ciento sobre el PIB. Aparte de esos desequilibrios, antes de la crisis Asia se había convertido en el centro de atracción de la mitad del capital proveniente de los inversores de países desarrollados, alentados por unas tasas de interés relativamente

Gráfico 6.20. A la izquierda, evolución del S&P500 en Estados Unidos. A la derecha, DAX en Alemania entre 1993 y 1996

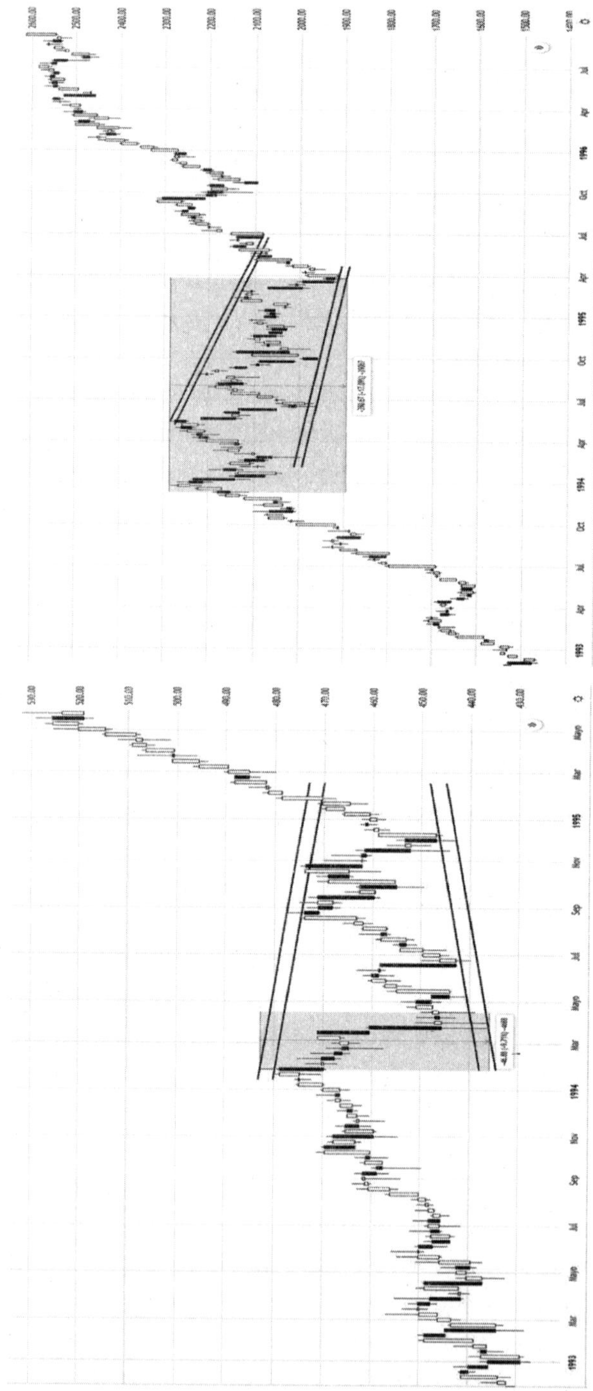

Fuente: TradingView.

altas. El *boom* económico que se vivía en muchas economías asiáticas, en algunos casos con tasas de crecimiento de entre el 8 y el 12 por ciento, dio lugar al denominado «milagro económico de los tigres asiáticos». Pero como en toda fase fuerte de expansión económica, es muy difícil evitar la proliferación de burbujas en distintos activos.

Para entender cuál fue el detonante de la crisis, tenemos que mirar qué estaba sucediendo en aquellos años en Estados Unidos, ya que en Asia había varios países con monedas que estaban ancladas al dólar estadounidense a través de un tipo de cambio fijo. En 1991, Estados Unidos había sufrido una recesión que obligó a la FED a bajar las tasas de interés desde cotas superiores al 8 por ciento hasta niveles del 3 por ciento en apenas un par de años. A medida que la economía estadounidense salía de la recesión y entraba en un nuevo ciclo expansivo, Alan Greenspan, presidente de la Reserva Federal, comenzó a subir la tasa de interés para evitar que apareciesen presiones inflacionistas. A medida que los tipos en Estados Unidos se aproximaban de nuevo al 6 por ciento, los inversores empezaron a encontrar más atractivo el mercado estadounidense en comparación con el mercado del sureste asiático, y el dólar entró en una fase de apreciación. Esto afectó directamente a las divisas asiáticas que estaban ancladas al dólar, provocando que sus exportaciones fuesen cada vez menos competitivas y afectando a su posición en cuenta corriente. Inicialmente, los gobiernos asiáticos intentaron defender el *peg* al dólar subiendo los tipos de interés para evitar la fuga de capitales. Después tuvieron que utilizar sus reservas para defender el tipo de cambio fijo mediante intervenciones directas en el mercado. Pero la situación no hacía más que empeorar, y en un momento dado hubo que aceptar que la situación era insostenible. En ese contexto se optó por abandonar el tipo de cambio fijo y dejar que las divisas asiáticas fluctuasen libremente en el mercado, lo que provocó una devaluación significativa del valor de las monedas asiáticas, en especial frente al dólar estadounidense.

La única manera de entender la violencia de los movimientos registrados en el mercado Forex es remontarse a aquella época, y observar la evolución de la cotización de las principales monedas de ese grupo selecto de países asiáticos que gracias a la capacidad de crecimiento de sus economías durante el período previo a la crisis se habían convertido en el foco de atención de los inversores durante los últimos años. En menos de un año el dólar estadounidense se apreció 115 por ciento frente al baht tailandés y 103 por ciento ante el won de Corea del Sur (gráfico 6.21).

Indonesia tardó un poco más en contagiarse, y vivió su crisis particular a lo largo de 1998, cuando el dólar se apreció más de un 600 por ciento frente a la rupia (gráfico 6.22).

La situación descontrolada que se vivía en el mercado asiático de divisas no tardó en notarse en otros activos como las bolsas. El Nikkei 225 en Japón fue uno de los que más sufrió por cercanía a la crisis, y porque ya venía desarrollando un patrón bajista desde antes de que se desatara el problema en el mercado de divisas. El índice registró una caída de un 31 por ciento desde julio de 1997 hasta finales de ese año (gráfico 6.23).

Incluso otras bolsas asiáticas, como el Sensex en India, que hasta que estalló la crisis en el mercado de divisas mostraban patrones claramente alcistas, también sufrieron fuertes correcciones de magnitud similar (gráfico 6.24).

En el caso de la bolsa estadounidense, también se vivieron correcciones significativas, pero con el dólar apreciándose y sin estar tan afectado por el problema que sacudía a los países asiáticos, el impacto fue mucho menor. La corrección total en el Dow Jones fue de algo más de 16 por ciento, pero se produjo de forma explosiva tras romperse el soporte en torno a 7.600. Sin embargo, casi de inmediato comenzó la recuperación, y dos meses más tarde el índice ya estaba marcando nuevos máximos (gráfico 6.25).

El selectivo español, el Ibex 35, sufrió mucho ya que desde máximos hasta mínimos llegó a perder un 26 por ciento. Pero la sesión de infarto se produjo el 28 de octubre con una caída a la apertura superior al 14 por ciento.

Aún recuerdo el revuelo en la sala de tesorería del Banco Santander donde trabajaba por aquel entonces. En un momento dado, a media sesión, el tesorero nos convocó y en un mensaje desconcertante nos

Gráfico 6.21. Gráfico diario del dólar estadounidense contra el baht tailandés (izquierda) y contra el won coreano (derecha) durante 1997

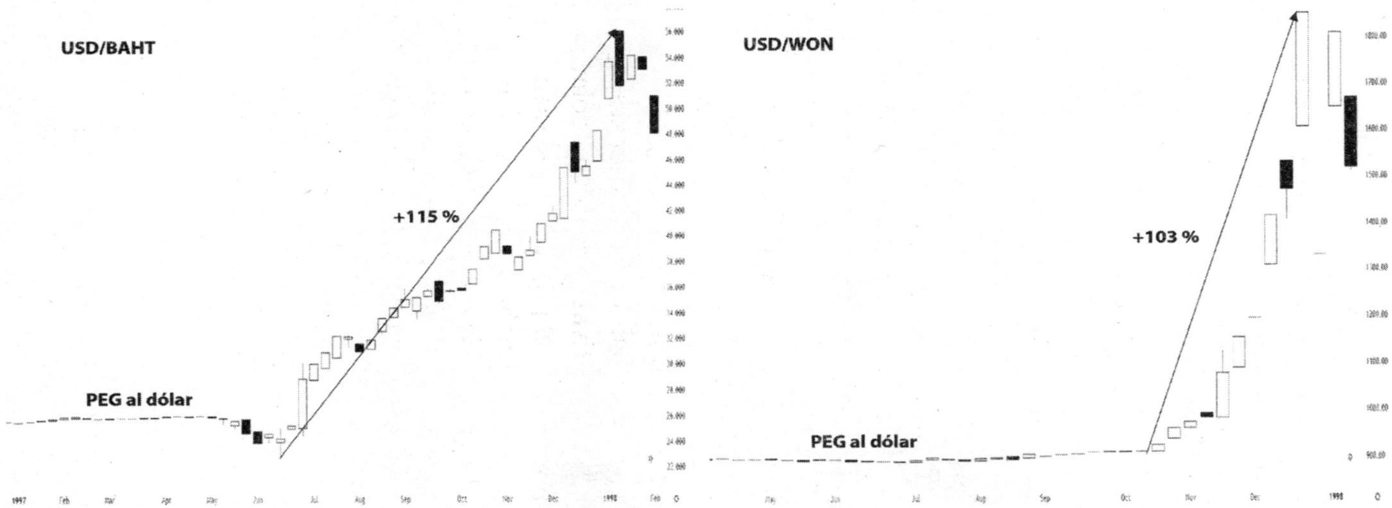

Fuente: TradingView.

Gráfico 6.22. Gráfico diario del dólar estadounidense contra la rupia indonesia en la crisis de 1997

Fuente: TradingView.

Gráfico 6.23. Gráfico diario del Nikkei 255 japonés en la crisis de 1997

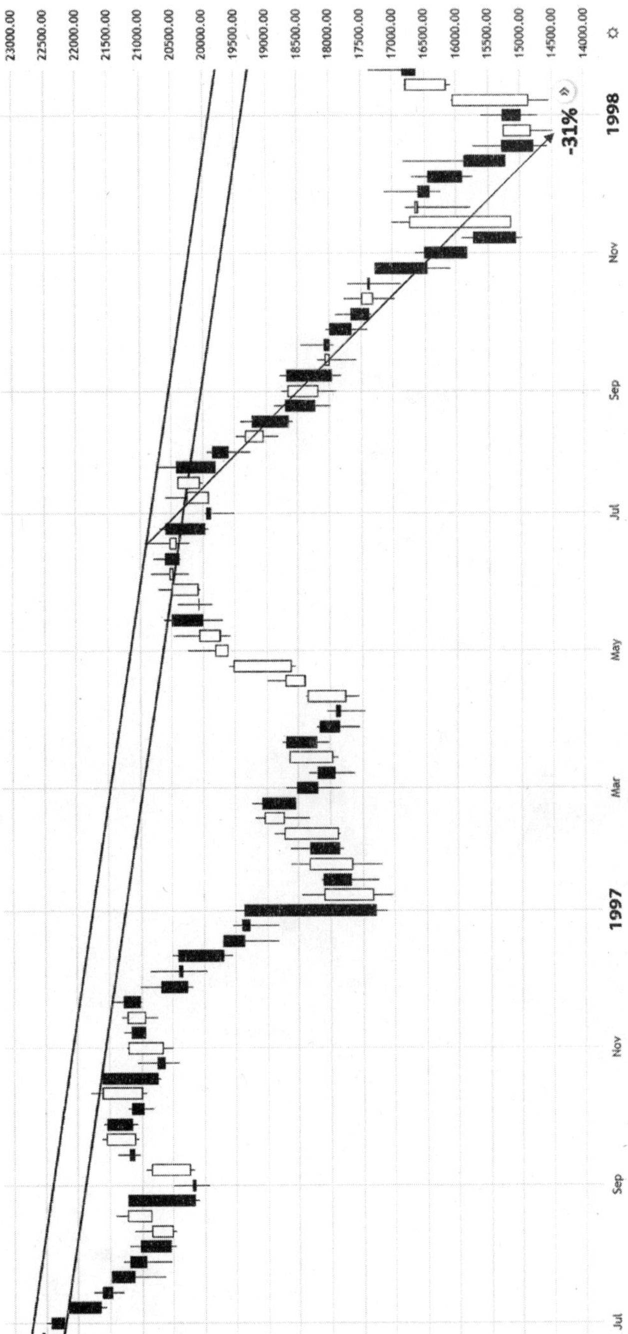

Fuente: TradingView.

Gráfico 6.24. Gráfico diario del Sensex indio en la crisis de 1997

Fuente: TradingView.

Gráfico 6.25. Gráfico diario del Dow Jones en la crisis de 1997

Fuente: TradingView.

dijo que había que comprar bolsa. Ante la mirada atónita de muchos *traders*, simplemente dijo: «Es una orden de arriba, el presidente ha estado hablando con el Banco de España y es lo que hay, ¡así que a comprar!». Ésta fue mi primera experiencia directa con lo que mucha gente dice que es manipulación del mercado. Lo cierto es que hubo una intervención orquestada desde las más altas esferas para evitar lo que parecía un nuevo «lunes negro». Lo que más me impactó entonces fue la eficacia de la intervención, y la guinda al pastel se produjo al cierre. Como todos sabéis, el mercado tiene un horario de apertura y cierre preestablecido. Pues ese día no se cumplió. Pasadas las 17.30 horas, el mercado seguía abierto y recuperándose con una fuerza increíble. Si no recuerdo mal, el cierre se extendió hasta las 18.30 para dar tiempo a que la subida se extendiese lo más posible. De hecho, el Ibex abrió en los mínimos y cerró en los máximos de la sesión, en uno de los entornos más volátiles que había presenciado en mi vida como *trader*. Al día siguiente, el Ibex abrió con un *gap* alcista y dejó un patrón de velas muy conocido, «estrella del amanecer», o lo que se conoce como *island reversal* en gráfico de barras, y que fue el detonante del inicio de una gran subida que se extendió a lo largo de los meses siguientes (gráfico 6.26).

Si analizamos la situación desde una perspectiva macroeconómica, la crisis asiática tuvo un efecto devastador en los PIB de países como Tailandia y Corea del Sur, que entraron en profundas recesiones entre 1997 y 1998 (gráfico 6.27).

Sin embargo, tal como se puede apreciar en la evolución del PIB de España y de Estados Unidos en aquellos años, el daño económico quedó delimitado al bloque asiático (gráfico 6.28).

Por consiguiente, las fuertes correcciones registradas tanto en el Ibex como en el Dow Jones no respondían a un problema de crecimiento económico sino a un efecto contagio de lo que estaba sucediendo en la otra parte del mundo.

Desde una perspectiva de análisis técnico hubo múltiples señales que nos permitieron advertir lo que se avecinaba y aprovechar el entorno para buscar estrategias bajistas o, al menos, cubrir las carteras para evitar las pérdidas que sufrieron muchos

Gráfico 6.26. Gráfico diario del Ibex 35 en la crisis de 1997

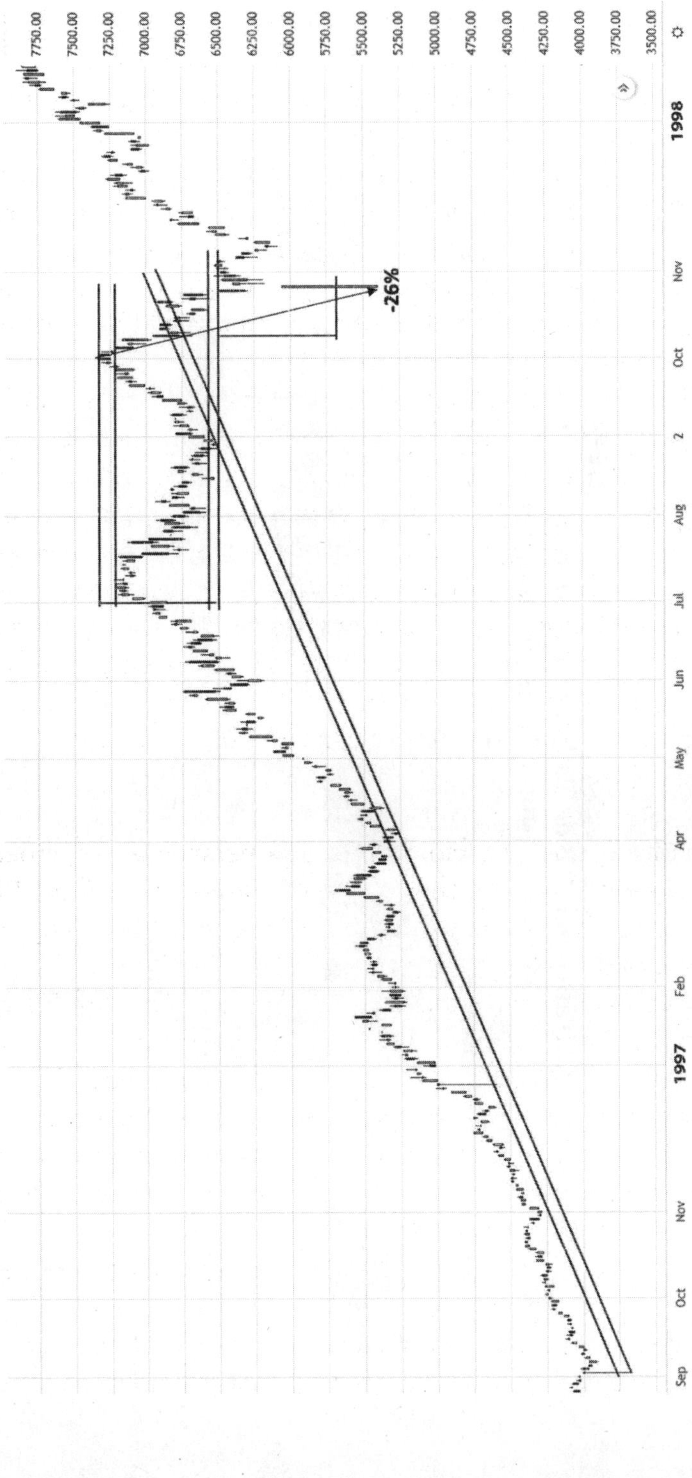

Fuente: TradingView.

Gráfico 6.27. Gráfico del PIB de Tailandia (izquierda) y Corea del Sur (derecha) entre 1996 y finales del año 2000

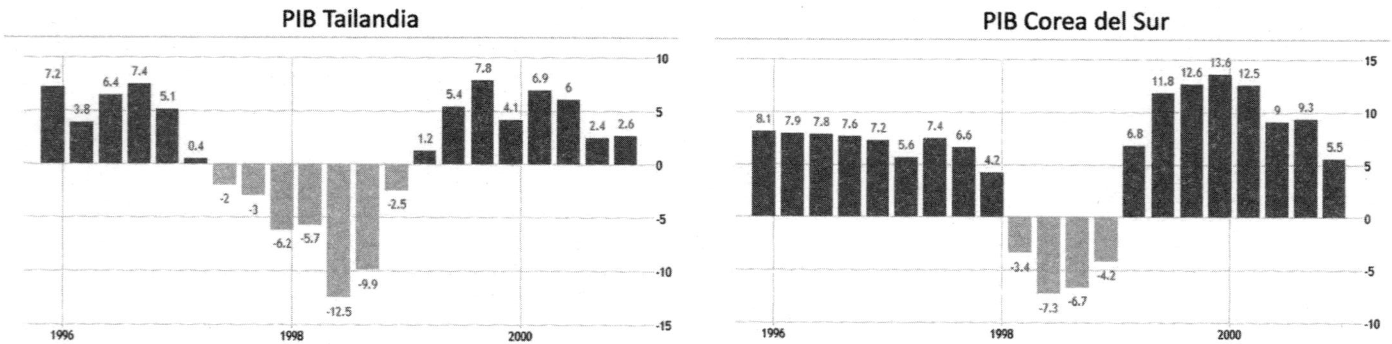

Fuente: Trading Economics.

Gráfico 6.28. El PIB de España (izquierda) y de Estados Unidos (derecha) entre 1996 y finales del año 2000

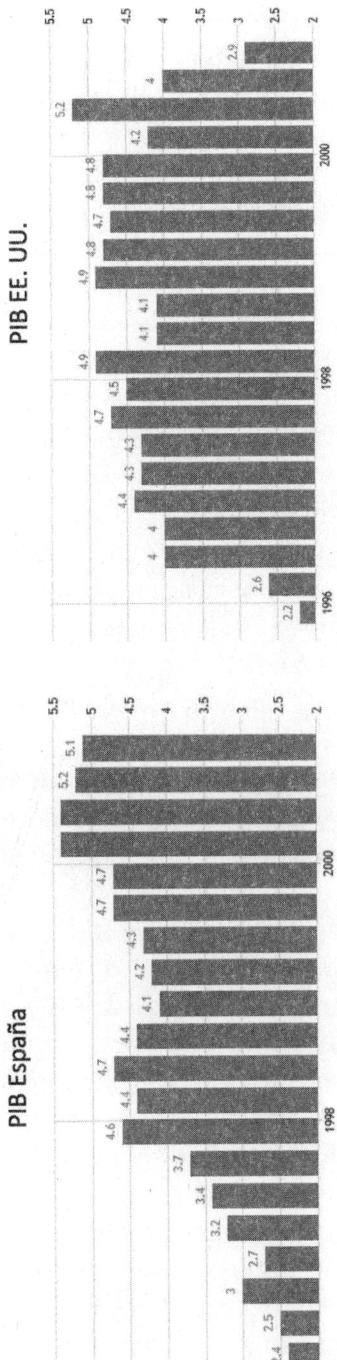

Fuente: Trading Economics.

inversores. Veamos algunas de las señales o patrones gráficos que se presentaron de forma clara en el Nikkei 225 japonés. Como se puede apreciar en el gráfico 6.29, los dos principales desplomes que se produjeron en 1996 y 1997 estuvieron precedidos por formaciones clásicas llamadas «hombro-cabeza-hombro».

La primera advertencia llegó con la ruptura de la directriz alcista en 1996. A partir de ahí y durante casi un año se fue formando una estructura de distribución conocida como hombro-cabeza-hombro, y se completó en diciembre de 1996. El objetivo de la figura era 17.213, y se alcanzó en el transcurso del siguiente mes, llevando al índice hasta los 17.019. A partir de ahí se sentaron las bases que luego dieron pie a una fuerte recuperación durante los primeros seis meses de 1997. Pero antes de que se hubiese acabado el proceso alcista ya empezaban a surgir de nuevo divergencias en el indicador del RSI, y eso llevó a un estancamiento lateral o nueva fase de distribución entre los 19.500 y los 20.900 puntos. Pasados unos meses de alta volatilidad, pero poca direccionalidad, el índice comenzó a perder su zona de soporte activando de esa forma la siguiente figura de hombro-cabeza-hombro que tenía un objetivo en los 18.000 puntos. En cuestión de un mes ya se había alcanzado el objetivo, pero esta vez la caída se extendió durante los siguientes meses dejando una secuencia de máximos y mínimos decrecientes propia de una tendencia bajista.

En el caso del índice Sensex en India, las primeras señales de debilidad se manifestaron como divergencias bajistas entre el precio y el RSI durante el verano de 1997. Poco después se produjo la ruptura del último mínimo creciente y de la línea de tendencia alcista que se originó en diciembre del año anterior. Tras un primer impulso bajista llegó el rebote en octubre, pero fue incapaz de superar la antigua zona de suelos convirtiéndose en un área pivote que dio paso a la siguiente caída. El nuevo intento de recuperación tuvo lugar a finales del año, pero de nuevo se encontró con los mínimos precedentes que actuaron de techo y con la nueva directriz bajista que se había formado (gráfico 6.30).

El final del movimiento a la baja se produjo en febrero de 1998, y para entonces ya se habían detectado triples divergencias

Gráfico 6.29. Gráfico diario del Nikkei 225 en la crisis de 1997

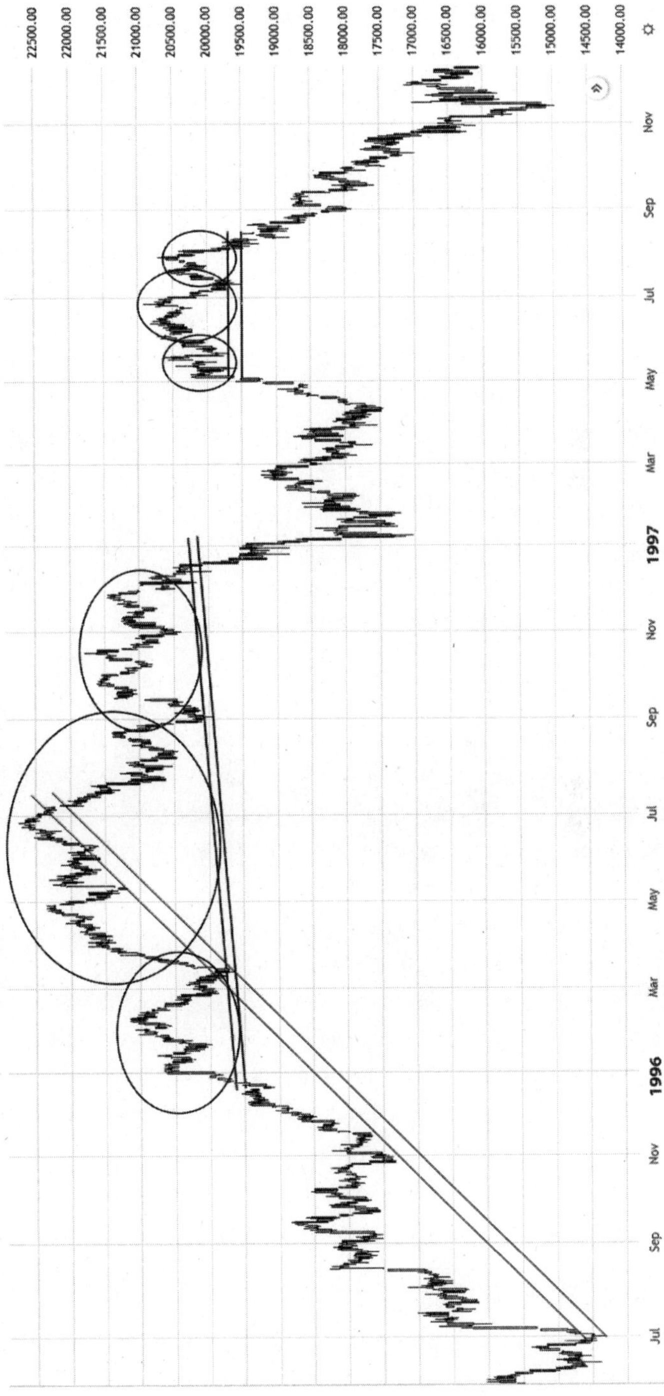

Fuente: TradingView.

Gráfico 6.30. Gráfico diario del Sensex en India en la crisis de 1997

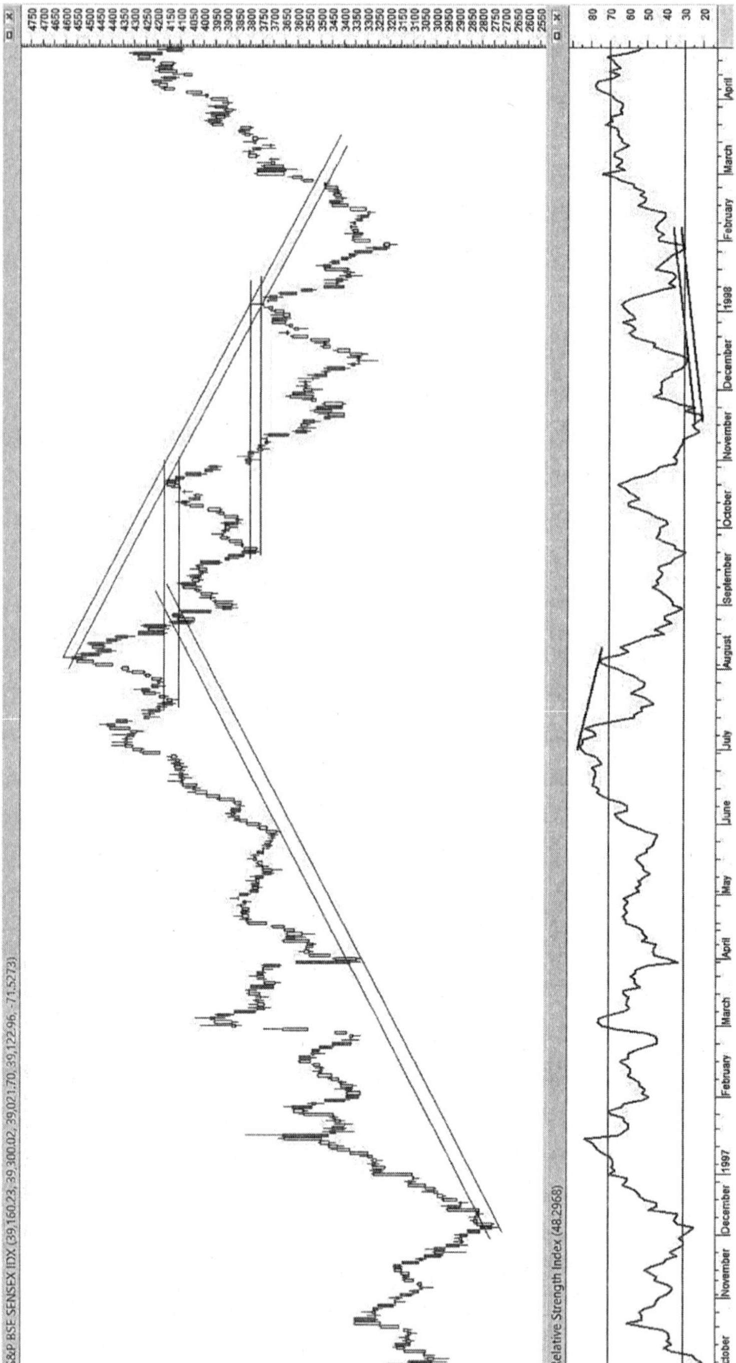

Fuente: Metastock.

alcistas en el RSI. La ruptura de la línea de tendencia bajista fue la confirmación de que lo peor había pasado, y el índice comenzó a recuperar con fuerza de nuevo.

En el caso del Dow Jones Industrial en Estados Unidos hubo dos estructuras indicativas de posibles caídas desde julio hasta octubre de 1997. La primera fue un pequeño doble techo, pero antes de desarrollarse ya había claras divergencias entre el precio e indicadores como el RSI. En agosto de 1997 se confirmaron con la ruptura de la directriz alcista que se originó en abril de ese año, y con la pérdida del soporte en torno a 8.100. El primer impulso bajista fue muy superior al objetivo del doble techo, y al final el precio se estabilizó en la zona de 7.600, dando paso a una ligera recuperación. Durante los meses de septiembre y octubre se formó la segunda figura negativa, un hombro-cabeza-hombro, que se activó definitivamente con la ruptura de 7.800 y que en tan sólo dos días cumplió sobradamente con el objetivo previsto (gráfico 6.31).

Veamos ahora el caso del Ibex 35, el selectivo español de renta variable.

Entre los meses de mayo y julio de 1997 se formó la primera señal de debilidad con la aparición de divergencias bajistas entre el precio y el indicador RSI. Aunque produjo una importante corrección desde 7.222 hasta 6.500, la línea de tendencia alcista seguía intacta y no se apreciaban figuras de distribución. Sin embargo, tras la subida de septiembre, el mercado comenzó a caer de nuevo. El 27 de octubre se rompió la zona de soporte, la directriz alcista de medio plazo y se activó un doble techo cuyo objetivo era 5.673. En tan sólo dos sesiones, el Ibex cayó más allá de la proyección esperada inicialmente en una sesión extraordinaria que sentaría las bases para la siguiente fase alcista. La vela en la que el Ibex estuvo cayendo en una sola sesión más de un 14 por ciento terminó con una pérdida de tan sólo 4,1 por ciento. Con el *gap* alcista del día siguiente, esa vela formó lo que denominamos una «estrella del amanecer», o lo que los *traders* que analizan el mercado no con *candlesticks*, sino con gráficos de barras, denominan una «isla de vuelta». Se trata de una señal muy alcista y fue la antesala del inicio del siguiente impulso alcista del selectivo español (gráfico 6.32).

Gráfico 6.31. Gráfico diario del Dow Jones en Estados Unidos durante la crisis de 1997

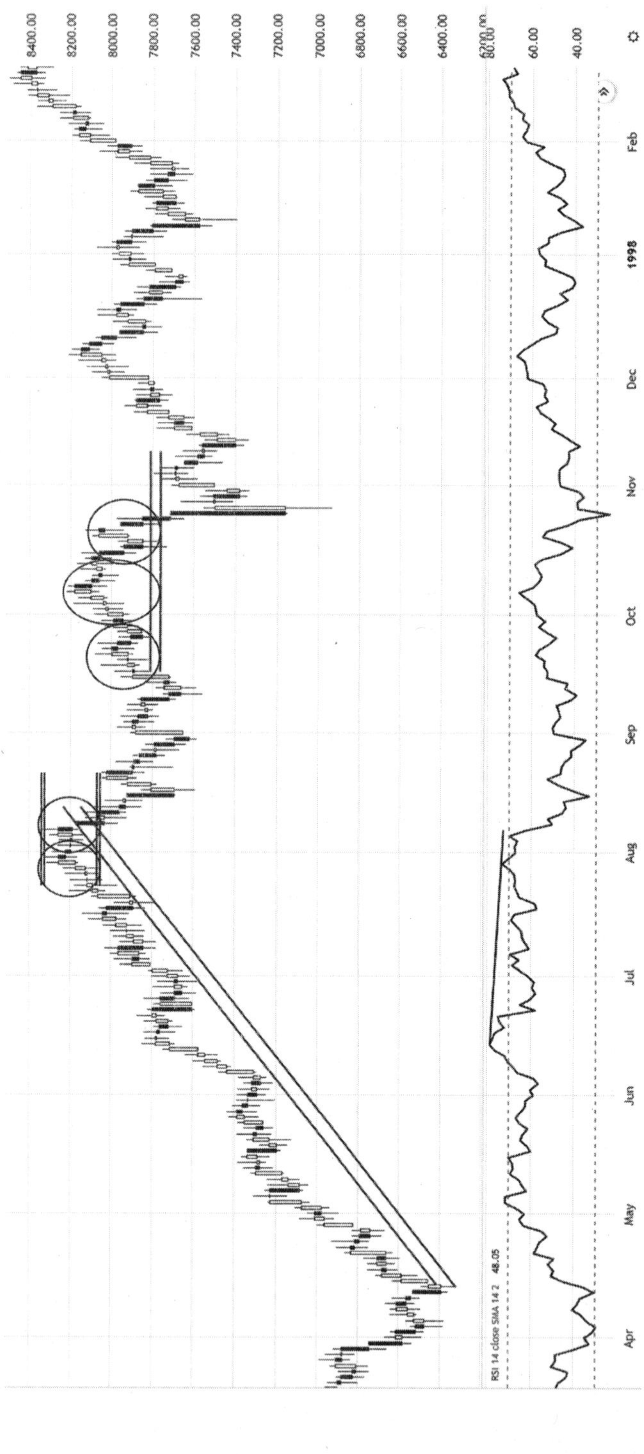

Fuente: TradingView.

Gráfico 6.32. Gráfico diario del Ibex 35 en España durante la crisis de 1997

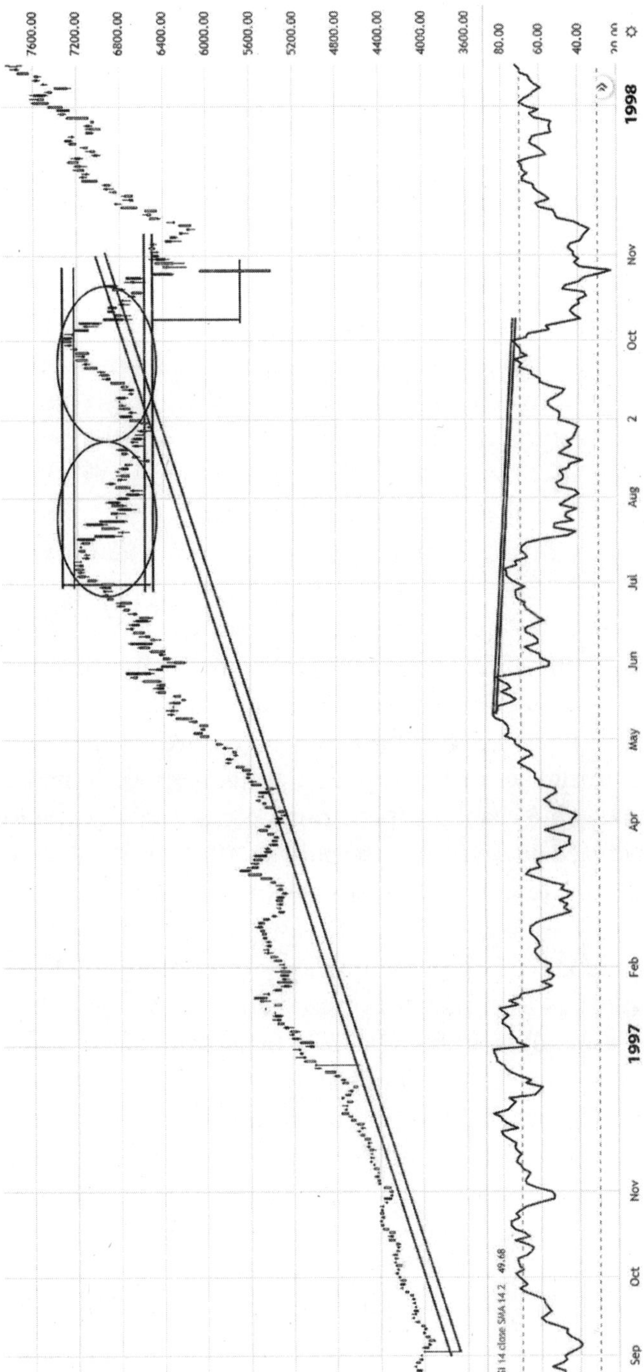

Fuente: TradingView.

Las bolsas a escala global retomaron su tendencia al alza hasta que de nuevo se vio interrumpida por la siguiente gran crisis, la que tendría lugar en 1998.

La crisis del rublo de 1998

El inició de esta nueva etapa tuvo lugar el 17 de agosto de 1998, y es probable que se haya intensificado por los efectos de la crisis anterior, que había afectado al precio de las materias primas y en especial al petróleo. A principios de 1997, el petróleo cotizaba a 26,5 dólares por barril, y a lo largo de los dos siguientes años cayó hasta los 10,5 dólares por barril, lo que representa un desplome del 61 por ciento. Rusia dependía fuertemente de las exportaciones de crudo y gas natural, que representaban el 80 por ciento de las exportaciones totales del país y, por lo tanto, de los ingresos fiscales que provenían de la comercialización de estas materias primas. Cuando el petróleo cayó tanto, muchas empresas de la industria energética y manufacturera no pudieron cumplir con el pago de los impuestos al Tesoro ruso. La crisis tuvo muchas implicaciones, ya que en aquella época el rublo mantenía una tasa de cambio fija frente a otras divisas extranjeras. La crisis asiática que había empezado en 1997 unida al desplome de la demanda de petróleo impactó con fuerza en las reservas extranjeras de Rusia.

Ante la creciente preocupación de la comunidad internacional y todavía con el recuerdo fresco de la crisis que se había desatado un año antes, el Fondo Monetario Internacional y el Banco Mundial aprobaron un paquete de ayuda financiera por valor de 22.600 millones de dólares en un intento por apoyar las reformas y estabilizar el mercado ruso. A pesar de las dificultades, Rusia no abandonaba su empeño en defender un tipo de cambio del rublo dentro de unas bandas estrechas de fluctuación (5,3-7,1 rublos por dólar) que no reflejaban la situación real de la economía del país, lo que obligaba a continuas intervenciones masivas por parte del banco central ruso, que no paraba de gastar sus reservas de divisas extranjeras para comprar rublos y mantener su valor. Para agosto de 1998, el banco central ya había gastado unos 27.000 millones de sus reservas en dólares para mantener el tipo de cambio.

Ante una situación cada vez más inestable, los inversores comenzaron a perder la confianza, lo que llevó a una venta masiva del rublo y de otros activos rusos. El 13 de agosto de 1998, el mercado de bonos, la bolsa y la divisa rusa colapsaron a la espera de lo que parecía inevitable, una devaluación de la moneda y el riesgo de impago o *default* de la deuda soberana por parte del gobierno. Justo antes del desastre, los intereses mensuales de la deuda rusa ya representaban un 40 por ciento más que las recaudaciones fiscales mensuales. El crecimiento de los préstamos internos sólo se mantenía a expensas de la afluencia de capital extranjero especulativo, atraído por unas tasas de interés que el banco central había subido hasta el 150 por ciento en un esfuerzo por apuntalar la moneda y frenar la salida del capital extranjero. Tal como ha ocurrido a lo largo de la historia, las medidas de este tipo no sirvieron para nada.

La economía que acababa de salir de la recesión que vivió durante 1996 y 1997 volvió a hundirse, con lecturas del PIB anualizado de -9 por ciento (gráfico 6.33).

Simultáneamente, la divisa se depreció frente al dólar desde 6 hasta 26, un 333 por ciento en tan sólo cuatro semanas. Pese a las intervenciones del banco central ruso que consiguieron corre-

Gráfico 6.33. Gráfico diario del PIB anual de Rusia durante el período 1996-1999

Fuente: Trading Economics.

Gráfico 6.34. Tipo de cambio entre el dólar estadounidense y el rublo ruso entre 1996 y 2002

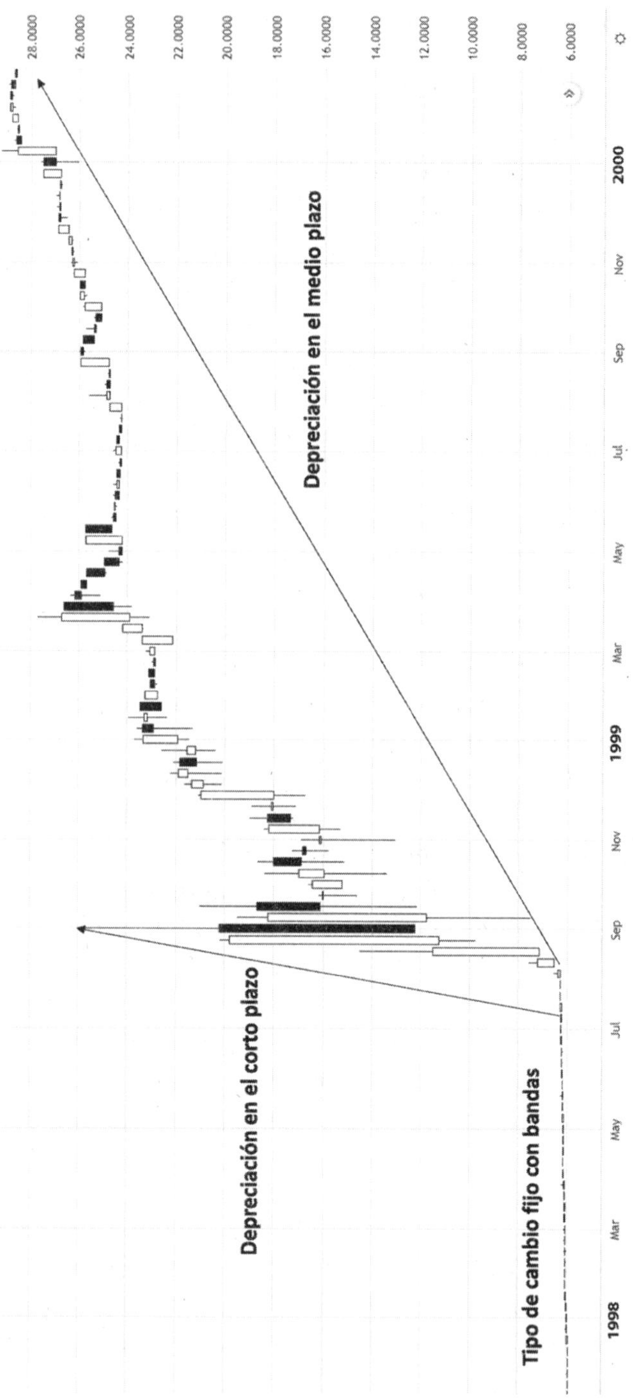

Fuente: TradingView.

gir momentáneamente la depreciación del rublo, a medio plazo fue imposible frenar la depreciación de su moneda (gráfico 6.34).

Otro activo que sufrió una de las caídas más impresionantes que he visto a lo largo de mi carrera fue la bolsa rusa, que en tan sólo trece meses registró un desplome desde 575 hasta 37, un 93 por ciento. Pero veamos en concreto qué tipos de señales se pudieron identificar en los mercados rusos que nos indicaban el riesgo de caídas antes de que se produjesen. Hemos dicho que uno de los catalizadores que puso contra las cuerdas a la economía rusa fue la bajada del precio del petróleo (gráfico 6.35).

La primera señal de debilidad tuvo lugar la semana en que, tras un ataque a la banda superior de la estructura alcista, surgió una «envolvente bajista». Esto provocó la primera caída hasta 19,0, llevándose por delante un primer soporte importante. Tras un pequeño rebote hasta la zona pivote, el petróleo volvió a debilitarse, y esta vez rompió la directriz alcista que mantenía desde 1993 y que coincidía con la zona de suelos de todo el año 1997. Para entonces ya era evidente que la secuencia de máximos y mínimos había cambiado y que estábamos ante una tendencia bajista que se extendió hasta principios de 1999. En el transcurso de dos años, el petróleo había perdido un 61 por ciento de su valor.

Veamos ahora cómo fue el movimiento en la bolsa rusa y si se pudieron detectar señales antes de que se produjese el desplome del precio. La primera señal de debilidad llegó con la ruptura de la directriz alcista principal y la aparición de una pequeña formación tipo «doble techo». Tras cumplirse el objetivo a la baja se produjo un pequeño rebote, que más tarde identificaríamos como el hombro derecho de una formación mucho más grande del tipo «hombro-cabeza-hombro» (gráfico 6.36).

El objetivo a la baja se alcanzó en septiembre de 1998, y para entonces la bolsa había caído ya un 93 por ciento.

Pero para entender el porqué de la fase final del desplome de la bolsa hay que volver al análisis macroeconómico, ya que en agosto de 1998 el gobierno ruso anunció el *default* de su deuda interna. Es decir, confirmó todos los temores de los inversores, no había dinero para hacer frente a las obligaciones adquiridas a través de la

Gráfico 6.35. El petróleo durante la crisis de 1998

Petróleo West Texas durante la crisis del Rublo

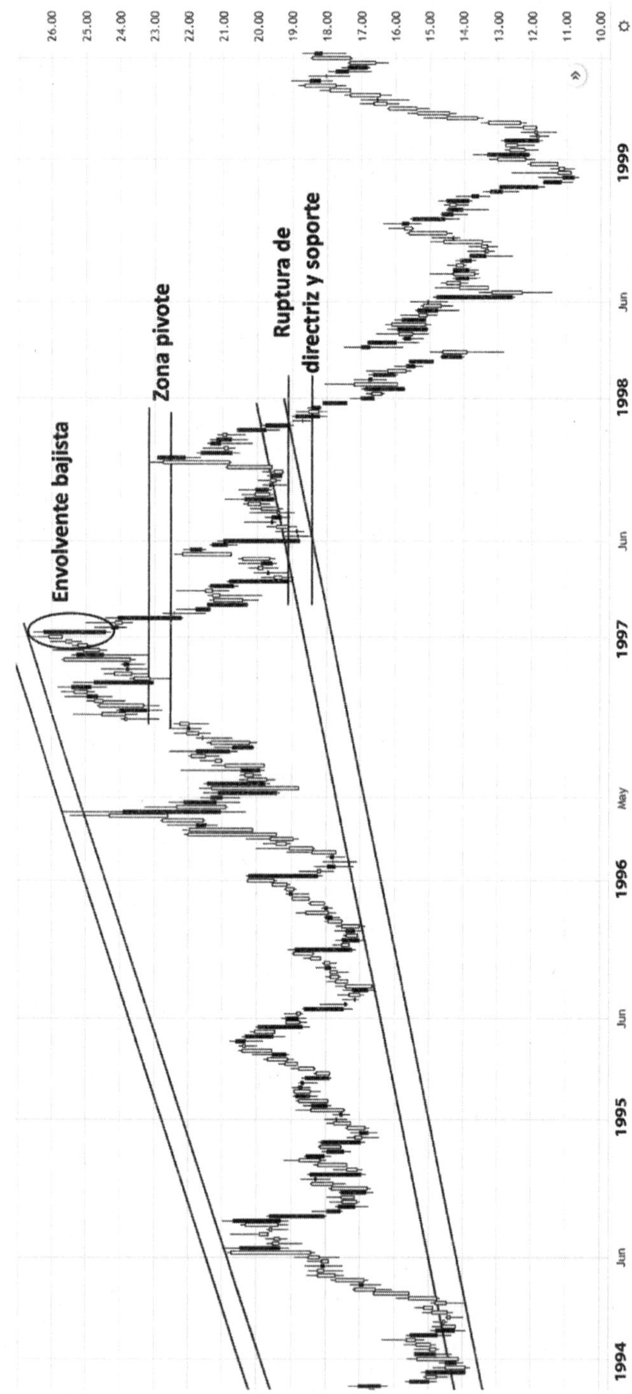

Fuente: TradingView.

Gráfico 6.36. La bolsa rusa entre 1996 y 1999

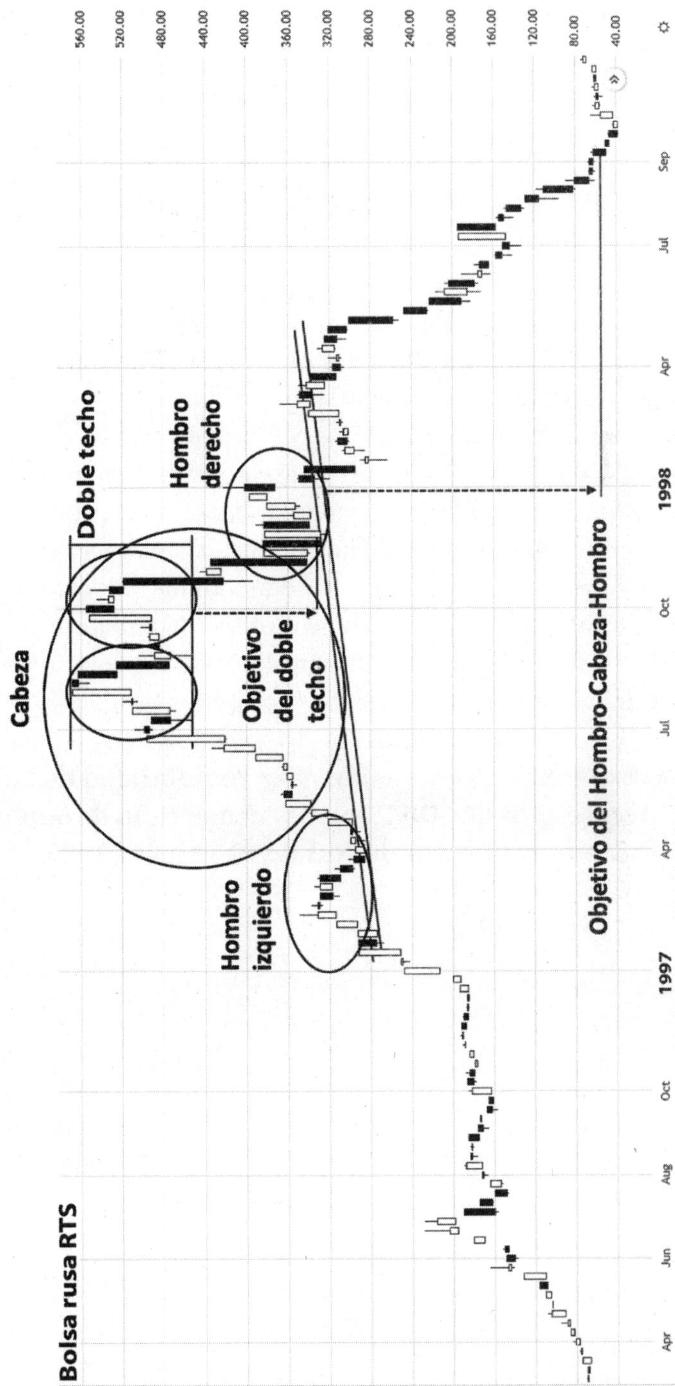

Fuente: TradingView.

venta de bonos soberanos del gobierno. La inestabilidad financiera se extendió por todo el mundo y tuvo graves consecuencias.

En aquellos años había un famoso fondo llamado Long Term Capital Management (LTCM), con sede en Connecticut (Estados Unidos), fundado en 1994 por John Meriwether, antiguo jefe de ventas de bonos en Salomon Brothers, y en su junta directiva contaba con Myron Scholes y Robert Merton, quienes habían compartido el Premio Nobel de Economía en 1997 por su contribución para determinar el valor de ciertos derivados. Al comienzo de su andadura, el fondo resultó todo un éxito, con rentabilidades del 42,8 por ciento en 1995 y del 40,8 por ciento en 1996. Incluso durante la crisis de 1997 en Asia, los gestores de LTCM consiguieron una rentabilidad positiva de un 17,1 por ciento. El fondo tenía tanto éxito que los inversores se agolpaban para invertir en él, pese a que exigía un compromiso de no poder sacar el dinero en un plazo de tres años. En su punto álgido llegó a tener la escalofriante cifra de 126 billones de dólares bajo gestión. Se había convertido en uno de los mejores fondos del mundo batiendo sobradamente la rentabilidad que ofrecían la bolsa y los bonos (gráfico 6.37).

Gráfico 6.37. Comparación de la rentabilidad de LTCM frente al índice Dow Jones y el mercado de bonos en Estados Unidos desde 1994 hasta 1998

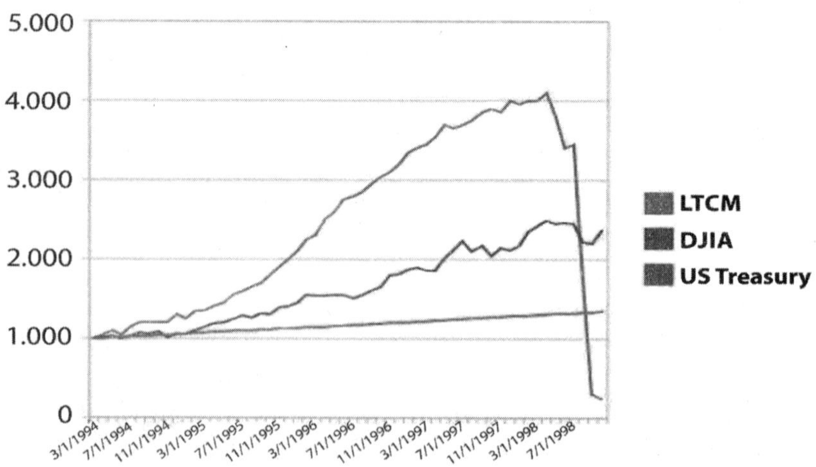

Fuente: Wikipedia.

Sin embargo, la crisis de 1998 tuvo un efecto devastador, y para agosto de 1998 el fondo ya perdía el 50 por ciento de todo su valor. Sus gestores trabajaban con modelos de márgenes de volatilidad predecible tanto en divisas como en renta fija. Pero la magnitud de la crisis que se desató en Rusia no era predecible, y los márgenes de volatilidad que se estaban registrando se salían de las escalas «normales». La prima de riesgo se disparó a escala global, y los inversores buscaron activos más seguros, como la renta fija estadounidense. Esto provocó fuertes subidas en el precio de los bonos y la consiguiente caída en rentabilidad. Para entonces, las enormes posiciones apalancadas que mantenía LTCM comenzaron a generar fuertes pérdidas. Pero el problema no quedó delimitado a ese fondo, sino que afectaba a los bancos y planes de pensiones que desde todo el mundo habían invertido en él atraídos por su fama y, cómo no, por su rentabilidad pasada. El desplome del modelo de negocio de LTCM desató el pánico a un posible efecto contagio en el que las quiebras se sucedieran una tras otra. En septiembre, Bear Stearns, que era el banco estadounidense encargado de las liquidaciones de bonos y derivados de LTCM, le solicitó un pago de 500 millones de dólares ante el temor de que las pérdidas siguiesen aumentando, y respaldó su solicitud argumentando que durante los últimos tres meses los gestores de LTCM habían incumplido sus acuerdos financieros. Este hecho desató el pánico entre el resto de los inversores del fondo. Ante el riesgo que suponían los 100.000 millones en posiciones en derivados que tenían en cartera, y su potencial impacto en el sistema financiero global, el presidente de la Reserva Federal de Nueva York convenció a quince bancos para que rescataran al fondo antes de que se desatara una fuerte crisis de confianza en el sistema bancario de Estados Unidos, lo que provocaría fuertes pérdidas o incluso la bancarrota de algún banco. Tras muchas presiones, en un movimiento orquestado por el banco central de Estados Unidos que sirvió de precedente para lo que tuvo que hacer más tarde en la crisis financiera de 2008, al final se alcanzó el acuerdo de intervenir inyectando 3.500 millones de dólares a cambio de un 90 por ciento de las acciones de LTCM.

Si bien afectó de forma directa al mercado de divisas y al mercado de renta fija, la crisis de Rusia también impactó indirectamente en la bolsa. Cuando la inestabilidad financiera se desata a escala global, los inversores huyen de los activos de riesgo como los animales del bosque cuando hay un incendio. La caída de un 93 por ciento de la bolsa rusa afectó en mayor o menor medida a todos los índices de renta variable del mundo. En España, el Ibex 35 sufrió un desplome de un 37 por ciento en menos de tres meses, pese a que por aquel entonces la economía española crecía a un envidiable ritmo de 4,5 por ciento. Parte del impacto tan fuerte se debió a que las compañías más importantes de la bolsa española, como Telefónica, Banco Santander y Repsol, tenían negocios en Latinoamérica, y la crisis que se desató en Rusia tuvo un impacto mucho más grave en los mercados emergentes, porque gran parte de ellos aún no se habían recuperado completamente de la crisis anterior de 1997, por lo que el efecto en la confianza de los inversores fue devastador. En el caso de Brasil, el índice Ibovespa cayó un 63 por ciento entre abril y septiembre de 1998. La bolsa de México bajó un 45 por ciento en ese mismo espacio de tiempo. En Hong Kong, el índice HSI había caído un 52 por ciento el año anterior, y a principios de 1998 estaba comenzando a recuperarse cuando esta nueva crisis provocó otra caída de un 45 por ciento. La bolsa estadounidense, S&P 500, llegó a perder un 22 por ciento, y al igual que pasó en España, ese desplome tuvo lugar pese a que Estados Unidos también mantenía crecimientos estables del PIB por encima del 4 por ciento desde el año 1996.

Ahora veamos desde una perspectiva de estructura gráfica qué señales de advertencia se pudieron identificar previas al descalabro en cada uno de los casos que hemos mencionado antes. En el Ibex tuvimos la primera señal con la ruptura de la línea de tendencia en abril de 1998, lo que dio paso a un período de consolidación lateral en el que surgieron divergencias bajistas en el RSI (gráfico 6.38).

A finales de julio, en pleno máximo de mercado surgió una vela envolvente bajista, y con la pérdida posterior del soporte en torno a 9.500, al final se confirmó una formación tipo «doble techo» cuyo objetivo se alcanzó en tan sólo una semana, aunque

Gráfico 6.38. Gráfico semanal del Ibex 35 en la crisis de 1998

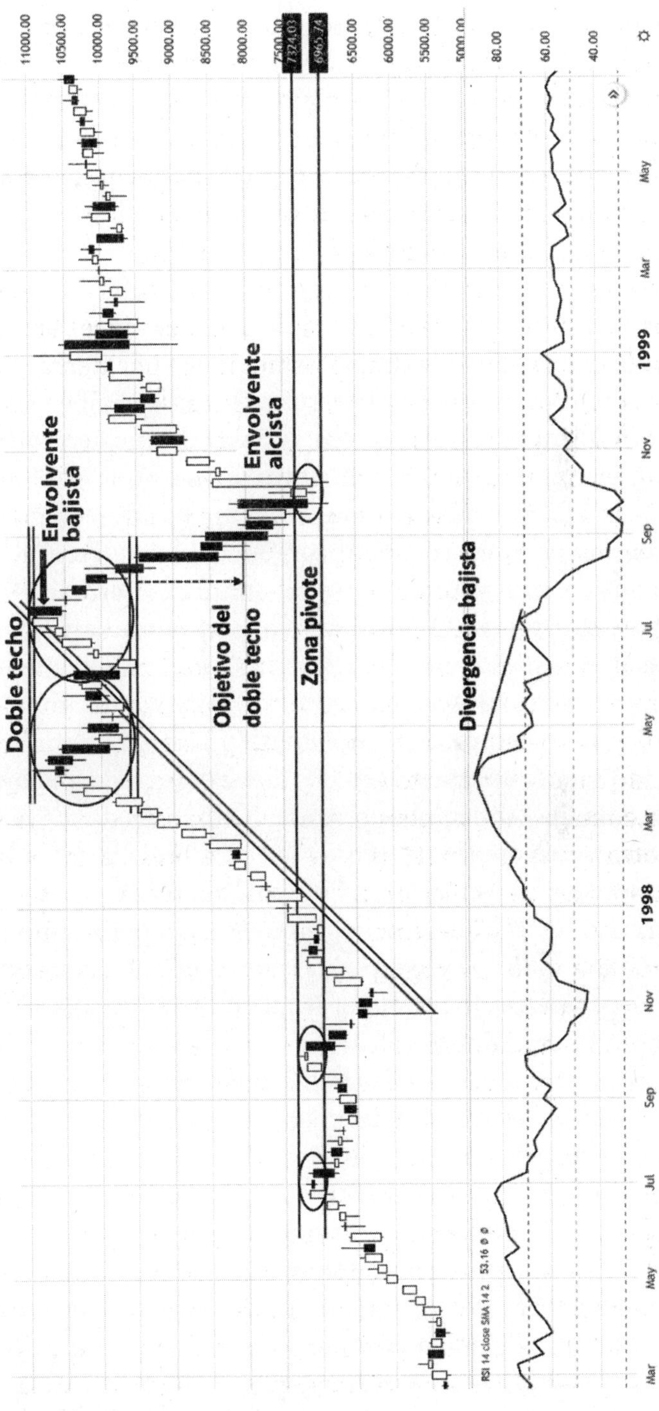

Fuente: TradingView.

luego el mercado siguió a la baja durante un mes más hasta alcanzar la zona pivote que actuó de soporte. De la misma forma que fue la vela envolvente bajista la que marcó el techo de la subida, la envolvente alcista que se desarrolló en torno a la zona pivote fue la señal de que de nuevo estaba cambiando el sentimiento entre los inversores y que una vez más el Ibex comenzaba a retomar su tendencia al alza.

En el índice estadounidense S&P 500 la caída fue menor, de tan sólo un 22 por ciento, y provocó que la cotización retrocediese hasta apoyarse en su línea de tendencia alcista de largo plazo desde donde volvió a surgir el siguiente impulso alcista que marcaría nuevos máximos históricos. A pesar de que la caída fue más contenida, hubo señales igualmente claras de que estábamos entrando en un proceso a la baja. La primera advertencia se concretó en la aparición de una divergencia bajista en el RSI entre los techos de abril y julio, y la señal definitiva llegó el 24 de julio de 1998 con la formación de una vela envolvente bajista. La caída se extendió hasta alcanzar la directriz ascendente de medio plazo y el soporte de finales del año anterior. A partir de ahí, el mercado se estabilizó en un entorno volátil y al final en un breve período se generaron cuatro señales alcistas seguidas: la aparición de una vela tipo «martillo» (se trata de una vela donde la sombra o mecha es al menos dos veces la longitud del cuerpo, y el cierre se sitúa en la parte superior del rango de la vela), una divergencia alcista en el RSI, una vela envolvente alcista y por último una formación tipo «doble suelo» que dio por terminada la fase a la baja y sirvió para identificar el retorno de la tendencia alcista estructural (gráfico 6.39).

Veamos ahora qué señales pudieron detectarse en la bolsa brasileña. La crisis del año anterior había provocado un desplome del 46 por ciento, y durante la primera parte de 1998, el índice Bovespa estaba en fase de recuperación. La primera señal negativa se detectó a finales de abril en forma de una «envolvente bajista» semanal. Por entonces ya se podía trazar una línea de tendencia que unía los tres últimos máximos decrecientes, lo cual indicaba que en este mercado no había una tendencia alcista. En agosto, coincidiendo con el anuncio de *default* de Rusia, las cosas se pre-

Gráfico 6.39. Gráfico semanal del S&P500 en la crisis de 1998

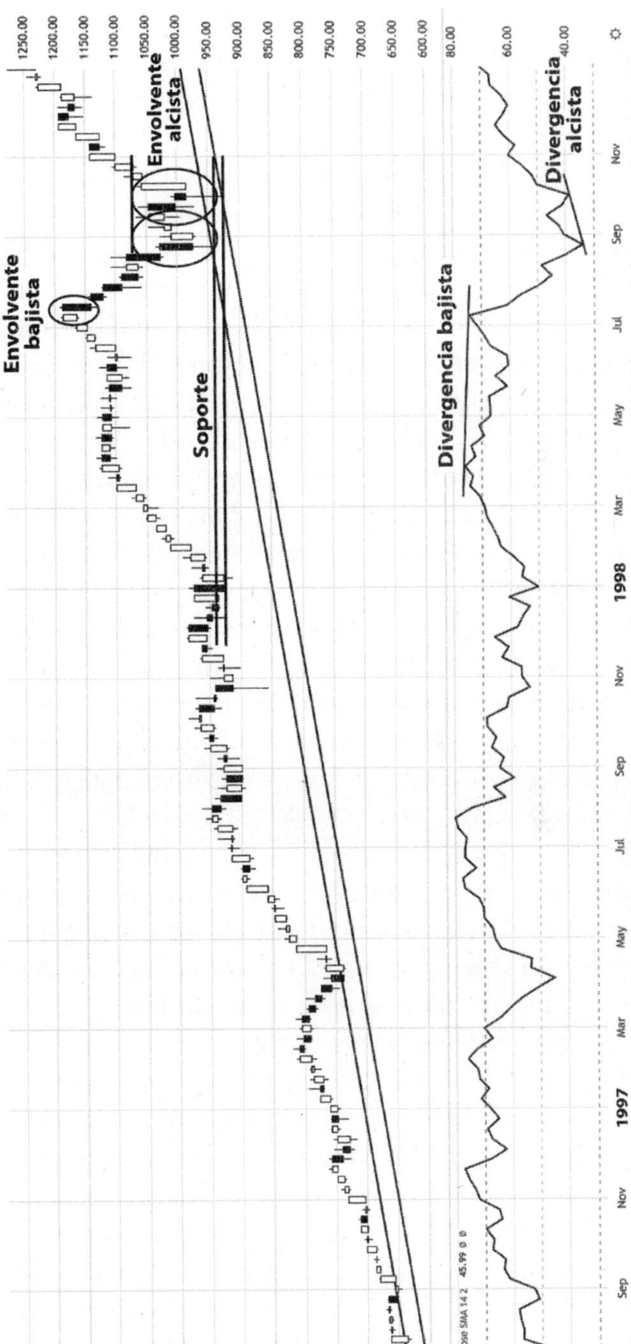

Fuente: TradingView.

cipitaron y tuvo lugar la ruptura del último mínimo ascendente que actuaba como soporte clave y que además servía para mantener al mercado en un entorno de consolidación lateral con una formación tipo triangular. A partir de ahí, el desplome fue muy rápido hasta acumular desde los techos de abril de ese año un desplome de un 63 por ciento. La señal de que la presión vendedora se estaba acabando y que había que esperar nuevas fases al alza llegó con la vela «envolvente alcista» en el mes de septiembre (gráfico 6.40).

Por último, vamos a ver lo que pasaba en uno de los índices asiáticos más relevantes en aquel entonces, el Hang Seng de Hong Kong. La crisis de las divisas asiáticas de 1997 había provocado un desplome del 53 por ciento en el índice HSI, y a principios de 1998 comenzaba a recuperarse lentamente. En abril, el precio estaba intentando superar una zona pivote importante cuando la crisis del rublo explotó en toda su intensidad. La señal técnica más clara fue la vela envolvente bajista semanal a finales de marzo. No hubo muchas más advertencias de que se avecinaba otra caída de un 45 por ciento. En tan sólo un año, el índice de bolsa de Hong Kong perdió algo más de un 61 por ciento de su capitalización. Y el final de la caída quedó anticipado en agosto de 1998 por una divergencia en RSI y una envolvente alcista (gráfico 6.41).

¿Y dónde estaba yo por aquel entonces? Todavía trabajaba en la sala de tesorería de Banco Santander. En esa época dirigía el departamento de análisis técnico y cuantitativo del banco. Un año antes había conocido a León, que más tarde sería mi socio en nuestro proyecto de lanzar el primer *hedge fund* bajo la regulación de la CNMV. León había sido *country manager* de Banco de América, y entró en la tesorería de Banco Santander para crear la mesa de renta variable. A principios de 1998 me invitó a unirme a él, para lo cual tenía que dejar mi puesto como director del departamento de análisis. Aunque me costó decidirme, al final acepté el cambio, algo de lo que nunca me he arrepentido, ya que de él he aprendido más que de ninguna otra persona en mi carrera profesional. Cuando en el verano de 1998 la crisis estalló en toda su magnitud, recuerdo que el presidente del banco, Emilio Botín, llamó a León y le pidió personalmente que se hiciese cargo del

Gráfico 6.40. Gráfico semanal del Bovespa brasileño en la crisis de 1998

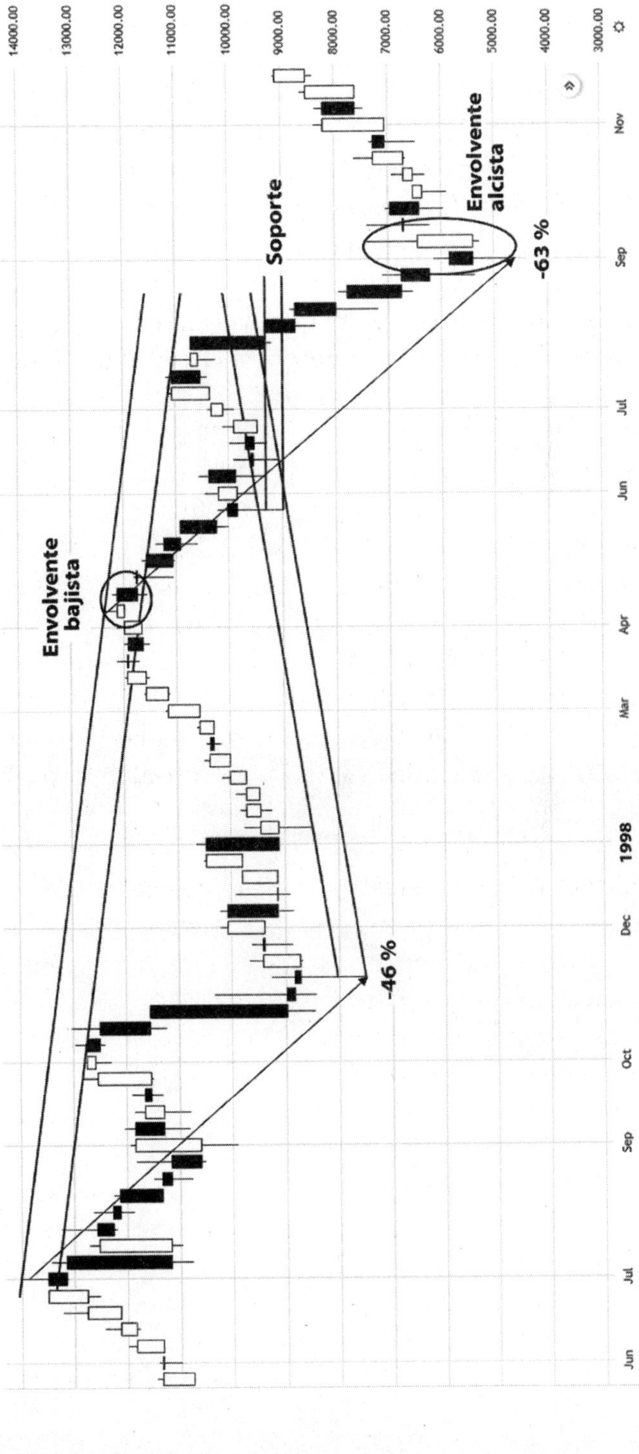

Fuente: TradingView.

Gráfico 6.41. Gráfico semanal del HSI de Hong Kong en la crisis de 1998

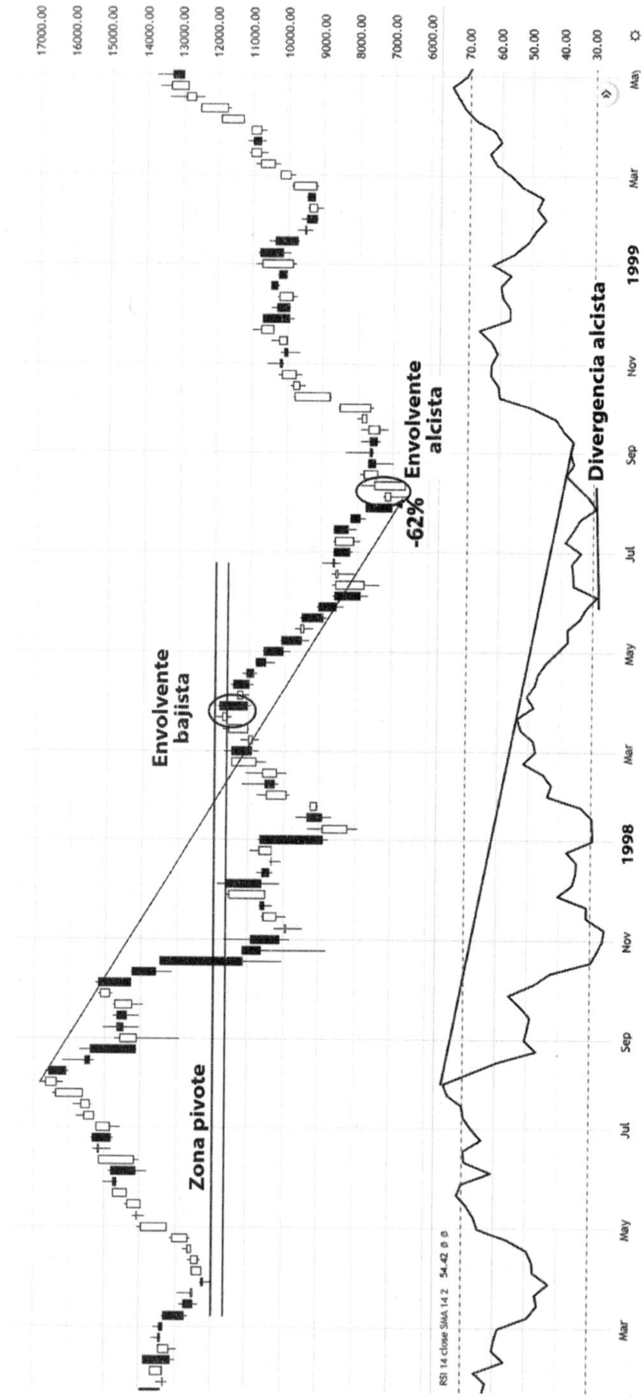

Fuente: TradingView.

libro de volatilidad de la Tesorería porque la situación era crítica y se acumulaban unas pérdidas enormes. Pensad que la volatilidad es una medida del riesgo de mercado. Por lo tanto, en entornos de gran incertidumbre como el que provocan las crisis financieras, la volatilidad se dispara siempre al alza. Y si estás vendido o corto de volatilidad, la única forma de cubrir las pérdidas es comprando volatilidad, pero cuando la crisis ya se ha desatado, casi nadie quiere venderla, por lo que te encuentras en una situación realmente delicada. Es lo que tiene la falta de liquidez en entornos de crisis. La cartera de derivados del banco se encontraba en una situación crítica, y la ausencia de liquidez hacía imposible cubrir el riesgo y las pérdidas que generaba. Aunque por aquella época no había un índice de volatilidad cotizado para el Ibex, podemos intuir cuán grave era la situación si observamos la reacción en el índice de volatilidad, VIX, correspondiente a la bolsa estadounidense S&P500 (gráfico 6.42).

Pese a que la caída del S&P500 fue de tan sólo un 22 por ciento, el VIX saltó hasta niveles de 49. Ahora imagina cómo cotizaba la volatilidad del Ibex, un índice mucho menos diversificado, con mucha menos liquidez y que llegó a caer un 37 por ciento.

Cuando León aceptó quedarse con la gestión más complicada de todas en la Tesorería, a mí no me quedó más remedio que hacerme cargo de la cartera de renta variable. Siempre he dicho que las crisis son como un máster acelerado de aprendizaje, en el que tienes que tomar decisiones importantes en períodos muy reducidos. Por suerte, a mí me fue bien, ya que, aunque lo que detonó la crisis rusa y el efecto contagio en otros activos y geografías tenía su epicentro en temas macro, el comportamiento del Ibex y otras bolsas siguió un patrón técnico de libro, tal como hemos podido analizar antes. En consecuencia, me limité a abrir estrategias basándome en las señales técnicas que iba viendo, y el resultado fue bastante bueno. Al escribir estas líneas y releerlas me da la sensación de que la aventura fue un camino de rosas, pero te puedo asegurar que en entornos de tanta incertidumbre y volatilidad nunca es fácil tomar decisiones de inversión. A eso hay que añadir que era un novato en lo referente al mercado de renta variable, ya que anteriormente había sido inversor en

Gráfico 6.42. Gráfico semanal del VIX (índice de volatilidad del S&P500) en las crisis de 1997 y 1998

Fuente: TradingView.

mercados monetarios, de divisas y de renta fija, pero tan sólo llevaba unos meses desarrollando junto a León el proyecto del departamento de renta variable en la Tesorería de Banco Santander. Recuerdo una anécdota que nos ocurrió al inicio de nuestra andadura juntos. Ambos proveníamos de mercados que tenían una liquidez extraordinaria, y estábamos acostumbrados a que las órdenes que dábamos se ejecutasen de forma inmediata. Tanto en el mercado de divisas como en el de bonos podías comprar o vender quince o veinte millones en la primera demanda u oferta. Pero el mercado de renta variable era muy distinto. La primera vez que fuimos a operar en bolsa en cantidades importantes llamamos a un bróker y le dijimos:

Nosotros: Por favor, vende cinco millones de euros de acciones de Banco Sabadell a mercado.

Bróker: Ok, ¿durante cuánto tiempo?

Nosotros: ¡Ya!

Bróker: Sí, sí, empiezo ya mismo, pero ¿hasta qué hora tengo para completar la venta?

Nosotros: ¿Cinco minutos te parece bien?

Bróker: Bueno, no, es que Banco Sabadell hace unos quince o veinte millones de euros al día. Y vosotros pretendéis vender más o menos una cuarta parte de todo el volumen que cruza el valor diariamente.

Nosotros: ¿Y cuánto tiempo necesitas entonces?

Bróker: ¿Puedo usar la subasta de cierre?

Nosotros: ¡Pero si son las 10.15 de la mañana! ¿Cómo que la subasta de cierre?

Bróker: Es que los valores españoles hacen en torno al veinte e incluso veinticinco de su volumen en la subasta de cierre, entre las 17.30 y las 17.35.

Nosotros: [Nos miramos el uno al otro como diciendo: «Pero qué mierda de mercado es éste!». Y acto seguido]: ¿Cuán rápido lo puedes hacer?

Bróker: Eso depende de cuánto queráis impactar en el mercado. Si lo hago de forma agresiva es probable que tumbe el valor unos puntos porcentuales.

Nosotros: ¡No, hombre, no! Hazlo más despacio y ve informándonos del proceso.

Y así comenzó mi andadura profesional en la bolsa.

La crisis de la burbuja puntocom de 2000-2002

Tras la crisis de 1998, el mercado se embarcó en un nuevo proceso alcista espectacular animado por lo que entonces llamábamos «nueva economía». Estábamos viviendo una revolución como las originadas por el ferrocarril, los automóviles, la radio o la electrónica. La revolución de internet o revolución tecnológica alcanzó su máximo apogeo entre 1999 y 2000, y todas las empresas querían participar de un modo u otro en esta tecnología que nos iba a cambiar la vida. Pero antes de explicar en detalle el proceso de esta burbuja merece la pena analizar cómo era nuestra vida en esos años. Los primeros módems para conectarnos a internet eran de 1.2 Kbps, luego llegaron los de 2.4 Kbps y finalmente se convirtió en un estándar el de 56 Kbps; es decir, aparatos que procesaban 56.000 bits de información por segundo. Para entendernos, con esa velocidad la página de Google tardaría unos tres minutos en cargarse; una canción, unos quince minutos, y una película en calidad DVD, más de un día... Para conectarse había que hacer una llamada física a través de la línea de teléfono, con lo que mientras tanto no se podía hablar por el fijo, y si teníamos suerte y no fallaba la conexión, cosa que era habitual, podíamos navegar a velocidad de tortuga. En esos años los productos tecnológicos estrella eran los *discmans*, los disquetes con los que guardábamos y cargábamos cualquier contenido en el ordenador, las cámaras de fotos con carrete, los videoclubs donde podías alquilar películas, y las cintas de VHS y BETA que te permitían grabar programas de la televisión. En 1996 se creó el primer buscador en castellano, Ole.es, por sus siglas ordenamiento de links especializados. En 1999, Ole quedó integrado en el nuevo proyecto en el que trabajaba Telefónica, el portal Terra. Todavía recuerdo el reclamo de la OPV o salida a bolsa de la compañía: «Invertir en Terra es invertir en internet, es invertir en el futuro». Y el eslogan tuvo mucho éxito porque media España quiso comprar sus acciones. Fue tal la demanda de acciones que hubo que hacer un sorteo para establecer quiénes serían los afortunados que tendrían derecho a comprar hasta un máximo de 25 acciones en la OPV que se adjudicó a 11,81 euros por acción. El 17 de noviembre de 1999, Terra salió a cotizar en bolsa con un primer precio de 26,0 euros, y ese mismo día cerró a 37,0, en lo que hasta la fecha fue la mayor subida bursátil (213 por ciento) en una sola sesión. En enero de 2000 entró a formar parte del Ibex 35. En febrero, su cotización alcanzaba 157 euros por acción, lo que suponía una revalorización superior al 1.000 por ciento. Durante las primeras semanas, el valor experimentó subidas diarias del 10-20 por ciento de forma continua, y Terra se convirtió en la quinta compañía del Ibex por capitalización (40.000 millones de euros), sólo superada por los grandes bancos y Telefónica.

En aquella época, yo estaba todavía en Banco Santander, pero ya no dirigía el departamento de análisis técnico y cuantitativo, sino que estaba en la mesa de renta variable en el nuevo proyecto que había impulsado León en la Tesorería. Yo siempre había sido un apasionado de la informática y de la bolsa. Así que, como es lógico, me lancé sin pensarlo a comprar Terra tan pronto como comenzó a cotizar en el mercado. Conseguí comprar a 26,5 euros por acción durante la primera sesión de *trading* del valor. Cuando cerró a 37 me sentí eufórico. Y durante las siguientes semanas miraba la pantalla de cotizaciones y no daba crédito a lo que estaba pasando. Era una locura, mis ganancias se disparaban día tras día hasta cotas inimaginables. Todavía recuerdo la presión de algunos de mis compañeros de la mesa que no habían comprado incitándome a vender tras haber ganado tanto en tan poco tiempo. Uno de mis mejores amigos, que se sentaba frente a mí en la mesa de *trading*, me dijo un día: «Tendrás previsto un nivel al cual te vas a salir, ¿no? ¿O vas a mantenerlas de por vida?». Lo cierto es que resultaba casi imposible valorar el sector de internet en sus primeros albores. Por otro lado, el gráfico tenía tan sólo unas semanas de vida, lo cual impedía hacer análisis técnico en profundidad. Se trataba de buscar un objetivo o *take profit* al azar, o de esperar a que se detectase una señal clara de cambio de tendencia. Por entonces yo tenía treinta y tres años y siempre me habían gustado mucho los coches. Mi sueño era llegar a comprarme un Porsche 944. De modo que decidí que vendería las acciones de Terra cuando tuviese el dinero suficiente para comprarme el deportivo de mis sueños. Para ello necesitaba que Terra llegase a 190 euros por acción. Y aunque *a priori* podía parecer una locura, viendo el ritmo al que subía cada semana, por un momento pensé que lo conseguiría..., pero no fue así.

Viendo el gráfico 6.43 de la volátil historia de Terra seguro que alguno se pregunta, y ¿cuándo las vendiste?, porque no llegó a 190. No fue una decisión fácil, porque la vuelta de mercado fue tan violenta como la subida previa. Cuando el mercado se dio la vuelta, pensé que se trataba de una mera corrección y decidí no hacer nada. A medida que el precio seguía cayendo, comencé a escudarme en que cerrar la estrategia me supondría realizar una gran plusvalía y, por lo tanto, pagar mucho en la próxima declaración de la renta a Hacienda. Como es lógico, sólo era una excusa estúpida, pero cuando has estado tan cerca de alcanzar tu sueño no quieres asumir que no lo conseguirás, y tiendes a negar la evidencia que tienes delante de las narices: la tendencia había cambiado. No se trataba sólo de Terra, en mayor o menor medida, el desplome se extendía a todas las acciones tecnológicas. Al final liquidé mi posición a 84 euros, con una rentabilidad del 216 por ciento, muy lejos del máximo histórico del valor, pero también mucho antes de que la cotización acabase por debajo de su precio de salida a bolsa.

El caso que he relatado no era aislado, estaba ocurriendo de forma generalizada en todo el mercado. A finales de la década de 1990, cualquier empresa relacionada con internet, directa o indirectamente, subía como la espuma en la bolsa. Uno de los casos que recuerdo de aquellos años fue el de Telepizza. En un momento dado comenzó a hacerse patente que el desarrollo del comercio electrónico necesitaría de una gran infraestructura de reparto para los productos que se adquirieran vía internet. Entonces Telepizza anunció su intención de utilizar su flota de motos de reparto para cubrir en parte esa necesidad incipiente. El mercado, en pleno frenesí comprador, y obsesionado con la idea del comercio electrónico, se lanzó a comprar acciones de Telepizza provocando una apreciación en bolsa de un 40 por ciento en poco tiempo (gráfico 6.44).

Gráfico 6.43. Evolución de Terra en bolsa

Fuente: <elmundo.es>, Bloomberg.

Gráfico 6.44. Evolución de Telepizza en bolsa entre 1996 y 1999

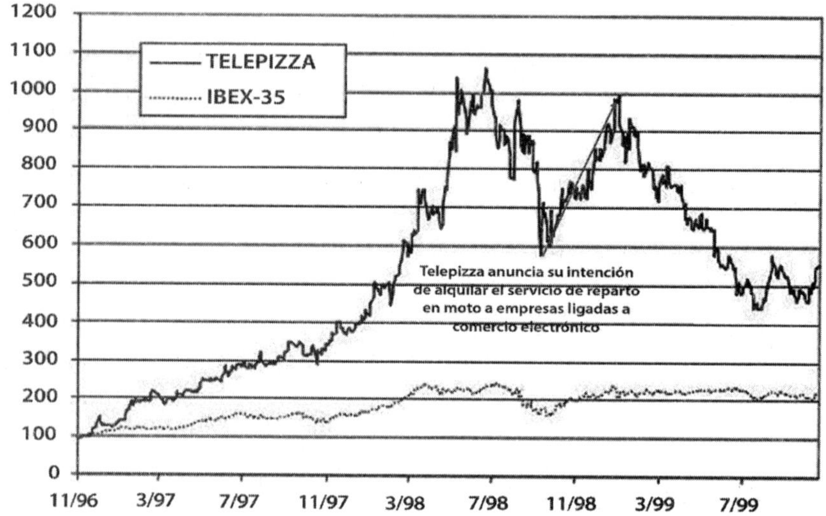

Fuente: Elaboración propia.

Ahora cualquiera juzgaría como una estupidez esa reacción, pero en aquellos años nadie sabía qué empresas ligadas a internet tendrían éxito en su modelo de negocio, y cada movimiento que acercase a una empresa a la «nueva economía» era premiado con fuertes revalorizaciones en bolsa.

Como es lógico, el índice Nasdaq en Estados Unidos, que representaba a las principales acciones tecnológicas estadounidenses, fue el más favorecido de todos. En aquella época, muchos de los negocios nuevos que se creaban eran simples proyectos plasmados en un PowerPoint, y otros que ya estaban en fase de desarrollo registraban grandes pérdidas, ya que no habían tenido tiempo de demostrar su viabilidad financiera. Aun así, la mera idea disruptiva que empapaba cualquier proyecto de internet hacía que fuese deseado por todos los inversores, y que se pagasen valoraciones absurdas. A nadie parecía preocuparle este hecho, y los analistas se centraban en las expectativas de crecimiento futuro y no en los beneficios reales. Todo se basaba en conseguir una cuota de mercado lo más grande posible, de forma que más adelante, en el futuro, dichas empresas pudiesen cubrir sus gastos y conseguir beneficios. Si lo piensas un poco, no deja de ser igual que el modelo que desarrolló Amazon, y que lo ha llevado a ser un referente de éxito indiscutible. Se ha convertido en la punta de lanza del comercio electrónico a escala mundial, a mediados de 2021, su capitalización bursátil alcanzó 1,88 billones de dólares, lo que representó una revalorización de un escalofriante 69.180 por ciento desde los mínimos de 2001. Y todo eso pasó después de que el valor hubiese caído un 93 por ciento durante el pinchazo de la burbuja puntocom (gráfico 6.45).

El caso de Amazon es muy interesante porque es un modelo de negocio que perseguían muchas compañías en fase de *start-up*. Consistía en invertir buscando cuota de mercado. Los inversores parecían haber entendido que la ausencia de beneficios presentes en favor de beneficios futuros era la base de esta nueva industria, y que cuanto mayor cuota de mercado consiguiese la empresa más fácil sería consolidar en el tiempo un modelo de negocio estable. Al cabo de los años, Amazon demostró el éxito de su planteamiento porque se convirtió en el referente del sector, y si bien al inicio tan sólo vendía libros y DVD, a lo largo de los años fue creciendo de tal manera que ahora se puede adquirir prácticamente cualquier artículo a través de su página web. Para llegar a donde ha llegado pasó muchos años con ingresos estratosféricos, pero sin apenas beneficio neto. Es decir, durante casi dos décadas, todo lo que ganaba la compañía lo reinvertía en crecer. El gráfico 6.46 refleja fielmente esta realidad.

Pero estamos hablando de Amazon en el presente, cuando ya lleva dos décadas en las que se ha consolidado como un modelo de negocio exitoso. Sin embargo, a finales de los años noventa, Amazon era tan sólo un proyecto en sus primeras fases de desarrollo, y como cualquier otra empresa de aquel momento, no era inmune a los miedos de los inversores. Cuando estalló la burbuja de internet, sus acciones sufrieron un duro castigo en bolsa, con una corrección cercana al 95 por ciento desde los máximos alcanzados dos años antes. La mayoría de las empresas que vivieron el *boom* de internet no tuvieron la misma suerte que Amazon, y no sobrevivieron para contarlo. El clima de

Gráfico 6.45. Evolución de Amazon desde 1998 hasta 2022

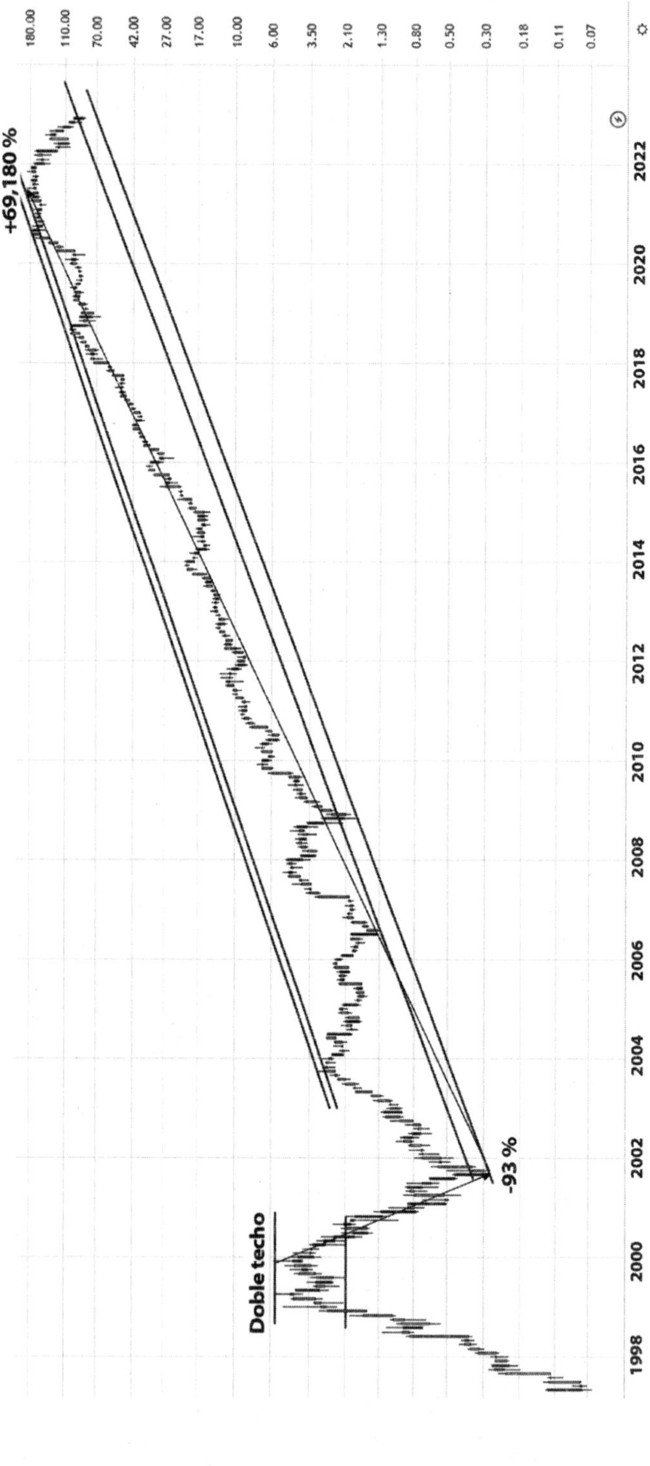

Fuente: TradingView.

Gráfico 6.46. Evolución de resultados de Amazon desde 1997 hasta 2018

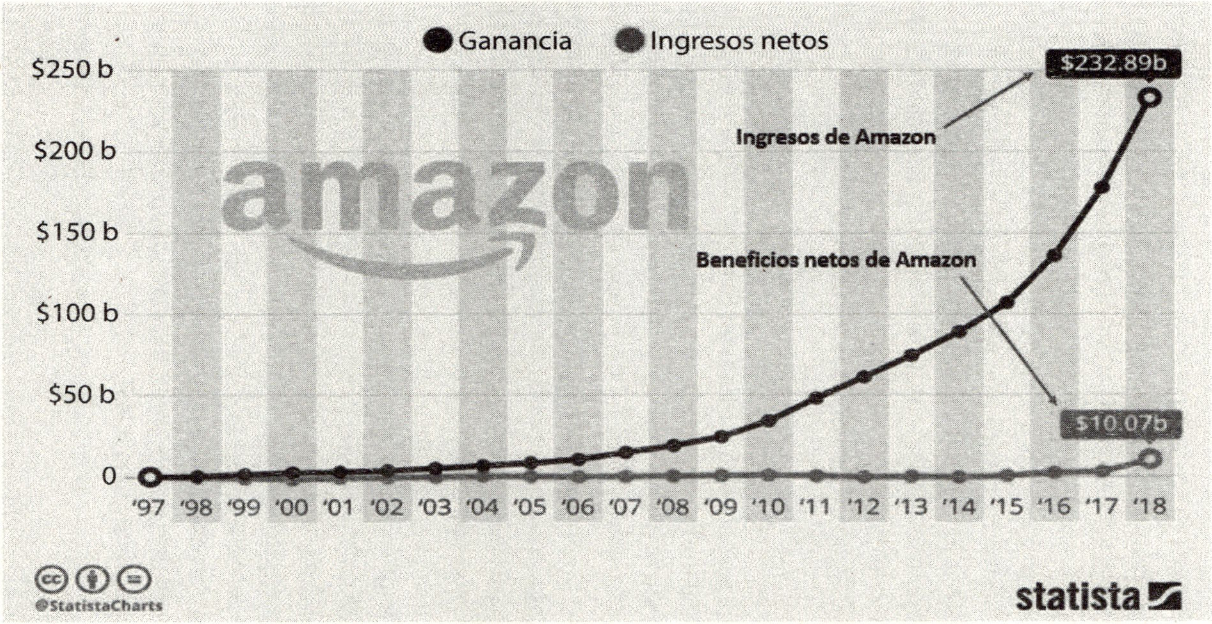

Fuente: Statista.

euforia que se vivía antes del pinchazo de la burbuja estaba apoyado en la llegada de una tecnología nueva que abría expectativas antes impensables, lo que sirvió para que muchos inversores justificaran valoraciones bursátiles completamente absurdas. Cuando en 2021 los inversores comenzaron a mostrar el mismo tipo de euforia al hablar de la irrupción de la tecnología *blockchain* y las criptodivisas, tuve una sensación de *déjà vu*. En aquella época cualquier discusión o crítica respecto al precio de las acciones puntocom se zanjaba aludiendo a que estábamos ante la «nueva economía» y, por consiguiente, los modelos de valoración tradicionales no se podían aplicar a este tipo de compañías. En 2021 escuché a muchos analistas hablar de las criptodivisas en los mismos términos.

Para que se entienda mejor el entorno de sentimiento que reinaba antes del pinchazo de la burbuja, permíteme que transcriba una conversación que mantuve con mi compañero José, que más tarde sería mi socio en el *hedge fund* que lanzamos. Él era ingeniero en telecomunicaciones y trabajaba conmigo en la mesa de renta variable. Como es lógico, por la carrera que había estudiado tenía muchos más conocimientos del nuevo mercado de internet de lo que podía tener yo. Un día de 1999 comenzamos a discutir sobre conceptos fundamentales relativos a las acciones tecnológicas.

Él: El precio que estás pagando por esas acciones es un auténtico disparate.

Yo: Pues a mí me va muy bien. En el aspecto técnico, las tendencias alcistas son indiscutibles, así que sigo aprovechando cada corrección para comprar.

Él: ¿Y te da igual lo que ganan o dejan de ganar; es decir, su tasa de crecimiento, sus beneficios o incluso conocer más en detalle el modelo de negocio que tienen?

Yo: Pues sí, la verdad es que de eso que has mencionado no tengo ni idea.

Él: Deja que te enseñe por qué es un disparate. En esta hoja de cálculo tengo desarrollado un modelo de valoración que te quiero enseñar. ¿Te das cuenta de que para justificar los precios de hoy esta compañía tendría que crecer a un ritmo del 40 por ciento durante los próximos veinte años? ¡Eso es imposible, antes va a ocurrir un accidente y se va a hundir en bolsa!

Yo: [Algo cansado de escucharle y cargado de soberbia contesté]: Mira, José, llevamos más de una hora argumentando a favor y en contra de Terra, pero la realidad es que en ese período mi acción ya ha subido otro 8 por ciento.

Él: Tú mismo, pero yo ya te he advertido que esto no tiene sentido.

Con el paso de los años miro hacia atrás y me doy cuenta de que los dos teníamos razón. La cotización de Terra, tal como él defendía, era un disparate. Pero, aun así, la tendencia era claramente alcista, y como yo defendía, el precio subió mucho más durante las siguientes semanas. Al final, lo que mi compañero predecía se cumplió, y el mercado puntocom se desplomó, arrastrando a Terra a perder todo lo que había subido, y con el tiempo a desaparecer. Esto nos lleva a una lección importante: es fácil detectar cuándo se está produciendo una burbuja bursátil, pero tremendamente difícil anticipar cuándo va a explotar. Él acertó con su modelo de valoración, ya que el 85 por ciento de las empresas que existían en 1999 quebraron, pero falló con el *timing*, ya que antes de comenzar la debacle y al final desaparecer subieron más de un 500 por ciento. Otro ejemplo que puede permitir ilustrar lo que estaba pasando en aquellos años en Estados Unidos es lo que ocurrió con Yahoo! En esa época, Yahoo! era como Google hoy. Todos usábamos ese buscador para localizar contenido en internet. Tuvo tanto éxito que en su punto álgido Yahoo! llegó a alcanzar una capitalización bursátil de 125.000 millones de dólares. En 2008, la valoración había bajado mucho, y Microsoft hizo una oferta de adquisición por valor de 45.000 millones de dólares. No fue aceptada. En 2016 acabó comprándola Verizon, pero tan sólo tuvo que pagar por ella 4.800 millones de dólares (gráfico 6.47).

Y de aquí podemos extraer otra lección importante: no cabe duda de que la irrupción de internet en nuestra vida ha supuesto uno de los mayores cambios tecnológicos que se recuerdan. Mis

Gráfico 6.47. Evolución de Yahoo! entre 1996 y 2016

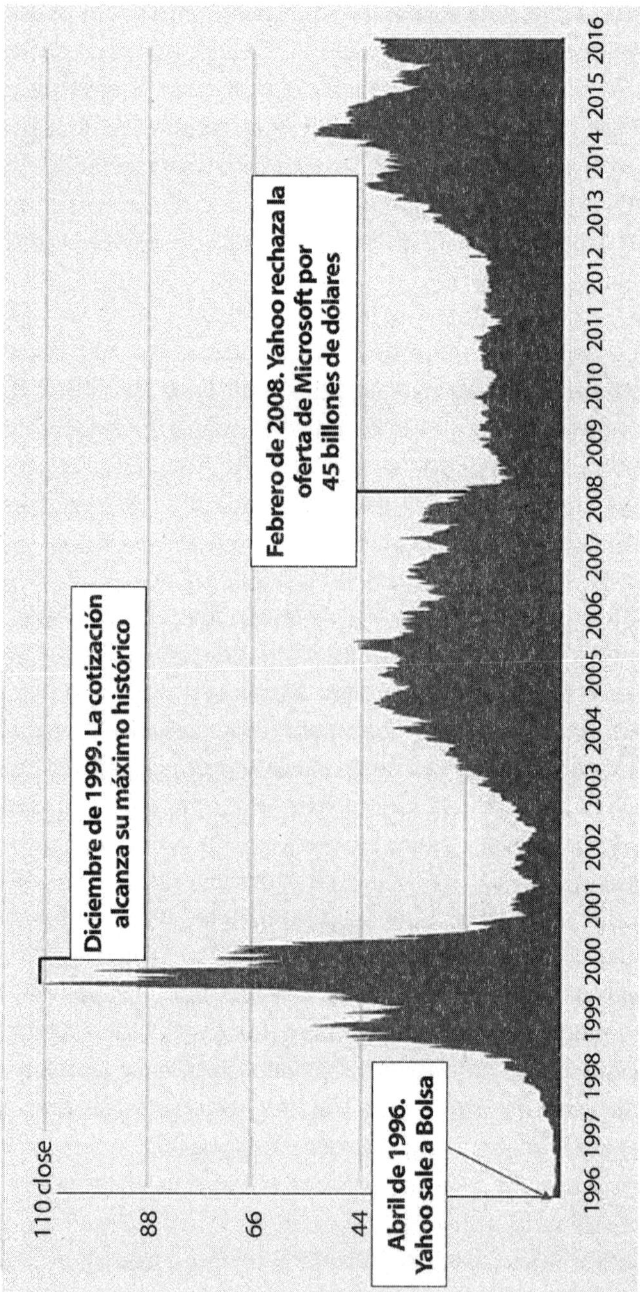

Fuente: Factset.

hijos me preguntan a menudo cómo podíamos vivir sin teléfonos móviles, sin correo electrónico, sin redes sociales, sin acceso a compras por internet, sin televisión a la carta, sin la capacidad de compartir con inmediatez cualquier contenido multimedia. Cuando echamos la vista atrás, vemos que gracias a internet ha habido infinidad de cambios radicales en nuestro día a día, pero ello no justifica valoraciones sin techo en las compañías que han liderado dicho cambio. Hay que aprender a distinguir entre tecnologías que sientan las bases de cambios estructurales en cómo hacemos las cosas, y empresas que utilizan dichas tecnologías para lanzar nuevos modelos de negocios. Por lo general, el alcance de la tecnología va mucho más allá del desarrollo de los negocios concretos, porque en la industria hay una competencia feroz y el liderazgo tiende a cambiar continuamente. Sólo aquellas compañías en verdad punteras que consiguen una cuota de mercado suficientemente grande y muestran una capacidad de liderazgo continuado en el tiempo son las que en realidad despuntan y lideran los mercados durante muchos años. Pero permanecer en la cúspide de los índices de renta variable suele ser más difícil que llegar. Recordar los líderes de la burbuja puntocom ayuda a entender este concepto. En aquella época parecía imposible que Nokia, Yahoo!, o AOL no fuesen a liderar durante la siguiente década. Y, sin embargo, no lo hicieron, dieron paso a otras compañías más exitosas. A veces surge alguna excepción, como Microsoft, que consigue ser referente en su segmento de negocio y mantenerse entre las cinco empresas de mayor capitalización al cabo de treinta años. Pero casi podríamos hablar de una anomalía, y por el camino vemos que otros líderes en su segmento tienden a desaparecer o hacerse insignificantes por no haber sabido adaptarse a la nueva realidad, algo que le ocurrió por ejemplo a Blockbuster, líder en oferta de entretenimiento audiovisual, o a Kodak, líder en productos fotográficos.

Ahora que ya hemos hablado un poco de cómo era la vida a finales de los años noventa, veamos cuál era el entorno económico mundial antes del pinchazo de la burbuja puntocom. En Estados Unidos se registraba un fuerte crecimiento económico con un PIB por encima del 4 por ciento desde hacía varios años (gráfico 6.48).

Gráfico 6.48. Evolución del PIB de Estados Unidos entre 1998 y 2001

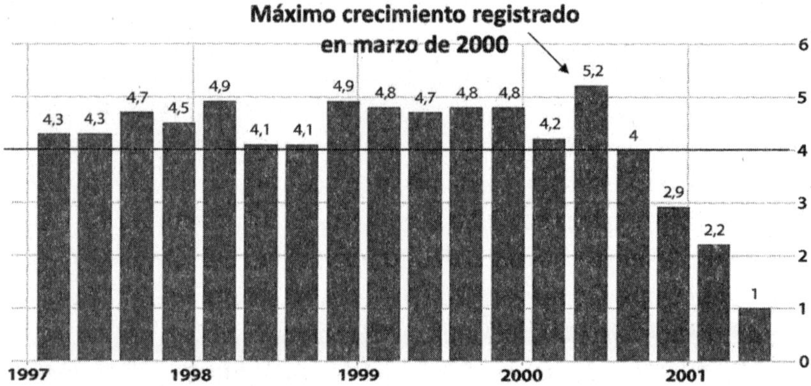

Fuente: Trading Economics.

Pero eso también desató las presiones inflacionistas desde cotas inferiores al 1,5 por ciento hasta niveles por encima del 3,5 por ciento.

Gráfico 6.49. Evolución de la inflación general en Estados Unidos entre 1998 y 2000

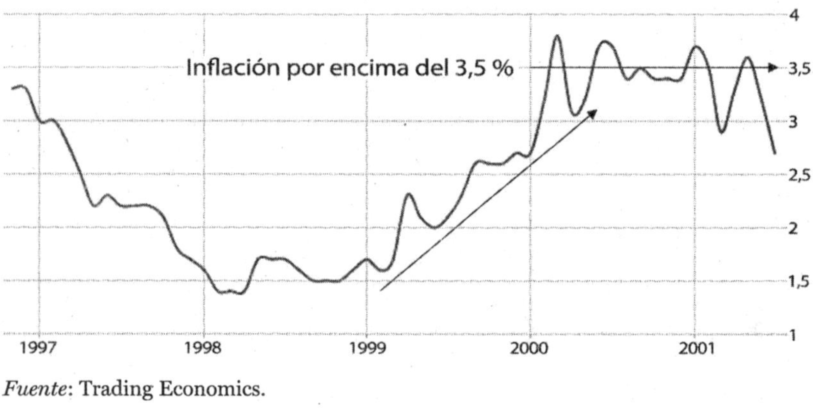

Fuente: Trading Economics.

La Reserva Federal intentaba controlar el sobrecalentamiento económico que estaba comenzando a generar cotas de inflación demasiado altas con subidas de tipos de interés. Y en tan sólo un año movió las tasas desde 4,75 por ciento hasta 6,5 por ciento.

Gráfico 6.50. Evolución de los tipos de interés en Estados Unidos desde 1997 hasta 2000

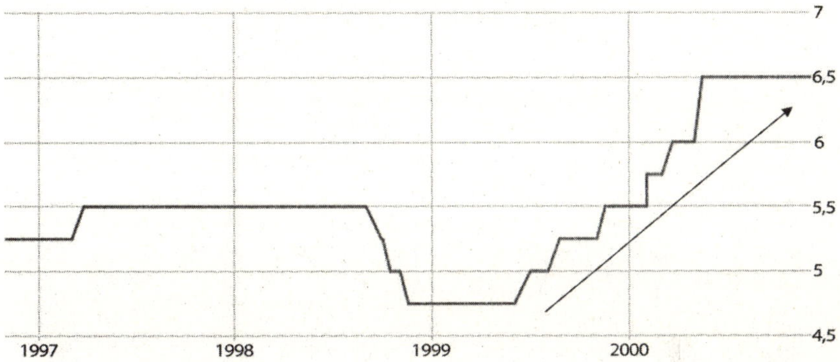

Fuente: Trading Economics.

En Europa la situación no era muy distinta. Tras la desaceleración económica sufrida durante la crisis de 1998, la situación comenzó a mejorar con rapidez, y a principios del año 2000 se alcanzaron cotas de crecimiento del 4,5 por ciento.

Gráfico 6.51. Evolución del PIB de Europa entre 1998 y 2000

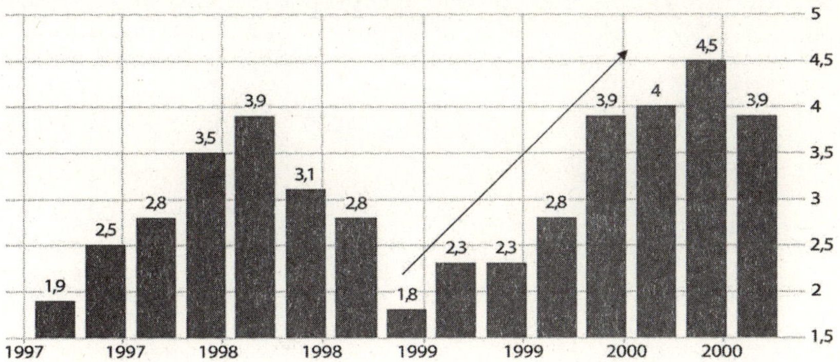

Fuente: Trading Economics.

Pero al igual que en Estados Unidos, eso trajo consigo fuertes subidas de la inflación desde niveles de 0,75 por ciento hasta el 3 por ciento.

Gráfico 6.52. Evolución de la inflación general en Europa entre 1998 y 2000

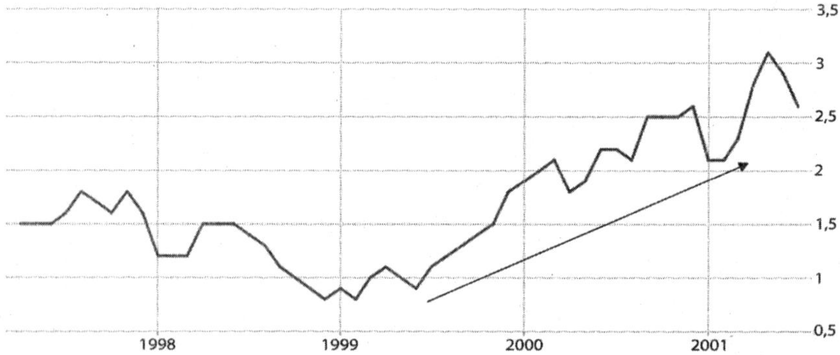

Fuente: Trading Economics.

Y la reacción del Banco Central Europeo fue una copia de lo que hizo la Reserva Federal. En tan sólo un año los tipos de interés pasaron del 2,5 al 4,25 por ciento.

Gráfico 6.53. Evolución de los tipos de interés en Europa durante los años 2000 y 2001

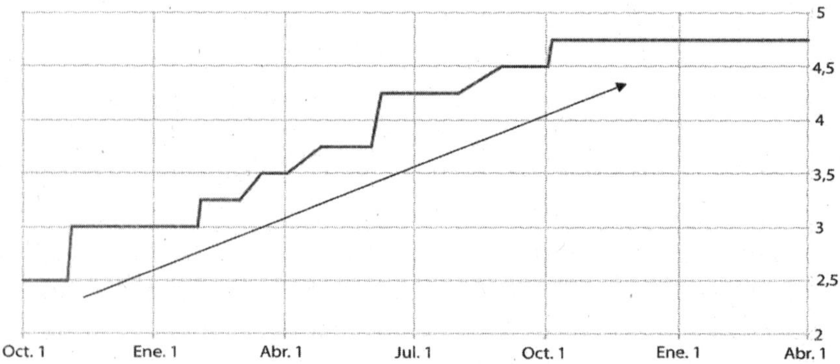

Fuente: Trading Economics.

La situación que atravesaban Estados Unidos y Europa era muy similar a lo que se vivía en el resto del mundo; a saber, fuertes ritmos de crecimiento económico acompañados de presiones de inflación al alza. Ante este contexto, los bancos centrales reaccionaban con drásticas subidas de las tasas de interés. Nada hacía pensar que el entorno de bonanza económica estuviera a punto de invertir su rumbo. Muchos analistas siguen debatiendo sobre cuál fue el catalizador que produjo la crisis posterior del mercado. Personalmente soy de la opinión de que las subidas de tipos de los bancos centrales deberían haber provocado tan sólo un ligero enfriamiento económico y no una crisis. Sin embargo, no hay que olvidar que las valoraciones bursátiles alcanzadas a principios de 2000 eran estratosféricas; es decir, vivíamos una de las mayores burbujas de la historia, tal como se puede ver en el gráfico 6.54, que elabora Warren Buffett, probablemente el mejor inversor *value* de las últimas décadas. Este gráfico muestra la relación entre la capitalización bursátil, esto es, la valoración de todas las compañías de bolsa, puesta en contexto con el tamaño de la economía estadounidense. El concepto que subyace en esta métrica es que debe haber una relación entre cuánto se paga por las acciones de las distintas empresas que componen los índices y cuánto crece la economía. Al fin y al cabo, los beneficios de las empresas provienen de la venta de bienes y servicios de todo tipo, y esas ventas están ligadas a la evolución económica. Como hemos visto innumerables veces, en ciclos expansivos hay más consumo e inversión y, por lo tanto, más ventas y mayores beneficios empresariales, del mismo modo que en los ciclos recesivos se contrae el consumo, la inversión y los beneficios.

En el gráfico se puede ver una línea de tendencia de equilibrio histórico, y dos líneas por encima y por debajo que miden dispersiones de una y dos desviaciones estándar. Esas desviaciones nos ayudan a contextualizar cuán cara o barata llega a estar la bolsa en comparación con la evolución de la economía. Como se puede esperar, en las fases de euforia de sentimiento del inversor es cuando se detectan mayores desviaciones entre los fundamentos y las valoraciones, y de ahí que las denominemos burbujas.

Volviendo a la explicación del final de la burbuja puntocom, es probable que haya sido la combinación de un ciclo económico que comenzaba a ralentizarse, unido al comienzo de la caída de la bolsa, lo que generó un drástico cambio de sentimiento en los

Gráfico 6.54. Valoración de la bolsa en Estados Unidos respecto al crecimiento económico (PIB) entre 1950 y 2022

Fuente: <currentmarketvaluation.com>.

inversores, que se fue retroalimentando a gran velocidad, provocando más caídas y menor crecimiento. Fue entonces, y sólo entonces, cuando se empezó a cuestionar de forma generalizada la valoración y los modelos de negocios de las empresas puntocom. Y de la misma manera que el mercado había estado inmerso en una persecución desbocada de las acciones al alza, de repente el interés comprador se desvaneció. En un lapso relativamente breve surgieron todo tipo de dudas, los inversores querían vender, pero en el mercado apenas había órdenes de compra. Pasamos de la preocupación al miedo, y del miedo al pánico vendedor. Las empresas de internet, que en muchos casos eran meros proyectos a futuro, solían conseguir parte de su financiación a través de fondos de capital riesgo, y cuando el entorno cambió a la baja, vieron cómo se cerraban sus líneas de financiación. Sin beneficios, con cotizaciones extremadamente altas, y en muchos casos absurdas, las compañías puntocom se desplomaron al mismo ritmo que previamente habían subido.

Ahora veamos cuáles fueron los principales síntomas que permitieron detectar el cambio de tendencia en algunos de los principales índices de renta variable del mundo. La caída más fuerte se produjo en el índice tecnológico estadounidense, el Nasdaq 100, que aglutina a las cien compañías de mayor capitalización bursátil en el sector de tecnología. La subida entre 1994 y 1998 siguió un ritmo estable, como muestra la línea de tendencia en la que se apoya la cotización en numerosas ocasiones. Sin embargo, a partir de 1998, el mercado entra en una fase impulsiva muy agresiva que dispara el índice en apenas año y medio desde 1.200 hasta 5.000 puntos. La primera señal de riesgo potencial se detectó en las divergencias en RSI a principios de 2000, aunque estas señales habían estado presentes durante los primeros seis meses de 1999 y tan sólo habían provocado ligeras correcciones de corta duración. En los máximos de mercado apareció una vela envolvente bajista, lo que dio paso a una caída brusca que perforó la línea de tendencia que marcaba el ascenso de la fase final del mercado al alza. Entonces, en lo que se pudo interpretar como un *pullback* a la directriz rota, el mercado rebotó y recuperó la mitad de su caída anterior. Cuando comenzó la siguiente fase de venta, el índice cayó por debajo del soporte crítico anterior y por primera vez en mucho tiempo dejó una clara secuencia de máximos y mínimos decrecientes (gráfico 6.55).

A priori, todos pensamos que el objetivo más probable era la línea de tendencia de largo plazo que se encontraba ligeramente por debajo de los 2.000 puntos.

La Reserva Federal seguía mandando mensajes tranquilizadores en los que aseguraba que la subida de tasas de interés sólo provocaría una mera ralentización de la economía y una simple corrección en un mercado que había subido demasiado en poco tiempo. Esa confianza llevó a la FED a mantener las tasas de interés sin cambios durante todo el año 2000 pese a que la curva estaba completamente invertida; es decir, costaba más financiarse a corto plazo que a largo plazo. O, dicho de otra manera, el mercado ya descontaba un alto riesgo de recesión, lo que obligaría a la Reserva Federal a bajar las tasas de interés dentro de poco (gráfico 6.56).

Hubo que esperar a comienzos de 2001 para que la FED se diese cuenta de que la situación se había tornado realmente preocupante y muy distinta de lo que había pronosticado unos meses antes, y comenzase a reducir los tipos de interés de forma agresiva. En cuestión de siete meses, las tasas pasaron del 6,5 al 3,75 por ciento. Pese a las fuertes ayudas monetarias, el mercado siguió desplomándose, y cuando el Nasdaq alcanzó su línea de tendencia principal la perforó como si fuese de mantequilla. Entre abril y mayo de 2001 se produjo un fuerte rebote de un 53 por ciento, pero sólo sirvió para completar un *pullback* perfecto a la línea de tendencia rota, y a partir de ahí resurgió de nuevo la presión vendedora.

Aunque entonces nadie podía imaginarlo, estábamos a las puertas de que ocurriese otro evento catastrófico que impactó al mundo entero: el atentado terrorista contra las torres gemelas el 11 de septiembre de 2001. El *shock* fue tan brutal que la bolsa estadounidense se mantuvo cerrada durante cuatro días; esto es, el período sin actividad más largo desde 1933. Tras la apertura del mercado, en tan sólo cinco sesiones el Nasdaq bajó desde 1.365 hasta 1.126, lo que representó un desplome superior al

Gráfico 6.55. Gráfico semanal de la evolución del Nasdaq entre 1994 y 2000

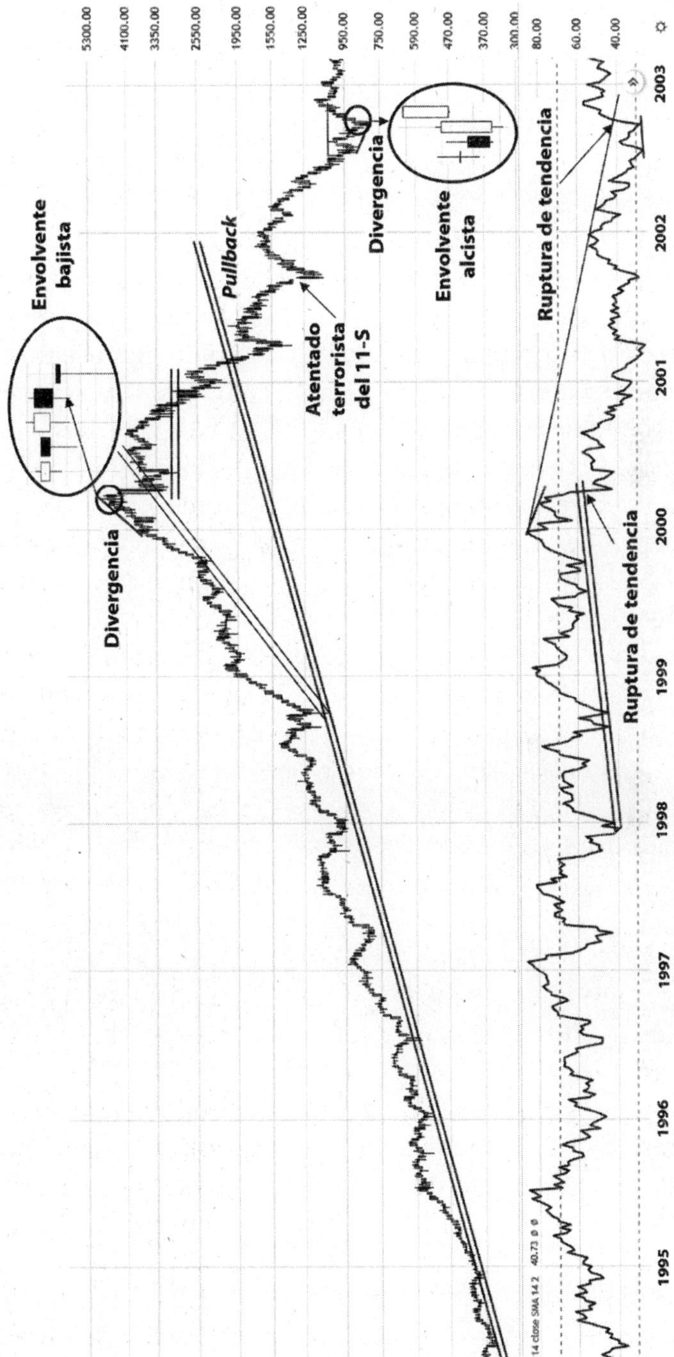

Fuente: TradingView.

Gráfico 6.56. La curva de tipos en Estados Unidos en septiembre del año 2000

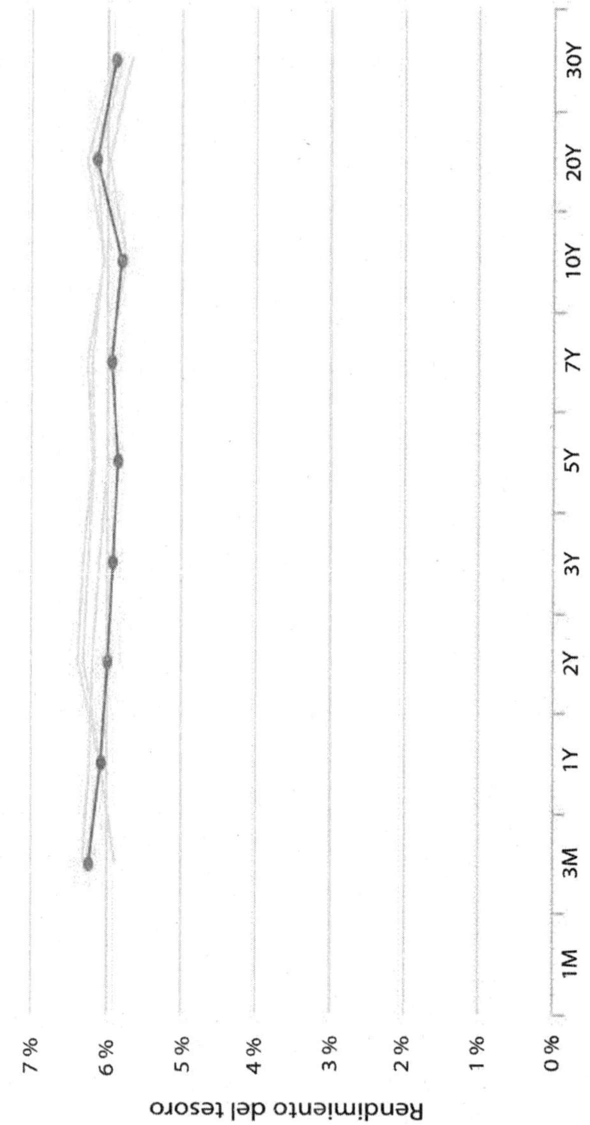

Fuente: GuruFocus.

17 por ciento en una semana. Pero a partir de ahí, el precio se estabilizó gracias a la batería de medidas que anunciaron el gobierno estadounidense y la Reserva Federal. El objetivo que perseguían era evitar un colapso en las líneas de liquidez de los bancos y particulares, y el desplome de la confianza de los inversores. Para ello, la FED quintuplicó la liquidez a los bancos que operaban en territorio estadounidense con inyecciones masivas de todo tipo. Además, bajó las tasas de interés medio punto porcentual, a lo que siguieron otras dos bajadas adicionales de 0,5 por ciento en octubre y en noviembre. La última bajada de ese año se produjo en diciembre, esta vez sólo de 0,25 por ciento. Por lo tanto, en el transcurso de 2001, los tipos bajaron desde 6,5 por ciento hasta 1,75 por ciento.

Las medidas de estímulo monetario unidas a una situación muy sobrevendida de las bolsas fue el caldo de cultivo para que en el último trimestre del año se experimentase un rebote del 60 por ciento. Pese a ello, la secuencia de máximos y mínimos descendentes no varió en absoluto, y tras tres meses de recuperación, el Nasdaq retomó su tendencia bajista perdiendo los mínimos anteriores y extendiendo su caída de nuevo. A mediados de 2002, la FED volvió a bajar las tasas de interés en 0,50 por ciento, hasta el 1,25 por ciento, pero hasta octubre de ese año el mercado mantuvo su descenso. Para cuando todo terminó, el Nasdaq había perdido un 83 por ciento desde máximos, situándose a niveles de 1996.

Pero una cosa es la historia vista desde un punto de vista objetivo y otra muy distinta es vivirlo en primera persona. Así que permíteme que te cuente cómo lo viví yo.

A mediados del año 2000 estaba a punto de dar un salto muy importante en mi carrera profesional. Como ya he contado, en 1998 había dejado mi puesto como director del departamento de análisis técnico y cuantitativo para unirme a León en una nueva mesa de renta variable que acaba de crear en la Tesorería de Banco Santander. Pero el verdadero sueño de León era lanzar el primer *hedge fund* en España bajo regulación de la CNMV. Aunque intentamos negociar la posibilidad de hacerlo dentro del Santander, la propuesta no prosperó. Supongo que no es fácil aceptar que cuatro trabajadores del banco quieran pasar a ser socios. Por ese motivo buscamos otras alternativas, y fue el BBVA el que nos abrió la puerta para lanzar este proyecto tan ambicioso. De ese modo, en verano de 2000, cuatro personas de la mesa de renta variable liderados por León dejamos de trabajar para el Banco Santander y comenzamos a diseñar este nuevo sueño.

Tardamos muchos meses antes de poder empezar a gestionar. Éramos *traders* con mucha experiencia, pero este proyecto era mucho más ambicioso que nada que hubiésemos hecho antes. Había que poner en marcha una oficina, equipos, sistemas, internet, ordenadores, mobiliario, contratar a alguien para el *back office*, el *middle office*, *compliance*, ventas, definir condiciones con distintos brókeres, el liquidador, el custodio, determinar qué herramienta usaríamos para el cálculo del riesgo del fondo (VAR) y muchas otras cosas. No teníamos mucha idea de por dónde empezar, así que nos tuvimos que repartir el trabajo. Para finales de 2000 habíamos decidido lanzar el fondo en Gran Caimán porque gracias a una regulación mucho más laxa, el proceso de lanzamiento allí era mucho más rápido que en otros países. Como no queríamos que esa decisión se interpretase como un movimiento para pagar menos impuestos, decidimos que la gestora debía estar regulada por la Comisión Nacional del Mercado de Valores española. El BBVA aceptó aportar un «capital semilla» de cuarenta millones de euros, y todos los socios invertimos en el fondo prácticamente la totalidad de nuestro patrimonio en las mismas condiciones de comisiones que cualquier otro cliente. Era algo que denominamos «alineación de intereses», de modo que lo que ganábamos o perdíamos era igual a cualquier otro partícipe del fondo. En aquella época no era lo normal, ya que los gestores solían tener un tipo de acciones que no pagaba comisiones. Cuando iniciamos el proyecto nos la jugamos a lo grande, ya que pusimos todos los huevos en la misma cesta: nuestro patrimonio, el sueldo y el potencial bonus dependían del éxito del proyecto, así que más nos valía no fallar.

A finales de 2000, con una infraestructura que con los años descubrimos que era realmente deficiente, comenzamos nuestra andadura con la máxima ilusión. Éramos cuatro *traders*, pero no teníamos bien estructurado ni el *middle office*, ni la mesa de ventas. Creímos que con ganar dinero era suficiente, pero un fondo es algo mucho más complejo que eso. A lo largo de los años crecimos y pasamos de ser cinco trabajadores a catorce, sin embargo, el número de *traders* no varió, lo que da una idea de la cantidad de gente que tuvimos que incorporar para desarrollar otras labores a las que al principio no les dimos su justa importancia. El año 2000 estaba siendo en verdad duro, porque el mercado se había dado la vuelta a la baja de forma agresiva. Pero nosotros estábamos inmersos en montar nuestro fondo, y ni siquiera teníamos todavía el vehículo aprobado para invertir. En noviembre de 2000 lanzamos al fin nuestro fondo, BBVA&Partners Alternative Investments, que nacía como un fondo «multiestrategia» enfocado en invertir principalmente en el mercado europeo sobre cuatro pilares: sector bancario, sector de eléctricas, sector de comunicaciones y M&A (fusiones y adquisiciones). El mercado de M&A había surgido con una fuerza inusitada al calor de la revolución tecnológica. Había muchas empresas que compraban a otras en lugar de desarrollar su propia tecnología. Lo cierto es que durante 1998 y 1999, casi todas las operaciones de fusiones y adquisiciones salían bien. La compañía que iba a ser adquirida registraba fuertes apreciaciones en bolsa porque la compañía que la compraba pagaba una fuerte prima sobre el precio de mercado. El único riesgo era que la operación se cancelase, pero en un entorno ultraoptimista, con todos los inversores persiguiendo el sueño de internet, eso no parecía ser un problema. Sin embargo, todo comenzó a cambiar durante el año 2000.

El momento crítico llegó en el 2001, en concreto con los atentados terroristas de septiembre en Estados Unidos, ya que muchas de las operaciones de fusiones y adquisiciones se echaron atrás, lo que generó fuertes pérdidas para los que estábamos inmersos en este tipo de negocio. A partir de ese momento tuvimos que tomar la decisión de abandonar las inversiones en M&A y centrarnos en nuestra operativa relativa a los sectores de bancos, eléctricas y telecomunicaciones. Es decir, migramos de ser un fondo multiestrategia a ser un fondo *market neutral* que abría estrategias comprando un valor y vendiendo otro por el mismo valor nominal. La idea era acertar quién lo haría mejor, si Deutsche Bank o UBS, Morgan Stanley o Royal Bank, Endesa o Iberdrola, Telefónica o Telecom Italia..., comprando el que nos parecía que lo haría mejor y vendiendo el que pensábamos que lo haría peor. Era lo que se denominaba un fondo *relative value* o de «valor relativo».

El día de los atentados terroristas del 11 de septiembre lo tengo grabado en la mente. Yo había salido a recoger mi coche del taller cuando se produjo el atentado. Estaba en un taller pequeño y oí la noticia en una radio destartalada que había en una esquina, mientras todavía estaba hablando con el mecánico. Cuando le pregunté qué había ocurrido me dijo que al parecer una avioneta se había empotrado contra un edificio. Hasta que no estaba de camino a la oficina escuchando las noticias no me enteré de que no había sido una avioneta sino un avión comercial lleno de pasajeros en lo que parecía ser un posible atentado terrorista contra las Torres Gemelas. En los primeros minutos la confusión era máxima, y cuando se empezó a hablar de un segundo avión no terminaba de creérmelo. Al llegar al trabajo pude ver las imágenes del atentado en la televisión y se me heló la sangre. El mercado estaba en caída libre, y no era fácil tomar decisiones sobre qué había que hacer ya que daba la sensación de que tras un desplome tan grande en cualquier momento podía haber un rebote fuerte. Tenía la sensación de que era demasiado tarde para vender y tal vez demasiado pronto para comprar sin tener más información.

Nosotros teníamos un fondo de valor relativo; es decir, estábamos comprados de algo y vendidos de otra cosa. En mi caso, tenía en cartera posiciones cortas de índices de Estados Unidos (SP500 y Nasdaq) y estaba comprado de índices europeos (DAX e Ibex). Lo que ocurriría durante los próximos días ni me lo podía imaginar. A raíz del atentado, la bolsa estadounidense cerró; o sea, dejó de cotizar. Mientras tanto, las bolsas del resto del mundo se desplomaban a toda velocidad. Mis posiciones mostraban pérdidas enormes porque el DAX y el Ibex caían sin parar en tanto que el precio del SP500 y el Nasdaq no se movía porque las cotizaciones allí estaban suspendidas. Al día siguiente se repitió el mismo problema, y al siguiente, y así durante cuatro días. Al ser posiciones relativas y no poder revaluar los índices que había vendido, lo único que veía era que las pérdidas crecían y crecían. En mi fuero interno sabía que cuando abriese la bolsa en Estados Unidos la situación se regularizaría, pero no tenía ni idea de cuánto tiempo habría que esperar a que la bolsa estadounidense abriese. Tampoco sabía cuánto bajarían los índices. Los clientes preguntaban qué estaba pasando, y porqué perdíamos tanto dinero. Fue una de las semanas más duras que recuerdo en mi vida como *trader*. Cuando al final abrió la bolsa en Estados Unidos, las caídas no compensaron lo que había bajado la bolsa europea, por lo que mis posiciones relativas registraron pérdidas significativas y tuve que cerrarlas en *stop*. Ese año nuestro fondo acabó registrando pérdidas de un 2,76 por ciento frente al desplome del Euro Stoxx 50 de un 20,24 por ciento. No fue ningún consuelo, ya que, al ser un fondo relativo, nosotros esperábamos ganar dinero en cualquier entorno de mercado con independencia de si la bolsa subía o bajaba. El objetivo de nuestro modelo de negocio era muy conservador: los clientes invertían con el fin de obtener una rentabilidad del 3 por ciento por encima del coste del dinero (tipo de interés oficial) una vez descontadas las comisiones, y todo ello asumiendo un riesgo muy muy bajo. Es decir, si los tipos estaban en el 2 por ciento, nuestro objetivo era dar una rentabilidad de un 5 por ciento, pero asumiendo un riesgo de tan sólo 1-2 por ciento. La rentabilidad dependía de las oportunidades que ofrecía el mercado y lo acertados que estuviéramos con nuestras estrategias. Sabíamos que algunos años ganaríamos más de lo esperado, mientras que otros años no alcanzaríamos nuestros objetivos, pero lo que no queríamos era perder dinero en ninguna circunstancia.

Por eso 2001 fue un verdadero jarro de agua fría, en especial porque era nuestro primer año y los potenciales inversores nos estaban siguiendo con expectación. La supervivencia de cualquier fondo depende del número de activos que gestiona, también conocido como *assets under management* o AUM. Si no consigues buenas rentabilidades, los clientes no invierten en tu fondo, y sin activos las ganancias que puedes conseguir son muy pequeñas, aunque lo hagas bien. Por consiguiente, es como un círculo vicioso o virtuoso. Ganas dinero, los clientes invierten en tu fondo, tienes más activos bajo gestión, generas mayores beneficios, cubres los costes y comienzas a tener un negocio rentable, se reparten bonus a los gestores... y el ciclo se retroalimenta. Pero si pierdes dinero o no ganas lo que los clientes esperan, ocurre justo lo contrario. Nuestros inicios no fueron lo que esperábamos y tuvimos que adaptarnos con rapidez para sobrevivir en una industria realmente exigente, en la que ya no se trataba de hacerlo bien, sino mejor que nuestra competencia. El año 2002 se presentaba como la prueba de fuego, si fallábamos por segundo año consecutivo probablemente nuestra aventura llegaría a su fin como un rotundo fracaso.

Aunque el mayor castigo tras el pinchazo de la burbuja puntocom se centró en el sector tecnológico, lo cierto es que el daño colateral en otros sectores fue brutal. En el sector de telecomunicaciones, las principales compañías tipo Telefónica, Deutsche Telecom, France Telecom, Telecom Italia... se habían endeudado de forma masiva para adquirir las licencias de UMTS que subastaban los gobiernos europeos. Se trataba de la nueva tecnología de tercera generación que brindaba grandes velocidades de transmisión de datos a los teléfonos móviles en plena revolución de internet. Telefónica pagó 6.485 millones de euros por la licencia, cifras similares a las que se pagaron en Alemania (8.400 millones de euros) o en el Reino Unido (6.300 millones de euros). Cuando el mercado cambió de tendencia, el sector de telecomunicaciones estaba tremendamente endeudado y la caída de beneficios fue el detonante de una corrección bursátil del 84 por ciento. En el sector eléctrico, en el que cotizaban compañías como Endesa, Iberdrola, EON, RWE, Veolia..., la caída no fue tan grande, pero se registraron desplomes del 50 por ciento entre el año 2000 y el 2003. El sector bancario no había vivido apreciaciones bursátiles tan fuertes a finales de los noventa, de modo que cuando pinchó la burbuja tecnológica las caídas fueron de tan sólo 49,1 por ciento (gráfico 6.57, 6.58 y 6.59).

Éste era el entorno en el que teníamos que ganar dinero para nuestros clientes. Y pese a la enorme presión que teníamos sobre nuestros hombros, el año 2002 acabó siendo el mejor año al mando de nuestro fondo. Obtuvimos una rentabilidad de 24,13 por ciento frente a una caída del Euro Stoxx 50 de 37,8 por ciento. Gracias a ello terminamos entre los tres mejores fondos de nuestra categoría a escala mundial medidos con el criterio de rentabilidad/riesgo; es decir, comparando el retorno respecto al riesgo asumido para conseguir dicho retorno. La prestigiosa re-

Gráfico 6.57. Evolución semanal del sector de telecomunicaciones en Europa entre 1999 y 2004

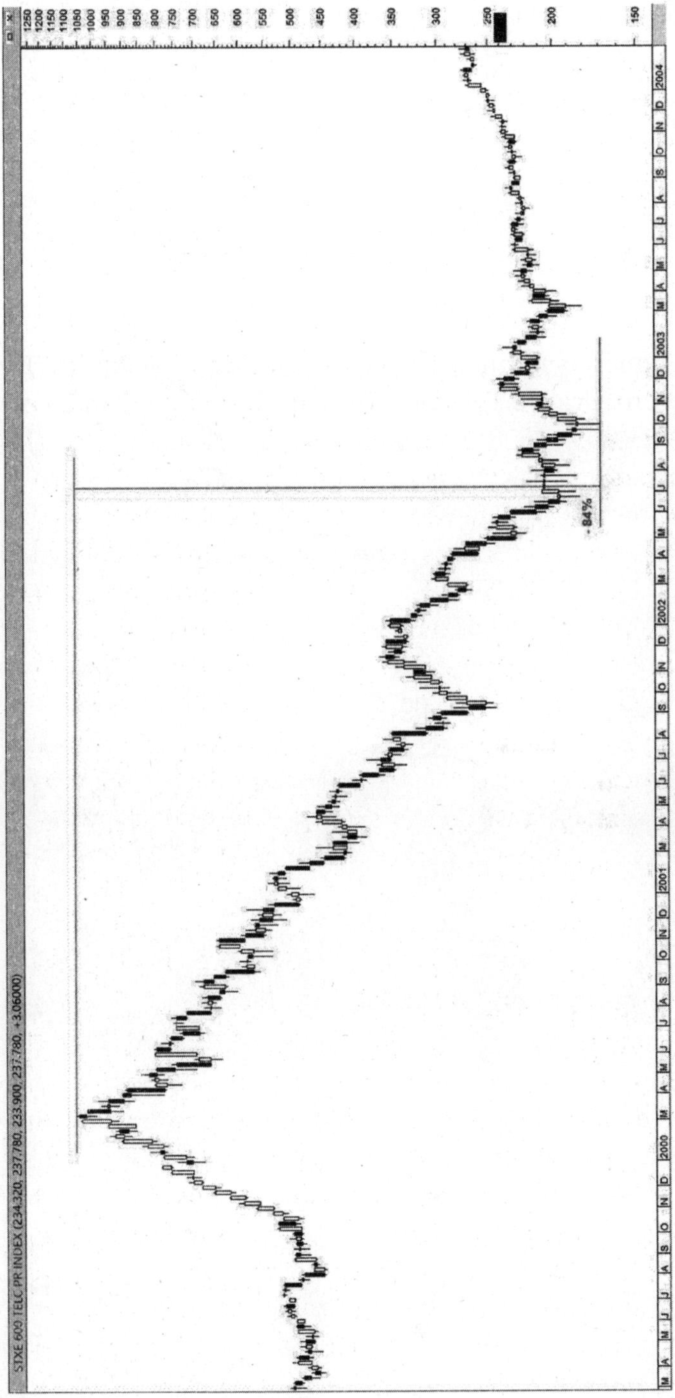

Fuente: MetaStock.

Gráfico 6.58. Evolución semanal del sector eléctrico en Europa entre 1999 y 2004

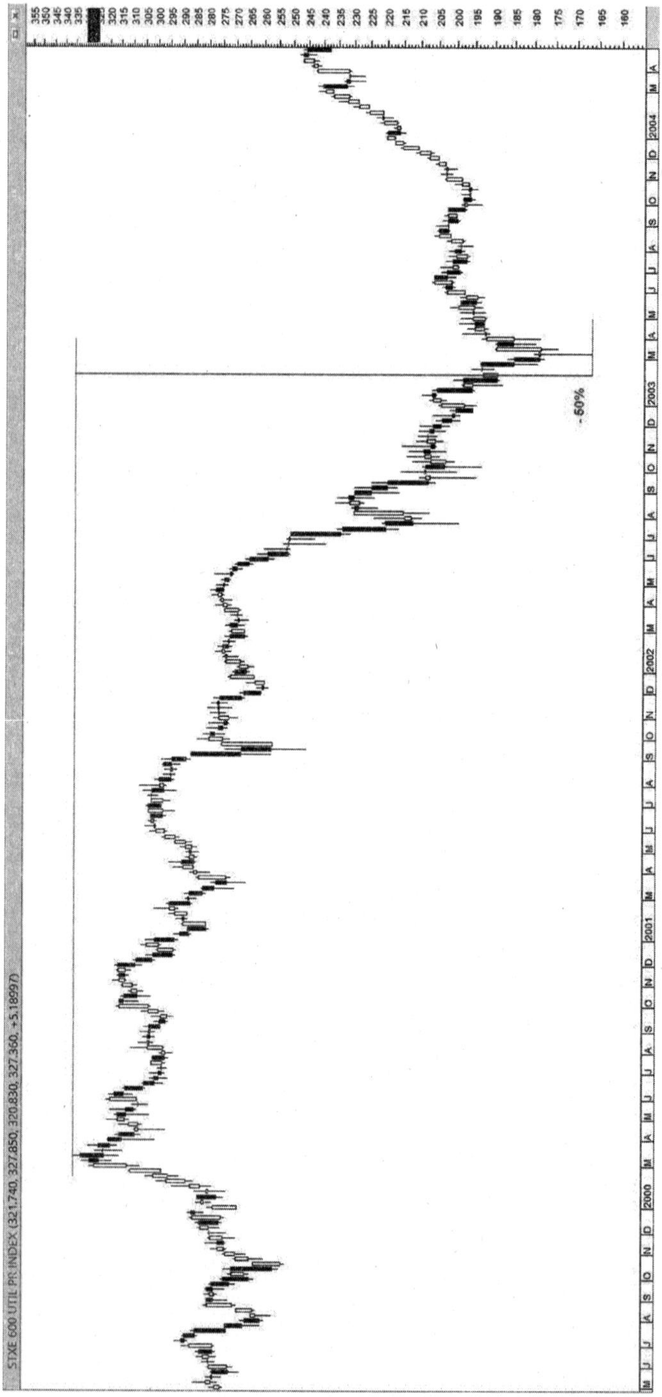

Fuente: MetaStock.

Gráfico 6.59. Evolución semanal del sector bancario en Europa entre 1999 y 2004

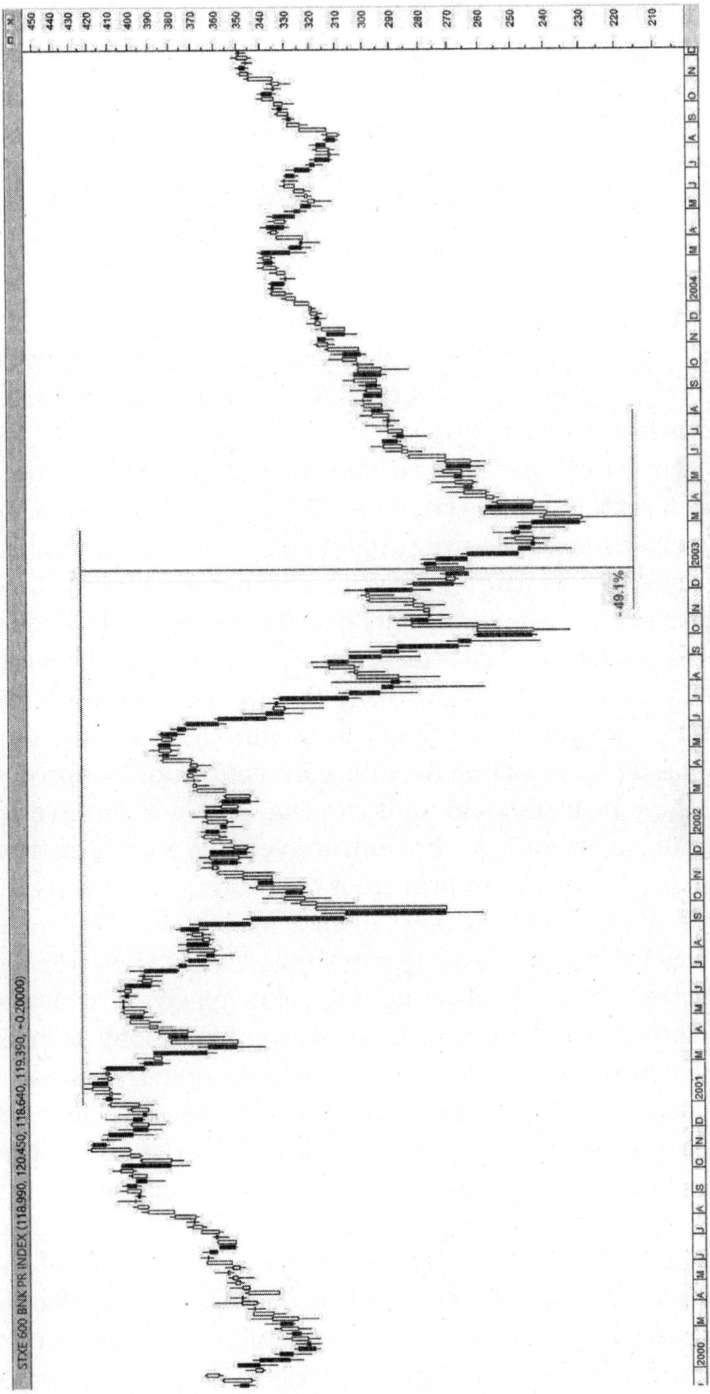

Fuente: MetaStock.

vista *Eurohedge*, donde se publicaban las estadísticas de los mejores fondos del mercado, nos dedicó una entrevista titulada *Looking for spanish gold*, o «En busca del oro español». Fue un reconocimiento internacional que nos cambió la vida. Muchos inversores comenzaron a llamarnos interesados en invertir en nuestro fondo. Los activos bajo gestión subieron como la espuma y pasamos de un inicio desastroso en 2001 a un éxito absoluto en 2002.

La rentabilidad de cualquier fondo se mide con el NAV, o Net Asset Value. En el gráfico 6.60 puedes ver cómo fue la evolución de nuestra rentabilidad frente a lo que ocurría en el Euro Stoxx 50 desde 2001 hasta 2010.

El proceso bajista que se había iniciado en el año 2000, y que se había extendido a lo largo de más de dos años y medio, dejó en todo el mundo caídas muy importantes en la renta variable, y no sólo en el Nasdaq 100. Pero veamos algunos de los índices principales y cómo se podían haber detectado señales claras de que el proceso alcista de finales de los noventa podía estar llegando a su fin. Ya hemos comentado el entorno en el que nos desenvolvíamos a principios de 2000: fuerte crecimiento, elevada inflación, subidas de tipos, valoración bursátil en máximos históricos, etcétera. Aunque no todos los índices alcanzaron su techo en el mismo instante, la mayoría de ellos entraron en una fase de distribución entre finales de 1999 y principios de 2000 (gráfico 6.61).

En el caso del SP500 llevábamos más de dos años con divergencias bajistas semanales y mensuales, pero ello no frenó las subidas de la bolsa. A finales de 1999, el mercado entró en una fase más lateral que dio pie a una formación tipo «doble techo». Durante la primera fase de caída de 2000, el índice perforó la directriz alcista que había marcado el ritmo de ascenso desde 1994 y activó la formación de vuelta. A partir de ahí se fueron concatenando máximos y mínimos decrecientes, confirmando que habíamos entrado en una tendencia bajista que supuso una caída total en el SP500 de un 50 por ciento. De la misma forma que la fase de distribución tipo doble techo había dado paso al cambio de una tendencia al alza a una tendencia a la baja, en la segunda parte del año 2002 comenzó a formarse una fase de acumulación precedida

Gráfico 6.60. Evolución del NAV del fondo BBVA&Partners frente al Euro Stoxx 50 desde 2001 hasta 2010

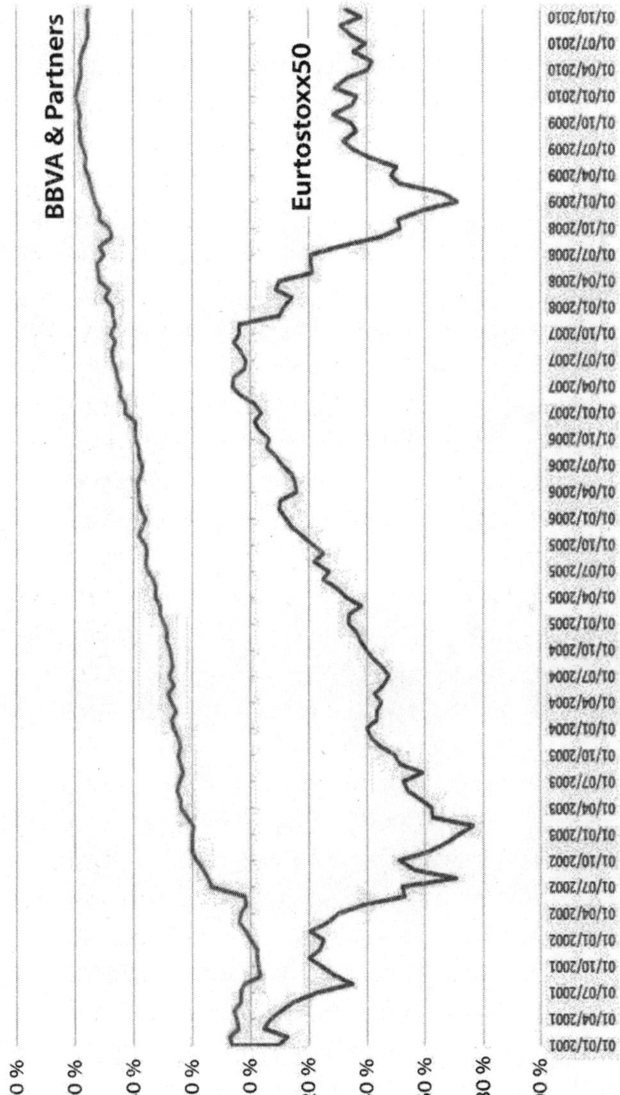

Fuente: Elaboración propia.

Gráfico 6.61. Gráfico semanal de la evolución del SP500 entre 1995 y 2003

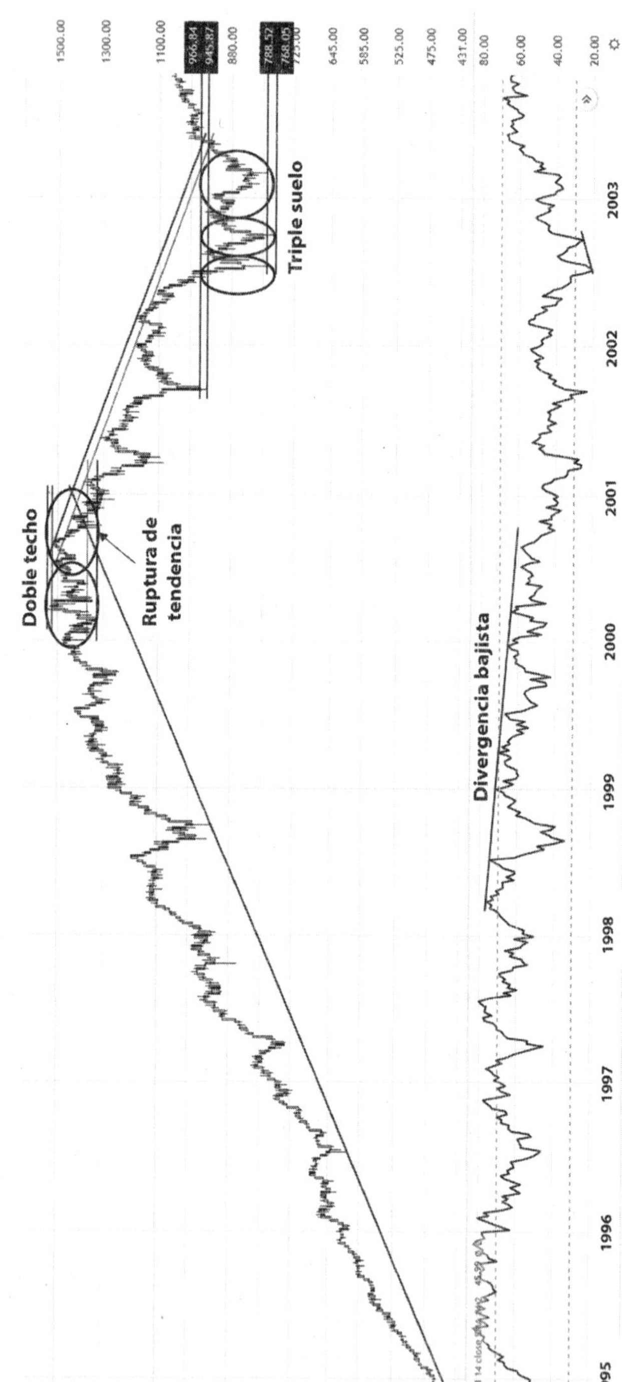

Fuente: TradingView.

por divergencias alcistas. Cuando en 2003 se superó la zona de resistencia en torno a 950, se activó un «triple suelo» y se rompió la línea de tendencia bajista de los últimos dos años, dando paso a un nuevo ciclo alcista que se extendió hasta finales de 2007.

En el caso del DAX no se formó ningún patrón en concreto, si bien es cierto que desde 1997 había divergencias bajistas en RSI en los gráficos semanales y mensuales. La primera señal negativa en términos de formación gráfica se dio cuando una consolidación lateral triangular se resolvió con una ruptura a la baja en la segunda mitad del año 2000. A partir de ahí, el índice comenzó a mostrar una secuencia de máximos y mínimos decrecientes que conformaron una línea de tendencia bajista que se extendió hasta el año 2003, provocando una caída total en el índice alemán de un 73 por ciento. En la fase final del desplome el RSI comenzó a generar divergencias alcistas y en el mínimo absoluto aparecieron velas de rebote tipo «martillo» y «envolvente alcista». Con la superación en 2003 de la zona pivote se constató que la tendencia había vuelto a cambiar y que una vez más se retomaba el movimiento alcista (gráfico 6.62).

El cambio de tendencia en el Ibex 35 fue más fácil de detectar, porque además de las divergencias bajistas previas en el RSI, a principios del año 2000 se formó una figura tipo «hombro-cabeza-hombro» que se activó a la vez que se rompía la línea de tendencia alcista que había estado vigente desde el año 1994. Tras un *pullback* que se extendió durante algunos meses, el precio volvió a caer activando una secuencia clara de máximos y mínimos semanales y bajando a un ritmo constante que permitió dibujar una directriz bajista que se extendió hasta mediados de 2003. A lo largo de esos dos años y medio, el selectivo español perdió un 60 por ciento de su valor. El final del proceso bajista se alargó durante casi un año, en el que se pudo identificar una serie de señales positivas antes de que la tendencia volviese a cambiar de forma definitiva. La primera señal fueron las divergencias alcistas en el RSI. En los mínimos de mercado surgió una vela «envolvente alcista» y nunca más se volvió a ver un precio tan bajo. Unos meses más tarde, la fase lateral quedó identificada como una fase de acumulación tipo «hombro-cabeza-hombro

Gráfico 6.62. Gráfico semanal de la evolución del DAX entre 1995 y 2003

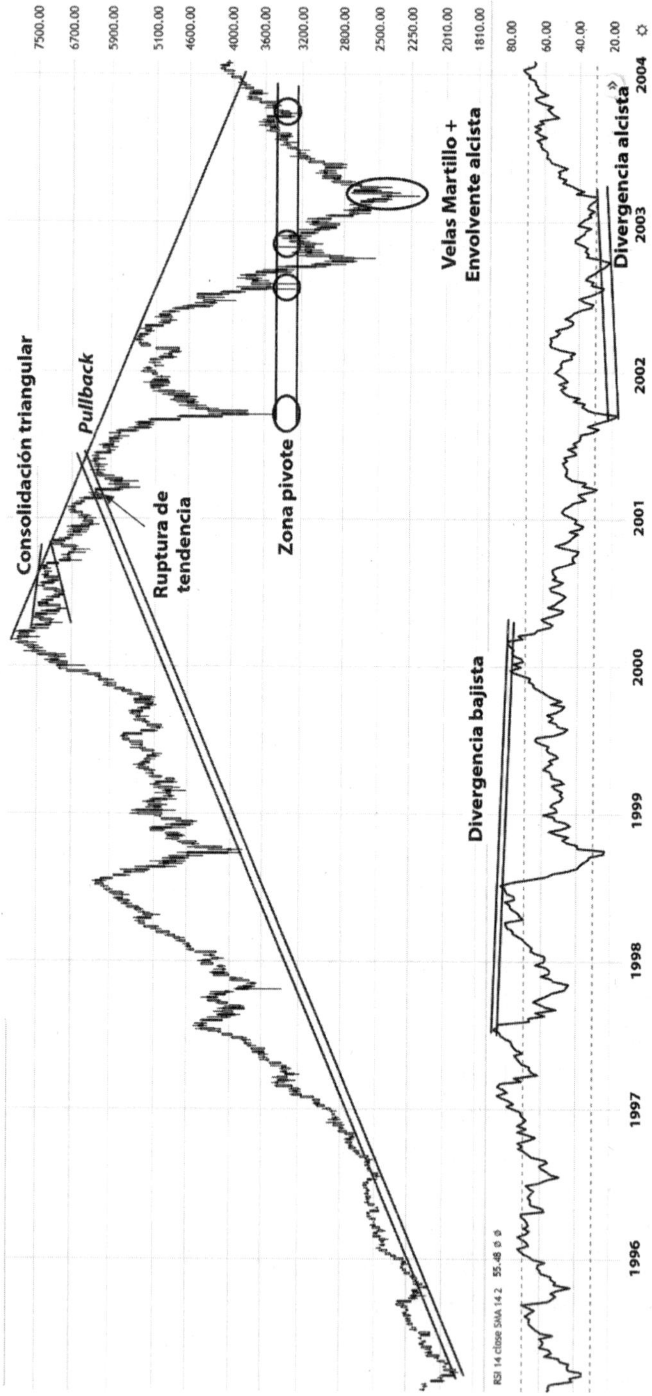

Fuente: TradingView.

invertido» cuya activación coincidió con la ruptura de la línea de tendencia bajista que se había iniciado a principios del año 2000. Y así nació la siguiente fase alcista del Ibex que se extendió hasta el año 2007 (gráfico 6.63).

El caso de Japón fue distinto al resto. Si bien es cierto que la mayoría de las bosas de los países desarrollados habían sido capaces de reponerse de las crisis anteriores marcando nuevos máximos históricos, el Nikkei 225 no había sido capaz ni siquiera de volver a los máximos del año 1996 (gráfico 6.64).

La recuperación experimentada desde mediados de 1998 mostraba una estructura en cuña que se rompió en abril de 2000, cuando dio paso a la reanudación de la tendencia bajista de largo plazo y se extendió hasta marzo de 2003. Entre medias, a finales de 2001 y principios de 2002, hubo una señal alcista falsa en forma de «doble suelo» que parecía que cambiaría la tendencia definitivamente, pero no fue así. Una vez que el «doble suelo» quedó invalidado, el Nikkei continuó con su caída hasta mayo de 2003, en lo que representó un descenso de un 63 por ciento desde los máximos del año 2000.

En este entorno de desplomes generalizados de bolsa y entrada en recesión de las principales economías del mundo, algunos activos refugio lo hicieron muy bien. A finales de los años noventa, el oro había estado inmerso en una tendencia bajista que llevó al precio hasta niveles de 250/55. Tras unos meses de extrema volatilidad, en 2001 el oro se convirtió en uno de los activos refugio preferidos por los inversores, cada vez más preocupados por el cambio del entorno económico. Entre 1999 y 2002, el oro acabó por construir un doble suelo un poco atípico. Y a partir de la ruptura de la zona pivote en torno a 315/30, el oro confirmó que estaba iniciando una tendencia alcista de nuevo. En tan sólo dos años y medio, el precio del metal precioso subió desde 255 hasta 385, lo que supuso una apreciación del 50 por ciento (gráfico 6.65).

La renta fija también fue un refugio para los inversores que huían de la renta variable. Así, el Bund, es decir, el bono alemán a diez años, subió desde niveles de 102 a principios de 2000 hasta 120 en junio de 2003, una apreciación del 17 por ciento (gráfico 6.66).

Gráfico 6.63. Gráfico semanal de la evolución del Ibex 35 entre 1999 y 2004

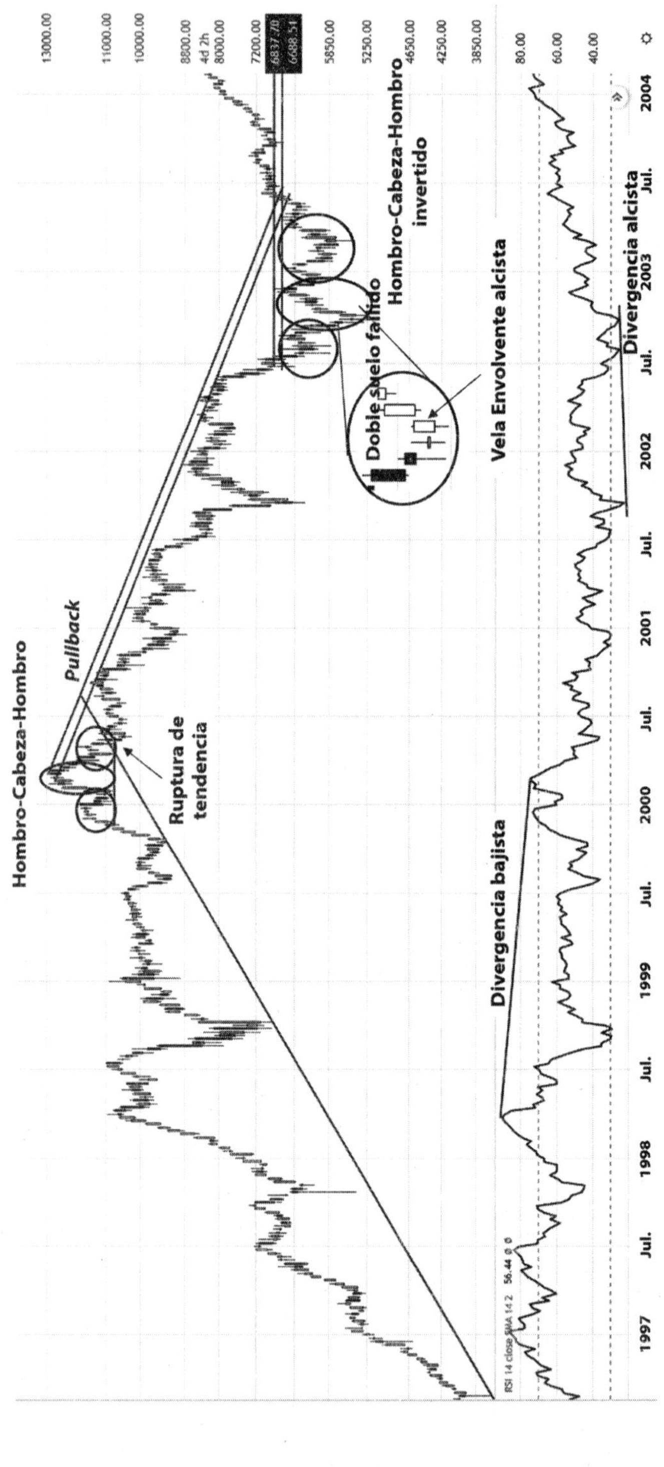

Fuente: TradingView.

Gráfico 6.64. Gráfico semanal de la evolución del Nikkei 225 entre 1996 y 2003

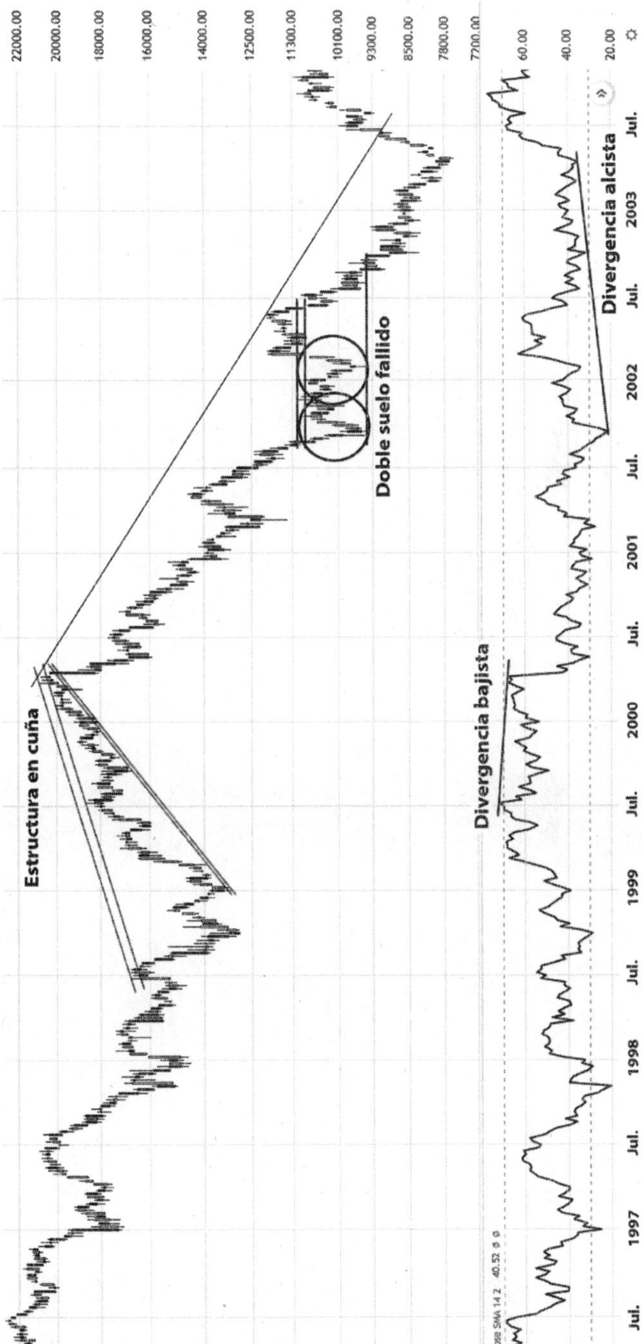

Fuente: TradingView.

Gráfico 6.65. Gráfico semanal de la evolución del oro entre 1996 y 2003

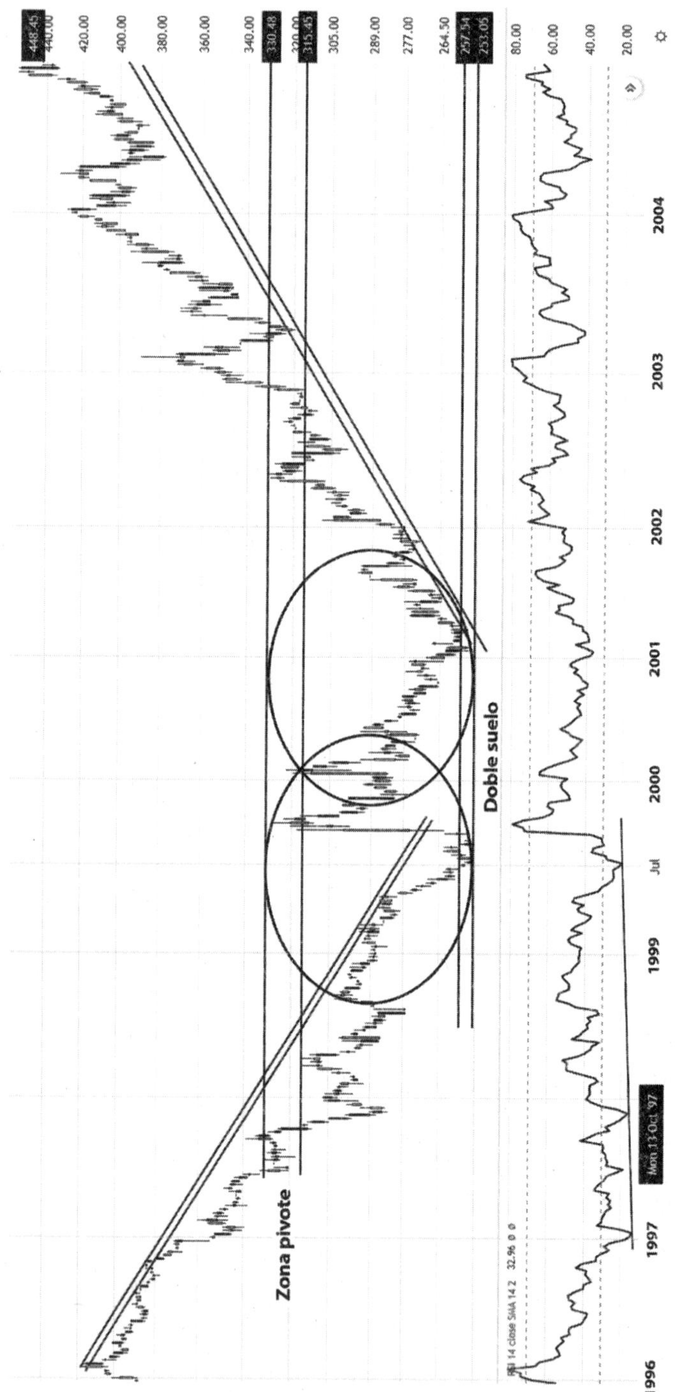

Fuente: TradingView.

Gráfico 6.66. Gráfico semanal de la evolución del BUND (bono alemán a 10 años) entre 1998 y 2003

Fuente: Metastock.

Desde que en el año 2000 había dejado el trabajo en Banco Santander y me había lanzado ilusionado a montar nuestro propio *hedge fund* habían transcurrido tan sólo tres años, aunque a mí me había parecido una eternidad. Al finalizar 2003 pensé que ya había visto el peor de los escenarios posibles que podría ver a lo largo de mi vida en los mercados financieros. A veces me sorprendo de mi propia ingenuidad..., pero ¿cómo iba yo a saber lo que nos esperaba en 2008?

A lo largo de los siguientes años fuimos cambiando nuestro modelo de negocio y concentrándonos en aquellas áreas en las que éramos más rentables. Al final decidimos dedicarnos en exclusiva a invertir en el sector bancario porque era donde mayor constancia y mejores resultados obteníamos. El fondo pasó de operar en M&A, sector eléctrico, sector telecomunicaciones y sector bancario a sólo hacerlo en este último. Cubríamos unas cincuenta compañías, de las cuales la mayoría estaban en Europa, aunque también tomábamos posiciones en bancos estadounidenses, y en algunas ocasiones en bancos mexicanos y brasileños. De este modo llegamos a la siguiente prueba de fuego, la crisis financiera de 2008.

La crisis financiera tras el estallido de la burbuja inmobiliaria de 2008

Para entender la siguiente crisis es fundamental tener en cuenta lo que había ocurrido durante la recesión que provocó el pinchazo de la burbuja puntocom. Como ya hemos comentado, en todo el mundo los bancos centrales habían llevado a cabo drásticas bajadas de las tasas de interés y en varios países desarrollados se habían implementado políticas fiscales expansivas (bajada de impuestos), con el fin de conseguir devolver a las economías a la senda del crecimiento.

Veamos cómo fue la evolución del PIB en las principales áreas del mundo. En Estados Unidos, a finales de la década de 1990, la economía crecía por encima del 4 por ciento, pero tras el estallido de la burbuja puntocom se registraron dos trimestres en 2001 con crecimientos negativos, entre -1 y -1,5 por ciento. No fue hasta el año 2002 cuando la economía comenzó a estabilizarse, y hubo que esperar hasta 2003 para ver de nuevo crecimientos sólidos por encima del 2,0 por ciento.

Gráfico 6.67. Gráfico trimestral de la evolución del PIB de Estados Unidos entre 2000 y 2008

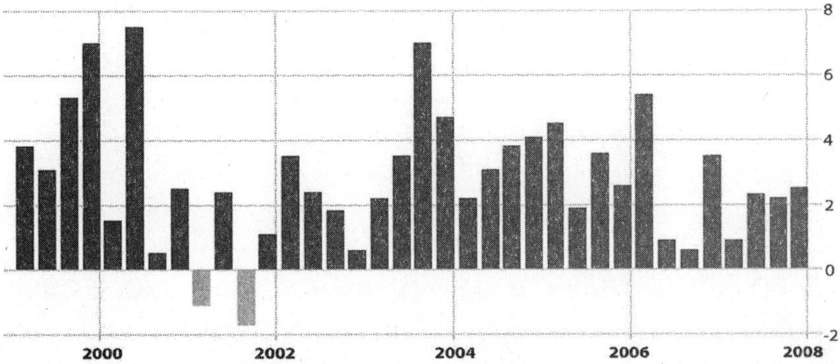

Fuente: Trading Economics.

Entre 2001 y 2003, la Reserva Federal había llevado a cabo una impresionante bajada de las tasas de interés, desde el 6,5 por ciento hasta el 1 por ciento, pero queriendo asegurarse de que la recuperación económica era real, no comenzó a normalizar el nivel de tipos hasta mediados del 2004, cuando la economía ya llevaba en fase de crecimiento un par de años. A partir de ahí, entró en un ritmo de subidas constantes de 0,25 por ciento prácticamente todos los trimestres hasta mediados de 2006, devolviendo los tipos a niveles del 5,25 por ciento (gráfico 6.68).

En Europa la situación no había sido tan grave en términos de desaceleración económica. Y aunque a finales de 2001 y principios de 2002 las tasas de PIB prácticamente rondaban el 0 por ciento, no fue hasta 2003 cuando se registró el primer trimestre de contracción económica real. El impacto en Estados Unidos se vivió más rápido que en Europa, y de la misma forma, la recuperación allí comenzó antes (gráfico 6.69).

El Banco Central Europeo también había rebajado agresivamente los tipos entre 2001 y 2003, desde el 4,75 por ciento hasta el 2 por ciento. Y como la recuperación económica tardó

Gráfico 6.68. Evolución de los tipos de interés entre 1999 y 2007

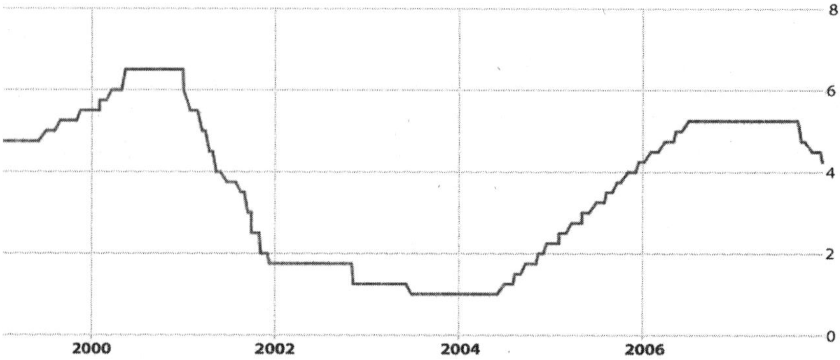

Fuente: Trading Economics.

Gráfico 6.69. Evolución del PIB anual en Europa entre 1999 y 2008

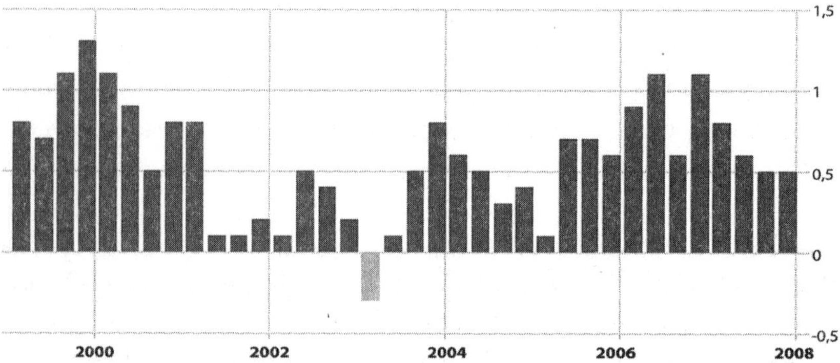

Fuente: Trading Economics.

más en llegar, no comenzó a normalizar el nivel de tipos hasta finales de 2005. A partir de ese momento mantuvo un proceso continuo de subidas del 0,25 por ciento trimestral hasta el año 2007, con una última subida de 0,25 por ciento bien entrados en 2008, que posteriormente fue calificada como un gran error por parte de la mayoría de los economistas. Personalmente creo que culpar del problema que se desarrolló durante la crisis financiera a la última subida de 0,25 por ciento es bastante absurdo, lo cual no quita que sea inexplicable por qué el presidente del BCE, Jean-Claude Trichet, realizó ese movimiento al alza de tipos cuando ya se había puesto de manifiesto la siguiente crisis en Estados Unidos.

Gráfico 6.70. Evolución de los tipos de interés en Europa entre 1999 y 2008

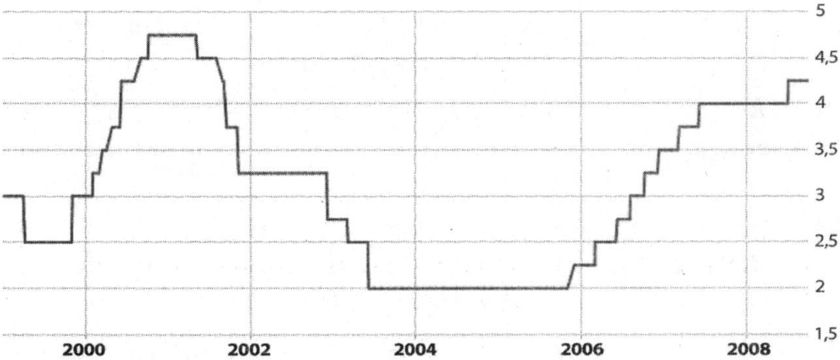

Fuente: Trading Economics.

Tanto estímulo monetario por parte de los bancos centrales permitió revertir la situación de recesión de las economías y devolverlas de nuevo a sendas de crecimiento sano. Esto ayudó a reducir el desempleo que a raíz de la crisis había subido tanto en Estados Unidos como en Europa: en el primero, desde cotas inferiores al 4 por ciento hasta el 6,5 por ciento, y en el segundo, desde el 8,4 por ciento hasta el 9,3 por ciento.

La mejora del mercado laboral, la recuperación económica, el cambio en el sentimiento de los inversores y, en especial, el abaratamiento del coste de financiación fueron el caldo de cultivo para lo que sucedió a continuación. Los bancos centrales habían tardado mucho en comenzar a revertir el nivel de tipos a su punto de equilibrio, lo que impulsó a los consumidores, que habían sido el pilar de la recuperación económica, a buscar otras alternativas de inversión frente a unas bolsas que venían de haber sufrido un calvario durante dos largos años. Muchos ciudadanos aprovecharon que el coste de financiación estaba en mínimos históricos para invertir en el mercado inmobiliario. Esto provocó la subida del precio de las casas, y como ocurre en cualquier burbuja, como si de un canto de sirena se tratase, atrajo a más inversores al calor de la revalorización de los precios. Entre 2001 y 2006 el valor de la vivienda en Estados Unidos se disparó desde niveles de 100 hasta 208.

Gráfico 6.71. Gráfico semanal de la evolución del precio de la vivienda en Estados Unidos (S&P Case-Shiller) entre 2001 y 2006

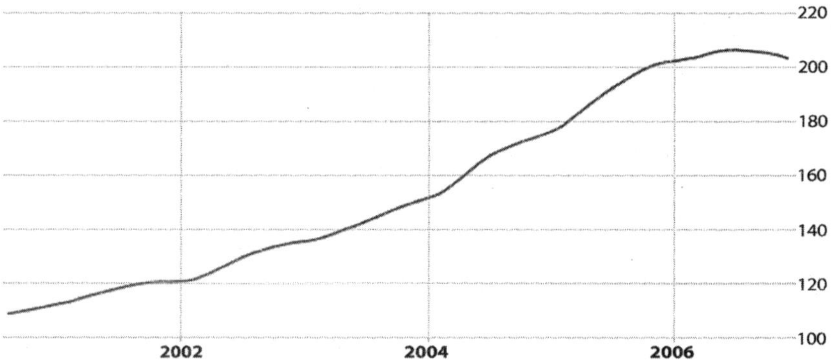

Fuente: Trading Economics.

Como el mercado de la vivienda estaba en pleno *boom*, los bancos aprovecharon la circunstancia para ganar dinero, promoviendo el endeudamiento a través de préstamos hipotecarios a cualquiera que los solicitase, incluso a ciudadanos cuyo nivel de solvencia era muy bajo. Así nació el concepto de hipoteca basura, o hipoteca *subprime*. Lo cierto es que, en Estados Unidos, los bancos tenían un límite fijado por la Reserva Federal a la concesión de este tipo de préstamos. Pero como la deuda puede ser objeto de venta y transacción económica, por ejemplo, a través de la titulización del crédito, los bancos encontraron una manera de retirar este activo de su balance transfiriéndolo a fondos de inversión o planes de pensiones. Es decir, el banco creaba las hipotecas *subprime*, pero luego las transfería a otro inversor que compraba su titulización. El problema surge cuando los inversores desconocen el verdadero riesgo de lo que están comprando. En este punto es necesario explicar algunos conceptos relativos a los productos financieros que se utilizaban en aquella época y que a la postre fueron los catalizadores de la gran crisis financiera de Estados Unidos.

- ABS (*asset-backed security*). Consiste en empaquetar crédito destinado a la compra de coches, a gastos con la tarjeta de crédito, al pago de los gastos de estudios, etcétera, que tiene un banco, y transferir dicho crédito a un tercero; es decir, a otros inversores, de forma que el banco reduce su exposición a este tipo de productos en su balance y lo distribuye en el mercado. Con esta operación, el banco reduce su riesgo y obtiene liquidez para conceder más préstamos. Cada paquete en el que entra un grupo de créditos es clasificado por las agencias de *rating* en función de la solvencia del pagador. De este modo, podemos conocer el riesgo aparejado a cada ABS. El comprador del ABS recibe una rentabilidad a medida que se van pagando las cuotas de los créditos que lo componen, y el riesgo que asume el tomador del ABS es que se produzca un *default*; o sea, que uno o varios de los tenedores del crédito que compone el ABS no sea capaz de cumplir con su obligación de pago.
- MBS (*mortgage-backed security*). Del mismo modo que un ABS no puede tener crédito hipotecario entre sus activos, el MBS sólo está compuesto de hipotecas. El banco que ha concedido dichas hipotecas las empaqueta en un MBS que posteriormente vende a otros inversores, en muchas ocasiones otros bancos o entidades financieras que clasifican el crédito adquirido en categorías como residencial, comercial, oficinas..., y que después venden de nuevo a otros inversores.
- CDO (*collateralized debt obligation*) significa «obligaciones colateralizadas con deuda». Son emitidas por una SPV (*special purpose vehicle*); esto es, una sociedad cons-

tituida *ad hoc* para adquirir activos transferidos por otra entidad. Esta subsidiaria creada por la compañía matriz permite aislar el riesgo financiero, ya que dispone de su propio balance. El CDO permite aglutinar los créditos existentes en un ABS y un MBS.

Y así van naciendo productos derivados de los anteriores, como por ejemplo los CLO, que son CDO compuestos por préstamos bancarios, o los CBO, que están compuestos de bonos u otros CDO.

Con independencia del producto de que se trate, la clave está en calificar correctamente su riesgo, cosa que no se hizo antes de la crisis de 2008. Las agencias de calificación fueron muy laxas y asignaron notas de máxima calidad (triple A) a muchos CDO. Por ejemplo, antes de la crisis dijeron que el riesgo de impago de algunos CDO era de un 0,12 por ciento para los siguientes 5 años, sin embargo, tras la crisis admitieron que el riesgo de impago real era de un 28 por ciento. Por lo tanto, antes de la crisis, muchos inversores estaban adquiriendo estos productos aparentemente seguros porque en realidad desconocían el riesgo que llevaban aparejado. La situación no fue un problema hasta que el precio de la vivienda comenzó a estabilizarse y posteriormente a bajar. Como en toda burbuja, muchos compradores estaban simplemente especulando, esperando que subieran los precios de las casas para venderlas y obtener un beneficio. Muchos se endeudaron por encima de lo que su renta les permitía, con el beneplácito de los bancos, que al tener la garantía de la vivienda como contraprestación al préstamo hipotecario creían que estaban a salvo de los potenciales impagos de sus clientes. El problema es que el valor de mercado en los picos de la burbuja no era sostenible y, por consiguiente, su garantía valía menos de lo que reflejaban los bancos en su contabilidad.

Cuando en Estados Unidos comenzó a bajar el precio de la vivienda, muchos compradores prefirieron dar la casa al banco y cancelar así la hipoteca con la que habían intentado financiarla. Esta política que permite a los ciudadanos estadounidenses cancelar una deuda hipotecaria a cambio de la vivienda que estaban comprando no se da en muchos países, en los que la deuda que uno contrae es por una cantidad específica, y si una vez que se subasta, el valor de la casa no alcanza para cubrir la deuda, el tomador del préstamo sigue obligado a devolver lo que falte. Pero en Estados Unidos, las cosas no funcionan así, de modo que los bancos empezaron a ver cómo muchos clientes les devolvían las casas compradas en los picos de la burbuja, a precios disparatados, y a cambio cancelaban sus créditos hipotecarios. Los bancos se encontraron con una cantidad importante de activos inmobiliarios en su balance, contabilizados a precios altísimos, y con la imposibilidad de desprenderse de ellos en un mercado que ya estaba decantado a la baja y en el que no había compradores interesados. Como todos sabemos, el balance de activos y pasivos de una entidad financiera está siempre en equilibrio. Por lo tanto, si el valor de tus activos se desploma, hay un problema de capitalización. De ahí que durante aquella época se hablase tanto de la falta de capitalización del sector financiero, de los *stress test* a la banca y de la necesidad de subir las ratios de solvencia.

Llegados a este punto y antes de hablar del desenlace que tuvo esta crisis, merece la pena hacer una reflexión interesante respecto a las políticas monetarias y fiscales expansivas que se habían llevado a cabo tras el pinchazo de la burbuja puntocom y la recesión que provocó. Los bancos centrales pueden decidir cuánto dinero quieren inyectar en el sistema aumentando la masa monetaria, y los gobiernos pueden decidir cuánta ayuda fiscal se vierte sobre el ciudadano o sobre las empresas para paliar una gran crisis, pero lo que ninguno de ellos puede hacer es decidir cómo se emplea ese dinero una vez que está en manos del ciudadano y las empresas. Y con frecuencia descubrimos que cuando las condiciones monetarias son muy laxas, tienden a invitar a la especulación, que se puede plasmar en la renta variable, en el mercado inmobiliario o en cualquier otro activo que genere una expectativa de revalorización futura, tanto si está apoyado por fundamentos sólidos como si no. Y tal como demuestra la historia a lo largo de los últimos siglos, esto es algo inherente a la naturaleza del ser humano. Otro factor que debemos tener en cuenta es que con frecuencia el inversor es consciente de los excesos que se están produciendo en el mercado, es decir, en los precios de los distintos activos, pero la inercia de esos movimientos suele ser brutal, lo que termina por arrastrar a participar en ellos en lo que en terminología anglosajona se conoce como el efecto FOMO, o *fear of missing out*; a saber, «miedo a perderse algo», en este caso, miedo a perderse la oportunidad de participar en la ganancia que genera la subida continuada del precio de dicho activo.

El motor de la burbuja inmobiliaria se asentaba, en consecuencia, en dos grandes pilares. El primero eran unas condiciones monetarias muy laxas y un sistema financiero deseoso de ganar dinero a cualquier precio, lo que facilitaba el crédito para acceder a la compra de una vivienda a prácticamente cualquiera que lo solicitase. El segundo se sustentaba en una tendencia que se retroalimentaba a sí misma atrayendo a cada vez más ciudadanos a embarcarse en la compra de una vivienda pese a que tanto el precio de adquisición como el coste de financiación no paraban de subir.

En este punto tal vez merezca la pena recordar algo que tiende a olvidarse con facilidad: en el mercado hay tanto compradores como vendedores, ya que cualquier transacción requiere la participación de ambos. Lo que ocurre es que la presión que ejercen en su deseo de comprar y vender depende del precio del activo y de la tendencia previa. Durante los años 2003 a 2006, los vendedores ponían cada vez los precios más altos, y eran los compradores los que corrían a llamar a los vendedores para adquirir una casa. A medida que los vendedores notaban la ansiedad de los compradores, seguían vendiendo, pero situaban sus ofertas a precios cada vez más altos. Conscientes de que durante los últimos años el precio de la vivienda no había hecho más que subir, los compradores no dudaban en aceptar el nuevo precio más alto ante el temor de que se les adelantaran otros compradores. Ese juego del ratón y el gato se mantuvo vivo hasta 2006, pero en 2007 el peso de unos precios tan altos, un coste de financiación que se había disparado durante los últimos años y una desaceleración económica cada vez más obvia cambió el sentimiento que imperaba hasta entonces.

Mientras muchos compradores asumieron que ya no podían permitirse pagar las viviendas a esos precios, dejaron de perseguir las ofertas de forma agresiva. Los vendedores, que habían disfrutado de años en los que el interés por comprar les había permitido vender a precios cada vez más altos, de repente se encontraron con que ya no recibían tantas llamadas interesadas. Los vendedores más agresivos decidieron bajar un poco los precios de sus ofertas a fin de despertar de nuevo el interés de los compradores, pero estos últimos detectaron que ahora había más ofertas en el mercado e incluso algunas a precios algo más bajos de los que habían visto en mucho tiempo. Eso les envalentonó y muchos decidieron esperar a ver si bajaban más, mientras que otros simplemente contraofertaban al vendedor con un precio un poco más bajo. Los vendedores no estaban acostumbrados a que costase tanto vender la vivienda, y empezaron a ponerse nerviosos, en especial aquellos que la habían comprado tarde y a precios muy elevados sólo con la expectativa de que la podrían vender más adelante a un precio superior. Cuanto más nerviosos se ponían los vendedores, más conservadores se volvían los compradores, conscientes de que no había ninguna prisa en comprar y que el tiempo empezaba a jugar a su favor. En el lapso de un año, los precios habían dejado de subir y comenzaban a bajar, cambiando el papel del ratón y el gato. La idea de esta narración es que se entienda que por cada comprador hay un vendedor, y viceversa. Pero el precio y la tendencia determinan quién está más ansioso por realizar la transacción.

Otro concepto que hay que entender es que todo activo tiene un precio a partir del cual desata el deseo de comprar y de vender. Para entender este punto, llevémoslo al ejemplo más extremo. Supongamos que el lector de este libro tiene una casa en la que vive, y no tiene ningún interés en venderla, ya que no la compró para especular sino para disfrutarla, y pongamos que le costó 400.000 euros. Un sábado por la mañana, un individuo llama a su puerta y le dice que quiere comprarle su casa porque le encanta el barrio, el estilo o por cualquier otro motivo personal que puedas imaginar. La respuesta lógica es: «No, lo siento, no estoy interesado en venderla, muchas gracias». A lo que el individuo responde: «En este maletín tengo 1.400.000 euros con todos los comprobantes de que es dinero legal, y estoy dispuesto a ir ahora mismo al notario para firmar la compraventa. Además, le dejo a usted un par de meses para que busque otra vivienda y organice la mudanza». Es probable que la mayoría piense: «Pues si el banco y el notario me confirman que no es una estafa, yo vendería, y con el dinero me compro otra mejor y aún me sobra mucho, vaya chollo». En este ejemplo disparatado has incorporado un vendedor al mercado porque el precio es lo suficientemente alto como para que surja el deseo de vender.

Pero de la misma forma, podríamos desarrollar el ejemplo contrario; es decir, que el individuo que llama a tu puerta te ofrece comprar una casa. En ese supuesto, dirías: «No, muchas gracias, es que no estoy interesado en comprar vivienda, ya tengo una y estoy muy contento con ella». A lo que el individuo que está de pie en la puerta responde: «Es una casa muy parecida a esta, y la vendo por 40.000 euros». Una vez que comprobamos que no nos están timando, es probable que cualquiera esté dispuesto a comprar. El precio absurdamente bajo ha hecho surgir un comprador que antes no existía. Se trata de un ejemplo absurdo, ya que por lo general el precio de las viviendas sigue una tendencia que afecta a todo el mercado y no sólo a una casa en particular, pero la idea que quiero que se entienda es que el deseo de vender o comprar un activo está estrechamente ligado con el precio y la expectativa de cómo va a evolucionar en el futuro. Esto nos lleva al momento en que los precios del mercado inmobiliario se estabilizaron y comenzaron a bajar, provocando un cambio en la ansiedad del comprador que ahora se trasladaba al vendedor (gráfico 6.72).

Como he comentado antes, además del incremento incesante del precio había otros dos factores que ayudaron a consolidar ese cambio en el sentimiento de compradores y vendedores. Por un lado, la subida constante del coste del dinero; es decir, de los tipos de interés en Estados Unidos (gráfico 6.73).

Gráfico 6.72. Evolución del precio de la vivienda en Estados Unidos (S&P Case-Shiller) entre 2005 y 2007

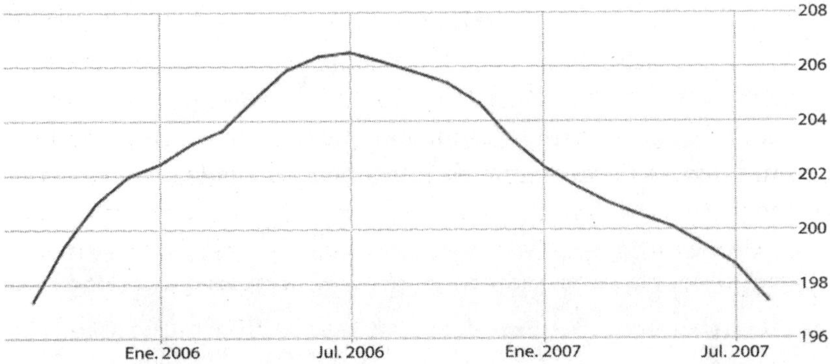

Fuente: Trading Economics.

Gráfico 6.73. Evolución del tipo de interés oficial en Estados Unidos entre 2004 y finales de 2006

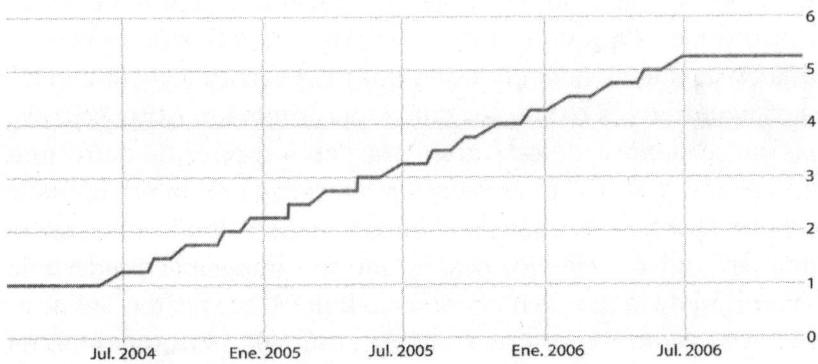

Fuente: Trading Economics.

Por otro lado, la ralentización económica que comenzó a producirse en 2005 y que se hizo patente durante 2006, y que despertó las dudas sobre una potencial desaceleración económica futura derivada de las políticas restrictivas de la Reserva Federal:

Gráfico 6.74. Evolución del PIB anual de Estados Unidos desde mediados de 2004 hasta mediados de 2007

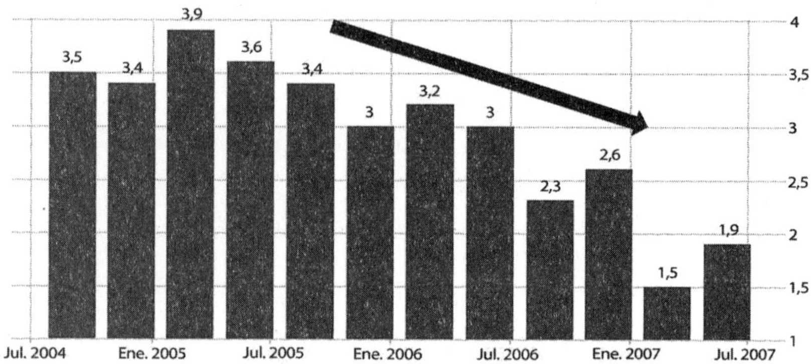

Fuente: Trading Economics.

En 2007, todos los temores comenzaron a volverse realidad, y el deterioro del mercado inmobiliario anticipó lo que un año más tarde se conocería como la gran crisis financiera en Estados Unidos y que extendió sus efectos al resto del mundo casi sin excepciones. Aunque resulte una forma muy fría de hablar de una crisis que vivimos todos en nuestras carnes, y de la que todavía guardamos recuerdos duros, permíteme mostrar primero las consecuencias de esta gran crisis en términos de datos macroeconómicos. Después mostraré la llegada de la crisis desde una perspectiva de análisis técnico y cómo se pudo detectar lo que se estaba cociendo, pese a que fue imposible predecir la magnitud de lo que se nos venía encima. Y, por último, intentaré revivir cómo gestioné y cuáles eran mis pensamientos en aquel año de extraordinario estrés al tener que navegar por esa crisis siendo gestor de un fondo *market neutral* de casi quinientos millones de euros de activos que por mandato sólo podía estar invertido en el sector financiero, y que aquel año se desplomó un 90 por ciento.

Análisis de las principales magnitudes macroeconómicas antes y durante la crisis financiera de 2008

Como ya he comentado antes, la desaceleración del crecimiento económico en Estados Unidos medido como PIB o producto interior bruto se dejaba sentir años antes de que estallase la crisis financiera. De hecho, desde los máximos de 2005 hasta comienzos de 2008, la tasa a la que crecía el PIB ya se había reducido a la mitad (gráfico 6.75).

Gráfico 6.75. Evolución del PIB anual de Estados Unidos desde finales de 2003 hasta finales de 2009

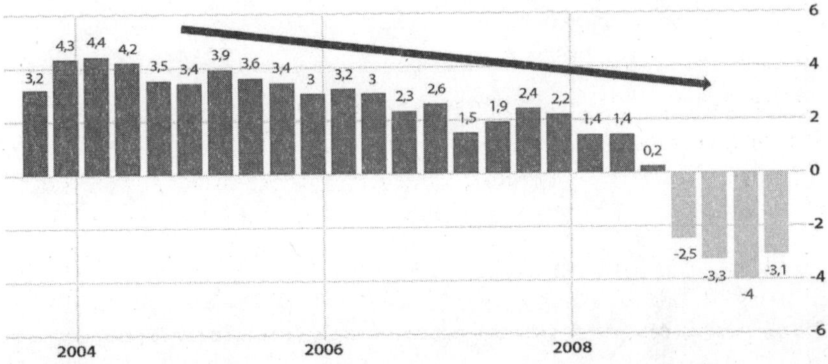

Fuente: Trading Economics.

No fue hasta el segundo trimestre de 2008 cuando se constató estadísticamente que Estados Unidos entraba de manera oficial en recesión económica.

Otros sectores que suelen anticipar cambios de sentimientos entre los inversores también dieron alertas claras con mucha antelación, como es el caso del Philadelphia Housing Index, un índice en el que cotizan todo tipo de empresas relacionadas con el mercado inmobiliario: empresas de construcción y prefabricación de viviendas residenciales, aseguradoras hipotecarias y proveedores de material de construcción. Como se puede ver en el gráfico 6.76, el índice alcanzó su máximo en julio de 2005. Pero la señal definitiva se fue fraguando a lo largo de todo ese año y

Gráfico 6.76. Índice Philadelphia Housing desde 2003 hasta 2009

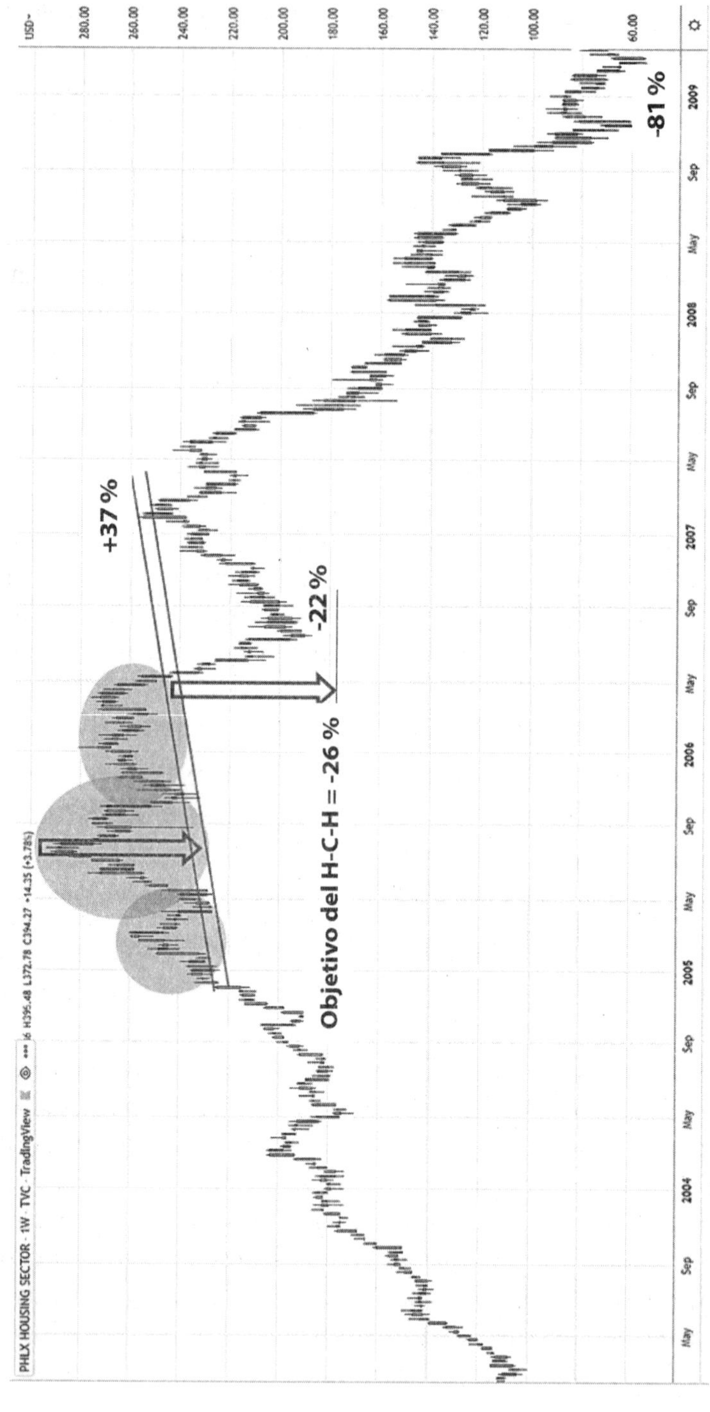

Fuente: TradingView.

principios de 2006, en un patrón gráfico conocido como «hombro-cabeza-hombro» que se activó definitivamente en mayo de 2006 y que advertía un riesgo de caída de un 26 por ciento, lo que en el argot de análisis técnico conocemos como «objetivo mínimo». Entre mayo y julio, el índice perdió un 22 por ciento, sin alcanzar completamente el objetivo previsto, y a partir de ahí rebotó con fuerza, como si todo lo malo ya hubiese quedado atrás, hasta subir 37 por ciento en los siguientes cinco meses. Sin embargo, en realidad lo peor estaba aún por llegar, ya que a lo largo de 2007 se completó una bajada de otro 54 por ciento, lo que implicaba que antes de que la economía estadounidense entrase en recesión, este índice ya había perdido desde sus máximos un ¡60 por ciento! Para finales de 2008 el desplome alcanzó su punto álgido al superar la cota del 80 por ciento.

La bolsa estadounidense representada por uno de sus índices más globales, el S&P500, desarrolló un patrón bajista en la segunda parte de 2007 activándolo nada más comenzar 2008 con un «objetivo mínimo» de caída de 14 por ciento. Pero tras un desplome inicial de 8 por ciento, el mercado rebotó con fuerza subiendo un 14 por ciento y poniendo en duda la validez de la señal bajista. Sin embargo, hubo que esperar poco para descubrir que algo había cambiado en la norma de los últimos años, y que la tendencia antes alcista ahora se había convertido en un proceso a la baja (gráfico 6.77).

En todas las fases en las que se pasa de una tendencia al alza a una a la baja se produce una batalla feroz entre los que descuentan lo malo que está por llegar y los que siguen anclados en la realidad que han vivido durante los últimos años, y que les ha enseñado que las caídas son oportunidades de compra, ya que es cuestión de tiempo que el mercado vuelva a marcar un nuevo máximo premiando al inversor atrevido que compró cuando los precios estaban bajando. El problema que se vivió en 2008 no fue sólo el deterioro económico, sino el estallido de una burbuja que hizo aflorar, por un lado, los enormes riesgos de un sistema ultraapalancado en el que los bancos desempeñaron un papel crucial como suministradores de liquidez para alimentar esa burbuja y, por otro, la ausencia de un regulador que advirtiese de los riesgos reales en lugar de mirar hacia otro lado.

Gráfico 6.77. Evolución del S&P 500 desde principios de 2003 hasta mediados de 2009

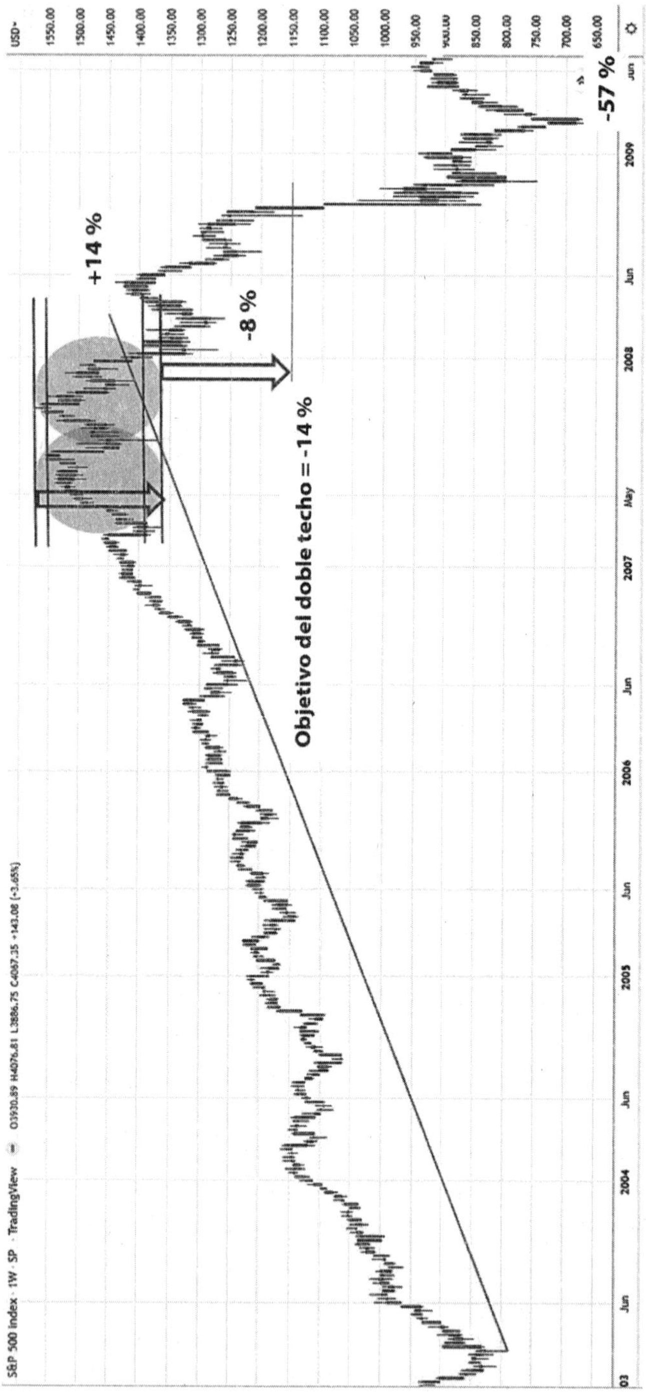

Fuente: TradingView.

Tras la subida del 14 por ciento, el mercado volvió a experimentar otra bajada de más de 16 por ciento, marcando un nuevo mínimo decreciente y validando la idea de que algo estaba cambiando de forma estructural. Entre agosto y septiembre de 2008 se vivió el último repunte cercano a 10 por ciento antes de entrar en la fase más dura del nuevo mercado bajista.

¿Cómo vivía yo la realidad que se desplegaba ante mis ojos en un *hedge fund* del cual era gestor junto a mi socio experto en análisis fundamental? A lo largo de 2007 habíamos estado hablando de los riesgos que se iban acumulando en el sector inmobiliario y en el balance de los bancos, pero la situación tardaba en explotar, y los primeros síntomas de que algo no andaba bien no acababan de trasladarse al conjunto del mercado. Cuando detectas riesgos desde hace meses, pero no se plasman en caídas bursátiles, hay un momento en que dudas de si lo que estás viendo o crees ver algún día se va a materializar. Es en este tipo de entornos en los que los clientes y otros gestores, que suelen vivir muy a gusto en mercados alcistas, empiezan a cuestionar tus argumentos, te tachan de negativo o incluso de agorero. Sólo el haber vivido experiencias similares te permite mantener tu opinión, porque, de no ser así, uno acabaría claudicando y optando por la postura más cómoda, que simplemente es seguir al rebaño y a la opinión de consenso.

Todavía recuerdo una conversación que tuve con mi socio en la segunda parte de 2007, y que me supuso un *shock* personal brutal. Él había estado de viaje durante algo más de una semana, visitando a los directores financieros y responsables de relaciones con inversores de la mayoría de los bancos y cajas de ahorro españolas. Cuando volvió a la oficina, le pregunté: «¿Qué tal todo, cómo ha ido?». Su respuesta fue: «Pablo, el sistema financiero español está quebrado». Me quedé de una pieza, y como es lógico, siguió desarrollando su tesis durante algo más de una hora. Al terminar, recuerdo su último consejo: «Diles a tus familiares que muevan su dinero fuera de los bancos pequeños y cajas de ahorros y que distribuyan sus ahorros en distintas entidades para reducir el riesgo». No es fácil digerir un mensaje así de una persona a la que consideras uno de los mejores analistas fundamentales que conoces, y que antes de lanzarse al proyecto en el que nos encontrábamos metidos había sido, ni más ni menos, que *country manager* de Bank of América en España. Sabiendo que no se trataba de una persona dada a las exageraciones ni a la sobrerreacción, y después de escuchar sus argumentos detenidamente, le pregunté por su visión sobre el sector de la vivienda en España, ya que una parte fundamental de su preocupación se centraba en los activos inmobiliarios que las entidades financieras tenían en sus balances, a qué valoraciones las tenían registradas y cuáles eran sus ratios de capital. La respuesta que recibí fue otro jarro de agua fría: «Prepárate para un pinchazo de la burbuja y un desplome en los precios, y cuando eso ocurra, a un colapso del sistema financiero español».

En 2005, yo había dado una señal para comprar una casa más grande que aquella en la que vivía. Se trataba de un proyecto sobre plano y no estaba prevista la entrega de la nueva hasta finales de 2008. En todo momento sabía que tendría que vender la casa en la que vivía para cubrir parte del coste de la nueva, pero tal como evolucionaba el mercado inmobiliario en ese momento, donde el comprador perseguía al vendedor desesperado por cerrar la transacción antes de que el precio volviese a subir, me sentía muy tranquilo en retrasar hasta el último momento la venta de mi vivienda actual. Sin embargo, tras la conversación con mi socio, cuando esa tarde llegué a casa, me sentía como si la cabeza me fuese a explotar. ¿Cómo podía ser que eso fuese a suceder y nadie parecía preocupado por ello?

Lo que ocurrió a continuación es algo de lo que siempre me he sentido orgulloso, aunque en aquel momento en mi entorno más cercano se juzgó como una acción precipitada, e incluso histérica. Lo primero que hice fue ver cuál era el precio medio por metro cuadrado en la zona en que vivía y, en concreto, a qué precio vendían los chalés que había en mi urbanización. A continuación, puse un anuncio de venta de mi casa por 10 por ciento menos que la media, pero a cambio pedí poder seguir viviendo en ella durante un año más pagando un alquiler mientras tanto. Recibí tantas llamadas que seis días más tarde ya había cerrado la venta. En aquel momento sentí un gran alivio pese a las críticas que estaba recibiendo. Por otro lado, convencí a mi familia y a mis amigos de cambiar de cuenta corriente y sacar su dinero de cajas de ahorros y bancos pequeños.

Lo que ocurrió en España a lo largo de los siguientes años fue exactamente lo que predijo mi socio, el pinchazo de la burbuja inmobiliaria y el colapso del sistema financiero, que tuvo que ser rescatado con inyecciones de capital, la creación por parte del gobierno de un banco malo en el que aparcar los activos irrecuperables, y la desaparición de dos terceras partes de las entidades financieras tal como las conocíamos.

Curiosamente, aquéllas fueron las decisiones sencillas que tuve que tomar a lo largo de los siguientes meses, ya que la gestión de la crisis que se avecinaba fue otro cantar. Cuando estás gestionando un *hedge fund market neutral* no se gana o se pierde dinero por la beta; o sea, por la dirección de la bolsa, sino que haces apuestas relativas, en las que compras una acción y vendes otra. Y si la que has comprado lo hace mejor que la que has vendido, entonces obtienes una ganancia. Ese comportamiento «mejor» se puede dar porque aquello que compras suba mucho más que aquello que vendes, pero funciona igualmente si lo que compras baja mucho menos de lo que baja aquello que vendes. Lo que importa es el resultado relativo entre tus dos activos, y no la dirección que tome la bolsa. Sin embargo, la mayor parte del resto de los fondos tiene exposición direccional; es decir, si la bolsa sube, ganan dinero, y si la bolsa baja, lo pierden. Los gestores de este tipo de fondos se miden respecto a lo que hace su competencia y lo que hace el mercado. Si baten al índice que actúa como su referencia, entonces sus clientes están encantados. Si no lo hacen, pero aun así baten el retorno que está obteniendo su competencia, también están felices. Si no es así, tienen un problema, ya que dejan claro que hay otras alternativas más rentables que su fondo, y el cliente acabará por mover su dinero y ponerlo en manos de otro gestor. Que lo hagan mejor o peor que su competencia dependerá de si han sido acertadas sus decisiones de sobreponderar o infraponderar su exposición a determinado tipo de geografías, sectores o valores en concreto.

Es evidente que no estamos hablando de lo importante que es la relación entre cuánto riesgo se asume para conseguir dicho resultado, pero no trato de entrar en detalle de cómo se debe valorar la gestión de un profesional al mando de un fondo de inversión, sino tan sólo dejar claro que nuestro fondo *market neutral* no dependía de si la bolsa subía o bajaba, sino de identificar correctamente qué compañías iban a hacerlo mejor y cuáles peor. Una vez que se entiende este concepto, tengo que matizar que por aquel entonces nuestro fondo *market neutral* se había especializado en el sector financiero. Es decir, quitando alguna que otra transacción relativa entre índices bursátiles, el corazón del retorno del fondo se concentraba en comprar y vender bancos europeos y estadounidenses. En total cubríamos un universo de unos cincuenta y cinco bancos. Nos habíamos especializado en eso, en el sector financiero, y contando con el departamento de *middle office*, ventas y *front office* éramos en total diez profesionales. Mi socio tenía una persona de apoyo en análisis y se encargaban del análisis fundamental del sector financiero mientras que yo me encargaba del análisis técnico y cuantitativo del sector, valores e índices globales. Aparte de eso, ambos teníamos un profundo conocimiento macro y conocíamos la importancia que tenían los mercados de renta fija y las divisas y cómo se relacionaban con el comportamiento de la renta variable. Para encajar mejor la parte psicológica en el análisis de la situación que atravesaban los mercados incluiré estos comentarios sobre cómo viví cada uno de los acontecimientos que estaban sucediendo en esas fechas.

Pero no anticipemos nada, y volvamos a lo que ocurría en 2006 y los primeros signos de que algo no andaba bien. En aquel año, el Departamento de la Vivienda y Desarrollos Urbanos advirtió de un desplome de 26 por ciento en los permisos de construcción de nueva vivienda respecto al año anterior. Para entonces, la curva de tipos de interés comenzaba a invertirse, advirtiendo de un riesgo cada vez más alto de recesión económica futura. Este tipo de inversión de la curva suele anticipar con una antelación de entre seis y dieciocho meses el riesgo de contracción económica o, dicho de otra manera, de que el PIB entre en terreno negativo (gráfico 6.78).

Mientras, tanto bancos como *hedge funds* compraban y vendían productos derivados como los MBS, o *mortgage-backed-securities*, cuyo colateral eran hipotecas de dudoso cobro. Para aquellos que habían adquirido deudas hipotecarias con apenas recursos financieros, o lo que más tarde etiquetaríamos como hipotecas *subprime*, la combinación de precios a la baja de la vivienda y su-

Gráfico 6.78. La inversión de la curva estadounidense entre el bono a 2 años y a 10 años durante 2006

Fuente: TradingView.

bida de los tipos de interés fue demasiado. Recordemos que los bancos llevaban años vendiendo todo tipo de derivados en los que se combinaban hipotecas «basura» con otras hipotecas de buena calidad, y se vendía el paquete conjunto como si se tratase todo él de buena calidad. Esta práctica, que debería haber inquietado a la mayoría, no fue cuestionada ya que simultáneamente los bancos compraban CDS, o *credit default swaps*, es decir, seguros ante el riesgo de impago, lo que los cubría del riesgo de crédito en el caso de presentarse un incumplimiento de pago. El problema surgió cuando la dimensión de esta práctica alcanzó tal tamaño que las propias aseguradoras descubrieron que no tenían el capital para cubrir a los tenedores de CDS. Como resultado, el gigante de seguros AIG (American International Group) tuvo que ser intervenido por el gobierno para evitar que quebrara.

Durante 2007, la Reserva Federal llevó a cabo algunos movimientos con el fin de poner freno a un deterioro del sistema financiero que cada vez era más evidente. En abril anunció una propuesta para que las agencias reguladoras financieras federales supervisaran acuerdos entre los bancos y sus clientes que evitasen ejecutar las hipotecas. Por ejemplo, los bancos ofrecieron renegociar las condiciones convirtiendo los préstamos en hipoteca de tasa fija. En agosto de 2007, la Reserva Federal se vio obligada a inyectar veinticuatro mil millones de liquidez en el sector bancario para responder al estrés creciente que provocaba la crisis de hipotecas *subprime*. Además, en septiembre de 2007, la FED comenzó a bajar las tasas de interés, y para finales de ese año los tipos ya habían bajado cien puntos básicos, situándose en 4,25 por ciento. Antes de que se iniciase el fatídico 2008, algunos de los bancos más grandes de Estados Unidos ya comenzaban a registrar fuertes caídas en bolsa. Tomando como referencia los precios de inicios de 2007, a finales de ese año, Citigroup caía ya 47 por ciento, Morgan Stanley 30 por ciento, Bank of América 27 por ciento y JP Morgan aguantaba mejor que el resto con un descenso de tan sólo 15 por ciento (gráfico 6.79).

Pero de la misma manera en que se pudieron detectar formaciones de distribución que se habían ido configurando a lo largo de meses en el Philadelphia Housing Index, o en índices tan glo-

Gráfico 6.79. Evolución en términos porcentuales de los principales bancos estadounidenses durante 2007 y 2009

Fuente: TradingView.

bales como el S&P500, hubo señales muy claras de alarma tanto en el sector bancario estadounidense como en los gráficos de las principales entidades financieras del país. En el índice XLF financiero, primero se rompió la directriz alcista que se había iniciado en el año 2003. Poco después se confirmó la primera estructura de vuelta, un «doble techo». Y a lo largo de los siguientes meses evolucionó en un patrón conocido como «hombro-cabeza-hombro» que advertía de un riesgo de caída de casi 20 por ciento (gráfico 6.80).

A nivel particular, muchos bancos o compañías ligadas al sector financiero completaban estructuras de distribución que anticipaban fuertes caídas en los precios. Algunas de las más claras se pudieron observar entre los pesos pesados del sector bancario: Citigroup, Morgan Stanley, Bank of America y la aseguradora Fannie Mae, tal como se aprecia en el gráfico 6.81.

Como se puede observar, las primeras señales anticipadas de que algo no iba bien se remontan al año 2006, cuando ya daban alertas claras la inversión de la curva y el índice relacionado con la construcción. En 2007, tanto el sector financiero como los principales bancos y aseguradoras estadounidenses comenzaron a completar señales bajistas, pero aun así los inversores confiaban en que se tratase de una mera corrección, y que la tendencia alcista que llevaba instaurada desde el año 2003 no se vería gravemente afectada. Este proceso psicológico se repite una y otra vez desde hace décadas, y es lógico, ya que la primera fase a la baja siempre se identifica como un movimiento correctivo sano contra una tendencia alcista sólida. Pero si añadimos un análisis macro de la situación, en el que se ponen de manifiesto los excesos acumulados y los riesgos asumidos durante años y años, entonces podemos apreciar las grietas que se han formado bajo la superficie y que no están a la vista de todos. En mi experiencia, eso es lo que marca la diferencia entre aquellos que consiguen esquivar la debacle en las grandes crisis de aquellos que son succionados por ellas.

Para mí, 2007 fue un año sencillo desde el punto de vista de análisis técnico, ya que las señales de vuelta que se identificaban en los gráficos surgían por doquier tanto en los índices generales como en los sectoria-

Gráfico 6.80. Evolución del sector financiero en Estados Unidos (XLF) desde 2003 hasta principios de 2009

Fuente: TradingView.

Gráfico 6.81. Las estructuras de distribución de Citigroup, Morgan Stanley, Bank of America y Fannie Mae en torno a 2007

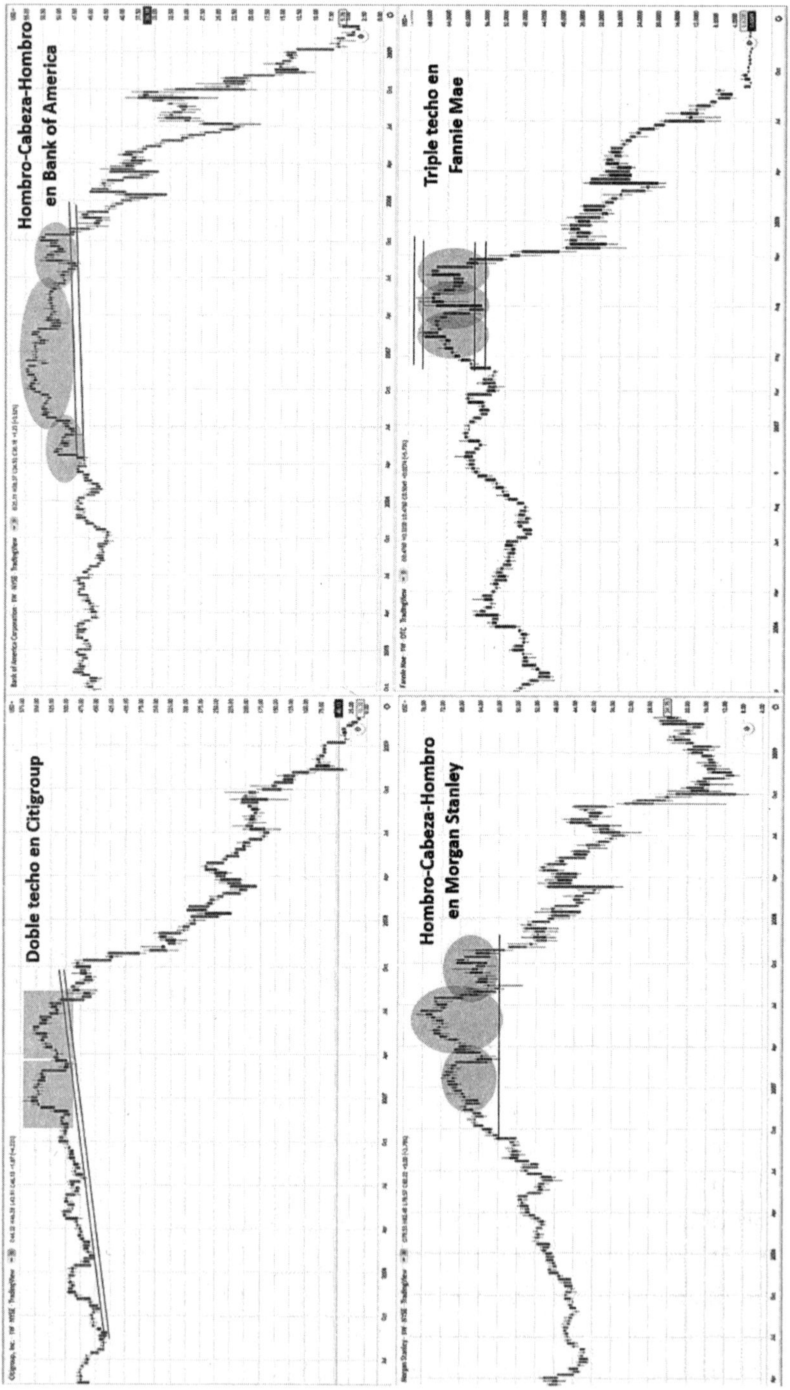

Fuente: TradingView.

les y en la mayoría de las acciones del sector financiero. Estaba claro que había que adoptar una visión bajista, pero recuerda que al estar gestionando un fondo *market neutral*, la forma de ganar dinero no era buscar estrategias cortas o bajistas, sino acertar qué bancos vender y cuáles comprar. Psicológicamente estábamos preparados para lo que estaba sucediendo porque llevábamos mucho tiempo siendo conscientes de los excesos que se habían cometido en torno a la burbuja inmobiliaria y el coste que habría que pagar tarde o temprano. Pero si alguien nos hubiese dicho lo que iba a pasar en 2008, no nos lo habríamos creído.

Pero volvamos de nuevo a la realidad de 2008. Desde el inicio de ese año comenzó a ser evidente que las medidas que se habían implementado hasta entonces no iban a ser suficientes para frenar una crisis que se había estado gestando a lo largo de varios años. En marzo de 2008, el quinto banco de inversión más grande de Estados Unidos, Bear Stearns, dio la primera señal clara de la crisis que se avecinaba. Hablamos de una entidad que venía de presentar beneficios durante ochenta y tres ejercicios ininterrumpidos y que había sobrevivido a la Gran Depresión desatada en 1929. Durante 2007, la capitalización bursátil de Bear Stearns había caído a la mitad, pese a que el multimillonario británico Joe Lewis había adquirido el 8 por ciento del capital del banco. Pero la salida del copresidente Warren Spector y la publicación del primer trimestre de resultados negativos de su historia daban una idea de la magnitud de los problemas de balance que tenía el banco por aquel entonces. Cuando en marzo de 2008, el banco comunicó que no podría evitar la bancarrota, la Reserva Federal de Nueva York presionó a JP Morgan, en aquel momento el segundo banco más grande de Estados Unidos, para que adquiriera Bear Stearns a un precio de dos dólares la acción, algo impensable un año antes, cuando la cotización del banco, ahora en graves problemas, había alcanzado los 160 dólares la acción. Además, la FED abrió una línea especial de financiación de 30.000 millones de dólares para facilitar a JP Morgan la operación de compra. El objetivo de la transacción orquestada por la Reserva Federal era evitar una quiebra en cascada en el sector de la banca de inversión. Al final, JP Morgan Chase aceptó los términos de la compra y se quedó con Bear Stearns, no por la oferta inicial de dos dólares la acción, sino por diez dólares la acción (gráfico 6.82).

Aunque por aquel entonces la prensa sólo se enfocaba en resaltar lo más sonado de la crisis, basta remontarse a principios de 2007 para constatar que antes de que Bear Stearns copase todos los titulares, en Estados Unidos ya se habían producido numerosas quiebras de entidades financieras de segundo orden, como Ownit Mortgage Solutions, American Freedom Mortgage, New Century, American Home Mortgage y NetbBank, y a ABN AMRO en Países Bajos, Landesbank Sachsen en Alemania y Northern Rock en el Reino Unido.

Nuestra percepción de la quiebra de Bear Stearns estaba ligada a la adquisición por parte de JP Morgan; es decir, entendíamos que el banco que había sido tan irresponsable con sus estrategias hasta el punto de llegar a quebrar había sido adquirido por el banco sano. En un principio vimos la operación como un éxito para JP Morgan, que se quedaba con Bear Stearns a un precio irrisorio. No vimos el hecho como el inicio de algo que podría extenderse sin control, primero, en todo el sistema financiero estadounidense y, después, en el resto del mundo.

En la primera parte de 2008, los gigantes hipotecarios Fannie Mae y Freddie Mac también sucumbieron a la crisis hipotecaria. Se trataba de entidades semiprivadas respaldadas por el gobierno de Estados Unidos que se encargaban de asegurar las hipotecas. En septiembre de ese mismo año, habiendo perdido prácticamente la totalidad de su valor bursátil, la administración Bush decidió hacerse cargo de ambas compañías para evitar un colapso total, pero eso no evitó que los problemas siguieran creciendo (gráfico 6.83).

La bola de nieve se hacía más y más grande, hasta que el 15 de septiembre de 2008, el banco Lehman Brothers se declaró en quiebra con una deuda que superaba los 600.000 millones de dólares (gráfico 6.84).

Gráfico 6.82. El colapso de Bear Stearns, quinto banco de inversión de Estados Unidos, en el año 2008

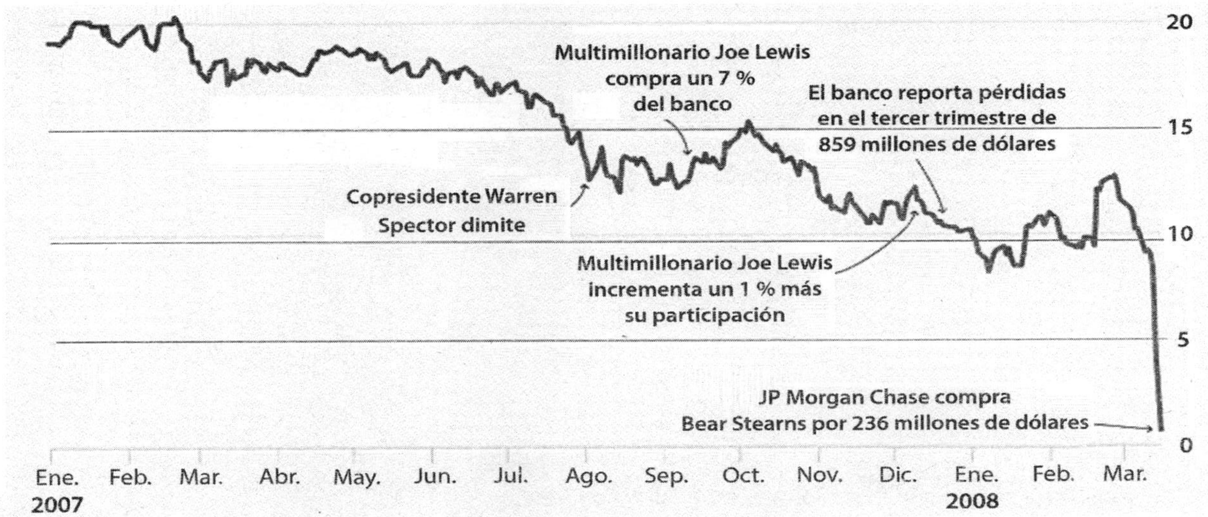

Fuente: FT & Thomson Reuters Datastream.

Gráfico 6.83. Evolución en términos porcentuales de los gigantes hipotecarios estadounidenses Fannie Mae y Freddie Mac durante 2007 y 2009

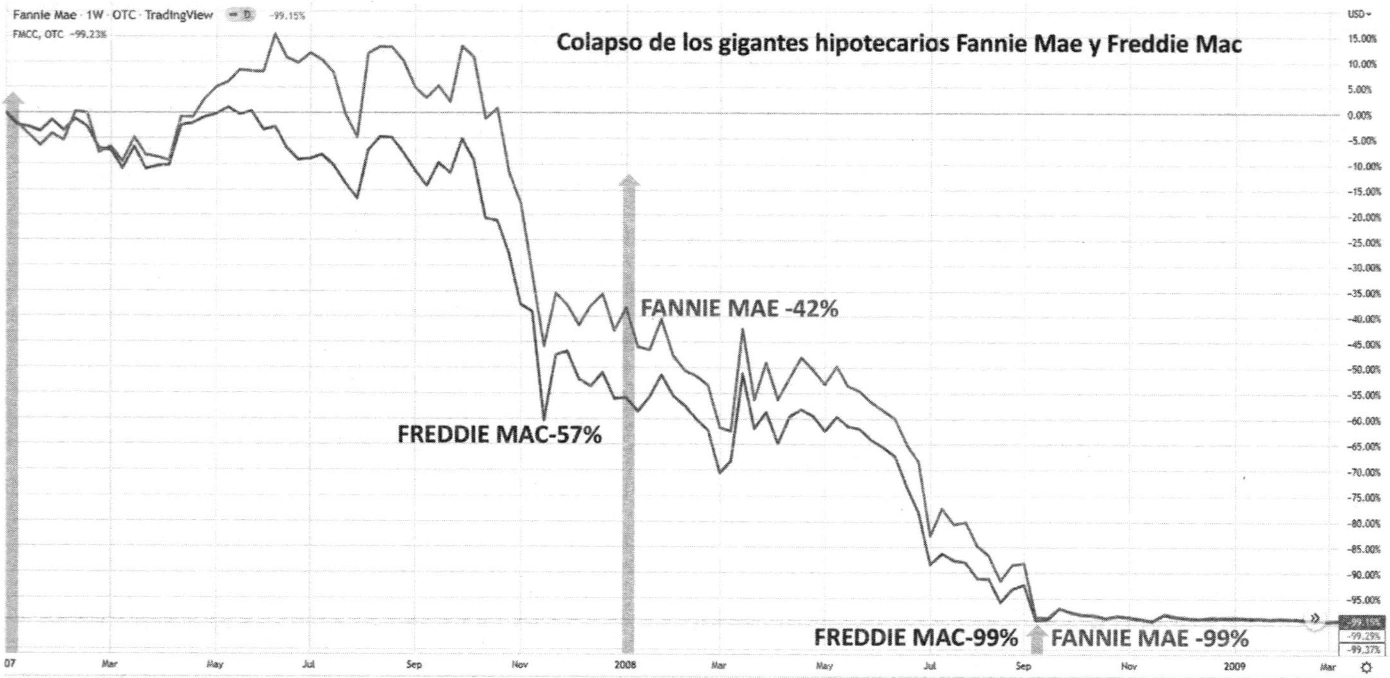

Fuente: TradingView.

Gráfico 6.84. El colapso de Lehman Brothers, cuarto banco de Estados Unidos, en el año 2008

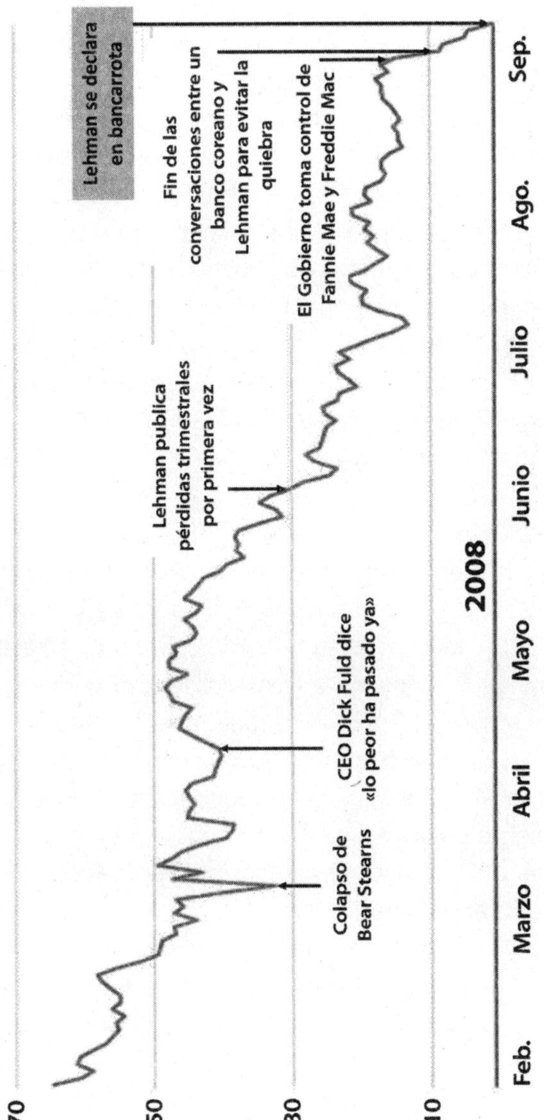

Fuente: <weforum.org>.

Lehman Brothers era la cuarta entidad financiera más importante de Estados Unidos y la incertidumbre sobre el futuro de sus competidores llevó a una espectacular caída en bolsa de otras entidades financieras que en pocos días registraron desplomes de hasta 46 por ciento. Se estaba empezando a gestar un clima de desconfianza en el que los bancos se mostraban cada vez más recelosos a la hora de prestar dinero por si el beneficiario escondía problemas de solvencia. En pocos meses habíamos pasado de un entorno en el que no se prestaba atención a los riesgos a movernos con pies de plomo. Cada vez con menos solvencia, los bancos se mostraban recelosos de prestarse dinero entre sí, o a otras empresas o particulares, por miedo a que la situación de Lehman Brothers se repitiera. En aquellos momentos, lo único que preocupaba a los inversores era saber cuál sería el próximo banco en sucumbir, porque daba la sensación de que el colapso del sistema financiero era inevitable.

El colapso de Lehman lo recuerdo como uno de los momentos más complicados de mi carrera profesional. Durante los meses de julio y agosto de 2008, todo parecía haberse calmado y se habían producido rebotes significativos en la mayoría de los bancos. La hecatombe financiera no comenzaría hasta septiembre de ese año, y para entonces mi socio aún se encontraba de viaje en Argentina. Nunca olvidaré una conversación telefónica que mantuve con él poco antes de conocerse la quiebra de Lehman.

Yo: Oye, esto se está poniendo realmente feo. ¡Hay rumores de que va a quebrar Lehman!

Mi socio: Pero ¿son rumores o es un hecho?

Yo: ¿Cómo quieres que lo sepa, joder? Sólo sé que baja un 15 por ciento, ¡y está en *limit down*! Pero el resto de los bancos también están bajando muchísimo, cerca de 10 por ciento Citigroup y Morgan Stanley. Los otros algo menos.

Mi socio: ¿Cuánto dices que bajan, 15 y 10 por ciento?

Yo: No, ahora ya bajan 17 por ciento, porque Lehman ha reabierto su cotización ¡y baja más de 20 por ciento!

Mi socio: No puede ser, ¿estás seguro?

Yo: ¿Cómo no voy a estar seguro? ¡Lo estoy viendo en Bloomberg! Estoy llamando a los brókeres y nadie sabe nada, estamos todos preguntando, ¡¡pero nadie tiene respuestas!!

Mi socio: ¿Qué tal aguanta el porfolio? ¿Cómo vamos?

Yo: Se mueve mucho, una barbaridad... Tan pronto estamos ganando dinero como perdiendo, es una locura. Cuando cierran la cotización de algún valor que tenemos en cartera, todo se descontrola porque sólo se revaloriza una parte de la estrategia. Si cierran los que estamos largo, momentáneamente parece que nos forramos, pero cuando luego reabre, el resultado da un vuelco y lo mismo pasa en el otro sentido.

Mi socio: Vale, vale, ¿y qué has hecho?

Yo: He reducido riesgo agregado de la cartera, he reducido las posiciones de muchas de las estrategias para que sean más manejables. Ni JP Morgan ni Goldman nos dan acceso ya a liquidar más de 5 millones de euros contra sus libros, no con esta volatilidad. Y dar la orden a mercado es una locura con esta liquidez y la velocidad a la que se mueven los precios. También he vendido el sector de bancos en Europa porque se había quedado un poco atrás.

Mi socio: Si has vendido el SX7P entonces nos tiene que ir bien, ¿no?

Yo: Sí, bueno, no, depende de cuándo lo mires...

Mi socio: Pero si todo está bajando tanto y estás corto del sector bancos, entonces tienes que estar ganando dinero.

Yo: Bueno, lo he vendido cuando en el día ya caía 7 por ciento.

Mi socio: ¿¡Qué!? ¿Con 7 por ciento abajo en el día? ¡Pero eso es una barbaridad!

Yo: Mira el sector en Estados Unidos, está ya 12 por ciento abajo, algo gordo va a pasar, ¡y no se me ocurría otra forma de cubrir riesgo!

Mi socio: Vale, vale, tranquilo. Voy a intentar entrar en un ordenador y en cuanto me entere de qué está pasando te vuelvo a llamar. Bien hecho, siento no estar allí. Ánimo.

Aunque nadie podía saberlo, estábamos en la antesala de la mayor crisis financiera desde la Gran Depresión de 1929, y nosotros estábamos al timón de un fondo de inversión *market neutral* financiero de más de 400 millones de dólares.

Intentar recordar los detalles de aquel año no resulta sencillo, pero lo que sí tengo grabado en la memoria son las sensaciones que me provocaron. Cuando echo la vista atrás y recuerdo lo que supuso ese año para mí, tanto en el plano personal como en el profesional, aún me estremezco. Como gestor descubrí lo poco que sabía del límite de estrés que era capaz de soportar antes de derrumbarme. Durante los peores meses de la crisis recuerdo que por las noches caía rendido como un niño, y conciliaba el sueño de inmediato, pero a mitad de la noche siempre me despertaba y me asaltaban todas las dudas y miedos propios de la situación que estábamos viviendo. Dormía muy pocas horas, y el cansancio se iba adueñando de mí. Las jornadas tan largas unidas al poco descanso tanto físico como mental nos empezó a pasar factura a todos. Estábamos más irascibles de lo normal y la tensión se palpaba en el ambiente. Conciliar el estrés laboral con la familia tampoco era nada fácil. Y en ese entorno teníamos que tomar decisiones complicadas casi a diario. Al vivir una situación tan compleja y que entrañaba tanta responsabilidad, me vi obligado a luchar como no lo había hecho antes en mi carrera, y es probable que se haya forjado la semilla de lo que soy hoy en los mercados financieros.

En septiembre de 2008, el sistema financiero colapsó. A las quiebras de 2007 y la de Bear Stearns, Freddie Mac y Fannie Mae ahora había que sumar las de Countrywide Financial, Calabasas, Silver State Bank, Merryl Linch y American International Group. Ante el inminente colapso del sistema, el Congreso de Estados Unidos se reunió el 29 de septiembre de 2008 para votar el proyecto de ley de rescate bancario, y contra todo pronóstico, fue rechazado. Los que votaron en contra argumentaban que el mercado debía funcionar por las normas de libre regulación, y que no había que intervenirlo. Además, no sólo era inaudita la idea de intervenir, sino también la cantidad de dinero que se pretendía destinar al rescate bancario.

Cuando se conoció la noticia de que no habría rescate bancario se desató el pánico en la bolsa, y las acciones de los bancos se hundieron aún más. Para finales de septiembre, Citigroup y Morgan Stanley ya registraban caídas del 83 por ciento en su cotización, y Bank of America perdía un 65 por ciento (gráfico 6.85).

Gráfico 6.85. Evolución en términos porcentuales de los principales bancos estadounidenses durante 2007 y 2009

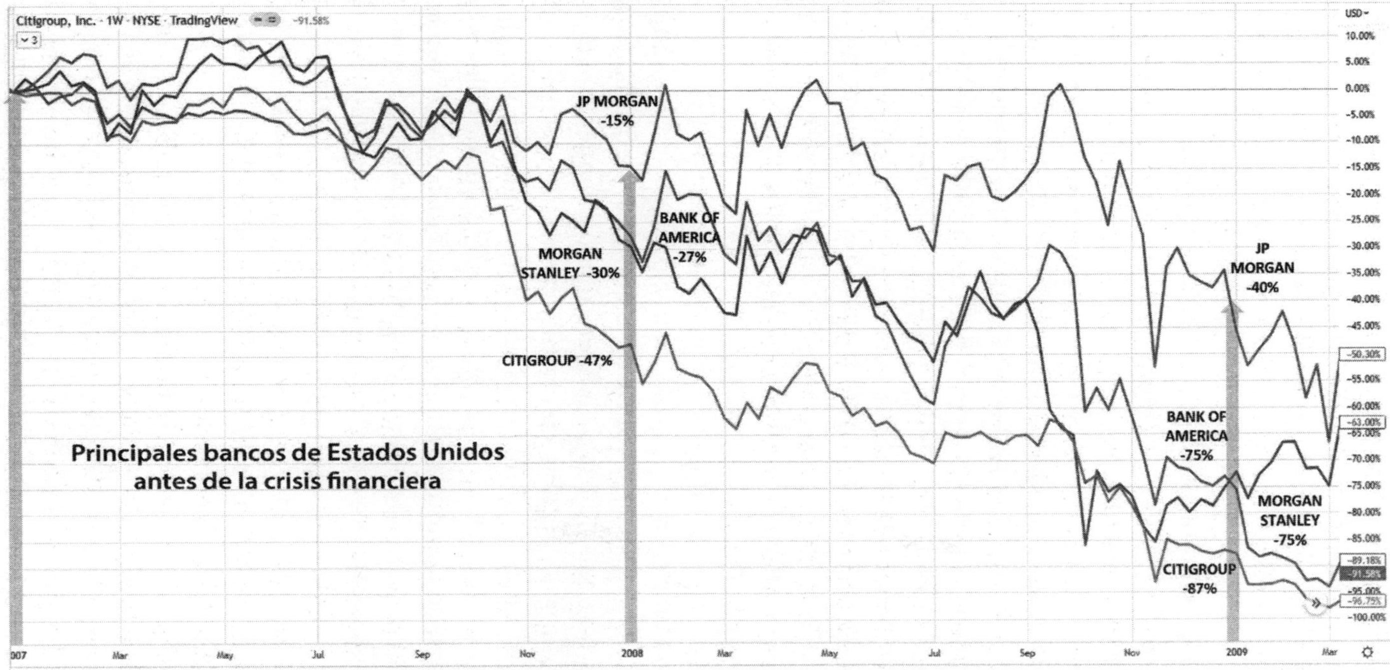

Fuente: TradingView.

El sistema bancario, que en realidad siempre se ha sustentado en la confianza de los ciudadanos y empresas, se enfrentaba al «apocalipsis». La pregunta que rondaba en la mente de cualquier inversor era «qué banco será el siguiente en caer». En el gobierno todavía no existía la mentalidad del *too big to fail*, o «demasiado grande para dejarlo caer», por lo que algunos aún defendían el funcionamiento darwiniano del libre mercado como pilar del capitalismo más puro con todas sus consecuencias. Sin embargo, sólo hicieron falta unos pocos días más, y una presión vendedora alarmante en bolsa, para que el 3 de octubre de 2008 ocurriese algo que se recordará para siempre. El secretario del Tesoro de Estados Unidos, el republicano y expresidente ejecutivo de Goldman Sachs, Henry Paulson, se arrodilló literalmente ante la presidenta del Congreso, la demócrata Nancy Pelosi, suplicando que se aprobase el rescate a la banca dando el visto bueno al Programa de Alivio de Activos en Problemas, un paquete de rescate por valor de 700.000 millones de dólares, que el diario *The New York Times* comparó con el coste de la guerra en Irak.

Es probable que esa decisión haya evitado el colapso del sistema financiero en su totalidad. No debemos olvidar que nuestro sistema bancario descansa en el concepto de confianza, porque no hay un respaldo físico al dinero que digitalmente vemos reflejado en nuestras cuentas de ahorro, cuentas corrientes o inversiones. Funcionamos bajo el principio del multiplicador monetario, lo que implica que tan sólo hay un mínimo respaldo de billetes físicos para respaldar la cantidad de dinero que contablemente vemos en nuestras cuentas. Al ser así, quiere decir que si todos fuésemos a nuestras oficinas bancarias a exigir que nos diesen en billetes el dinero que en realidad tenemos, sería materialmente imposible. La idea de que todos los ciudadanos quieran hacer algo así es tan absurda que permite que el sistema funcione sin trabas. Pero cuando la crisis financiera de 2008 comenzó a provocar la quiebra de los bancos, se desató el pánico entre la población que veía cada vez más probable la pérdida de los ahorros de toda su vida. Y lo que hacía unos años se presenció en Argentina con el corralito, donde los ciudadanos se agolpaban a las puertas de sus bancos para reclamar su dinero, empezó a pasar en Estados Unidos y el Reino Unido (imagen 6.1).

Imagen 6.1. Las colas de ciudadanos frente a Northern Rock Bank en el Reino Unido e IndyMac en Estados Unidos

Fuente: Daily Bulletin.

Por lo tanto, la intervención *in extremis* evitó el colapso del sistema. Por eso tan pronto como el dinero estuvo disponible, el secretario del Tesoro prestó 115.000 millones de dólares a los bancos mediante la compra de acciones preferentes. En ese momento, y con una desconfianza máxima sobre la viabilidad financiera de cualquier banco, lo más importante era devolver la confianza al ciudadano y a las entidades bancarias. Para ello se aumentó el límite de la Corporación Federal de Seguros de Depósitos (FDIC) para depósitos bancarios a 250.000 dólares por cuenta, y se permitió que la FDIC pudiese recurrir a los fondos federales si lo necesitaba hasta el año 2009, evitando así el riesgo de quiebra.

El 25 de noviembre de 2008, la Reserva Federal anunciaba por primera vez el inicio de un programa de compras de las obligaciones directas de empresas patrocinadas por el gobierno (GSE) relacionadas con la vivienda, así como de valores hipotecarios respaldados Fannie Mae, Freddie Mac y Ginnie Mae. En el comunicado de la Reserva Federal se indicaba que «las compras de hasta 100.000 millones de dólares en obligaciones directas de GSE se realizarían con los principales distribuidores de la Reserva Federal a través de una serie de subastas competitivas. Las compras de hasta 500.000 millones de dólares en MBS serían realizadas por administradores de activos seleccionados a través de un proceso competitivo con el objetivo de comenzar esas compras antes de fin de año. Se esperaba que las compras, tanto de obligaciones directas, como de MBS *(mortgage-back securities)*, se llevasen a cabo durante varios trimestres».[3]

Se iniciaba de ese modo la aventura del *quantitative easing*, o lo que más tarde se conocería como «política monetaria no convencional». En una nota emitida entonces, la Reserva Federal explicaba que las medidas aplicadas no eran nuevas, sino una réplica de las acciones llevadas a cabo durante 1930 para luchar contra la Gran Depresión.[4]

3. <https://www.federalreserve.gov/newsevents/pressreleases/monetary20081125b.htm>.

4. Anderson, Richard G., «The First U.S. Quantitative Easing: The 1930s», Federal Reserve Bank of St. Louis, *EconomicSynopses*, n.º 17, 2010.

Explicación del programa de estímulo monetario no convencional o QE

Cuando los bancos centrales quieren combatir una recesión económica o una fuerte ralentización en el crecimiento, utilizan la política monetaria convencional. Es decir, bajan los tipos de interés para abaratar el coste del dinero. De ese modo facilitan la accesibilidad al endeudamiento, aumentando el dinero disponible en manos de ciudadanos y empresas, y con ello, la capacidad de consumo e inversión, lo que a la postre acaba redundando en un mayor crecimiento económico. Además, la bajada de las tasas de interés abarata el coste de financiación de los gobiernos, que pueden emitir deuda a tipos más bajos y llevar a cabo políticas fiscales expansivas. Pero cuando los tipos de interés alcanzan la cota del 0 por ciento, esta herramienta convencional ya no da más de sí. Algunos bancos centrales han llevado las tasas de interés hasta cotas negativas, pero no queda muy claro si los efectos positivos de este tipo de acciones superan a los efectos adversos que generan.

En el caso de la Reserva Federal, una vez alcanzada la cota del 0 por ciento, buscó otra forma de seguir estimulando la economía, y para ello recurrió al QE, o *quantitative easing*, que también se denomina política monetaria no convencional. Para entender cómo funciona este mecanismo, lo primero que hay que comprender es que cuando uno pide dinero prestado lo puede hacer a distintos plazos. No es lo mismo solicitar un préstamo a un año que a veinte años. Cuanto mayor es el plazo de devolución, más riesgos entraña para el que lo presta y, por consiguiente, exigirá una recompensa mayor. La recompensa es el tipo de interés que recibe por prestar su dinero. Por lo tanto, tiene sentido que visualmente la estructura de la curva de tipos, entendiendo como tal el tipo de interés que hay que pagar por pedir dinero prestado a distintos plazos, exhiba una pendiente creciente a medida que el plazo al que se solicita el préstamo es mayor (gráfico 6.86).

Cuando un banco central baja hasta el 0 por ciento los tipos de interés, el coste de financiación a plazos más largos (varios años) también baja, pero no tanto como el efecto de la bajada en el plazo más corto. Cuando hablamos de la curva de tipos como

Gráfico 6.86. Bajada de tipos con la curva de tipos con pendiente positiva

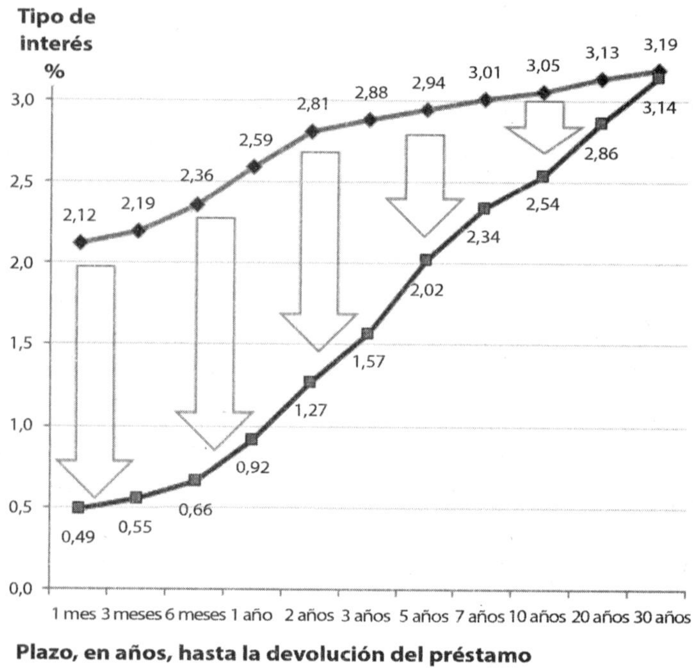

Fuente: Elaboración propia.

referencia global del coste de financiación en un país, no estamos haciendo otra cosa que mirar cuánto le cuesta pedir prestado al gobierno de dicho país a distintos plazos. Cuando un gobierno pide prestado, lo hace emitiendo deuda; es decir, vendiendo bonos a distintos plazos, y a cambio paga unos cupones anuales, que no son otra cosa que el tipo de interés que ofrece a aquellos que le han prestado su dinero a través de la compra de sus bonos. Así pues, el coste del dinero en la economía de un país concreto está ligado al coste al cual se financia su propio gobierno.

La herramienta de QE permite influir directamente en el tipo de interés de los plazos más largos. El QE es un proceso en el que los bancos centrales destinan mucho dinero a comprar bonos de medio y largo plazo. Cuando se compran cantidades ingentes de cualquier activo, su precio sube. En el caso de la renta fija, es decir, los bonos de cualquier tipo, existe una relación inversa entre precio y rentabilidad. O, dicho de otro modo, cuanto más sube el precio del bono, más baja su tipo de interés, y viceversa. Así que cuando la Reserva Federal se embarca en una compra masiva de bonos emitidos por el Tesoro estadounidense (bonos soberanos), lo que está haciendo es reducir su tipo de interés, que es el precio que tiene que pagar el gobierno de Estados Unidos por pedir prestado dinero a distintos plazos. Al conjugar política monetaria convencional y no convencional, la FED puede abaratar el coste del dinero a cualquier plazo, lo que supone un estímulo enorme para incrementar el consumo y la inversión, y con ello, el crecimiento económico del país.

Volvamos ahora a principios de 2009 para entender cómo influyeron las políticas monetarias no convencionales que comenzaba a aplicar la Reserva Federal.

En marzo de 2009, en un esfuerzo por impulsar el crecimiento económico, la FED anunció que ampliaba su plan de compra de activos conocido como QE1. Desde entonces y hasta marzo de 2010 compró 200.000 millones de dólares en deuda de las agencias Fannie Mae, Freddie Mac y Ginnie Mae, además de 1,25 billones de dólares de valores respaldados por hipotecas y otros 300.000 millones de deuda soberana; es decir, bonos emitidos por el Tesoro estadounidense a largo plazo. En total, el programa de QE1 representó el 22 por ciento de la totalidad del mercado de esos activos.

A pesar de las ayudas monetarias inyectadas por parte de la Reserva Federal, que no dudó en bajar las tasas de interés hasta el 0 por ciento, y de incrementar su balance drásticamente para salvar al sector financiero, mientras coordinaba el trabajo en paralelo con el gobierno de Estados Unidos, en un esfuerzo fiscal y monetario sin precedentes, lo cierto es que tanto el sector bancario como la bolsa en su conjunto siguieron bajando durante todo el año, y no encontraron un suelo hasta marzo de 2009 (gráfico 6.87).[5]

5. Sobre los programas de QE véanse <https://americandeposits.com/history-quantitative-easing-united-states/#:~:text=The%20U.S.%20has%20implemented%20quantitative,of%20the%20programs%20have%20varied>; y <https://www.realinstitutoelcano.org/analisis/la-crisis-financiera-mundial-causas-y-respuesta-politica/>.

Gráfico 6.87. Evolución del S&P500 y de los tipos de interés y balance de la FED desde mayo de 2007 hasta julio de 2009

Fuente: TradingView.

Gráfico 6.88. Evolución del sector financiero estadounidense (KBW) desde 2005 hasta 2022

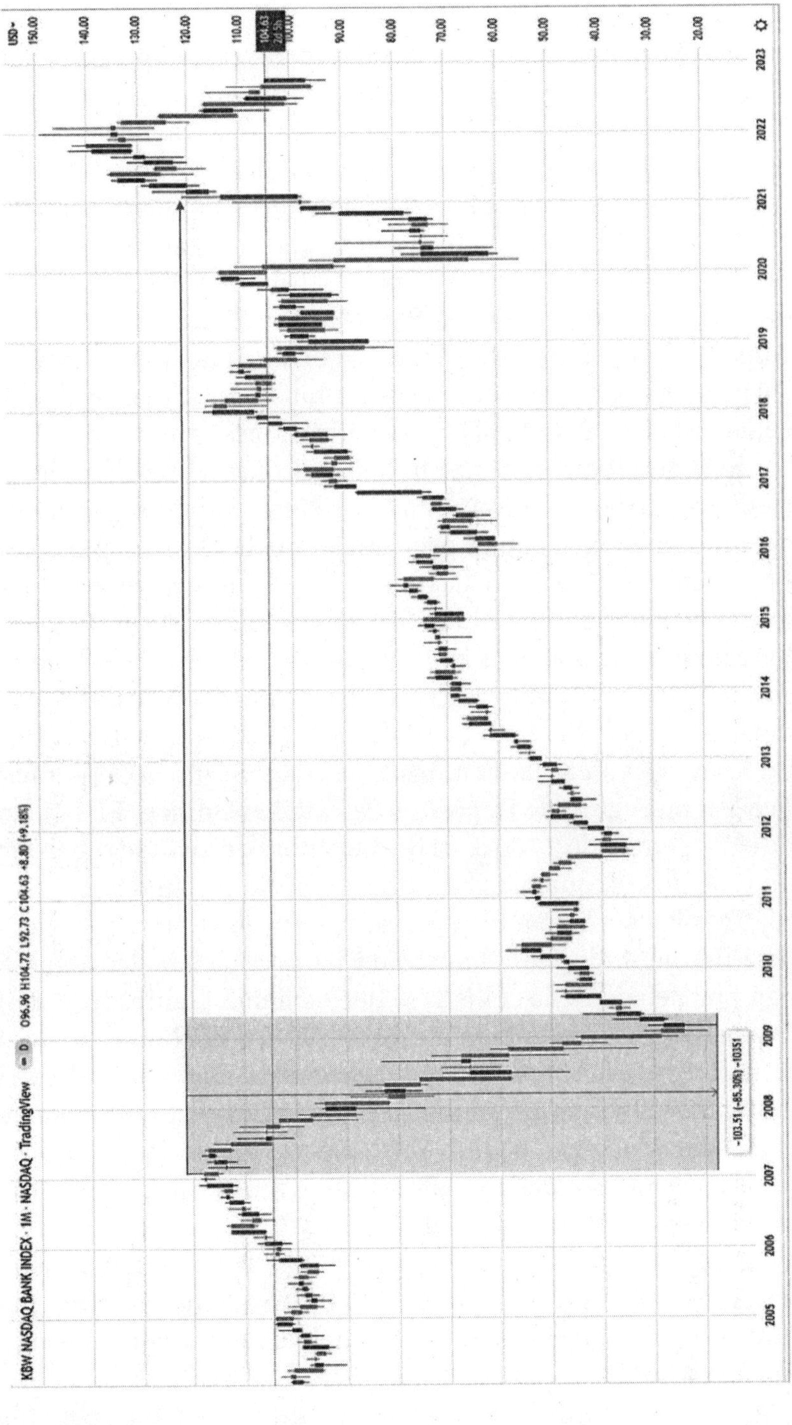

Fuente: TradingView.

En febrero de 2009, el Congreso aprobó la Ley de Recuperación y Reinversión de Estados Unidos. Se trataba de un paquete de estímulo económico de 787.000 millones que se distribuyó de la siguiente manera: 212.000 millones para financiar recortes de impuestos, 575.000 millones en gastos, incluyendo 311.000 millones para proyectos nuevos relacionados con atención médica, educación e infraestructuras. Poco después, en ese mismo mes, el presidente Obama anunció un plan de 75.000 millones para ayudar a detener las ejecuciones hipotecarias. El programa conocido como Making Home Affordable fue una iniciativa para ayudar a los propietarios a evitar la ejecución hipotecaria y en su vida útil generó más de 1,7 millones de modificaciones de préstamos.

El 9 de marzo de 2009 la bolsa alcanzó el mínimo de esta crisis tras haber perdido un 57 por ciento desde sus máximos, dejando atrás la segunda peor crisis tras la Gran Depresión de 1929. Hubo que esperar hasta el tercer trimestre de 2009 para que la economía estadounidense volviese a registrar crecimientos económicos positivos en términos de PIB. El sector financiero en Estados Unidos registró una caída desde máximos del 2007 de un 85 por ciento, y tardó catorce años en volver a superar los niveles alcanzados antes de la crisis. Según la Corporación Federal de Seguro de Depósitos de Estados Unidos (FDIC), desde el 1 de enero de 2005 al 31 de diciembre de 2013 se reportaron un total de 492 quiebras bancarias en Estados Unidos.

Tras la conclusión del programa QE1 en el primer trimestre de 2010, la producción industrial y las tasas de empleo aún estaban por debajo de los objetivos que se había planteado la FED. Dado que los tipos habían alcanzado en 2008 el nivel del 0 por ciento, y ante la imposibilidad de seguir bajándolos, la Reserva Federal decidió lanzar un nuevo programa de estímulo monetario no convencional, o QE2. Este nuevo paquete estaba destinado a comprar solamente valores del Tesoro estadounidense a largo plazo. El 3 de noviembre de 2010 se puso en marcha el programa que permitía la compra de 75.000 millones mensuales hasta alcanzar un máximo de 600.000 millones en total para junio de 2011, cuando se dio por concluido este segundo programa de estímulo.

Para entonces, el coste de financiación a corto plazo seguía cerca del 0 por ciento, pero el coste de financiación a plazos largos, 5, 7 y 10 años seguía comparativamente alto. Eso llevo a la Reserva Federal a recurrir a una medida que ya había implementado con éxito en 1961, y que se conocía como «operación Twist», que consistía en vender bonos de corto plazo y comprar bonos de largo plazo. Como los bonos de corto plazo estaban anclados al tipo de interés oficial del 0 por ciento, por mucho que los vendiese no podían caer demasiado en precio ya que su rentabilidad estaba sujeta a los tipos oficiales. Sin embargo, la compra de los bonos a largo plazo sí tuvo un efecto notable, y a medida que subían en precio, bajaba su rentabilidad. Este nuevo programa estuvo vigente desde septiembre de 2011 hasta junio de 2012, e involucró la redistribución de 400.000 millones de dólares en activos de la FED. Con posterioridad se habilitó un segundo programa, desde julio de 2012 hasta diciembre de 2012, por un monto total de 260.000 millones de dólares adicionales (gráfico 6.89).

Gráfico 6.89. Evolución del sector financiero estadounidense (KBW) desde 2005 hasta 2022

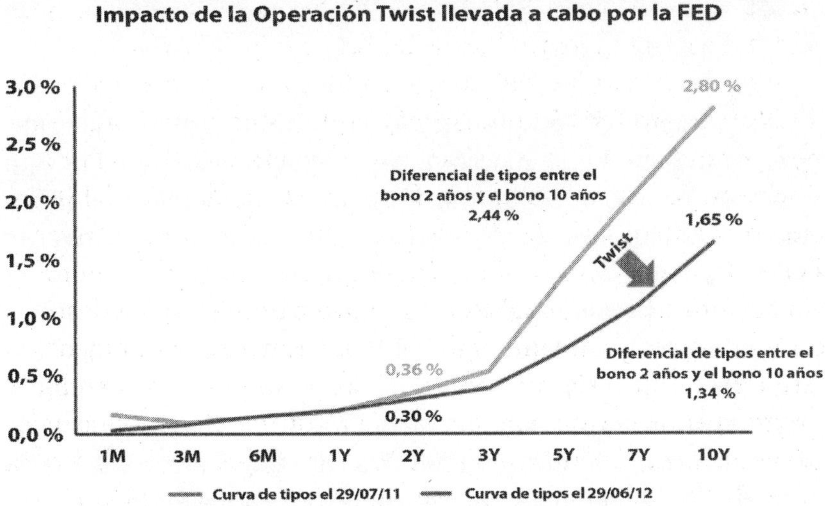

Fuente: Elaboración propia.

Al finalizar la «operación Twist», la FED había conseguido reducir el coste de financiación entre los préstamos a dos años y los préstamos a diez años del gobierno en 1,10 por ciento.

Pese a que la economía ya había conseguido volver a tasas de crecimiento del PIB de en torno al 2,5 por ciento, la FED quiso asegurarse de cimentar bien la recuperación económica, y el 13 de septiembre de 2012 anunció un tercer programa de QE con compras de 40.000 millones de dólares mensuales en valores respaldados por hipotecas y de 45.000 millones de dólares mensuales de valores del Tesoro a largo plazo (gráfico 6.90).

Gráfico 6.90. Evolución del PIB anual de Estados Unidos entre finales de 2007 y finales de 2012

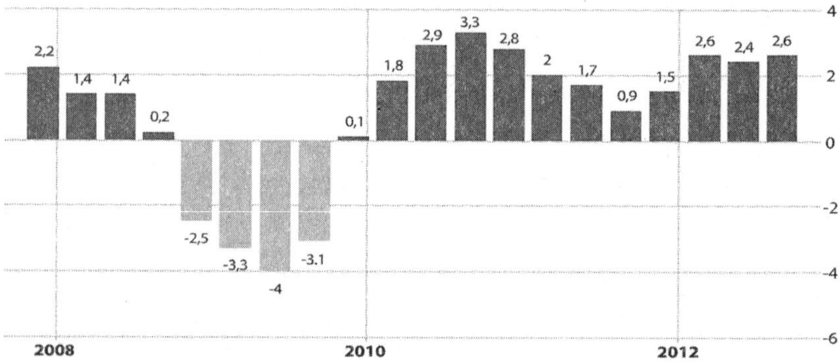

Fuente: Trading Economics.

La principal diferencia del programa QE3 respecto a los anteriores fue que no se marcó ni una fecha de finalización ni un importe máximo al programa, sino que se dejó abierto en función de las condiciones de mercado. Las compras concluyeron definitivamente en octubre de 2014 (gráfico 6.91).

En total, sumando todas las intervenciones de la Reserva Federal desde la crisis de 2008 hasta el final del programa QE3, el balance del banco central estadounidense creció de 882.000 millones de dólares a 4,473 billones de dólares. Para cuando se dejó de intervenir masivamente con políticas monetarias expansivas, el S&P ya había superado los máximos históricos que marcó en 2007 (gráfico 6.92).

Gráfico 6.91. Balance de la Reserva Federal a medida que se implementaban los programas de QE

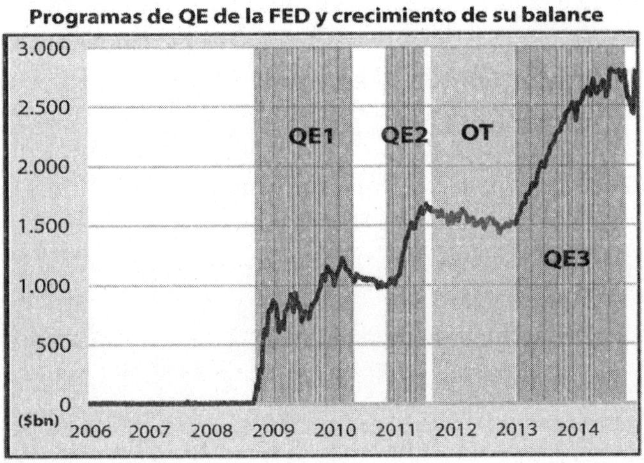

Fuente: CPR AM, Datastream.

¿Cuándo se dio el mejor momento para invertir en bolsa en esa crisis?

Como es habitual, ese momento está rodeado de un sentimiento de desesperación entre los inversores. Cuando se ha vivido un desplome superior al 50 por ciento en algo más de un año, la sensación es que no hay una solución al problema, sino que cada desgracia retroalimenta una de mayor calado, y que por mucho que se lleven a cabo medidas de estímulo, no funcionan. Ese entorno es lo que se conoce como capitulación, y se caracteriza por una pérdida absoluta de esperanza por parte del inversor y de la mayoría de los gestores. Sin embargo, la gran oportunidad de inversión está ahí, tapada por un sinfín de titulares a cuál más catastrofista. Pero lo que en realidad hace de la situación una oportunidad única es la combinación de muchos factores:

- Una valoración atractiva desde el punto de vista fundamental.
- Una avalancha de ayudas monetarias y fiscales.

Gráfico 6.92. Programas de QE y operación Twist y su impacto en la evolución del S&P500

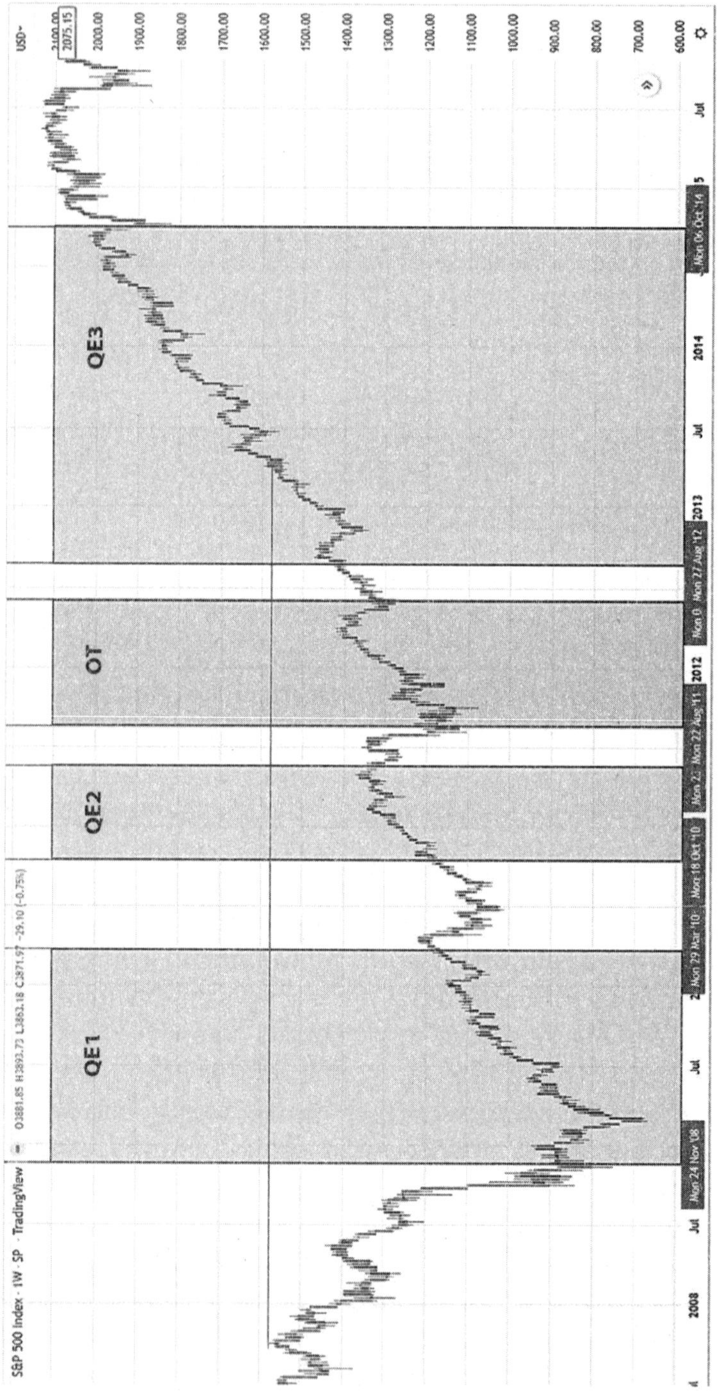

Fuente: TradingView.

- Un posicionamiento alcista en mínimos.
- Un sentimiento deprimido.

Veamos cada uno de estos factores por separado, empezando por el tema de valoración. Hay demasiadas ratios a las que podemos acudir a la hora de establecer si el mercado está barato o caro, pero en este caso voy a usar las siguientes:

- Ratio Price/Book PBR = Price to Book, o precio en libros. Mide cuánto están los inversores dispuestos a pagar por los activos de una empresa en relación con el valor contable de dichos activos. O, dicho de otra forma, cuánto están dispuestos a pagar los inversores por un negocio en relación con cuánto vale desde el punto de vista contable.
- Ratio Precio/Ventas. Es una forma de comparar el precio de la acción en el mercado con la facturación de la empresa. O, dicho de otra forma, cuánto está dispuesto a pagar el inversor por cada dólar que factura el negocio de la empresa.
- Capitalización bursátil en relación con el PIB. También conocido como el indicador de Warren Buffet, en el que se pone en relación el valor de la economía de Estados Unidos medido en términos de PIB, por un lado, y, por el otro, el valor de un índice bursátil, como por ejemplo el S&P500, medido en términos de capitalización bursátil. Dado que las empresas venden bienes y servicios a la economía, hay una relación directa entre el ritmo de crecimiento económico y la evolución de los negocios de las empresas que componen el índice.

Como se puede apreciar en el gráfico 6.93, comparativamente a lo que habíamos visto durante los últimos años, tanto el precio en libros como el precio en relación con las ventas estaban en niveles muy bajos.

En cuanto a la tercera ratio, el desplome del mercado había situado la capitalización bursátil entre una y dos desviaciones estándar por debajo de la tendencia histórica, en lo que representaba una de las mejores ocasiones de compra de las últimas décadas (gráfico 6.94).

Gráfico 6.93. Valoración del S&P500: precio frente a ventas y precio en libros desde el año 2000 hasta 2022

Fuente: <multpl.com>.

Gráfico 6.94. Capitalización bursátil del S&P 500 respecto al PIB de Estados Unidos desde 1950 hasta 2022

Fuente: <currentmarketvaluation.com>.

Es evidente que se podrían analizar muchas más métricas fundamentales o de valoración, pero prácticamente en todas ellas habríamos encontrado una situación similar, indicando que el ajuste del precio de la bolsa ofrecía una oportunidad muy apetecible en términos de beneficio potencial a largo plazo respecto al riesgo potencial de corto plazo. Sin embargo, como suele ocurrir casi siempre, para cuando se alcanza ese nivel de valoración, la percepción del inversor es de absoluto abatimiento, alimentada por los medios de comunicación que no paran de hablar de cuál será el siguiente hito negativo que se desarrolle, y reseñando el poco éxito que están teniendo las medidas de estímulo que llevan trimestres implementándose. A eso hay que añadir que el desplome del mercado ha reducido a la mitad la valoración de sus carteras, lo que hace muy difícil encontrar el ánimo para seguir agregando riesgo en momentos tan inciertos.

El segundo punto al que hacía referencia como argumento de compra en los momentos menos apetecibles era el cúmulo de ayudas monetarias y fiscales que se han ido agregando. No pretendo volver a mencionar en detalle todas y cada una de las ayudas que se implementaron y que ya he relatado durante este capítulo, pero a modo de resumen recordemos que los tipos de interés desde finales de 2007 hasta finales de 2008 pasaron de 5,25 por ciento a 0 por ciento. Y, por otro lado, simplemente el Programa de Alivio de Activos en Problemas representó un paquete de rescate por valor de 700.000 millones de dólares.

El tercer argumento consistía en el posicionamiento del mercado. Como es habitual, los inversores tienden a acumular más exposición a la bolsa cuanto más sube, ya que, en la mayoría de las ocasiones, el concepto de *momentum* pesa más que el concepto de «valoración». Muestra de ello es el nivel de apalancamiento medido como *margin debt* en relación con la evolución del S&P500 en Estados Unidos. Como se puede apreciar, ambas curvas se mueven al unísono, lo que quiere decir que durante las fases alcistas del mercado los inversores se sienten cómodos asumiendo cada vez más riesgo mientras que durante las grandes crisis reducen su apalancamiento de forma drástica. Para inicios de 2009, el nivel de posicionamiento alcista en la bolsa estaba casi en los mismos niveles que en los mínimos de 2003 (gráfico 6.95).

El último argumento hacía mención al sentimiento en los momentos cercanos a los mínimos de la crisis. El gráfico 6.96 muestra cómo era la confianza del consumidor en Estados Unidos.

Y la volatilidad del índice S&P500 medida con el VIX mostraba un nivel de estrés sin precedentes. Para aquellos menos familiarizados con esta métrica, basta entender que se trata de una forma de medir el riesgo de mercado en términos de variaciones porcentuales del índice en un período dado. Como es en los mercados bajistas donde habitualmente se dan los movimientos más bruscos, existe una correlación inversa entre el comportamiento del índice y su volatilidad (gráfico 6.97).

Todo esto acontecía entre un aluvión de titulares a cuál más aterrador en la prensa internacional y los principales medios de comunicación del mundo (imagen 6.2).

Sólo nos falta analizar si desde el punto de vista del análisis técnico se pudo identificar claramente el suelo de mercado. La primera señal constructiva llegó en forma de divergencia alcista entre el precio y algunos osciladores, como el RSI o índice de fuerza relativa, a finales de 2008. Durante el último mes y medio del año, eso permitió un rebote de un 26 por ciento. Sin embargo, la tendencia a la baja se restauró a principios del siguiente año, y se produjo otro desplome de un 30 por ciento hasta los mínimos de marzo de 2009. Y ahí surgió una segunda divergencia, que se apreciaba mejor en un espacio temporal de gráfico semanal o mensual, que esta vez sí identificó correctamente lo que sería a la postre el suelo de la crisis (gráfico 6.98).

Sin embargo, más allá de las divergencias alcistas, no se pudo detectar ninguna formación concreta de acumulación que advirtiese a los inversores que era momento de subirse de nuevo en el mercado. Para cuando se detectó la superación de la primera zona clara de resistencia o techos, el índice ya había subido desde los mínimos un 43 por ciento. Conviene recordar el concepto de «convexidad», que implica que para recuperar una caída de

Gráfico 6.95. Evolución del *margin debt* respecto al precio del S&P500 entre 1997 y 2022

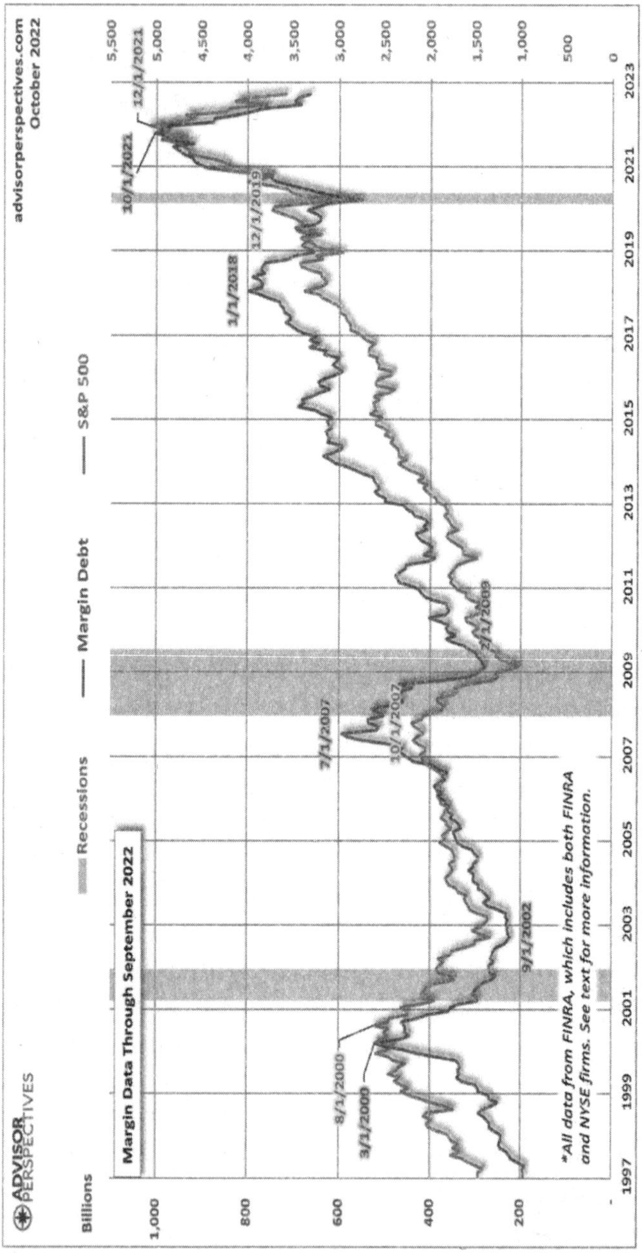

Fuente: <advisorperspectives.com>.

Gráfico 6.96. Evolución de la confianza del consumidor en Estados Unidos entre 1985 y 2017

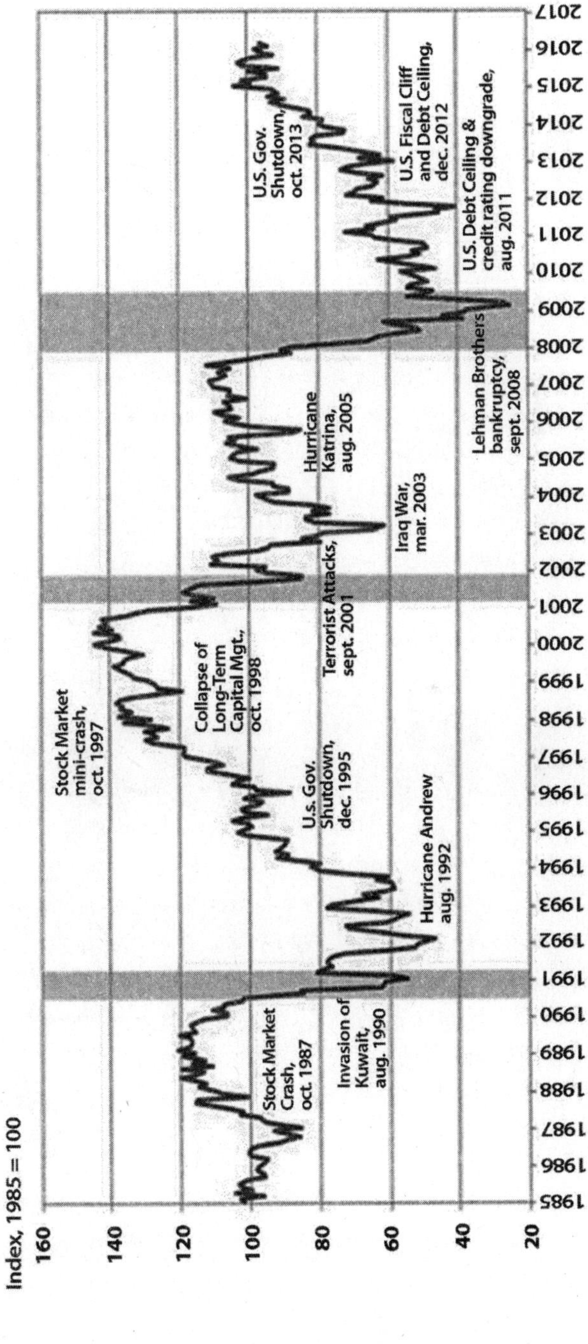

Fuente: <CNBC.com>, Conference Board.

Gráfico 6.97. Evolución de la volatilidad del S&P500 entre 1990 y 2009

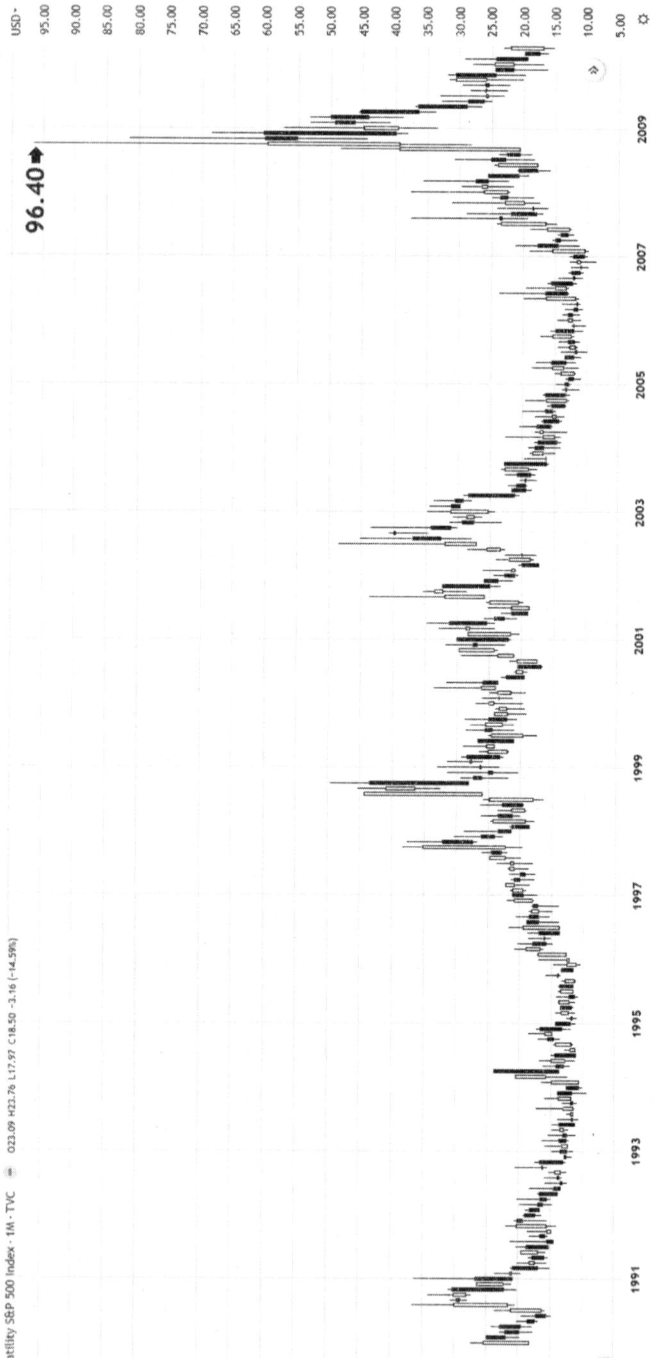

Fuente: TradingView.

Imagen 6.2. Análisis de las principales magnitudes macroeconómicas antes y durante la crisis financiera de 2008

Fuente: Google.

Gráfico 6.98. Evolución del S&P500 desde octubre de 2008 hasta agosto de 2009 con un RSI de 14 períodos

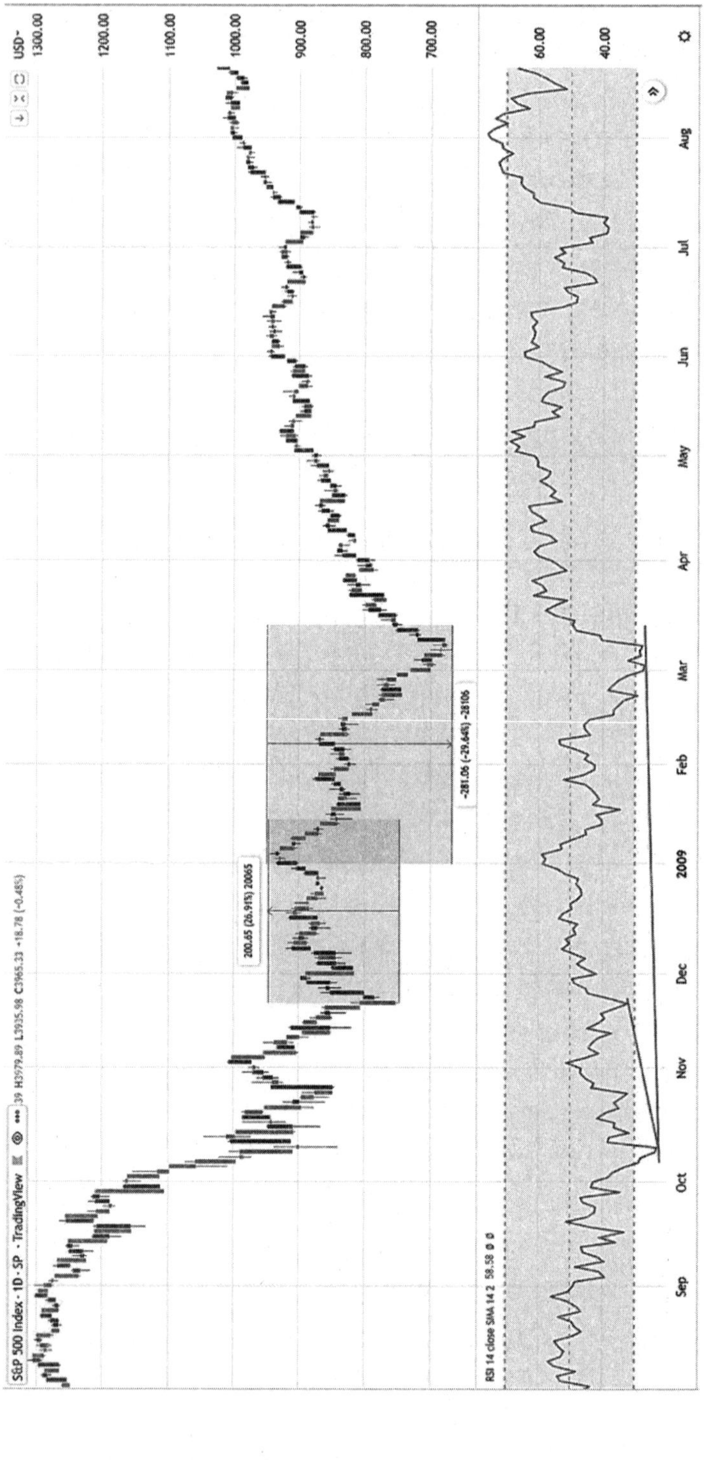

Fuente: TradingView.

un 50 por ciento no basta con subir un 50 por ciento, sino que hace falta una subida de un cien por cien para volver al punto de origen. De ahí que pese a esa recuperación de 43 por ciento del precio entre marzo y junio de 2009, respecto a los máximos de 2007 aún estábamos a un 40 por ciento (gráfico 6.99).

La superación del techo en torno a 950 fue la señal más clara, ya que veníamos de haber consolidado un límite lateral durante mayo y junio, lo que por primera vez dejaba una secuencia semanal de mínimos y máximos crecientes. Pero para ser sinceros, no fueron señales en especial contundentes, lo que unido al sentimiento de pánico reinante hizo que la gran oportunidad de inversión pasase inadvertida para casi todo el mundo.

Efectos de la crisis financiera de 2008 en Europa

Los efectos de la crisis de 2008 se extendieron por el resto del mundo, y se llevó por delante a muchos otros bancos en Europa, que o bien se declararon en bancarrota, o fueron adquiridos por otros bancos, tal como sucedió con Bear Stearns, o tuvieron que ser intervenidos por sus gobiernos con la compra de parte del capital social de las entidades. Entre los más importantes estaban ABN AMRO, Landesbank Sachsen, Northern Rock, Alliance & Leicester, Roskilde Bank, Derbyshire Building Society, Cheshire Building Society, HBOS, Bradford & Bingley, Fortis, Dexia, Landsbanki, Glitnir, Kaupthing Bank, Royal Bank of Scotland, Lloyds, UBS, Banco Portugués de Negocios, London Scottish Bank, Anglo Irish Bank, Dresdner Bank, Hypo Real Estate. Desde sus máximos en 2007 y sus mínimos en 2009, el sector financiero de Europa perdió un 85 por ciento de su valor. Pero lo más importante fue la semilla que se había sembrado durante la crisis financiera, y que en Europa acabó germinando años más tarde en lo que se conoció como la «crisis periférica» (gráfico 6.100).

Basta con mirar la evolución del sector bancario europeo y compararlo con el sector financiero de Estados Unidos para ver que tras la crisis de 2008 el comportamiento de ambos es radicalmente distinto. Si bien en Estados Unidos los bancos consi-

Gráfico 6.99. Evolución del S&P500 desde finales de 2007 hasta finales de 2009

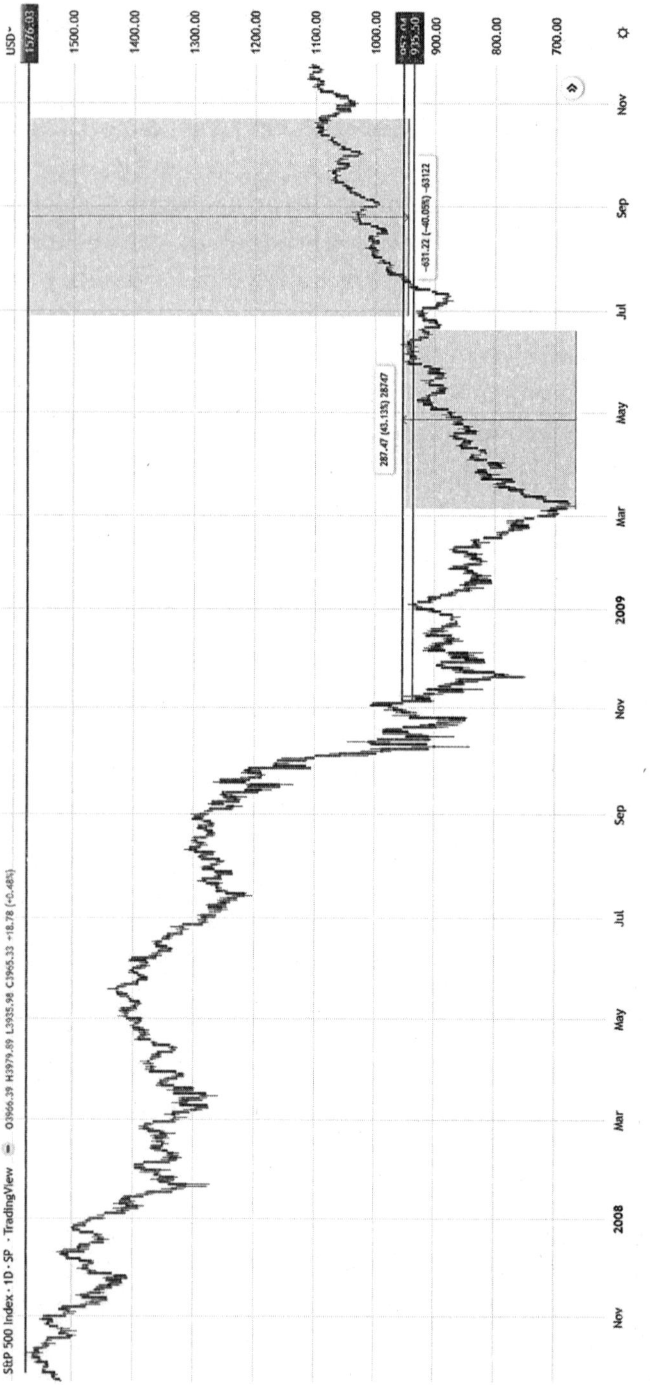

Fuente: TradingView.

Gráfico 6.100. Evolución del sector financiero europeo (SX7P) desde 2005 hasta 2022

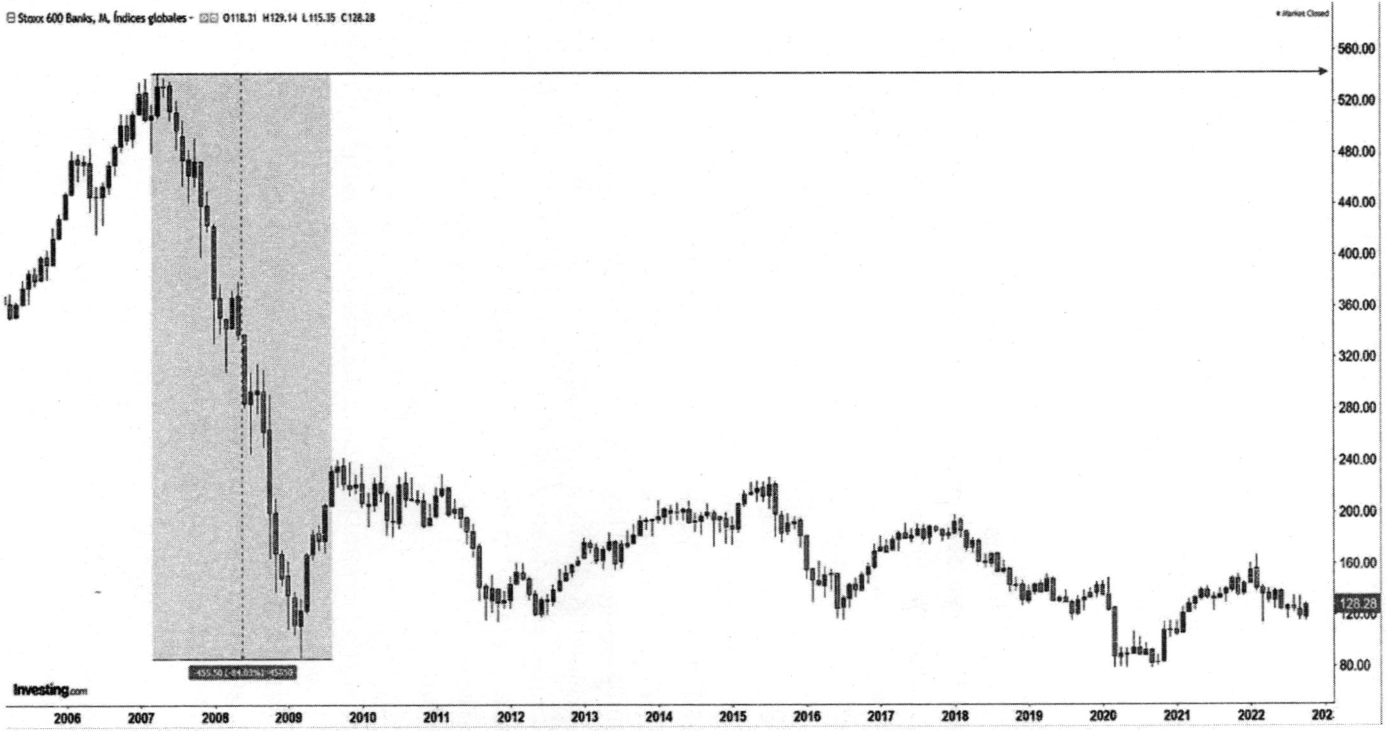

Fuente: Investing.

guieron volver a máximos e incluso superarlos, en Europa el índice quedó condenado a un movimiento lateral e incluso a la generación de nuevos mínimos por debajo de los alcanzados en el peor momento de la crisis financiera de 2008. El motivo estriba en la gran diferencia aplicada en el programa de *bail out*, o «salvamento», llevado a cabo en Estados Unidos y en Europa, algo que comentaré extensamente al hablar de la siguiente crisis: la «crisis periférica».

Antes de abandonar la crisis de 2008 merece la pena hacer una reflexión acerca de cómo se expanden los problemas en un mundo tremendamente globalizado y con profundas ramificaciones en los mercados de crédito. Basta con recordar cómo los efectos más perversos de la crisis de 2008 surgieron de una burbuja en el mercado inmobiliario en Estados Unidos que se extendió como la pólvora, primero en el ámbito local, afectando al sistema financiero estadounidense, y en poco tiempo ampliando sus efectos a todo el mundo. Para que los problemas alcanzasen semejante magnitud fue necesario permitir que muchos años antes la legislación se volviese cada vez más laxa, y que las agencias calificadoras, que debían acreditar correctamente el riesgo que entrañaban determinados productos financieros que habían crecido como la espuma al calor de la burbuja, mirasen para otro lado ignorando las grietas que iban socavando la estabilidad del sistema financiero de la primera potencia económica mundial.

Alguno se estará preguntando cómo sobrevivimos con nuestro fondo *market neutral* financiero durante la gran crisis financiera (gráfico 6.101).

Lo cierto es que a nivel personal resultó ser uno de los períodos más complicados que puedo recordar. Vivíamos bajo un estrés brutal día tras día, en un entorno de máxima incertidumbre y volatilidad extrema. Pero todo el esfuerzo mereció la pena, ya que a mitad de año conseguimos recuperar las pérdidas sufridas y concluimos el año 2008 con retornos positivos de en torno al 4 por ciento.

Gráfico 6.101. Evolución del fondo BBVA&Partners Market Neutral desde sus inicios hasta 2010

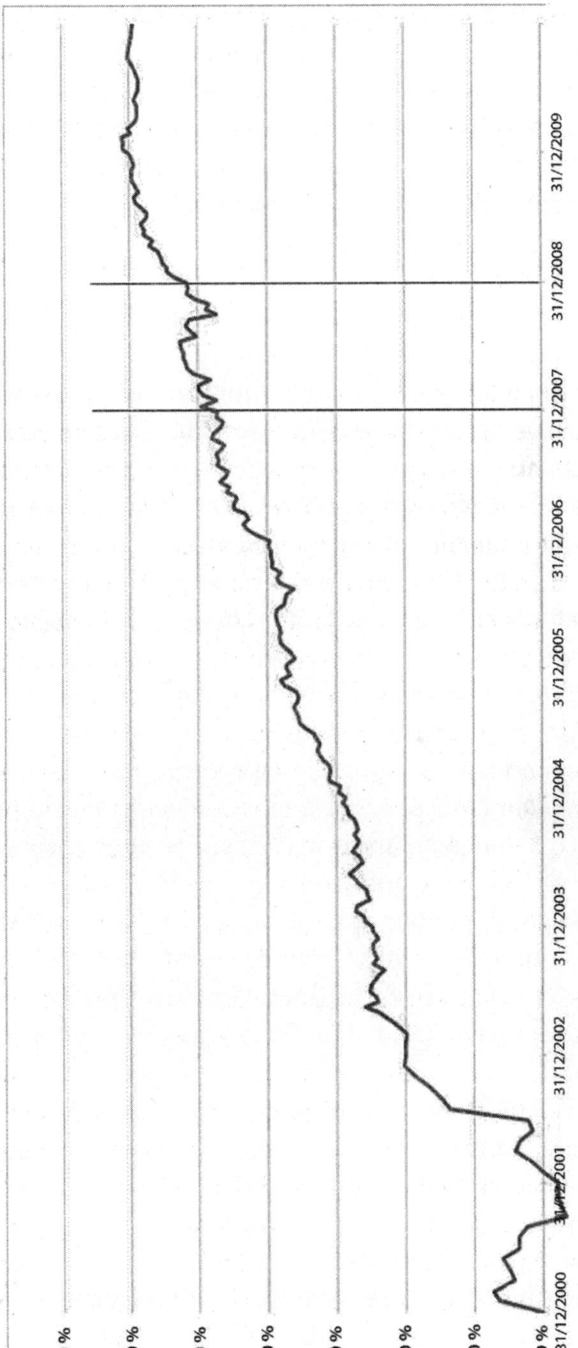

Fuente: Elaboración propia.

La crisis periférica entre 2010 y 2012

Muchos analistas consideran que no hay un punto de unión entre la crisis financiera de 2008 originada en Estados Unidos y la siguiente crisis que vivió Europa, y a la que hemos apodado comúnmente como «crisis de la zona euro» o «crisis periférica». En la cultura popular, cuando preguntas por el detonante de la debacle financiera de 2008, la respuesta casi unánime es «quebró Lehman», pero tal como hemos podido ver en el capítulo anterior, ocurrieron un sinfín de problemas antes de que Lehman saltase por los aires. Del mismo modo, si preguntásemos qué provocó la crisis periférica, la respuesta casi unánime sería: «Grecia hizo *default*; es decir, no pudo cumplir con sus obligaciones de pago de su deuda». Como suele ocurrir, normalmente hay mucho más bajo la superficie de lo que el ojo del simple mortal puede apreciar a simple vista.

Lo cierto es que Europa fue víctima del mismo desenfreno en la solicitud y concesión de créditos, apalancamiento en productos derivados y una regulación excesivamente indulgente que había sido el caldo de cultivo de la crisis financiera previa que padeció Estados Unidos en 2008. Para muchos, el catalizador definitivo se produjo cuando Grecia anunció en octubre de 2009 que su déficit presupuestario iba a ser casi tres veces superior a lo previsto inicialmente, desencadenando una crisis de confianza en la deuda pública del país. Tal como hemos indicado en varias ocasiones ya, nunca debemos olvidar que el principal pilar que sustenta los mercados financieros es la confianza de sus partícipes.

Como ya vimos, la crisis financiera de 2008 no había quedado circunscrita a Estados Unidos, sino que se había extendido a nivel global, y la economía griega comenzó a notar sus efectos a finales de 2007. Pese a registrar algún que otro trimestre positivo entre 2008 y 2009, la situación económica era cada vez peor, como se puede apreciar en el gráfico 6.102 de la evolución del PIB trimestral de Grecia.

Con una deuda pública en torno al cien por cien sobre el PIB y un déficit público que no hacía más que crecer desde 2007, el caldo de cultivo favorecía lo que estaba a punto de suceder (gráfico 6.103).

Gráfico 6.102. Evolución del PIB trimestral de Grecia entre finales de 2005 y finales de 2012

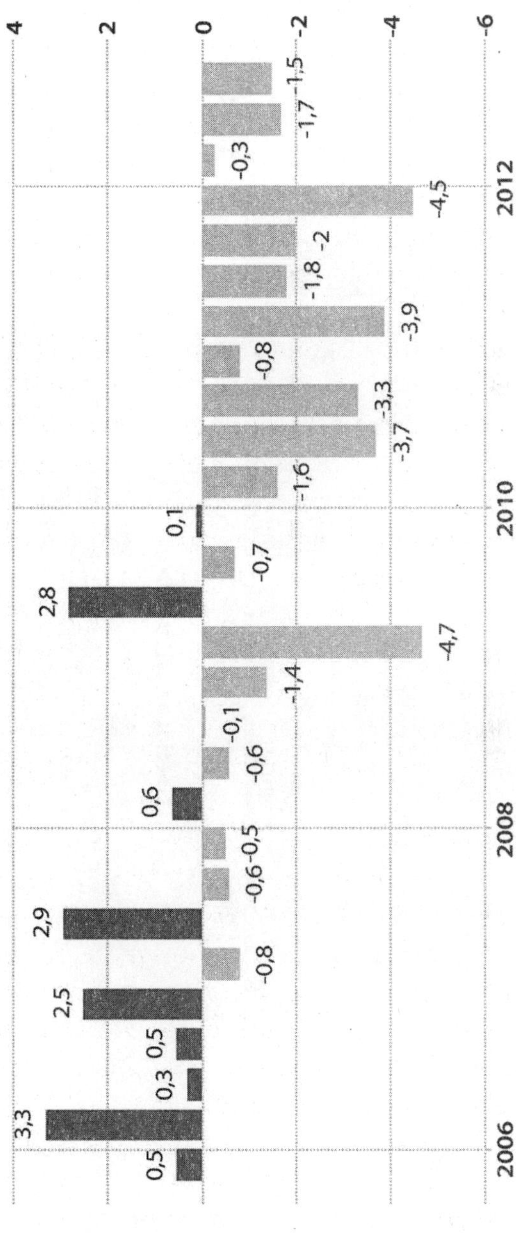

Fuente: Trading Economics.

Gráfico 6.103. Evolución del déficit público y la deuda sobre el PIB de Grecia entre finales de 2005 y finales de 2012

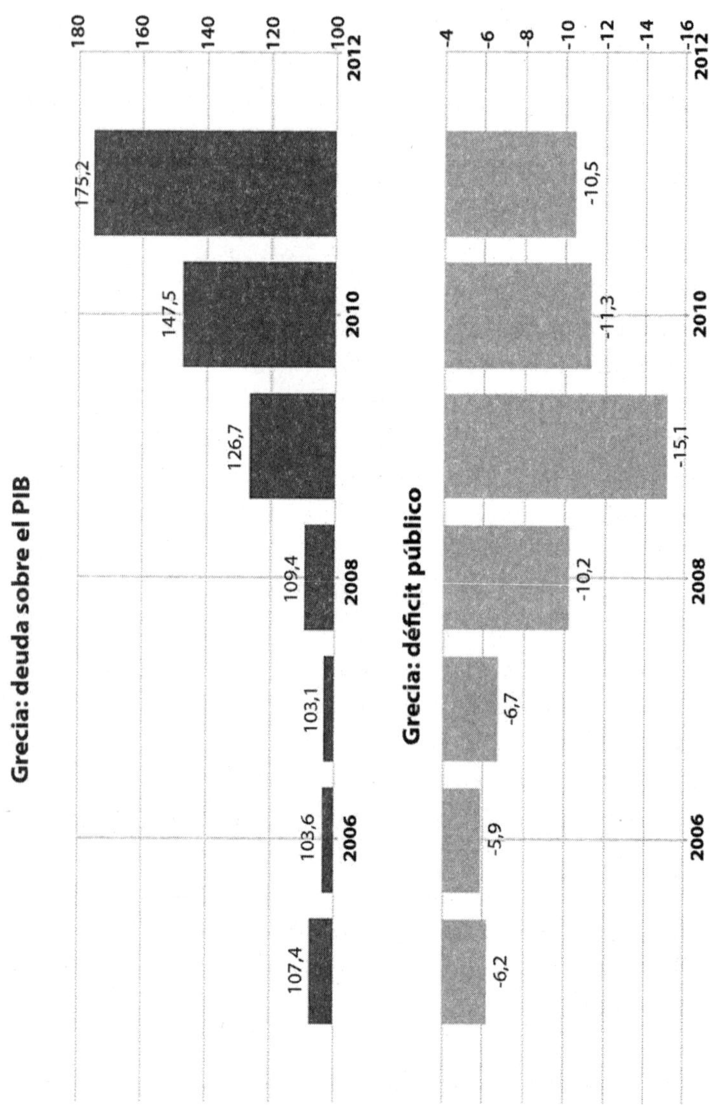

Fuente: Trading Economics.

En el sur de Europa se habían seguido estrategias de crecimiento muy concentradas en el sector de la construcción, permitiendo tasas de crecimiento anuales del PIB cercanas al 4 por ciento entre 1997 y 2007. Pero para financiar esa expansión, los bancos tuvieron que participar activamente, y retroalimentaron una burbuja cada vez más grande en el sector de la construcción. Además, el gobierno de Grecia contribuyó al problema al utilizar los fondos del norte para financiar el consumo en lugar de la inversión, a lo que hay que añadir un grave problema con la evasión fiscal en el país. Esto llevó a la pérdida de confianza en la capacidad de los bancos y los Estados soberanos de Europa de pagar sus deudas, lo que comenzó la crisis financiera en 2010. A diferencia de otros países, la Unión Europea era una agrupación de países con una moneda común, pero la crisis mostró la falta de mecanismos institucionales eficaces de ajuste. Aunque al final el Banco Central Europeo logró proporcionar liquidez de emergencia a los bancos en dificultades y restaurar la confianza, al principio no tenía la capacidad de comprar bonos del Estado para evitar el pánico en los mercados de deuda. La zona del euro, que se basaba en un conjunto mínimo de normas, carecía de capacidad fiscal centralizada y tenía limitaciones en su capacidad para tomar decisiones, ya que requería la unanimidad de los gobiernos de los países miembros.[6]

Que en la Unión Europea se alcanzase el consenso para articular paquetes de rescate para los gobiernos en dificultades y líneas de crédito para sus bancos fue un gran logro. En 2010, Grecia reconoció que se estaba quedando sin dinero debido a un gasto público desenfrenado a lo largo de los últimos años que había disparado la deuda pública del país. Europa se enfrentaba al dilema de cómo ayudar a Grecia, y el debate se centró en estas dos opciones:

- Una reestructuración, lo que implicaba el impago de parte de la deuda griega y añadir ayudas financieras para paliar parte de los efectos más duros de la crisis.

6. *Fuente*: <bbvaopenmind.com>.

- Prestarle los fondos que necesitase para seguir cumpliendo con los pagos de su deuda a cambio de que implementase las reformas necesarias para devolver la estabilidad fiscal al país.

Al final se optó por implementar dos tramos de rescate, el primero en mayo de 2010 y el segundo en julio de 2011, que sumaban 225.000 millones de euros. En contraprestación Grecia debía cumplir ciertas reformas para reducir el gasto público y recaudar más. Sólo así se podría garantizar la devolución de los préstamos. No fue la última ayuda, ya que en 2015 hubo que llevar a cabo otro préstamo por valor de 86.000 millones de euros ante la preocupación en Europa de que sus bancos no pudieran recuperar los préstamos hechos a Grecia.

Pero volvamos al comienzo de la crisis en 2010 y veremos que Grecia no era el único país en dificultades. Irlanda fue el segundo país en solicitar ayuda a la Unión Europea, y en noviembre de 2010 recibió un préstamo de 85.000 millones de euros. En mayo de 2011 fue Portugal el que recibió 78.000 millones de euros, y poco después España recibió una línea de crédito de 41.000 millones de euros para poder recapitalizar a sus bancos. A cambio, los receptores de las ayudas tenían que cumplir con estrictos límites de déficit fiscal y llevar a cabo reformas estructurales como la liberalización del mercado laboral y de productos. Aunque el sistema financiero privado había cometido el error de conceder demasiados préstamos arriesgados, ahora era el sector público el que tenía que financiar parte de los costes derivados de las prácticas de los bancos.

De nuevo se ponía de manifiesto lo que ya habíamos vivido en la crisis financiera de 2008, que el sistema capitalista puro había evolucionado a un sistema completamente injusto en el que seguía siendo capitalista para los casos de éxito, ya que retribuía muy bien a sus directivos cuando había beneficios, pero que cuando las pérdidas eran extremas no se dudaba en socializarlas entre toda la población con la intermediación de los gobiernos que dotaban de recursos extraordinarios a compañías a punto de colapsar. Nadie debe olvidar que lo que nutre las arcas del Gobierno no es otra cosa que lo que recauda vía impuestos de sus ciudadanos y empresas. Si además tenemos en cuenta el déficit estructural de las principales economías desarrolladas, quiere decir que los gobiernos gastan más de lo que ingresan, así que tarde o temprano tendrán que intentar equilibrar el desajuste fiscal con impuestos más altos que ayuden a recaudar más dinero. De modo que cubrir las pérdidas de aquellos pocos que han actuado con desidia, mala praxis o incompetencia requiere de unos recursos que provienen del bolsillo de todos los ciudadanos; es decir, de la socialización de las pérdidas.

Por aquel entonces, Europa confiaba en que Grecia saliese de la crisis a medida que fuese mejorando su crecimiento económico. Pero las condiciones impuestas al realizar el préstamo eran draconianas, ya que se le daban tres años para pasar de un déficit fiscal del 15 por ciento a un superávit primario de 3 por ciento. Hubo que esperar hasta 2015 para reconocer que la idea de que Grecia pudiese salir adelante como se había previsto en un principio no era más que un sueño, ya que el crecimiento económico era incapaz de estabilizarse en tasas positivas (gráfico 6.104).

Entretanto, la realidad comenzaba a calar en las previsiones de los analistas que se daban cuenta de que, con una economía en recesión, el 90 por ciento de los nuevos préstamos que se concedían a Grecia se destinaban a pagar los intereses y devolver el principal de los préstamos previamente existentes. Sin capacidad para estimular la demanda, los salarios bajaban y también las prestaciones sociales. Sin crecimiento, la deuda en proporción al PIB se estabilizó en cotas muy peligrosas (gráfico 6.105).

Otra realidad de la que fue más consciente el ciudadano griego que ningún otro era que si bien las reformas sentaban las bases para mejorar la situación económica en el largo plazo, la situación en el corto plazo era muy distinta, ya que la austeridad fiscal supuso un castigo brutal para la población.

Pero como suele suceder siempre, antes de que el error se hiciese evidente reinaba el optimismo, y tal vez por ello no fuimos conscientes de que la crisis originada en Grecia iba extendiéndose por el sur de Europa, primero lentamente, y luego de golpe a medida que se incrementaba la falta de confianza entre los inverso-

Gráfico 6.104. Evolución del crecimiento de Grecia medido como PIB anual entre finales de 2009 y finales de 2016

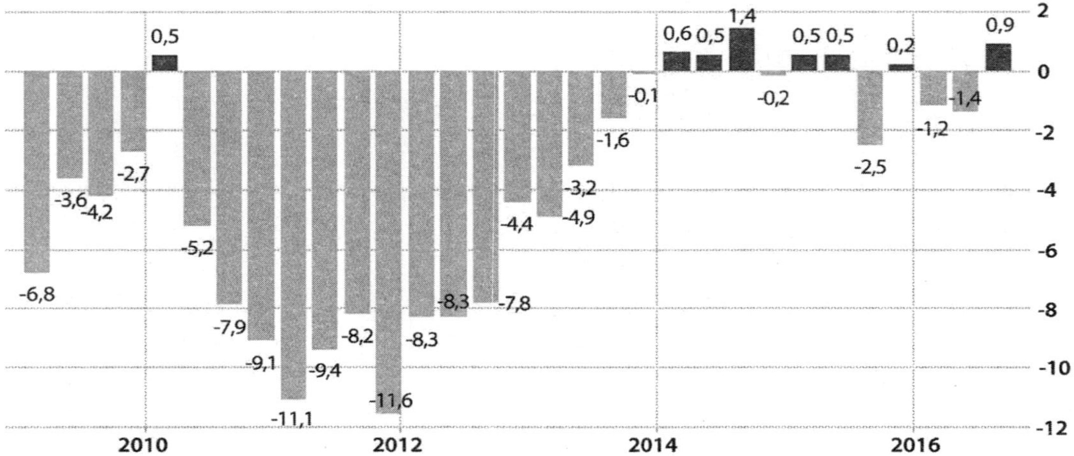

Fuente: Trading Economics.

Gráfico 6.105. Evolución de la deuda sobre el PIB de Grecia entre finales de 2005 y 2016

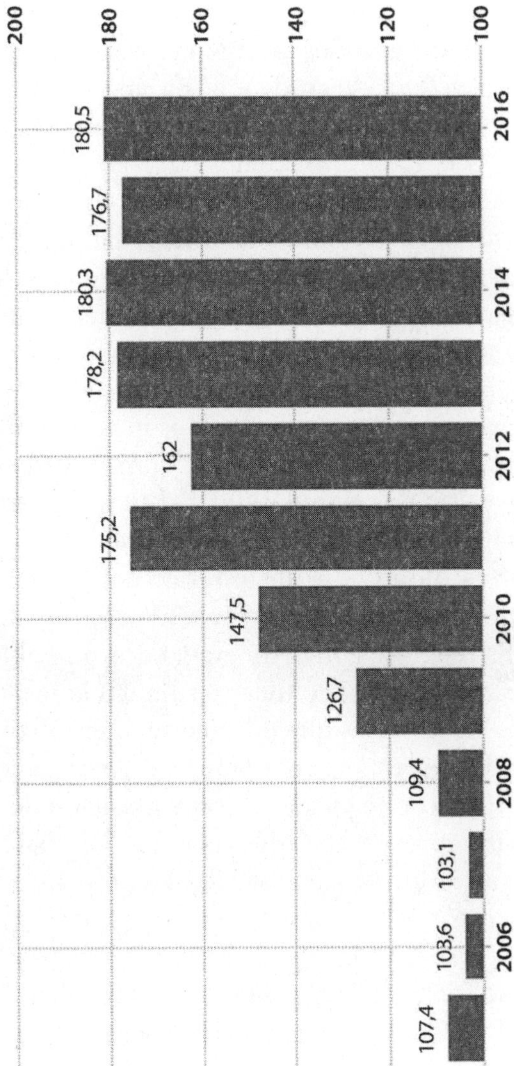

Fuente: Trading Economics.

res. Aunque aún no lo sabíamos, estábamos presenciando el inicio de lo que más tarde denominamos la «crisis periférica» o «crisis de los PIGS», que hacía referencia a Portugal-Italy-Greece-Spain. Las dificultades financieras que atravesaba Grecia, y la necesidad de ayuda externa, desataron el miedo a que otras economías mucho más grandes también tuvieran que pedir rescates para evitar un *default* de su deuda. El bloque entró en recesión durante 2011, retroalimentando las dudas sobre la viabilidad del proyecto europeo. La prensa anglosajona por aquel entonces hablaba sin tapujos del final del euro, y con él, del proyecto europeo. Algunos prestigiosos economistas internacionales abogaban por la vuelta a las monedas locales (peseta española, lira italiana, escudo portugués, etcétera) y una posterior depreciación de éstas como solución al problema (gráfico 6.106).

En plena recesión fue imposible evitar que las tasas de desempleo se disparasen hasta marcar nuevos máximos: Grecia superó el 26 por ciento, España alcanzó el 25 por ciento, mientras que Portugal rozó el 15 por ciento e Italia el 13 por ciento. A esto había que añadir una situación fiscal que llevaba empeorando de forma continua desde la crisis anterior del 2008. Al principio, Italia aguantó mejor, y consiguió evitar la recesión hasta el inicio de 2012, pero luego se convirtió en el corazón del problema, ya que a la inestabilidad económica se sumaba la inestabilidad política de uno de los países que pertenecía al grupo distinguido de las tres grandes potencias económicas del continente fundadoras de la Unión Europea. Además, la exposición de la banca italiana a Grecia representaba más de un 9 por ciento del PIB de Italia. En aquel momento, las principales preocupaciones se centraban en la escasa capacidad de crecimiento de la tercera economía más importante de la zona euro, de su baja productividad, la corrupción política y la segunda peor ratio de deuda respecto al PIB de toda la Unión Europea. A eso se agregó la bajada de calidad crediticia por parte de las agencias calificadoras Standard & Poor's y Moody's. Entretanto, el BCE presionaba a Italia para que a cambio de la compra de su deuda implementase medidas de reforma y de austeridad fiscal a fin de conseguir devolver la confianza a los mercados. Otro de los factores que estaba pasan-

Gráfico 6.106. Evolución del PIB de los PIGS entre 2008 y 2013

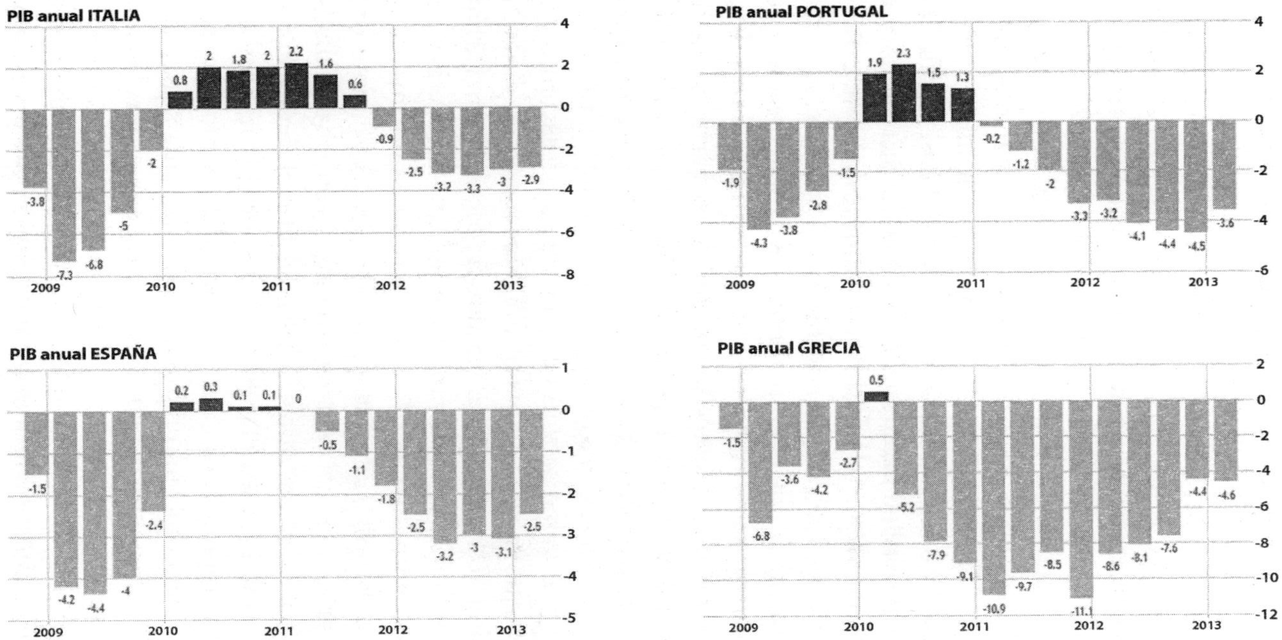

Fuente: Trading Economics.

do factura a Europa era el deterioro progresivo de los balances de sus entidades bancarias, y su pasividad y apatía frente a lo que cada vez era un problema mayor. En el ámbito político, el primer ministro italiano, Silvio Berlusconi, no ayudaba a calmar los nervios: anunciaba medidas que luego no adoptaba, recortes que no practicaba, iniciativas de las que luego nada se sabía..., hasta que la prima de riesgo de los bonos italianos alcanzó los 650 puntos básicos (diferencial contra los bonos alemanes). Ante una situación cada vez más delicada, el gobierno italiano —al igual que el español— tuvo que aceptar las condiciones que le exigía el Banco Central Europeo a cambio de financiación firmando el «principio de estabilidad presupuestaria en la Constitución y el compromiso de conseguir el equilibrio presupuestario en 2013 en lugar de en 2014». La figura de Berlusconi llevaba tiempo envuelta en una gran polémica, empañada por cinco procesos judiciales abiertos contra él, mientras que surgían amenazas de dimisión de todos los diputados y senadores de su partido, PDL. Al final, el coste político para el primer ministro italiano le obligó a presentar su dimisión el 12 de noviembre de 2011 ante el presidente de la República, Giorgio Napolitano (gráfico 6.107).

Veamos cómo se tomó el mercado la situación económica y política que se vivía en los principales países en dificultades. La crisis afectó en paralelo tanto al mercado de renta variable como al de renta fija. Si observamos cómo impactó la crisis en el Euro Stoxx 50 entre 2010 y 2012, veremos que la primera corrección importante se vivió a principios de 2010 y se pudo detectar el riesgo gracias a una vela semanal tipo «envolvente bajista» que provocó un movimiento a la baja del 14 por ciento. Pero durante los siguientes meses, el mercado recuperó la totalidad de la caída de forma rápida, hasta que otra vela del mismo tipo, envolvente bajista, marcó el final del rebote e inició una segunda fase a la baja, esta vez aún mayor, que en su peor momento supuso un retroceso del 19 por ciento desde máximos. A partir de ahí, la recuperación fue mucho más lenta, menos direccional, y plagada de movimientos de impulso y retroceso muy intensos y volátiles. Pese a la poca direccionalidad, el mercado consiguió mantener una tendencia alcista desde mayo de 2010 hasta febrero de 2011

Gráfico 6.107. Evolución de la deuda en relación con el PIB de los PIGS entre 2008 y 2013

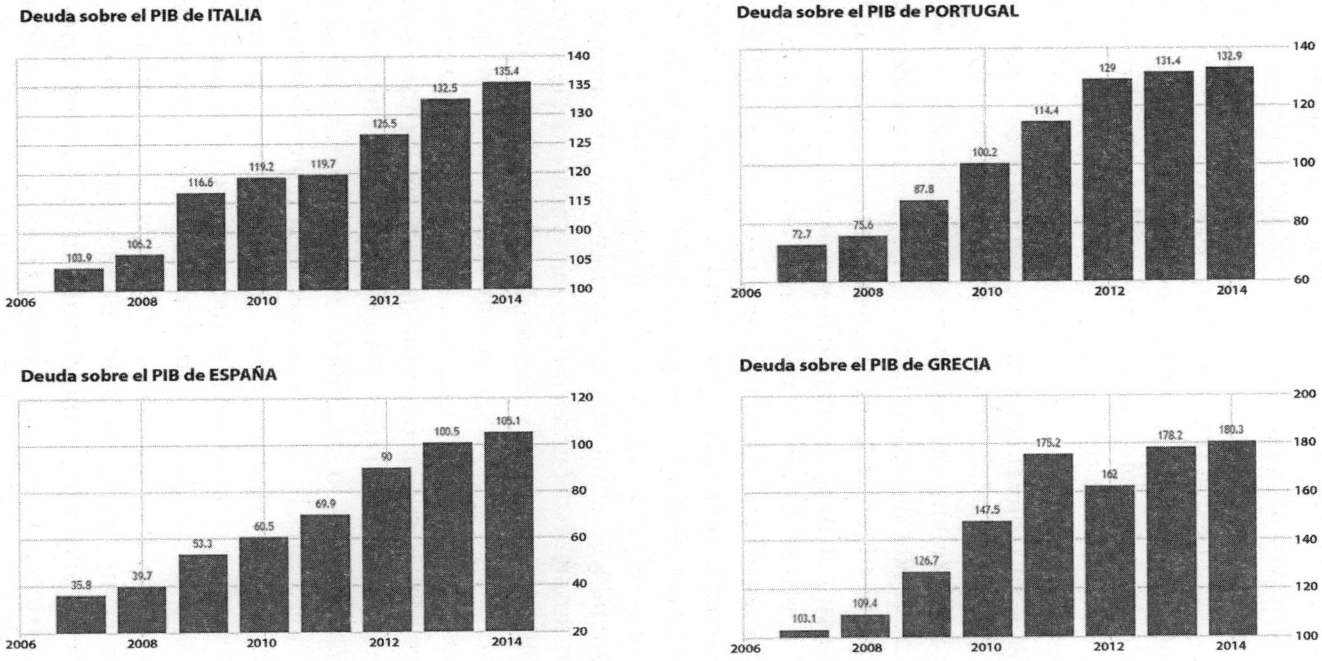

Fuente: Trading Economics.

y superar los máximos de principios de 2010. Pero el castigo real estaba por llegar, y se pudo detectar técnicamente al completarse una estructura de distribución conocida como «hombro-cabeza-hombro» en el Euro Stoxx 50. La primera parte de la caída fue similar a las que ya habíamos experimentado a lo largo de los últimos meses, y no sorprendía ni en magnitud, 11 por ciento, ni en velocidad. Tras un rebote intenso durante abril y mayo de 2011, que permitió recuperar más del 85 por ciento de la caída anterior, todos teníamos la sensación de que el mercado seguía manteniendo la estructura alcista. Sin embargo, a partir de julio de 2011 se completó la figura bajista y la caída comenzó a acelerarse bruscamente hasta convertirse en un desplome vertical durante el mes de agosto hasta completar una caída total de un 37 por ciento desde los máximos de inicio del año. Desde una perspectiva técnica, el final de la presión vendedora estuvo marcado previamente por la aparición de divergencias alcistas en el RSI y justo después por la formación de una vela envolvente alcista semanal (gráfico 6.108).

Pero para entender qué provocó el fuerte desplome de la bolsa durante el verano de 2011 debemos recordar el ambiente que se registraba en el sur de Europa: recesión, endeudamiento creciente, aumento del desempleo e incremento del coste de financiación, que complicaba aún más la situación económica ya muy deteriorada de los PIGS, y un entorno de inestabilidad política creciente con tensiones cada vez mayores entre los políticos del norte y centro de Europa y aquellos del sur. Siempre ha existido una relación muy estrecha entre el mercado de renta variable y el de renta fija. Y a lo largo de la historia muchas de las grandes crisis que se han vivido en la bolsa han tenido como detonante problemas en el mercado de crédito que ponían en situación de estrés al mercado de renta fija o bonos. En este caso, las primeras señales de que algo no andaba bien se vieron ya por el año 2010, cuando la falta de confianza de los inversores comenzó a plasmarse en una subida del coste de financiación de países como Italia y España. En la segunda parte de 2011, la situación se volvió insostenible, y ambos países empezaron a tener que pagar más de un 6 por ciento por financiarse a un plazo de diez años;

Gráfico 6.108. Evolución del índice Euro Stoxx 50 entre finales de 2009 y mediados de 2012

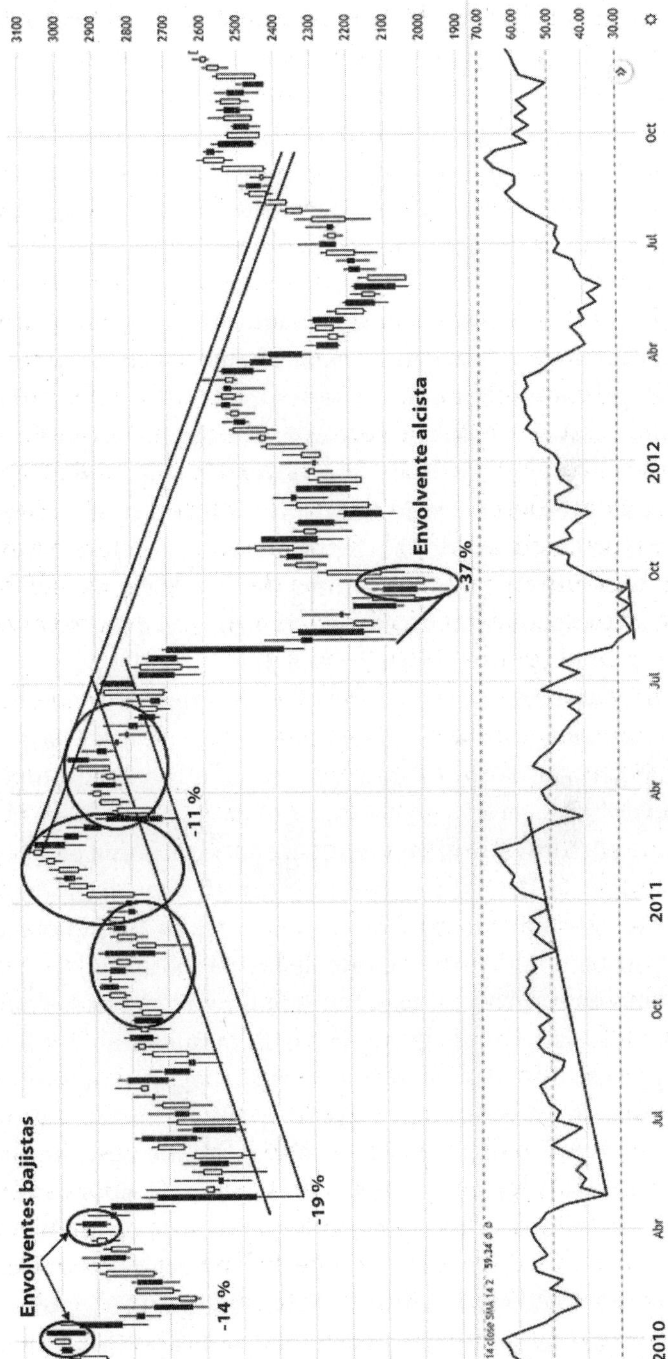

Fuente: TradingView.

es decir, un 50 por ciento más de lo que habían estado pagando doce meses antes (gráfico 6.109).

En el caso concreto del bono soberano español a diez años, la ruptura del intervalo de fluctuación en el que había estado cotizando los años anteriores, entre 3,65 por ciento y 5 por ciento, fue una señal técnica muy clara. Bien entrados en 2011 hubo fuertes correcciones, pero siempre se encontraron con los antiguos techos en torno a 4,85 por ciento que pasaron a convertirse en los nuevos suelos de mercado, confirmando la validez de la zona pivote. Para mediados de 2012, el gobierno español sufría su peor situación y se vio obligado a pagar rentabilidades superiores al 7 por ciento para poder financiarse en los mercados internacionales (gráfico 6.110).

Europa se desmembraba entre aquellos países cuyas cuentas públicas y evolución económica eran sólidos, como ocurría en la mayoría de los países del norte, frente a aquellos del sur que suscitaban todo tipo de dudas. Y muestra de ello fue la evolución de lo que se conoce como «prima de riesgo»; es decir, la diferencia entre cuánto le cuesta financiarse a diez años al país más sólido y con mejores fundamentos, Alemania, en comparación con cuánto les cuesta a otros países europeos. En este caso, la prima de riesgo entre Alemania y España no hacía más que ampliarse (gráfico 6.111).

La prensa anglosajona por aquel entonces ponía en cuestión el proyecto de la Unión Europea, y muy en especial la viabilidad del euro. Es importante recordar que antes de la unificación bajo una misma moneda común, uno de los métodos mejor consolidados para combatir una crisis como la que padecían los países del sur de Europa habría sido devaluar la moneda, algo que en este caso ya no resultaba posible porque el euro representaba la unidad monetaria de un conjunto amplio de países, y muchos de ellos no estaban afectados por la crisis periférica. Desde 2007 en adelante, la volatilidad en el par euro frente al dólar había sido enorme, pero pese a la falta de confianza en el proyecto europeo lo cierto es que el par no perdió en ningún momento la zona de soporte que llevaba frenando los ataques bajistas desde el año 2004 (gráfico 6.112).

Por otro lado, el comportamiento de las bolsas era muy dispar, y mientras los índices de renta variable de los PIGS sufrían

Gráfico 6.109. Coste de financiación a 10 años de España e Italia entre mediados de 2010 y mediados de 2011

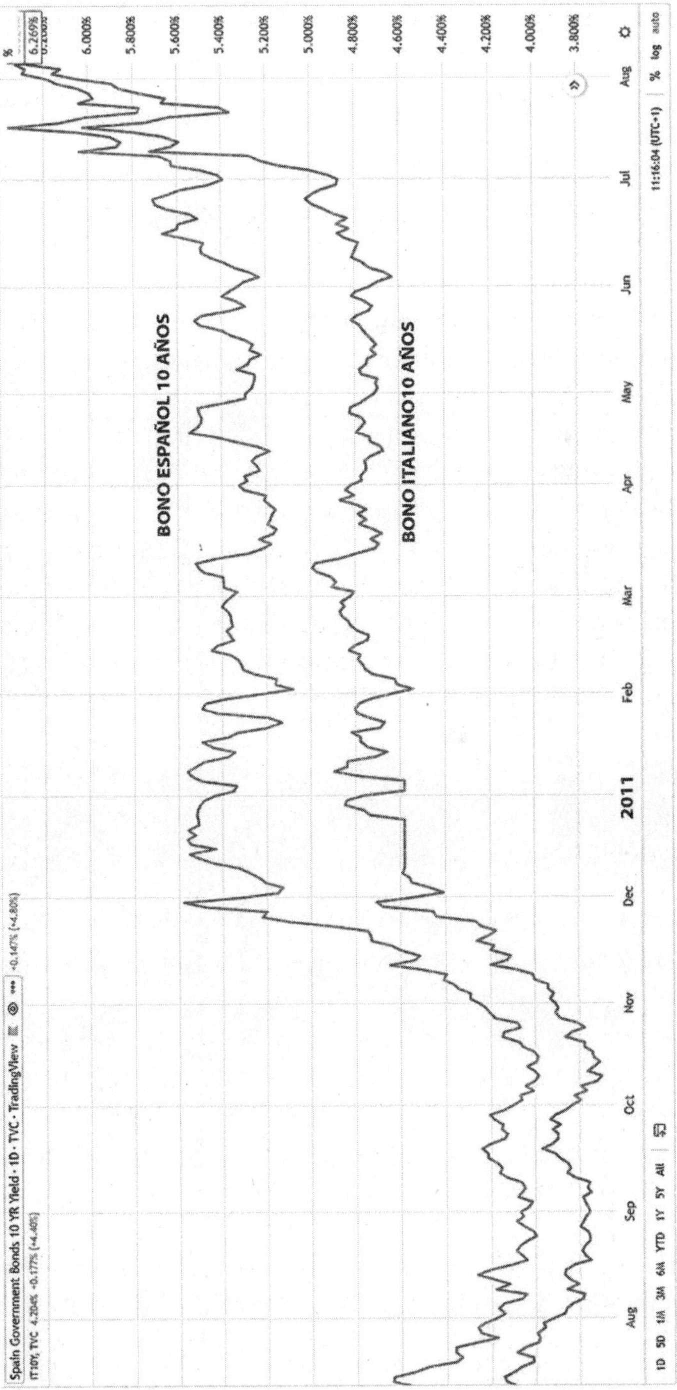

Fuente: TradingView.

Gráfico 6.110. Rentabilidad del bono soberano español a 10 años entre finales de 2006 y finales de 2012

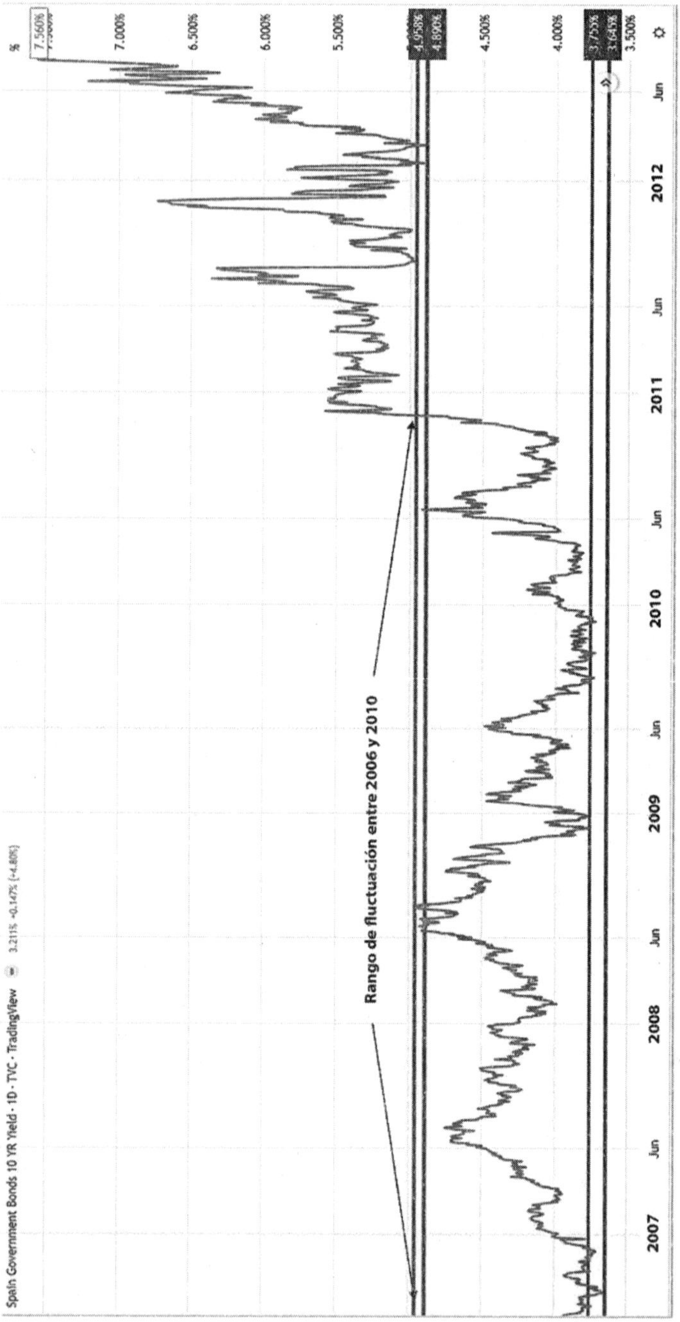

Fuente: TradingView.

Gráfico 6.111. Prima de riesgo de España (frente a Alemania) a 10 años entre mediados de 2010 y mediados de 2011

Fuente: TradingView.

Gráfico 6.112. El euro frente al dólar desde 2001 hasta 2013

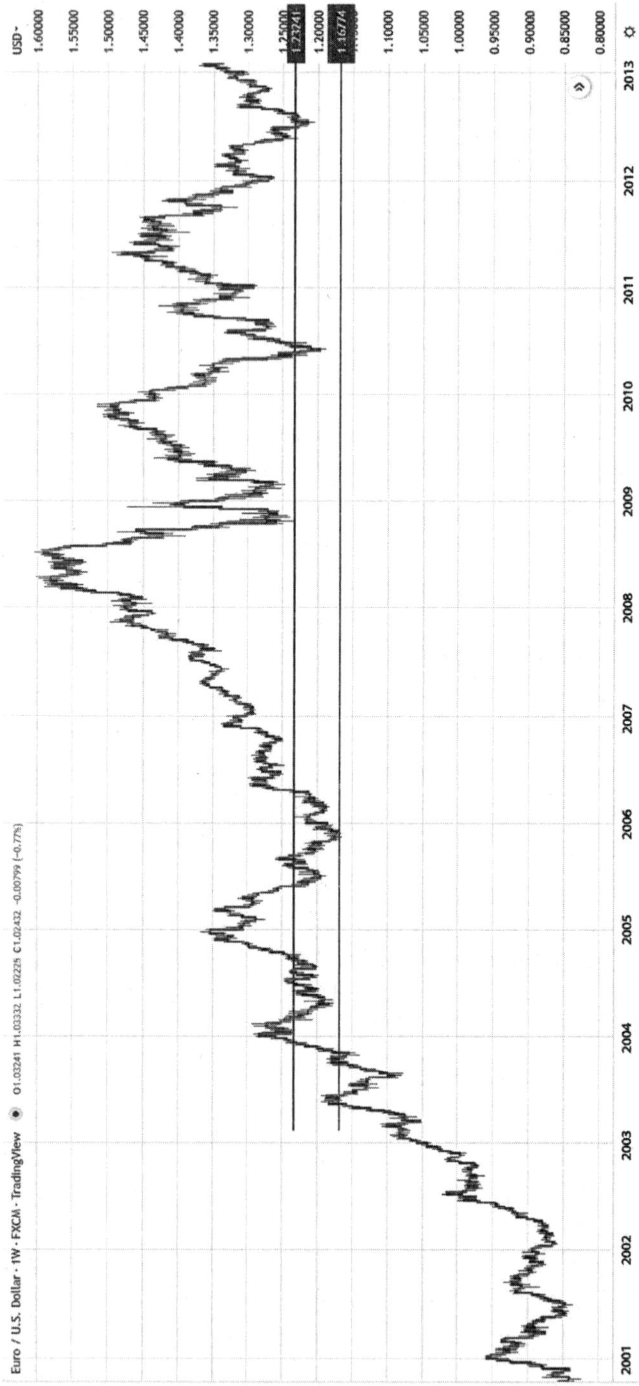

Fuente: TradingView.

un fuerte castigo y volvían a los mínimos de marzo de 2009, otras bolsas como la alemana o la estadounidense acumulaban revalorizaciones del 50 por ciento desde los mínimos de la crisis financiera. No quiere decir que los distintos *shocks* que se vivieron entre 2010 y 2012 afectasen solamente a España, Italia, Portugal y Grecia, pero mientras en estos países se registraban tendencias claramente bajistas, en el resto de los índices de renta variable el impacto se diluía simplemente en forma de fuertes correcciones (gráfico 6.113).

Durante la crisis hubo un momento clave que cambió el rumbo de lo que ocurría y que sentó las bases de la recuperación tanto en el mercado de bonos como en la bolsa. El 26 de julio de 2012, en medio de la tormenta, Mario Draghi, por entonces presidente del Banco Central Europeo, marcó un antes y un después con la famosa frase: «El BCE está dispuesto a hacer lo que sea necesario para preservar el euro —y tras una breve pausa añadió—: Y creedme: será suficiente». Antes de eso, el BCE tuvo que convencer a la Europa del norte de que debía dotar de medios suficientes a la Europa del sur para frenar la espiral destructiva de confianza que reinaba en el mercado y que ponía en riesgo el proyecto europeo en su conjunto. No fue tarea fácil, ya que, en Alemania, Angela Merkel tenía que lidiar con Weidmann, presidente del banco central alemán, que consideraba un error este paso, ya que, según sus propias palabras, «consideraba que esas compras de deuda eran algo muy próximo a financiar a los gobiernos imprimiendo dinero». Pero en aquel momento la tensión era máxima y se intentaba evitar que dos economías de peso de la zona euro tuviesen que acabar intervenidas completamente, tal como ya se había llevado a cabo en Grecia, Irlanda y Portugal. La idea era aplicar a España e Italia una intervención parcial, o lo que se denominó un «rescate blando», a cambio de que ambos países presentasen una solicitud formal al fondo de rescate de la zona euro y se sometiesen a un programa de ajuste preventivo revisable cada tres meses por parte de la Comisión Europea, el BCE y el FMI. Las condiciones expuestas eran mucho más duras que las que se habían exigido para beneficiarse del primer programa de ayudas, conocido por sus siglas como SMP *(securities market programme)*, aprobado en mayo

Gráfico 6.113. Comportamiento del Ibex, FTSEMIB, DAX y S&P 500 entre los mínimos de 2009 y principios de 2013

Fuente: TradingView.

de 2010. Aquel programa tenía como objetivo reducir la tensión en el mercado de deuda y permitía al BCE comprar deuda pública soberana si la prima de riesgo excedía cierto límite. Al término de este programa, el Banco Central Europeo había hecho compras por un valor nominal de 218.000 millones de euros, distribuidos de la siguiente manera:

- Bonos italianos: 102.800 millones de euros, 47,2 por ciento del total.
- Bonos españoles: 44.300 millones de euros, 20,2 por ciento del total.
- Bonos griegos: 33.900 millones de euros, 15,6 por ciento del total.
- Bonos portugueses: 22.800 millones de euros, 10,5 por ciento del total.
- Bonos irlandeses: 14.200 millones de euros, 6,5 por ciento del total.

Las compras se habían concentrado en una duración media de 4,3 años. Uno de los debates más cruentos vividos en Europa se centraba en la violación del espíritu del artículo 123 de los estatutos fundacionales del BCE, ya que en ese artículo queda prohibida expresamente la monetización de la deuda pública. Algunos gobiernos contrarios a las medidas aplicadas sostuvieron que el BCE había recurrido a la monetización indirecta para esquivar esa prohibición, pero con el objetivo de conseguir los mismos resultados que si el BCE hubiese comprado bonos en el mercado primario.[7]

El segundo paquete de ayudas que arropaba las palabras premonitorias del presidente del BCE cuando dijo «el BCE está dispuesto a hacer lo que sea necesario para preservar el euro, y creedme: será suficiente», se puso en marcha en septiembre de 2012 con las siglas OMT (*outright monetary transactions*), esta vez sin límite de desembolso y destinado a adquirir deuda soberana con

7. <https://www.oroyfinanzas.com/2013/05/que-smp-securities-market-programme-bce/>.

plazos de vencimiento entre uno y tres años en un intento por corregir lo que por aquel entonces llamaban «las perturbaciones del mecanismo de transmisión de la política monetaria generada por la situación específica de los bonos soberanos emitidos por ciertos Estados miembros y para salvaguardar la unicidad de la política monetaria».[8]

Fue tal el efecto «bazuca» de disponer de un programa ilimitado de compra de deuda pública por parte del BCE que no hubo que usarlo nunca. Este hecho merece especial análisis ya que muestra hasta qué punto importa la psicología en los mercados financieros. En 2012, nadie quería asumir el riesgo de comprar deuda de países en dificultades ante la posibilidad de *default*. Recordemos que un *default* implica que el gobierno al que le prestas tu dinero no cumple con el pago de los intereses a los que se ha comprometido, o al término del préstamo no te devuelve el principal que le prestaste. Pero bastó que llegase el BCE con un programa de compra ilimitado, respaldado por la Unión Europea, que dice que comprará toda la deuda de esos países en dificultades si no hay nadie más que lo quiera hacer, para que entonces la percepción del riesgo se diluya con rapidez, y donde antes el inversor veía un riesgo de *default*, ahora ve una oportunidad de inversión con rentabilidades muy jugosas y un riesgo muy bajo, ya que hay un comprador de última instancia con una capacidad de compra ilimitada. Como se puede observar, existe un componente que nunca cambia desde hace décadas en el mercado, y que marca el final de los procesos correctivos o de las grandes crisis, y es la gestión de las expectativas. Los bancos centrales se han vuelto expertos en manipular esas expectativas, a veces con sus meras comunicaciones *forward guidance*, otras veces con intervenciones directas, y en ocasiones advirtiendo al mercado que tienen una «bomba nuclear» y que están dispuestos a usarla, aunque en realidad casi nunca tienen que hacerlo gracias a su poder disuasorio (gráfico 6.114).

Otro de los grandes focos de tensión en torno a la crisis periférica fue el sector bancario europeo, y merece analizarlo en pro-

8. <https://curia.europa.eu/jcms/upload/docs/application/pdf/2015-06/cp150070es.pdf>.

Gráfico 6.114. Evolución de la rentabilidad del bono español e italiano con vencimiento a 10 años durante 2012

Fuente: TradingView.

fundidad ya que requirió la inyección de fuertes ayudas públicas, además de detonar la petición de rescate de países como España. Para entender cómo llegamos a esta situación es necesario remontarse a lo que ocurría incluso antes de la crisis financiera de 2008. Una década y media antes de esa crisis, España disfrutaba de una situación económica envidiable. Algunos medios hacían referencia al caso español como «la época de la Gran Moderación», que había permitido mantener catorce años de crecimiento económico ininterrumpidos. Sin embargo, cuando se analiza en detalle esa larga fase de expansión económica es fácil ver las grietas que se estaban formando bajo la superficie. En concreto, la crisis que provocó el pinchazo de la burbuja puntocom obligó a la FED y al BCE a bajar drásticamente el coste del dinero para paliar la recesión en la que había entrado Estados Unidos en 2001 y algunos países europeos como Alemania en 2002 (gráfico 6.115).

La aplicación de estímulo monetario vía bajada de tipos de interés tuvo el efecto deseado en aquellas economías que estaban pasándolo peor. En Europa, las tasas bajaron de 4,75 por ciento en el año 2000 a 2 por ciento en 2003, y se mantuvieron ahí casi hasta finales de 2005. Sin embargo, el efecto de esas bajadas en el coste de financiación en países que no tenían problemas de crecimiento económico, como España, lo único que hizo fue alimentar los desequilibrios, en concreto, cimentar una gran burbuja en el sector de la vivienda, y también en la concesión de créditos ligados a la construcción. El sector financiero español participó y engordó el problema de la misma forma que los bancos estadounidenses lo hicieron antes del estallido de la burbuja en 2008 (gráfico 6.116).

La subida en el precio de la vivienda de casi un 300 por ciento en tan sólo siete años fue posible gracias al crecimiento de la financiación al sector privado, que se concentraba principalmente en el sector inmobiliario, y que pasó de registrar tasas de crecimiento medio anual del 20 por ciento en el crédito para la adquisición de vivienda y del 29 por ciento en el caso del crédito a las empresas de construcción y servicios inmobiliarios en el año 2003 a cifras del 25 por ciento y del 44 por ciento, respectivamente, en torno a 2007. Las cajas de ahorro ejercieron un papel fundamental en ese incremento de 3,2 veces en el crédito total experimentado en tan sólo

Gráfico 6.115. Evolución del PIB anual de Estados Unidos y Alemania entre 2000 y 2004

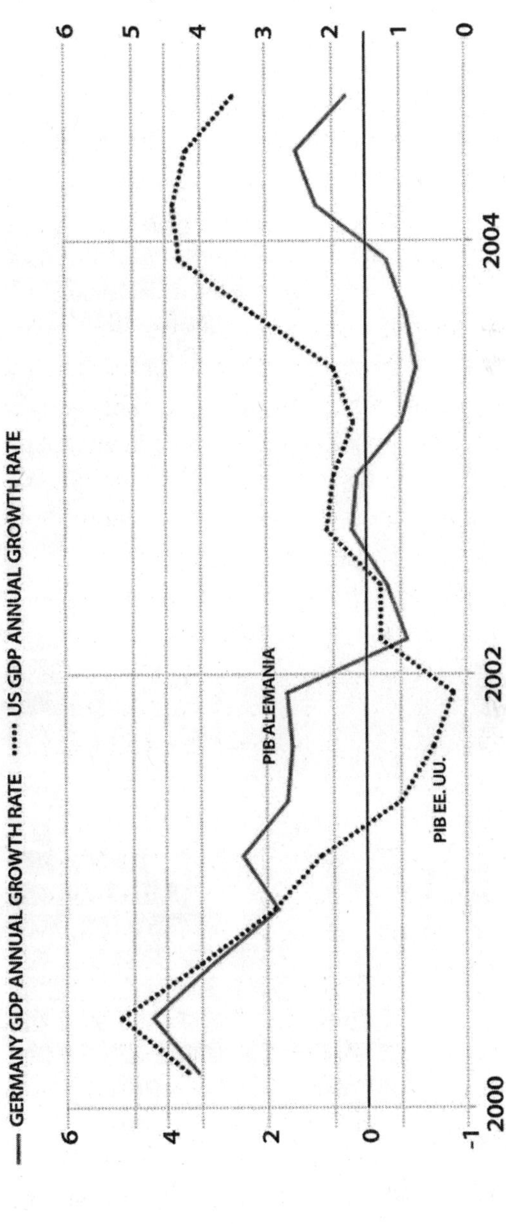

Fuente: Trading Economics.

Gráfico 6.116. Evolución del PIB anual de España y del precio de la vivienda entre 2000 y 2007

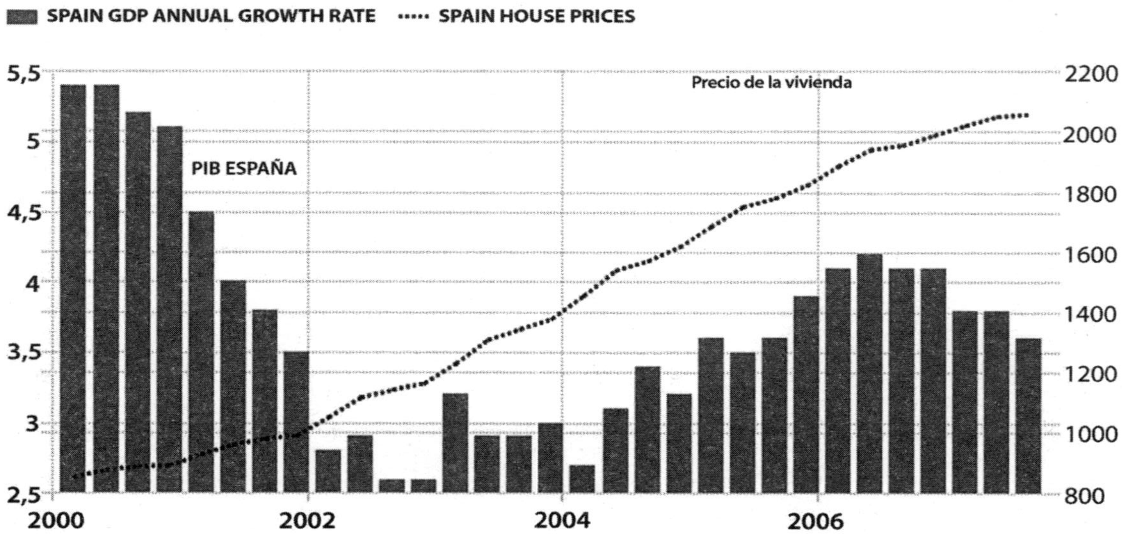

Fuente: Trading Economics.

siete años. El incremento entre el año 2000 y 2007 del crédito concedido por los bancos fue del 182 por ciento, mientras que en las cajas de ahorro alcanzó 266 por ciento, permitiendo que su cuota sobre el crédito total del sistema fuese del 49 por ciento.[9]

Simultáneamente, las cajas de ahorro vivían un desmadre de gobernanza politizada por las comunidades autónomas, algo evidente a simple vista, pero que nadie quería cambiar. En lugar de abrir esa caja de Pandora, todo el mundo miraba hacia otro lado mientras intentaba sacar el mejor provecho posible de una situación cada vez más insostenible. A eso había que añadir que al calor de la burbuja fueron surgiendo nuevos productos estructurados y derivados crediticios. Progresivamente, algunos de estos productos fueron haciéndose más complejos y, se suponía, más eficaces a la hora de evitar una concentración excesiva de riesgos. En ocasiones, la velocidad con la que evolucionaron algunos de estos activos financieros superó el ritmo de adaptación del marco regulatorio. Al mismo tiempo, se hizo cada vez más difícil identificar a los agentes que asumían en última instancia los riesgos de los productos e instrumentos financieros, lo que dificultó su seguimiento y control. La combinación de desequilibrios en el sector inmobiliario y un nivel muy elevado de endeudamiento de la economía eran los pilares sobre los que se sustentaría la crisis que estallaría en toda su magnitud durante el año 2012.

Antes de alcanzar el clímax de esta crisis, merece la pena recordar que desde la gran crisis financiera se habían comenzado a implementar controles cada vez más exhaustivos sobre los estándares de solvencia de bancos y cajas. En 2008, Basilea II, y en 2014, Basilea III, que a la hora de juzgar la solvencia de una entidad financiera ya no sólo prestaba atención a los requerimientos de recursos propios, sino a su calidad.[10, 11]

9. <https://www.bde.es/f/webbde/GAP/Secciones/SalaPrensa/InformacionInteres/ReestructuracionSectorFinanciero/Arc/Fic/InformeCrisis_Completo_web.pdf>.

10. Para más información ver «Acuerdo de Capital de Basilea II».

11. <https://www.bde.es/f/webbde/GAP/Secciones/SalaPrensa/InformacionInteres/ReestructuracionSectorFinanciero/Arc/Fic/InformeCrisis_Completo_web.pdf>.

Desde que se había desatado la crisis financiera de 2008 en Estados Unidos se habían implementado muchas medidas de estímulo que afectaban a Europa y que merece la pena repasar:

- Bajada drástica de los tipos internacionales de interés.
- Flexibilización del marco de provisión de liquidez a las entidades financieras que accedían al BCE y ampliación de los activos que podían usarse como garantía (colateral).
- Los gobiernos adoptaron medidas de apoyo al sector bancario para facilitar su financiación y recapitalización.
- Se ampliaron los sistemas de garantía de depósitos.
- Se ofrecieron avales estatales a las emisiones bancarias y se proporcionaron fondos públicos a través de préstamos y compra de activos.
- Los problemas de solvencia de muchos de los bancos se solventaron con inyecciones de capital público y en el peor de los casos con nacionalización de la entidad.
- Se creó un «banco malo» para la adquisición de activos deteriorados y la protección del valor de los activos de los bancos.
- Los gobiernos adoptaron políticas discrecionales de estímulo económico, como la expansión del gasto público, el recorte de impuestos y ayudas a los colectivos y sectores más afectados por la crisis.

Pero ninguna de estas medidas fue capaz de evitar la crisis periférica que estalló en 2010 y se extendió hasta la segunda parte de 2012. Como ya hemos visto, el nacimiento de la crisis fue la desconfianza generada a finales de 2009 en torno a las cifras relativas a las finanzas públicas griegas, pero no se habría extendido como lo hizo si algunos países miembros no hubiesen estado acumulando importantes desequilibrios macroeconómicos y financieros durante la expansión previa: finanzas públicas, endeudamiento privado y del sector inmobiliario, exposición del sistema financiero a ambos, o pérdida de competitividad de las economías. La interacción de esos tres riesgos (soberano, bancario y macroeconómico) resultó ser muy intensa y generó aumentos significativos de las primas de riesgo en los países del sur de Europa.

Los reguladores deciden cambiar las reglas de juego del mercado

Para entender qué propició una de las intervenciones más duras por parte de los reguladores de los mercados de valores tenemos que entender a qué situación había llegado la crisis. Permíteme un repaso sucinto de lo ocurrido hasta la fecha para entender mejor la decisión que tomaron la CNMV y otros organismos similares en varios países de Europa. El castigo en la bolsa estaba siendo brutal y afectaba de forma especial al sector bancario, causando serios problemas de liquidez a algunas entidades y afectando a la estabilidad del sistema financiero del conjunto de la eurozona.

Afectados por una situación fiscal tan deteriorada que el país había tenido que solicitar un programa de apoyo financiero condicional, por importe de 68.000 millones de euros, para los bancos irlandeses estaba siendo en especial difícil. En 2011, esas tensiones crecientes obligaron a Portugal a solicitar un programa de asistencia financiera por valor de 78.000 millones de euros. Grecia, que ya había recibido una primera ayuda en 2010, tuvo que solicitar en marzo de 2012 un segundo paquete de ayuda mucho mayor. Estos dos programas griegos sumaban 226.500 millones de euros; es decir, más de un cien por cien del PIB de Grecia. En la medida en que los bancos mantenían importantes carteras de deuda soberana, los incrementos de la rentabilidad de los bonos (desplome del precio) agravaban cada vez más los problemas de financiación de las entidades bancarias. Ante una situación cada vez más insostenible, con la supuesta excusa de favorecer el funcionamiento ordenado de los mercados de capitales y en pro de la estabilidad financiera, el 10 de agosto de 2011, los supervisores de los mercados de valores de Bélgica, Francia, Italia y España en coordinación con la ESMA (Autoridad Europea de Valores

Financieros) acordaron de un día para otro restringir la operativa de ventas en corto de acciones de las entidades financieras durante un plazo de 15 días prorrogables.

Cuando uno lee esta noticia se diluye entre las múltiples medidas anunciadas durante la crisis. Sin embargo, nosotros no lo vivimos como un cambio de reglas de juego más, y cuando me remonto a aquel día, recuerdo la tormenta de pensamientos y reacciones que nos embargaron en cuestión de pocas horas. Es crucial que el lector entienda que por aquel entonces yo era uno de los gestores de un fondo estilo *market neutral* con unos 500 millones de dólares en activos bajo gestión y que por mandato invertíamos exclusivamente en el sector financiero europeo y en menor medida también en el estadounidense. Por definición, un fondo *market neutral* no toma posiciones direccionales sino relativas, y para ello por cada valor que compra tiene que vender otro con el mismo importe nominal. Por consiguiente, el retorno que genera este tipo de fondos es siempre alfa; es decir, no depende de la dirección de la bolsa (beta), sino de la elección correcta de qué valores lo harán mejor y cuáles peor. Para que se entienda bien, una posición relativa sería comprar BBVA y vender en el mismo importe Banco Santander. Si BBVA lo hace mejor que Banco Santander, ganas dinero, y a la inversa. Hacerlo mejor no significa que la acción de BBVA suba mientras que la de Banco Santander baje. Si, por ejemplo, BBVA baja un 4 por ciento y Banco Santander baja un 7 por ciento, significa que ganas un 3 por ciento (-4 por ciento, +7 por ciento) menos las comisiones de compra y venta. Si, por ejemplo, BBVA sube 5 por ciento y Banco Santander sube sólo 1 por ciento, significa que ganas un 4 por ciento (+5 por ciento, -1 por ciento) menos las comisiones de compra y venta. Por lo tanto, el resultado es el diferencial de la variación porcentual de dos valores o acciones concretas, y ganas dinero si el que has comprado lo hace mejor, o menos mal, que el que has vendido. Si haces bien tu trabajo, acabas vendiendo aquellos bancos con la cuenta de resultados y negocios más débiles y comprando aquellos bancos más sólidos que gestionan mejor su negocio y su balance.

Así que cuando la CNMV en España, y sus equivalentes en Bélgica, Francia e Italia anunciaron a las 18.30 de la tarde que prohibían la venta en corto de acciones bancarias, para nosotros fue una puñalada en el corazón de nuestro estilo de inversión. Todavía recuerdo la conversación con mi socio y su frase «nos han hundido el negocio». Durante esa tarde y de forma precipitada intentamos analizar lo que estaba ocurriendo, y qué repercusiones podría tener en el sector, en la bolsa y en la crisis en concreto. Debatíamos sobre muchas cosas a la vez:

—Si no se pueden vender bancos..., el sector financiero debería subir, ¿no?

—¿Quién lo va a hacer mejor mañana, los peores bancos?

—¿Puede extenderse la prohibición a otros países?

—¿Cuánto va a durar la prohibición, semanas, meses o años?

—¿Cómo sobrevivimos a esto?

—¿Qué les decimos a nuestros clientes cuando llamen mañana?

—¿Cambiamos el modelo de negocio de un día para otro?

Al final de la tarde ya empezábamos a delinear una forma de actuación, pero estábamos plagados de dudas. Durante la tarde y parte de la noche tuvimos una actividad frenética. Por un lado, hablábamos con los bancos de inversión para saber qué información tenían al respecto, queríamos saber más en un entorno de incertidumbre total. Por otro lado, teníamos que movernos, y se nos ocurrió la siguiente idea: «No debemos cerrar ninguna posición corta en el sector bancario porque no podremos volver a abrirla». La prohibición no era contra la existencia de posiciones cortas, pero sí contra su incremento. Además, esperábamos un *short covering*; es decir, que muchas de las posiciones especulativas cortas en el sector se cerrasen durante los días siguientes, por lo que habría subidas significativas de aquellas acciones que peores perspectivas tenían. Era de locos, cuanto más acertado hubieses estado en seleccionar los peores bancos, más dinero ibas a perder por un cambio en las reglas de juego al día siguiente. Teníamos que conseguir cauterizar las pérdidas en las posiciones vendidas en bancos, pero sin cerrar las posiciones para no perder la capacidad de seguir con nuestro modelo de gestión. Cuando vendíamos las acciones de bancos, lo hacíamos a través de préstamo de títulos. O sea, nuestro *prime* bróker, que por aquel entonces era

Deutsche Bank, nos prestaba acciones (por las que el prestamista no podía tocarlas de su cartera) y a cambio nosotros pagábamos una comisión expresada en porcentaje en concepto de préstamo, y cuanta más demandada estaba una acción, más caro resultaba pedirla prestada. La operación quedaba cancelada cuando cerrábamos la estrategia y se devolvía el préstamo de títulos. La idea que se nos ocurrió fue no devolver el préstamo de las acciones de bancos que teníamos vendidos, y usar derivados (*equity swaps*) para cubrir el riesgo de la subida del precio cuando se produjese el rebote. Más adelante, si queríamos volver a vender los bancos que ya teníamos vendidos sólo teníamos que cerrar la cobertura que habíamos montado con los derivados (*equity swap*). Además de las posiciones existentes, comenzamos a replicar la estrategia con casi todos los bancos en previsión de que la regulación se extendiese a todas las geografías. Aún recuerdo a nuestro *trader*, la persona encargada de ejecutar las órdenes a mercado de nuestras estrategias, hablando con nosotros de madrugada mientras nos iba actualizando las posiciones que estábamos montando en HSBC y Standard Chartered Bank en la sesión asiática. Fueron horas de máximo estrés, y sólo era la antesala de lo que viviríamos al día siguiente. Llegamos a la oficina mucho antes de que arrancase el mercado porque sabíamos que iba a ser un día crucial. Esperábamos una reacción alcista, y eso fue exactamente lo que ocurrió. Algunos de los bancos que habían estado más presionados a la baja durante las semanas previas, como fue el caso de Unicredit en Italia, con caídas en un mes superiores al 38 por ciento, o Banco Santander, que había perdido más de un 32 por ciento en tan sólo un mes, subieron con fuerza al día siguiente, el primero llegó a marcar incluso una ganancia de un 13,73 por ciento y el segundo del 10,76 por ciento (gráfico 6.117).

Sin embargo, el efecto de la medida intervencionista duró tan sólo una semana, en la que el sector en su conjunto recuperó algo más de un 17 por ciento, y a partir de ahí comenzó a bajar de nuevo. Manipular el mercado suele tener un efecto en el corto plazo, pero luego la tendencia tiende a restaurarse. Pero en este caso, además de cambiar las reglas del juego de un día para otro, buscaron cambiar las expectativas de los inversores, y eso hizo que tener una mínima claridad respecto a lo que pudiese deparar el futuro resultase una tarea casi

Gráfico 6.117. Evolución de Banco Santander y Unicredit entre julio y agosto de 2011

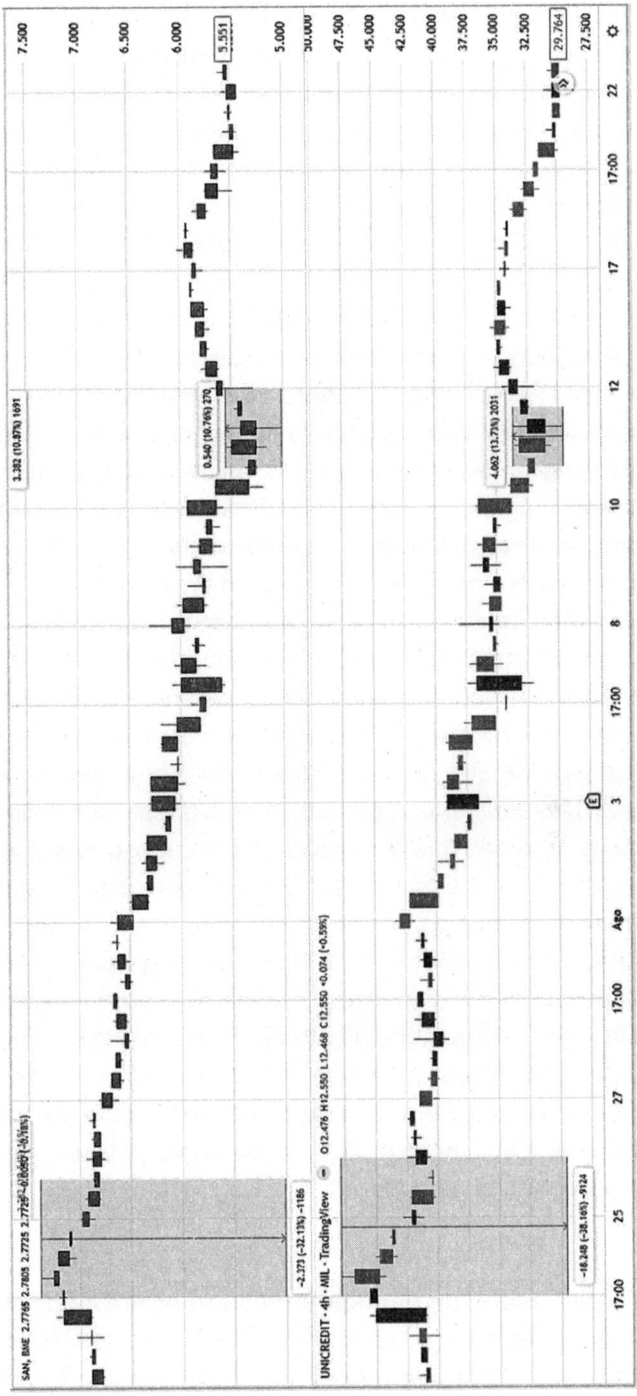

Fuente: TradingView.

imposible. Cuando pienso en la situación que nos quitó el sueño en aquel entonces, y luego veo la evolución del gráfico del sector bancario en Europa, me sorprendo de nuestra reacción, pero es porque en el análisis *a posteriori* estamos eliminando todas las variables que en aquel entonces impactaban en nuestros miedos y esperanzas como gestores. Nunca hay que olvidar el efecto negativo de las noticias de la prensa, televisión y redes sociales. Muchos analistas comparaban la situación con lo vivido en 2008 en Estados Unidos, donde lo imposible había ocurrido. Los clientes institucionales que estaban invertidos en nuestro fondo llamaban a diario pidiendo explicaciones sobre la evolución de nuestra cartera de inversión, sobre nuestras decisiones, sobre nuestras predicciones para los próximos días y semanas. Teníamos jornadas maratonianas día tras día. No desconectábamos en ningún momento. Dormíamos mal y llegábamos cansados al día siguiente. Trabajábamos en un entorno de incertidumbre brutal, y teníamos que intentar prever lo que era imprevisible.

Analizar y entender la situación mirando un gráfico del pasado se asemeja a cuando uno mira una foto de un explorador en el Amazonas. Tal vez observas la vegetación exuberante, el río caudaloso, el aplomo del explorador, y sacas tus conclusiones sobre el lugar tan salvaje y espectacular que han puesto ante tus ojos. Pero para el que está allí, ese que han retratado, la realidad es muy distinta y está impregnada de cosas que no se aprecian: los mosquitos que lo están comiendo vivo, la ropa ceñida para reducir las picaduras, pero que le provoca un calor insoportable en un entorno de alta humedad, lo que le obliga a ir mojado todo el día. No se ven los hongos en los pies provocados por llevar calcetines y botas siempre húmedos. No se aprecia la atención que debe prestar en todo momento a los insectos o serpientes venenosas. Tampoco se aprecian los peligros ocultos de ese río tan bonito, etcétera. La realidad de la vivencia en situaciones de crisis siempre es mucho más dura que la imagen que somos capaces de transmitir *a posteriori*.

La crisis periférica fue el golpe mortal al sector bancario europeo. Tal como se puede apreciar en el gráfico 6.118, el índice había sufrido un desplome del 82 por ciento desde los máximos

Gráfico 6.118. Evolución del sector bancario de la zona euro (SX7E) entre 2005 y 2014

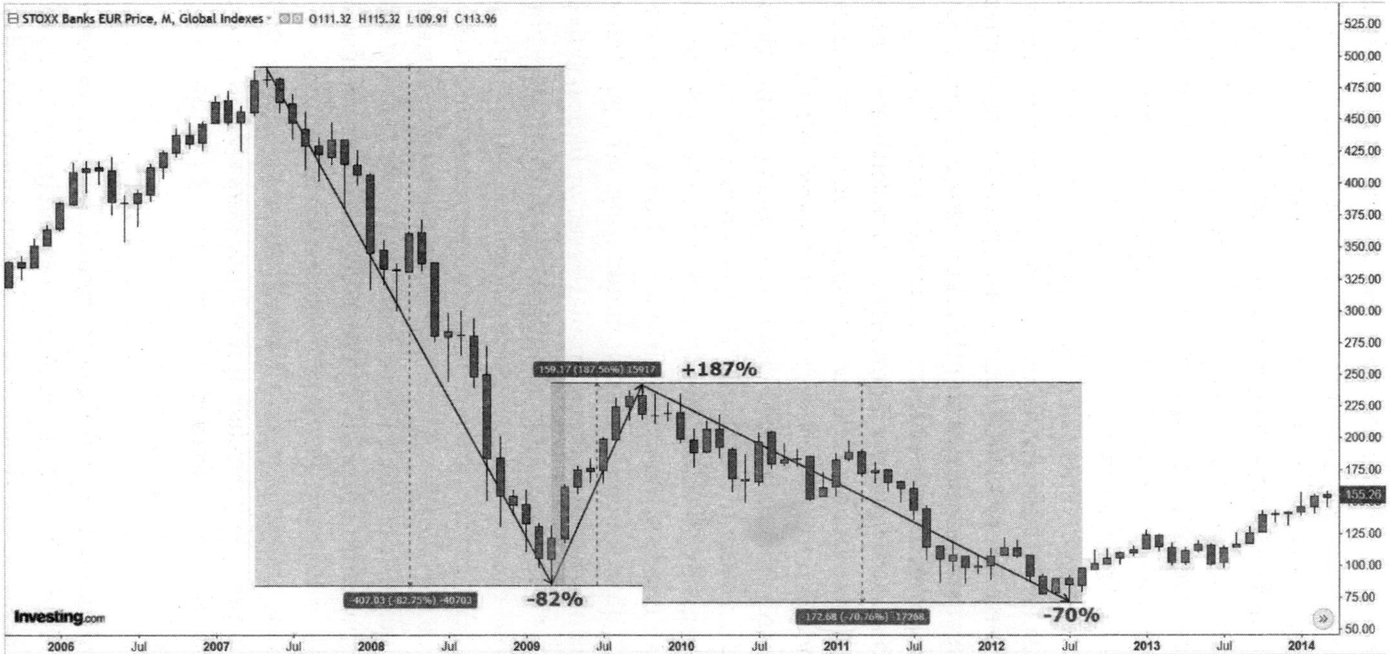

Fuente: Investing.

de 2007 hasta los mínimos de marzo de 2009. A partir de ahí, durante los siguientes siete meses entró en fase de recuperación hasta subir 187 por ciento desde mínimos. Sin embargo, con la llegada de la crisis periférica el precio volvió a bajar hasta perder momentáneamente los suelos de la crisis anterior, para contabilizar una caída total desde 2007 hasta 2012 de más de 85 por ciento. No debemos olvidar que al igual que ocurre con un índice bursátil, un índice sectorial como éste muestra el comportamiento medio de un conjunto de valores que lo componen. Por lo tanto, si el sector bancario europeo bajó un 85 por ciento, quiere decir que en el lapso de cuatro años algunos bancos bajaron menos y otros cayeron más de un 90 por ciento.

A lo largo de los siguientes años, el sector fue testigo de quiebras, fusiones forzosas e intervenciones masivas de bancos, como las de ABN AMRO, Landesbank Sachsen, Northern Rock, Alliance & Leicester, Roskilde Bank, Derbyshire Building Society, Cheshire Building Society, HBOS, Bradford & Bingley, Fortis, Dexia, Landsbanki, Glitnir, Kaupthing Bank, Royal Bank of Scotland, Lloyds, UBS, Banco Portugués de Negocios, London Scottish Bank, Anglo Irish Bank, Dresdner Bank, Hypo Real Estate, CajaSur, Catalunya Caixa, Bankia, etcétera. El sector bancario europeo sufrió de forma similar al sector bancario de Estados Unidos en 2008, pero la forma de afrontar la crisis marcó una gran diferencia en lo que ocurriría a lo largo de la siguiente década y media. En Europa se optó por obligar a los bancos a recapitalizarse, ampliando capital cuando la cotización de sus acciones ya se había hundido, por ese motivo la evolución del índice del sector bancario europeo difiere tanto de la del estadounidense. Es probable que no haya tanta diferencia en términos de capitalización bursátil, pero en términos de precio, los bancos europeos no podrán volver a donde estuvieron en 2007.

Durante la crisis periférica viví experiencias que no consideraba posibles. Ya me había sucedido tras el estallido de la burbuja puntocom, cuando creí haber visto lo peor. Y luego llegó la crisis financiera de 2008, y descubrí que las cosas podían ser aún más complicadas. Tras tener que gestionar esa crisis, en la que pensé que habíamos estado cerca de ver cómo colapsaba el sistema financiero que conocemos, estaba seguro de que ya nada podría sorprenderme. Y entonces llegó la crisis periférica, que, si bien no tuvo un impacto tan global, ni supuso una caída agregada de la bolsa de dimensiones tan enormes como la del 2008, para el sector de bancos europeos fue incluso peor. Recuerdo una anécdota que puede ayudar a entender hasta qué punto en un momento dado la situación llegó a desbordarnos.

A principios de 2012, el banco Unicredit arrancaba el año tras haber sufrido ya un 40 por ciento de caída en menos de tres meses. Nosotros aprovechamos para comprar valor cuando se acercó una vez más a la gran zona de soporte en torno a 21/23, y vendimos otro banco. Confiábamos en que el soporte aguantase, ya que una caída de 40 por ciento en algo más de dos meses nos parecía castigo suficiente, y la valoración comenzaba a ser atractiva de nuevo. Sin embargo, la acción no aguantó como teníamos previsto, sino que rompió el suelo dando paso a una caída vertical. Cuando saltó el *stop* de la posición relativa, tuvimos que comprar el banco que habíamos vendido, cosa que no fue un problema en plena tendencia a la baja, y vender Unicredit. ¡Y eso ya fue otra cosa! Cuando dimos la orden, mucho antes de que pudiésemos ejecutarla, la acción entró en *limit down*; es decir, suspendieron su cotización dada la extrema volatilidad y el porcentaje de caída durante la sesión. Al cabo de media hora, el valor volvió a abrir su cotización, pero de inmediato quedó suspendido de nuevo. Ésta es la conversación que mantuve con nuestro *trader*:

Yo: ¿Cuánto has podido vender de los seis millones de euros?

Trader: Nada.

Yo: ¡Joder, cómo es posible! ¡Si el valor ya ha caído un 6 por ciento!

Trader: Son los locales, tienen acaparado el mercado y meten sus órdenes antes que las nuestras.

Yo: Llama a esos desgraciados y diles que según vuelva a cotizar el valor metan una orden de venta de 2 millones de euros por lo mejor.

Trader: ¿Sin límite?

Yo: Sí, sí, sin límite, al mejor precio que haya.

Trader: Pero eso tiene mucho riesgo, a saber a qué precio nos lo ejecutan...

Yo: Si pones un límite no te la van a ejecutar, son unos...

Trader: Yo lo hago, pero no me responsabilizo del precio final.

Yo: Tranquilo, están metiendo *limit down* de 5 por ciento, no podrás vender por debajo de eso.

Trader: Ya, pero es que estamos hablando de vender con un 11 por ciento de caída en el día.

Yo: Lo sé, lo sé, pero al menos la pata corta que teníamos en Banca Intesa también ha bajado, aunque menos. Ahora que tenemos esa pata cerrada no podemos dejar que se nos escape Unicredit.

Trader: He conseguido vender un millón en la subasta preapertura del *limit down*. ¡Pero lo han vuelto a suspender!

Yo: ¡Por Dios! Esto es una pesadilla. En la subasta de cierre de hoy tenemos que desmontar la estrategia como sea, ¿está claro? Y dile al bróker que nos parece que se están aprovechando de la situación, y que lo tendremos en cuenta en el futuro a la hora de asignarles otras operaciones.

Trader: Dicen que no es culpa de ellos, que el mercado está loco, que todos estamos queriendo hacer lo mismo a la vez y que no hay liquidez...

Yo: Pasa de ellos y mete la orden para asegurarnos de que este calvario no pase de hoy, por favor.

Al cierre de la sesión, el valor había bajado más de un 14,5 por ciento. La ejecución del *stop* había sido un auténtico calvario, y la pérdida era más del doble de lo que habíamos previsto inicialmente. A pesar de ello, lo que ocurrió a continuación nos dejó perplejos, y reforzó en mi interior lo importante que es la disciplina en la ejecución de *stops* y *take profits*. Como se puede ver en el gráfico 6.119 diario de Unicredit, la caída del 14,58 por ciento del primer día fue sólo el aperitivo de lo que vino después, ¡y en tan sólo cuatro sesiones el banco bajó un 47,21 por ciento!

A medida que estas vivencias iban formando parte de mi experiencia profesional, algo comenzó a cambiar en mi forma de ver los mercados, y en lugar de mantener esa fe ciega que tienen muchos inversores cuando defienden que «algo así no puede su-

Gráfico 6.119. Evolución del banco Unicredit italiano entre octubre de 2011 y febrero de 2012

Fuente: TradingView.

ceder», comencé a aceptar que todo es posible. Para cuando lo peor de la crisis periférica pasó, en mi recuerdo ya acumulaba episodios dantescos en los que había visto caídas de más de un 80 por ciento en la bolsa rusa, en el Nasdaq 100 y el Nikkei 225, en el sector bancario de Estados Unidos y posteriormente en el sector bancario europeo. Otros índices más globales, como el DAX, habían caído más de un 70 por ciento, y el propio S&P500 se había quedado a las puertas de una caída de 60 por ciento en 2008. En el mercado de divisas también había visto el efecto de devaluaciones masivas en muchas monedas emergentes, y tampoco se libraban los mercados de materias primas, en los que había visto colapsar el petróleo y subir como la espuma el oro.

Para mí, la realidad de los mercados ya era algo completamente distinto de lo que me habían contado hasta entonces. Los «monstruos» sí existían, y llamaban a tu puerta no una vez en la vida, sino cada pocos años. De modo que aprender a detectarlos y aprovecharse de ellos era una obligación. Porque en muchas ocasiones, en el largo plazo esas crisis acababan siendo las mejores oportunidades de inversión, siempre y cuando no te barriesen antes.

La crisis de la bolsa china en 2015

Mientras que en Europa poco a poco nos íbamos quitando el susto de la crisis periférica, y en Estados Unidos se había vuelto a una tasa de crecimiento económico razonable, las políticas expansivas del BCE y de la FED continuaban alimentando la subida de las bolsas. Pero en el otro lado del mundo, China, la segunda economía más importante a nivel global, seguía dando señales de debilidad año tras año (gráfico 6.120).

Los inversores parecían haberse acostumbrado a esa continua desaceleración económica que desde hacía una década denominábamos *soft landing* o «aterrizaje suave», y que no había sido un obstáculo para que la bolsa china siguiese subiendo. El problema llegó cuando apoyadas por algunas medidas llevadas a cabo

Gráfico 6.120. Evolución del PIB de China entre 2010 y 2016

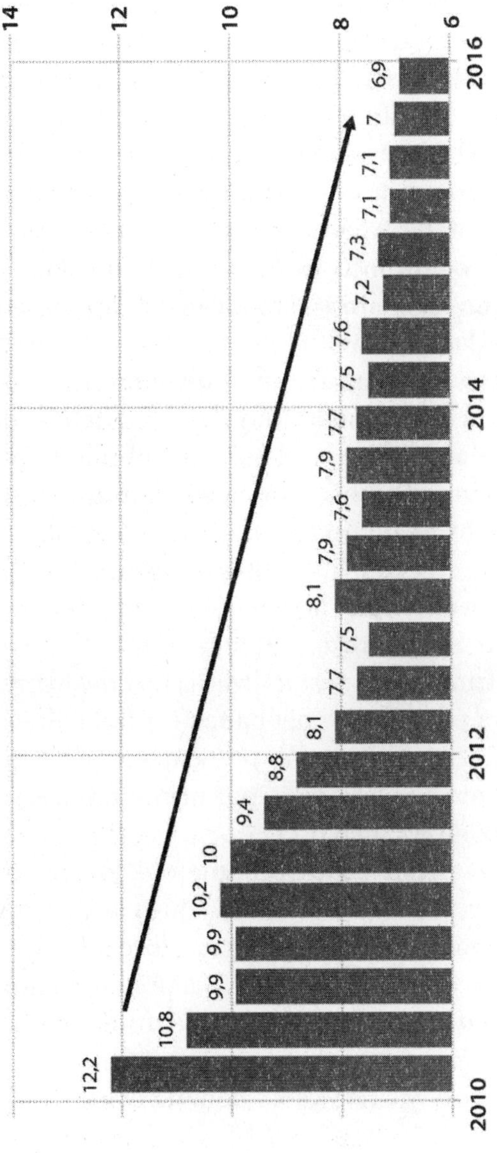

Fuente: Trading Economics.

por el gobierno chino que resultaban incomprensibles, «incentivar la participación en bolsa de pequeños inversores para facilitar la financiación de empresas que ya de por sí estaban altamente endeudadas», esas subidas se hicieron cada vez más verticales. Adicionalmente, las autoridades apoyaron a las empresas tecnológicas, lo que alimentó las expectativas de los inversores más allá de los propios fundamentos de las compañías. A eso se unía una política monetaria expansiva, que desde noviembre de 2014 se había centrado en luchar contra la desaceleración económica y que implementaba bajadas de tipos de interés desde la cota del 5,75 por ciento, en combinación con la reducción del coeficiente de reservas de los bancos para inyectar más liquidez en el sistema. Por otro lado, convivíamos con una realidad en la que China seguía teniendo un gran número de empresas semiestatales con unas ratios de rentabilidad muy bajas. La tendencia alcista de la bolsa china alcanzó su apogeo el 17 de abril de 2015 tras haberse revalorizado más de un 63 por ciento en tan sólo un año. A partir de ahí se estabilizó en un rango lateral en el que se intentó superar el techo de en torno a 15.000 por segunda vez en un mes, pero sin éxito. Para entonces, la situación macro seguía deteriorándose, y también la esperanza de que la actividad económica durante el segundo trimestre se estabilizara. Los inversores comenzaron a cuestionarse si el apoyo del banco central chino se mantendría durante mucho más tiempo, y preocupado por el elevado nivel de endeudamiento en el sistema, por primera vez el sentimiento del inversor flaqueó (gráfico 6.121).

Desde una perspectiva fundamental, lo que ocurrió antes del desplome bursátil fue tan absurdo que cuesta explicarlo. Por un lado, la economía seguía desacelerándose, y el esperado punto de inflexión no acababa de llegar. En el punto máximo de mercado, la valoración de aproximadamente la mitad de las empresas que cotizaban en las bolsas de Shanghái y Shenzhen era un precio superior ochenta y cinco veces beneficio; es decir, una auténtica barbaridad.

Desde una perspectiva de análisis técnico se pudieron apreciar muchas señales que advertían del riesgo que se avecinaba. En primer lugar, la velocidad de subida de la bolsa se estaba ace-

Gráfico 6.121. Evolución del Hang Seng China Enterprises Index entre abril de 2014 y septiembre de 2016

Fuente: TradingView.

lerando exponencialmente, tal como se puede apreciar en la pendiente de las sucesivas líneas de tendencia alcista que unían la secuencia de mínimos de 2014 y principios de 2015. El tramo final de la subida de marzo y abril encajaba perfectamente con el concepto de «pánico comprador», y en tan sólo dos meses, ¡el índice subió más de un 30 por ciento! A partir de ahí entró en un período lateral, pero con bastante volatilidad, que fue definiendo una estructura de distribución tipo «doble techo» que acabó confirmándose de forma definitiva a mediados de junio, y tras un *pullback* de libro comenzó la debacle. En apenas tres meses, la bolsa cayó un 40 por ciento. Entonces se estabilizó y desarrolló un patrón alcista tipo «doble suelo». Pese a que una vez activado propulsó al índice al alza, la subida total quedó en tan sólo un 20 por ciento, y el precio fue incapaz de superar la zona pivote previa, lo que impidió que se alcanzase el objetivo mínimo de la formación «doble suelo». Poco después, el mercado retomó la tendencia a la baja que se extendió has febrero de 2016 para acumular desde máximos una caída del 50 por ciento en tan sólo nueve meses. El final de la corrección quedó marcado por una pequeña figura tipo «hombro-cabeza-hombro invertido» cuyo *neckline* se convirtió más tarde en una zona pivote que frenó las sucesivas correcciones bajistas de los siguientes meses.

Veamos ahora cómo transcurrió la crisis en el plano macroeconómico y las medidas que se implementaron para frenar el colapso de la bolsa. Con el objetivo de frenar la sangría, el gobierno chino desplegó un conjunto de medidas de rescate para estabilizar el mercado, incluyendo la suspensión de salida a bolsa de compañías (OPA), encareciendo la toma de posiciones cortas en el mercado de futuros y dirigiendo la inversión de compañías de seguros a la bolsa. Además, las autoridades instaron a los bancos a prestar dinero a la Compañía China de Finanzas y Valores para que comprara valores y diera soporte al mercado. Luego, el gobierno reunió a las principales casas de bolsa para formar un fondo de 19.000 millones de dólares para comprar acciones cotizadas. Si bien las medidas ayudaron a frenar el deterioro de la bolsa, también planteó grandes interrogantes, ya que, por un lado, la paralización de las ofertas públicas de acciones (OPA) dificultaba la financiación de las empresas y, por otro, y aún más importante, comenzaron a surgir serias dudas sobre el proceso de liberalización del mercado de capitales y del marco regulatorio necesarios para la apertura del mercado a inversores institucionales extranjeros.

Otro punto que se debatió hasta la saciedad en el mercado fue el relativo al «riesgo moral» que entrañaba la intervención del gobierno chino en los mercados de renta variable. La Compañía China de Finanzas y Valores estaba controlada por el regulador chino, y cuando se anunció que se aumentaría su capital en 400 por ciento a fin de poder destinar parte de sus recursos a estabilizar la bolsa, más de un inversor lo vio como un intervencionismo exagerado.

A estas alturas del libro, espero que el lector ya sea consciente de que las intervenciones por parte de gobiernos y bancos centrales a lo largo de las crisis de las últimas décadas no son la excepción, sino más bien la regla.

Si lo pensamos bien, que un país como China, en el que se ejerce un control exhaustivo de las libertades de ciudadanos y empresas, aplique medidas para intervenir la bolsa no tendría que habernos sorprendido, en especial cuando el desplome estaba afectando a la imagen pública de sus gobernantes. Años antes, Xi Jinping había estado hablando de la importancia que tendría el mercado de capitales en la futura apertura de China a los mercados internacionales. Tras el colapso del primer 30 por ciento, que se llevó por delante 3 billones de euros en capitalización bursátil, se anunció que aquellos inversores que poseían más del 5 por ciento de cualquier compañía tenían prohibido vender acciones durante un período de seis meses. Y esa prohibición se extendió también a las compañías estatales. Además, se suspendió la cotización de 1.331 compañías; es decir, aproximadamente el 40 por ciento del total, en lo que algunos analistas denominaron el «corralito bursátil de los mercados chinos».

Pero lo cierto es que algunas de las suspensiones de cotización habían sido solicitadas por las propias empresas chinas, que curiosamente durante finales de 2014 y principios de 2015 habían estado comprando sus propias acciones *(share buybacks)* con el dinero conseguido a través de unos préstamos en los que ponían como garantía sus propias acciones. Cuando cambió la dirección de la bolsa, esas empresas se encontraron con el problema de que para hacer frente a los préstamos tenían que poner más acciones como garantía, desatando así una espiral de problemas financieros. Según Goldman Sachs, el apalancamiento llegó a tal nivel que representaba un 12 por ciento del mercado flotante y el 3,5 por ciento del PIB de China. Cuando comenzaron a producirse los *margin call*, o sea, la necesidad de que los inversores depositaran más dinero en las cuentas operativas para la liquidación forzosa de sus posiciones, la crisis de confianza alcanzó su punto crítico.[12]

El 24 de agosto se produjo el lunes negro para la bolsa China, y la onda expansiva se dejó notar a nivel mundial, provocando que casi todas las bolsas europeas y estadounidenses registrasen pérdidas de en torno al 5 por ciento. Durante casi dos años, el mercado de renta variable entró en un período de consolidación lateral, pero registrando dos fuertes correcciones en agosto y diciembre de 2015. En la bolsa estadounidense, S&P500, las caídas que se produjeron en verano fueron de un 11 por ciento, mientras que las que tuvieron lugar en diciembre alcanzaron el 14 por ciento. En Europa, entre abril y agosto, el Euro Stoxx 600 completó una figura tipo doble techo, y acabó cayendo desde máximos un 26 por ciento. La fase de recuperación estuvo también marcada por un pequeño doble suelo en Estados Unidos, y en el caso de Europa hubo que esperar a la superación de 350 para confirmar que la estructura de mínimos y máximos volvía a ser creciente, dando paso a la reanudación de la tendencia alcista (gráfico 6.122).

La crisis de renta variable en China provocó correcciones más o menos fuertes en otras geografías del mundo, pero no lle-

12. <https://foreignpolicy.com/2015/07/16/china-destroyed-its-stock-market-in-order-to-save-it/?wp_login_redirect=0>.

Gráfico 6.122. Evolución del S&P500 y del Euro Stoxx 600 entre principios de 2013 y junio de 2017

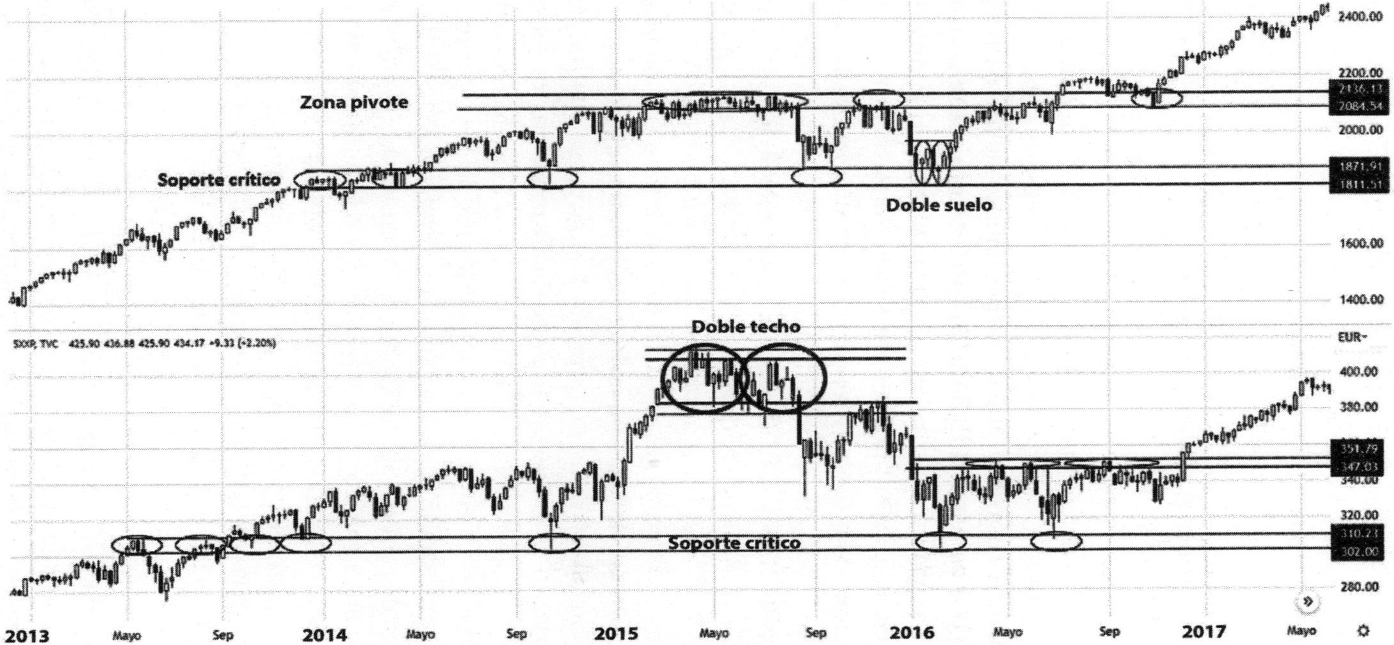

Fuente: TradingView.

gó a considerarse como una crisis global, ya que no tuvo un impacto severo en las tasas de crecimiento económico de las principales economías desarrolladas.

La crisis de la pandemia desatada por la COVID-19

A principios de 2020 sucedió lo que parecía imposible: una pandemia global causada por el coronavirus. Los primeros indicios de esta crisis sanitaria se detectaron en China a finales de 2019, pero la expansión del virus hasta convertirse en un problema a escala mundial no se produjo hasta principios de 2020. Antes de analizar el impacto económico que tuvo este «cisne negro», merece la pena repasar la situación existente un par de años antes a fin de entender el entorno previo a la crisis.

El año 2018 había sido un período volátil, ya que, en Estados Unidos, la Reserva Federal había intentado llevar a cabo la retirada de estímulo monetario tanto en su vertiente convencional como no convencional. Es decir, además de subir las tasas de interés comenzó también a reducir su balance de deuda soberana e hipotecaria. Esa deuda comprada a lo largo de sus programas de QE o *quantitative easing* fue uno de los pilares en que se sustentó la recuperación económica tras el 2008. Y como recordarás, por el capítulo de este libro en que hablamos de esa política monetaria no convencional, recibieron el nombre de QE1, QE2 y QE3. El objetivo de estas compras de deuda era abaratar el coste de financiación en el medio y largo plazo para fomentar el consumo y la inversión, y con ello apuntalar el crecimiento económico.

En la primera parte de 2018, Estados Unidos estaba registrando unas tasas de crecimiento superiores al 3 por ciento, uno de los niveles más altos de los últimos años. En Europa, la situación había comenzado a deteriorarse un poco, ya que un año antes se habían alcanzado PIB superiores al 3 por ciento que luego fueron remitiendo hasta estabilizarse entre el 1,5 por ciento y el 2 por ciento. China arrancaba el año con niveles de crecimiento cercanos al 7 por ciento, y si bien en términos absolutos eran cifras muy positivas, la tendencia respecto a los años anteriores seguía mostrando un deterioro suave pero continuado en el tiempo, en lo que llevamos denominando «aterrizaje suave» desde hace más de una década. Japón había registrado crecimientos superiores al 2 por ciento a finales de 2017, pero para finales de 2018 volvía a enfrentarse a una recesión económica, algo que no podía sorprendernos, ya que la economía nipona lleva casi dos décadas en las que se producen recesiones cada tres años de media (gráfico 6.123).

A excepción de Japón, el entorno en 2018 era muy positivo a escala global. Y tal vez por eso la FED se sintió con ánimo para intentar eliminar parte del apoyo que había volcado al mercado desde 2008. Esas ayudas se concentraban en dos tipos de medidas, tipos de interés al 0 por ciento y compra de deuda hasta que su balance alcanzó aproximadamente los 4,5 billones de dólares (trillones estadounidenses) (gráfico 6.124).

Los tipos de interés habían comenzado a subir a finales de 2015, pero tan sólo un 0,25 por ciento. En 2016 subieron otro 0,25 por ciento. Durante 2017 hubo un incremento de 0,75 por ciento distribuido en tres subidas de 0,25 por ciento cada una. Y fue en 2018 cuando comenzaron a subirse las tasas a un ritmo de 0,25 por ciento cada trimestre hasta situar el nivel en el 2,5 por ciento. Pero lo nuevo de verdad fue cuando combinaron simultáneamente las subidas de tasas y la reducción del balance de la FED. Hasta entonces y desde 2015 se habían llevado a cabo renovaciones de la deuda que iba venciendo; es decir, que el balance de deuda en posesión de la FED ni crecía ni disminuía. El experimento llevado a cabo por Powell salió muy mal. Para finales de 2018, los inversores, muy poco acostumbrados a las políticas restrictivas, perdieron la fe en la bolsa y comenzaron a vender, pese a que la economía no mostraba síntomas de debilidad y seguía creciendo con PIB por encima del 2 por ciento.

A finales de 2018, la pérdida de confianza de los inversores era ya manifiesta, y se plasmaba en una caída cada vez más intensa en las bolsas de Estados Unidos, pero que por efecto contagio se había extendido a otras plazas, como fue el caso de las bolsas europeas. Pese a que no había problemas de crecimiento económico, la caída de más de un 20 por ciento de la renta varia-

Gráfico 6.123. Evolución del PIB anual en Estados Unidos, Europa, China y Japón entre 2017 y 2022

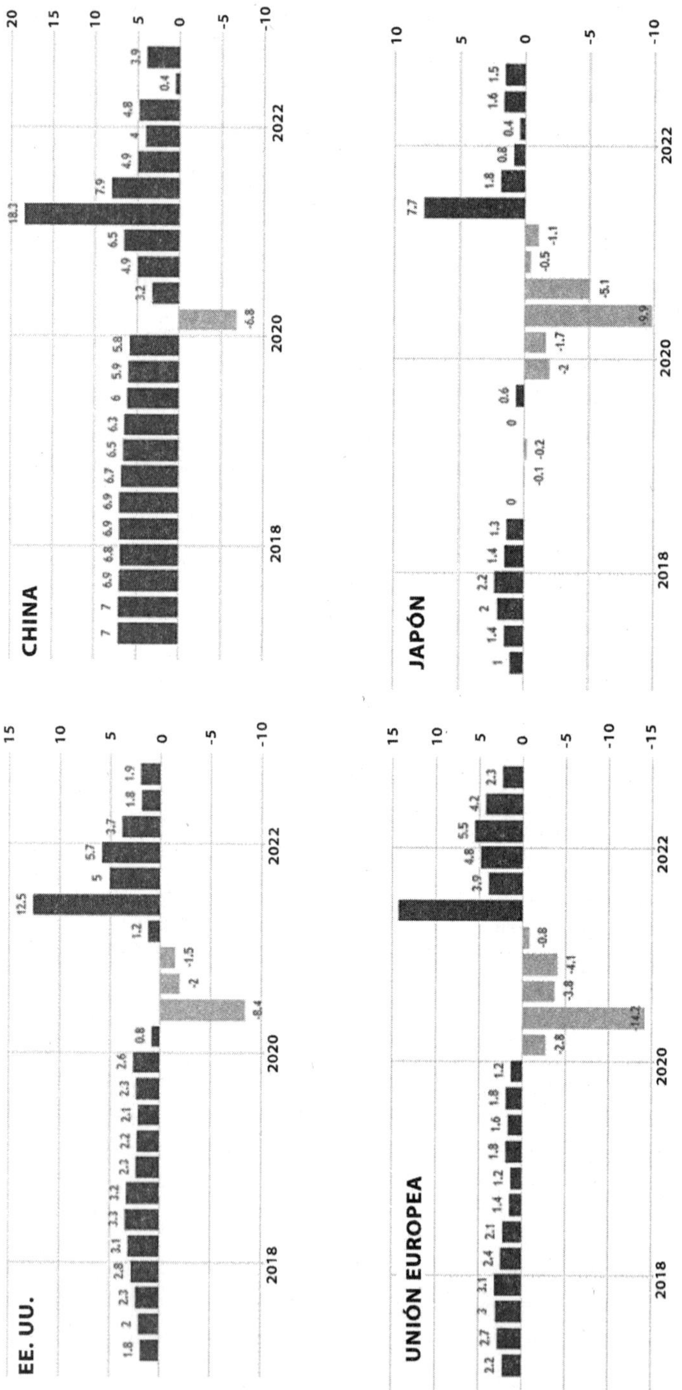

Fuente: Trading Economics.

Gráfico 6.124. Evolución de los tipos de interés en Estados Unidos y el balance de deuda comprada por la FED entre 2008 y 2020

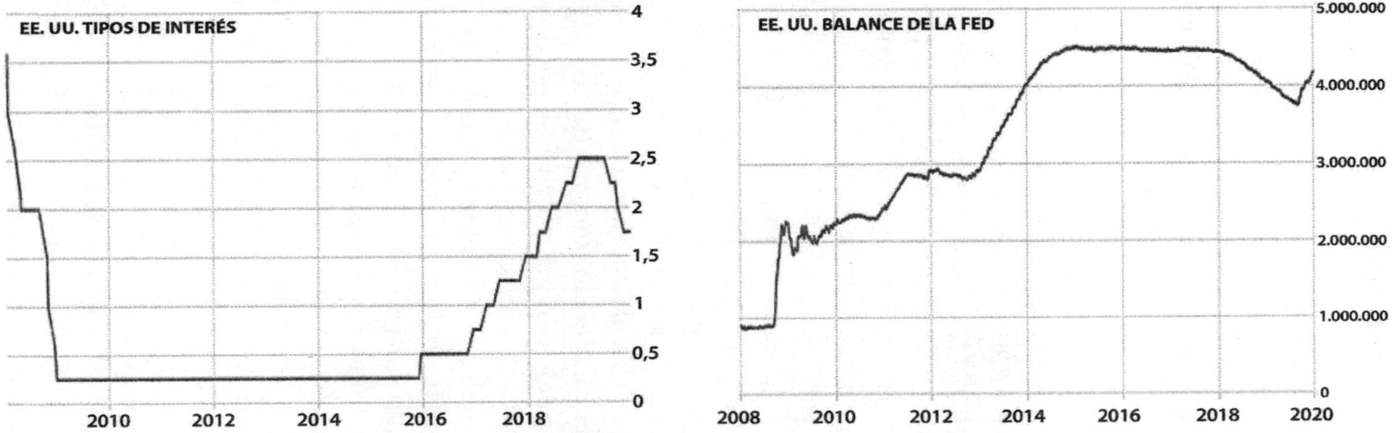

Fuente: Trading Economics.

ble en menos de tres meses convenció a la FED de que debía cambiar su discurso para atajar la tendencia bajista que se estaba acelerando en la bolsa. Ese acto puso de manifiesto cómo se había creado una dependencia en el mercado de los programas de ayuda monetarios a los que la FED había acostumbrado a los inversores tras una década de políticas monetarias expansivas (gráfico 6.125).

La FED comunicó al mercado en diciembre de 2018 que los tipos ya no subirían más. Para entonces las tasas de interés habían alcanzado niveles de 2,5 por ciento. En Europa, las caídas fueron similares, de en torno a 21 por ciento en el Euro Stoxx 50, pero se produjeron de manera más secuencial, y no tan concentradas en los últimos dos meses del año. Mientras que en Estados Unidos el crecimiento económico seguía siendo sólido y la única razón para explicar la caída de la bolsa era la retirada de estímulos monetarios, en Europa el crecimiento se había estabilizado en cotas ligeramente más bajas, del 1,5 por ciento. Pero en cambio, las tasas de interés fijadas por el Banco Central Europeo seguían al 0 por ciento, y el tipo de facilidad de depósito era del −0,40 por ciento. A eso habría que añadir un programa de *quantitative easing*, o política monetaria no convencional, que seguía engrosando el balance de compras de deuda por parte del BCE. Viendo lo ocurrido con perspectiva, se puede apreciar hasta qué punto influye en las bolsas europeas el comportamiento de la bolsa estadounidense, aunque la situación macroeconómica y las políticas monetarias que se puedan estar implementando en las dos regiones sean de signo contrario.

La FED retomó su política de apoyo a los mercados en julio de 2019, bajando de nuevo las tasas en un 0,25 por ciento. En septiembre de 2019 surgió otro problema adicional que afectó de lleno al mercado interbancario en Estados Unidos. Las tasas del mercado monetario a un día, conocidas como el mercado REPO, se dispararon y exhibieron una volatilidad significativa, en medio de una gran caída en las reservas, debido a la fecha del pago del impuesto de sociedades y también por el aumento de la emisión neta de bonos del Tesoro. El 17 de septiembre de 2019, las tasas de interés de los acuerdos de recompra a un día (o «re-

Gráfico 6.125. Evolución del S&P500 (gráfico superior) y del Euro Stoxx 50 (gráfico inferior) durante 2018

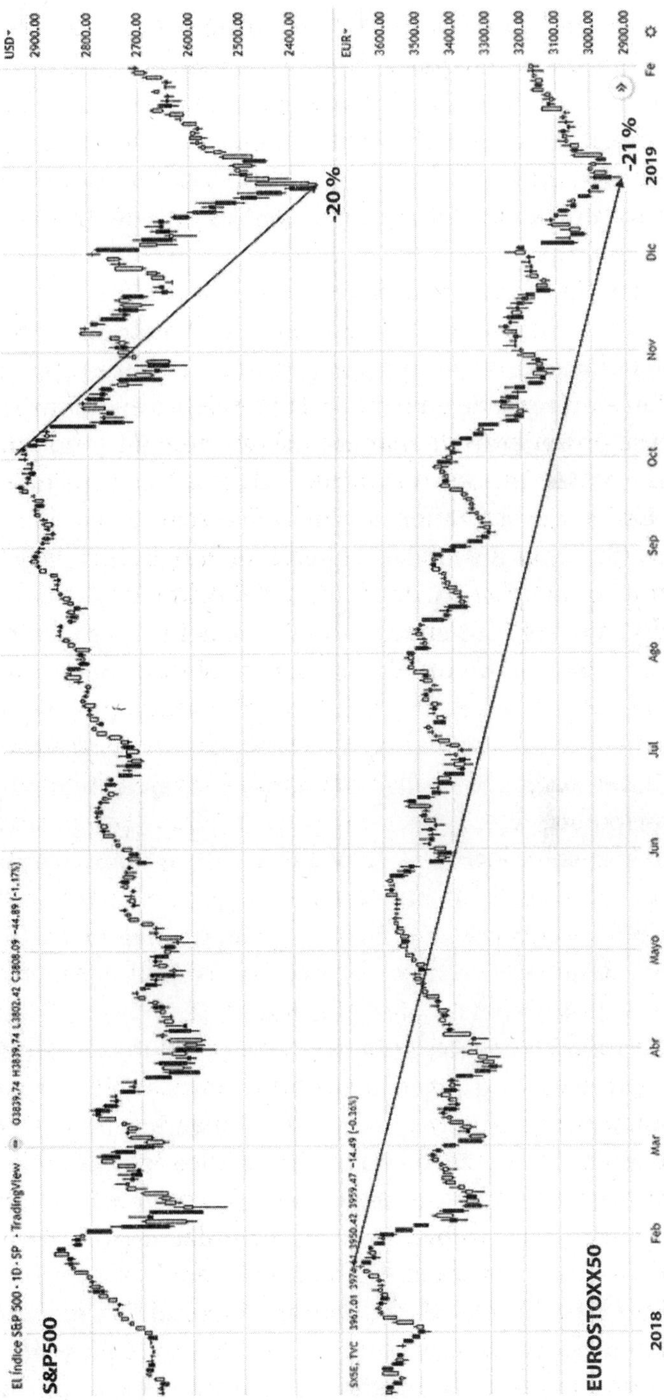

Fuente: TradingView.

pos»), es decir, préstamos a corto plazo entre instituciones financieras, experimentaron una brusca subida, pasando del 2,43 al 5,25 por ciento en tan sólo un día. Durante la sesión de negociación, las tasas de interés llegaron a alcanzar el 10 por ciento. Esto obligó a la Reserva Federal de Nueva York a llevar a cabo una intervención de emergencia, inyectando el 17 de septiembre 75.000 millones de dólares en liquidez a los mercados de repos, y luego extendió la medida a lo largo de toda la semana. El 19 de septiembre, el Comité Federal de Mercado Abierto de la Reserva Federal decidió bajar también el interés pagado por las reservas bancarias. El Banco de la Reserva Federal de Nueva York continuó proporcionando liquidez con regularidad al mercado de repos hasta junio de 2020. Esta medida se combinó con sucesivas rebajas en los tipos de interés hasta situar el nivel en la cota del 1,75 por ciento. En octubre de 2019, la FED anunció que comenzaría a comprar letras del Tesoro por valor de 60.000 millones al mes, aunque varios de los consejeros de la Reserva Federal mantenían que no se trataba de un nuevo programa de QE, sino de un mecanismo que permitiese el buen funcionamiento del mercado monetario. Aunque la realidad era que el balance de la FED volvió a expandirse con la compra de deuda de corto plazo.

Y en este entorno entramos en 2020, a las puertas de un nuevo cisne negro como que fue la pandemia desatada por la COVID-19. A finales de 2019, el problema ya había afectado a China, origen del contagio. Wuhan, la ciudad donde primero se detectó el problema, había sido confinada por completo. La información que llegaba de las autoridades chinas era todo menos transparente. Pero el hecho de que ya antes se hubiesen registrado enfermedades contagiosas, como la gripe aviar en 1997 y más tarde en 2013, nos hizo pensar que esta vez podía ser un problema que afectase a una región y no al mundo entero. Sin embargo, al cabo de unos pocos meses, la enfermedad comenzó a extenderse por todo el mundo, y la virulencia y mortalidad de la COVID-19 nos pilló por sorpresa. En medio de una incertidumbre sin precedentes, y sin una medicación que pudiera contener los efectos de la crisis sanitaria, se vivieron momentos de pánico entre los políticos y la propia población. Eso llevó a un confinamiento mundial como no se había registrado desde hacía siglos. Se prohibió a la población salir de casa y la economía se paralizó por completo. Salvo algunos profesionales que cubrían las necesidades básicas del Estado, todos los demás se vieron obligados a recluirse en sus casas en espera de ver cómo evolucionaban los contagios mientras la humanidad entraba en una carrera nunca antes vista por encontrar un tratamiento eficaz contra la COVID-19. Con la economía mundial paralizada, todos nos preparamos para la inevitable recesión. En ese momento, los bancos centrales decidieron llevar a cabo la mayor intervención en los anales de la historia centrada en dos vertientes, la compra de activos y la inyección de liquidez, lo que permitió a los gobiernos lanzar programas de estímulo fiscal sin precedentes.

En Europa, el BCE no pudo bajar más las tasas de interés porque ya tenía el tipo oficial en el 0 por ciento desde el año 2016, y el tipo de facilidad de depósito en -0,50 por ciento. Así que se embarcó en programas más agresivos de compra de activos. El 18 de marzo lanzó el programa de compras de emergencia frente a la pandemia, conocido como PEPP por sus siglas en inglés. Esto permitió la compra masiva de bonos públicos y privados, así como otros instrumentos de deuda menos habituales. El paquete inicial fue de 750.000 millones de euros y tenía como fecha final diciembre de 2020, y se sumaba al ya existente, APP, que llevaba en funcionamiento desde el año 2015. Ambos programas permitieron frenar el deterioro de los mercados financieros, reduciendo de manera sustancial los tipos de interés de la deuda soberana y corporativa. A medida que se constató el efecto dramático que estaba teniendo la COVID-19 en la situación económica, el programa PEPP se amplió desde los 750.000 millones de euros originales hasta los 1,35 billones de euros, y se prolongó su duración hasta junio de 2021, a la vez que también se aumentaba la dotación del programa más antiguo, APP. En diciembre de 2020 volvió a ampliarse la dotación de dinero bajo las siglas PEPP en otros 500.000 millones adicionales, lo que dejó el importe final en 1,85 billones de euros, con la intención de mantener las compras hasta finales de 2023. Adicionalmente, se implementaron medidas orientadas a fomentar la provisión de crédito bancario a la economía a través de operaciones de refinanciación a plazos largos, conocido como programa LTRO, que proporcionaba a los bancos financiación puente en condiciones ventajosas hasta finales de 2020. A la vista de que las medidas pudiesen ser escasas, en abril se activó otro mecanismo llamado PELTRO para cubrir las necesidades de financiación a más largo plazo en casos de emergencia. Pese a todo, el BCE temía que los bancos cortasen la financiación a empresas y ciudadanos, por lo que activó otro programa llamado TLTRO mediante el que ofrecía financiación a los bancos en condiciones en especial ventajosas (al −1 por ciento), siempre y cuando cumpliesen con los objetivos de concesión de crédito a compañías y hogares. La suma de todos los programas de estímulo monetario del Banco Central Europeo duplicó el balance de deuda comprada desde los 4,4 billones de euros hasta los 8,8 billones en tan sólo dos años.[13]

Gráfico 6.126. Evolución del balance del BCE desde 2018 hasta principios de 2023

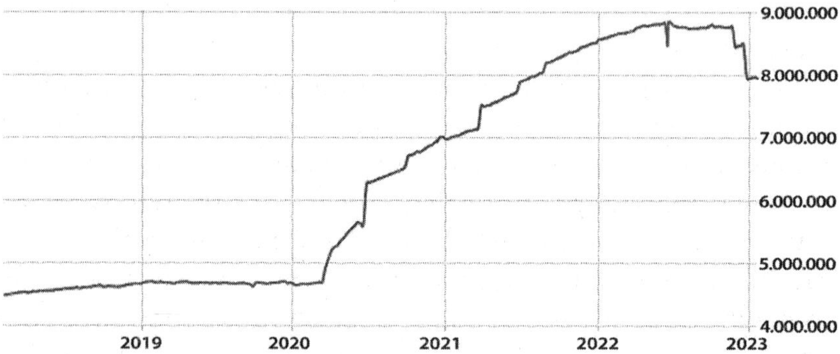

Fuente: Trading Economics.

En el plano fiscal, los gobiernos europeos lanzaron programas de distinta índole con el foco puesto en estos efectos:

13. <https://www.bde.es/f/webbde/GAP/Secciones/SalaPrensa/Articulos%20Prensa/hdc260421.pdf>.

- Aumentar el gasto sanitario.
- Mantener las rentas de las familias y empresas.
- Evitar un incremento de la tasa de desempleo.
- Ampliar la cobertura por bajas por enfermedad.
- Permitir transferencias directas de renta a los hogares.
- Facilitar subvenciones a empresas afectadas por la pandemia.
- Aplicar moratoria de impuestos y contribuciones sociales.
- Activar líneas de financiación que garanticen la liquidez a empresas, utilizando avales públicos de gran tamaño.

La transferencia de riqueza de los Estados hacia empresas y ciudadanos originó un crecimiento brutal en las tasas de endeudamiento. En otras circunstancias habría sido imposible para la mayoría de los países de la zona euro llevar a cabo esos programas de apoyo sin saltarse los límites impuestos por el Pacto de Estabilidad y Crecimiento que rige como marco común en la Unión Europea. De modo que en 2020 se aprobó la suspensión de los límites de déficit y deuda pública, lo que generó que el nivel de endeudamiento creciese sin control a lo largo de los siguientes dos años.

El déficit público, que desde el año 2010 había ido reduciéndose paulatinamente, y que estaba cerca de alcanzar su mejor momento en décadas, con la llegada de la COVID-19 se disparó hasta el -7,1 por ciento en 2020, haciendo que la deuda pública en relación con el PIB en la zona euro subiese por encima del 95 por ciento por primera vez en mucho tiempo. Como es habitual cuando se miran datos que representan una media entre muchos países, el dato agregado no muestra la realidad de los excesos de endeudamiento en los que incurrieron algunos miembros de la Unión Europea, como España, Italia, Portugal y Grecia.[14]

14. Banco de España (2020), «El papel de las políticas económicas ante la pandemia en el plano internacional», capítulo 3, *Informe anual 2019*.

Gráfico 6.127. Evolución de la deuda sobre el PIB de España, Italia, Portugal y Grecia desde 1980 hasta principios de 2023

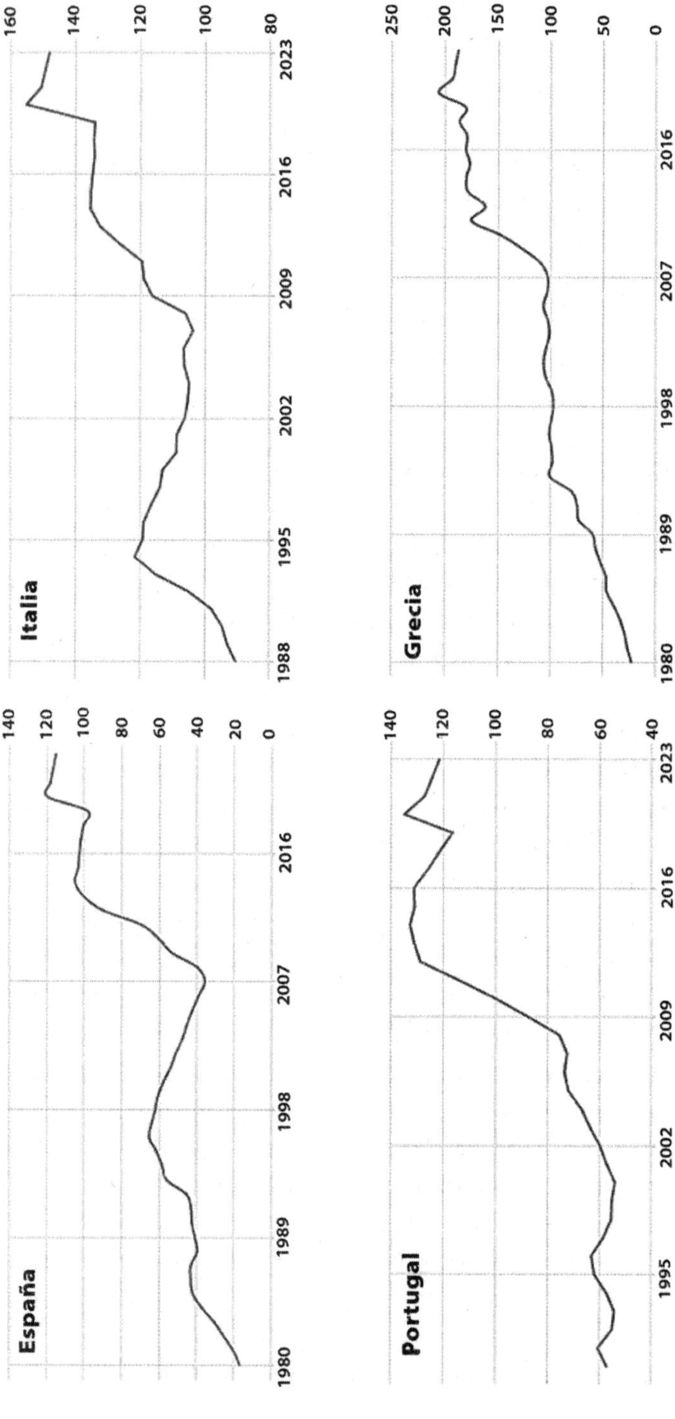

Fuente: Trading Economics.

En Estados Unidos, la Reserva Federal intervino en tres categorías básicas:

- Recortes en los tipos de interés: En marzo con una bajada de 0,50 por ciento hasta el 1,25 por ciento, y poco después otra bajada de 1,25 por ciento para situar los tipos entre el 0 por ciento y el −0,25 por ciento.
- Préstamos y compra de activos: A través de su programa de QE ilimitado, con el que dejaba abierta la posibilidad de comprar todo lo que fuese necesario.
- Cambios en la regulación.

El 12 de marzo de 2020, la FED amplió sus acuerdos de recompra repo en 1,5 billones de dólares, y cuatro días más tarde lo aumentó a 2,0 billones de dólares a fin de garantizar la liquidez en los mercados monetarios. El 15 de marzo anunció que el programa de QE o política monetaria no convencional con el que adquiría bonos del Tesoro de Estados Unidos y valores respaldados por hipotecas (MBS) sería un programa abierto; es decir, ilimitado, a fin de respaldar el buen funcionamiento de los mercados. Además de las compras directas de deuda, la FED implementó varios nuevos programas de préstamos como parte de la Ley de Ayuda, Alivio y Seguridad Económica del Coronavirus, conocido como el programa CARES por sus siglas en inglés. Adicionalmente, la Reserva Federal creó otros mecanismos con objetivos concretos:

- Servicio de liquidez del programa de protección de cheques de pago (PPPLF) en abril de 2020: A través del cual prestaba dinero a los bancos para que se lo hiciesen llegar a las pymes.
- Línea de crédito corporativo del mercado primario (PMCCF) y mercado secundario (SMCCF) en marzo de 2020: para la compra de bonos corporativos que garantizasen las líneas de crédito de las empresas. El programa SMCCF iba más allá y permitía la compra no sólo de bonos corporativos, sino también de fondos cotizados en bolsa; es decir, ETF en el mercado secundario.

- Facilidad de préstamo de valores respaldados por activos a plazo (TALF) en marzo de 2020 por valor de 100.000 millones de dólares: Con el que hacía préstamos a empresas mientras tomaba como colateral o respaldo ABS.
- Programa de préstamos a Main Street Lending Program que estableció un SPV para comprar hasta 600.000 millones de dólares en préstamos a pymes.
- Línea de liquidez municipal (MLF) con la que compró hasta 500.000 millones de notas a corto plazo emitidas por distintos estados, condados, ciudades, entidades multiestatales y otras empresas de servicios públicos.
- Facilidad de crédito del distribuidor primario (PDCF) y facilidad de liquidez de fondos mutuos del mercado monetario (MMLF) en marzo de 2020: con el que otorgaba préstamos a intermediarios primarios respaldados por una amplia variedad de valores como garantía. El MMLF permitía prestar dinero a instituciones financieras para que pudieran comprar fondos mutuos del mercado monetario.
- Facilidad de financiación de papel comercial (CPFF): Con el que compró deuda a corto plazo conocida como «papel comercial» a fin de evitar la escasez de liquidez de las empresas.

Adicionalmente, la Reserva Federal cambió la regulación y actualizó determinadas políticas de actuación.

- Cambios en el coeficiente de reservas bancarias para que pudieran prestar más.
- Exclusión de los bonos del Tesoro y los depósitos en los bancos de la FED de sus balances a la hora de calcular los requisitos de reserva, aumentando de ese modo la capacidad de préstamo de los bancos.
- En marzo de 2020 y hasta junio de 2021 se impusieron restricciones al pago de dividendos y recompras de acciones de los bancos.

En el plano fiscal, el gobierno estadounidense fue en particular relevante desde un punto de vista cuantitativo, ya que implementó ayudas directas a hogares, empresas y gobiernos estatales y locales. Se estima que las medidas del gobierno federal estadounidense representaron un coste presupuestario total de más del 12 por ciento del PIB. Hubo tres paquetes cruciales para la recuperación económica y posteriormente uno complementario. El primero vio la luz en mayo de 2020 por valor de 3,4 billones de dólares y fue bautizado como la ley HEROES. En diciembre de 2020, el Congreso aprobó la Ley de Asignaciones Consolidadas (CAA) que supuso un estímulo de 900.000 millones adicionales. El 11 de marzo de 2021 se aprobó la Ley del Plan de Rescate Estadounidense por valor de 1,9 billones de dólares. Los paquetes de ayuda tenían en algunos casos unos objetivos concretos y otros, coberturas más generales, y se fueron llevando a cabo en subprogramas de forma progresiva. El primer paquete de alivio (Ley de Asignaciones Suplementarias de Preparación y Respuesta al Coronavirus de 2020) fue apodado como fase 1 y promulgado el 6 de marzo de 2020 y contaba con 8.300 millones de fondo. El segundo paquete (Ley de Respuesta al Coronavirus de las Familias Primero, FFCRA), conocido como fase 2, se convirtió en ley el 18 de marzo de 2020. El tercer paquete de estímulo, conocido como Ley de Ayuda, Alivio y Seguridad Económica del Coronavirus (CARES), fue el más grande hasta el momento, y se aprobó el 27 de marzo de 2020 y se le asignó un presupuesto de 2,3 billones de dólares. El 24 de abril de 2020 se promulgó un nuevo paquete de estímulo complementario apodado fase 3.5 que incrementaba las ayudas en otros 484.000 millones de dólares. Y en paralelo se llevaron a cabo medidas complementarias, como la Ley de Flexibilidad del Programa de Protección de Cheques de Pago de 2020 que modificaba el programa PPP. También habría que añadir a todo este flujo de ayudas los estímulos adicionales no federales y que fueron orquestados a título particular por muchos de los estados de Estados Unidos.[15]

15. <https://www.investopedia.com/government-stimulus-efforts-to-fight-the-covid-19-crisis-4799723>.

Todo este conjunto ingente de ayudas estaba destinado a:

- Ofrecer recursos vía préstamos y subvenciones para pymes.
- Lanzamiento del programa de protección de nóminas, conocido con el nombre de Paycheck Protection Program, por valor de 670.000 millones de dólares con el objetivo de ofrecer préstamos garantizados a pequeñas y medianas empresas para que pudiesen mantener a sus trabajadores en nómina durante la inactividad provocada por la pandemia. Además, esos préstamos se condonaban parcial o totalmente si la empresa mantenía su plantilla y las condiciones laborales.
- Ampliar el Fondo de Estabilización Cambiaria del Tesoro, lo que permitía conceder préstamos a las grandes multinacionales.
- Baja laboral remunerada para trabajadores en cuarentena.
- Ampliación de la dotación de la prestación por desempleo hasta los 600 dólares semanales y duración extendida hasta 13 semanas más de lo habitual.
- Exención de seis meses en el pago del impuesto de sociedades.
- Desgravaciones fiscales por coste de las bajas por enfermedad
- Transferencia de 1.200 dólares a cada estadounidense más 500 dólares adicionales por cada hijo a cargo.
- Exención del pago de intereses sobre préstamos federales a estudiantes.
- Bonos alimentarios y ampliación de la cobertura de Medicare.
- Préstamos a consumidores.
- Exención de tres meses para el pago del impuesto sobre la renta.
- Aplazamiento del pago de las cotizaciones a la Seguridad Social.
- Aumento de las deducciones sobre el impuesto sobre la renta y por el pago de intereses y pérdidas del impuesto sobre beneficios empresariales.
- Suspensión temporal de los impuestos de aviación.

Para poder comparar las medidas fiscales llevadas a cabo fuera de Europa recomiendo ver el anexo, «Medidas de política fiscal en países no europeos».

Llegados a este punto, espero que el lector sea consciente de la dimensión que alcanzó la lucha contra la COVID-19 tanto en el plano monetario como en el fiscal. Analicemos ahora cómo se financiaron todas esas ayudas y qué efecto tuvieron en los balances de los bancos centrales, en el endeudamiento de los gobiernos y en los mercados financieros.

Lo primero que hay que entender es que, para implementar programas de apoyo, los gobiernos tenían que disponer de medios económicos para hacerlo. Y para ello emitieron deuda, que fue adquirida en su mayoría por los bancos centrales. Eso llevó a que los balances de la mayoría de los bancos centrales del mundo casi se duplicasen en tamaño en tan sólo dos años.

Gráfico 6.128. Evolución de los balances de los bancos centrales de Suiza, el Reino Unido, Japón, Estados Unidos y la Unión Europea

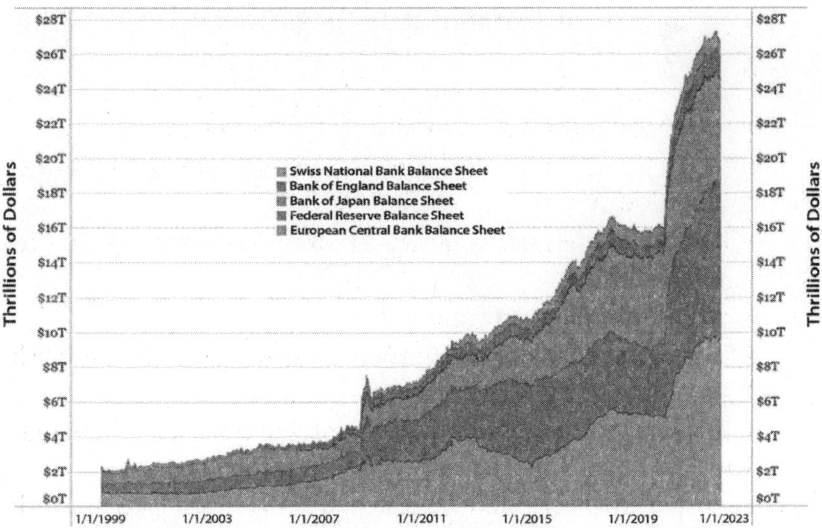

Fuente: <biancoresearch.com>, Bloomberg.

Además, los gobiernos incrementaron sus déficits, y con ello sus niveles de endeudamiento estructural. La respuesta a la COVID-19 provocó que las principales economías desarrolladas del mundo disparasen sus ratios de deuda sobre el PIB por encima del cien por cien. En un mundo donde las tasas de interés habían bajado hasta el 0 por ciento, e incluso a niveles negativos en casos como Japón, Suiza y la Unión Europea, el coste de una deuda tan elevada no representaba un problema. No olvidemos que antes de la pandemia, el nivel de los tipos de interés ya era históricamente bajo, y que gracias a los programas de QE que los bancos centrales llevaban implementando desde hacía muchos años se había creado una anomalía sin precedentes, con un universo de 18 billones de dólares de bonos que cotizaban con rentabilidades negativas; es decir, una situación que permitía a muchos gobiernos pedir prestado dinero y además recibir el pago de intereses a su favor. Y pese a lo absurdo de la situación, los mercados parecían haberse acostumbrado a ese disparate (gráfico 6.129).

Gráfico 6.129. Cantidad de deuda en el mundo que cotiza con rentabilidades negativas

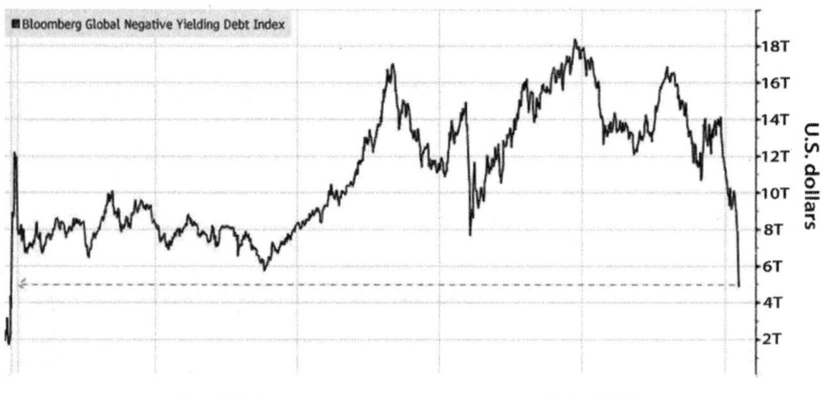

Fuente: Bloomberg.

Gráfico 6.130. Evolución de la deuda sobre el PIB de distintos países del mundo

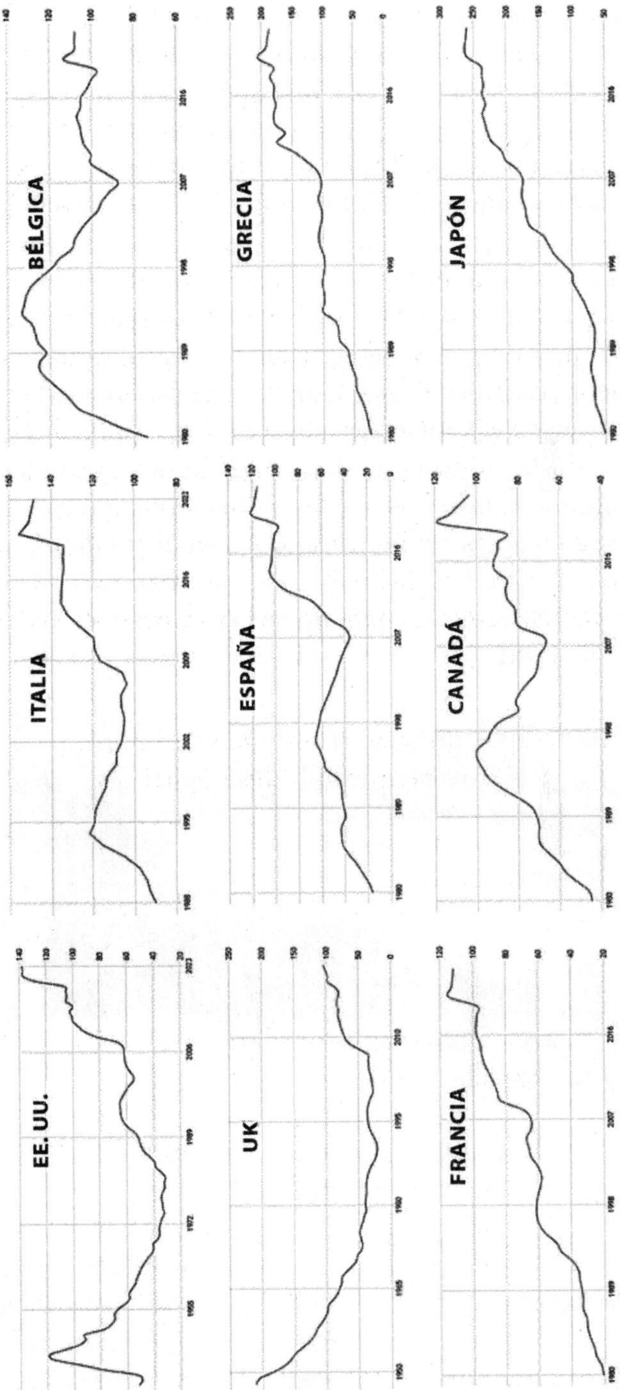

Fuente: Trading Economics.

El problema de las situaciones absurdas que se mantienen durante años a base de intervencionismo extremo es que a la larga puedes llegar a crear la ilusión de que lo imposible es posible. Los inversores llevaban tanto tiempo viviendo bajo la premisa de que el coste de financiación al 0 por ciento era lo normal, que al final acabaron por estructurar sus inversiones en el mercado con la premisa de que siempre sería así. Y del mismo modo, los gobiernos no tuvieron ningún problema en incrementar su nivel de endeudamiento a sabiendas de que el coste financiero de hacerlo sería insignificante, gracias a que los bancos centrales no sólo comprarían la deuda que no se pudiese colocar en el mercado, sino que además se encargarían de que su coste financiero fuese insignificante (gráfico 6.130).

Y eso nos ha llevado a vivir en un mundo donde el crecimiento económico está sustentado por un endeudamiento crónico que en términos absolutos ya supera los 300 billones de dólares

Gráfico 6.131. Cantidad de deuda en el mundo en términos absolutos y en términos relativos al PIB

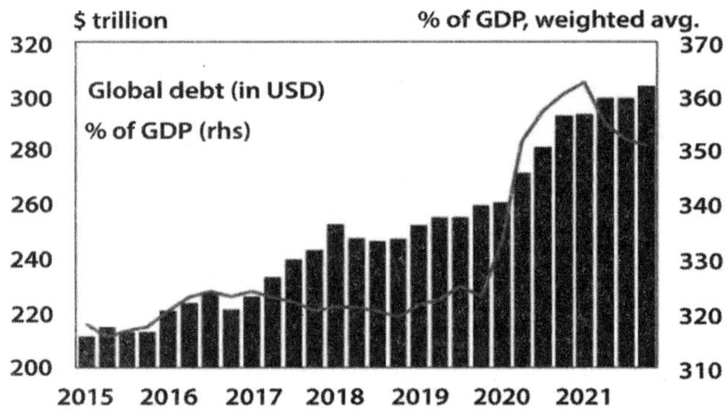

Fuente: IIF, BIS, IMF, National sources, Haver.

(trillones estadounidenses), y que representa más de un 350 por ciento del PIB global (gráfico 6.131).

Es hora de analizar cómo esas intervenciones masivas impactaron en el mercado, afectando a los activos de renta variable, renta fija, materias primas y divisas. Dada la dimensión de la pandemia y su efecto global, voy a dividir el mercado de renta variable en áreas geográficas para que sea más fácil de interpretar (gráfico 6.132).

Gráfico 6.132. Evolución del S&P500 y del Euro Stoxx 50 desde mediados de 2018 hasta finales de 2020

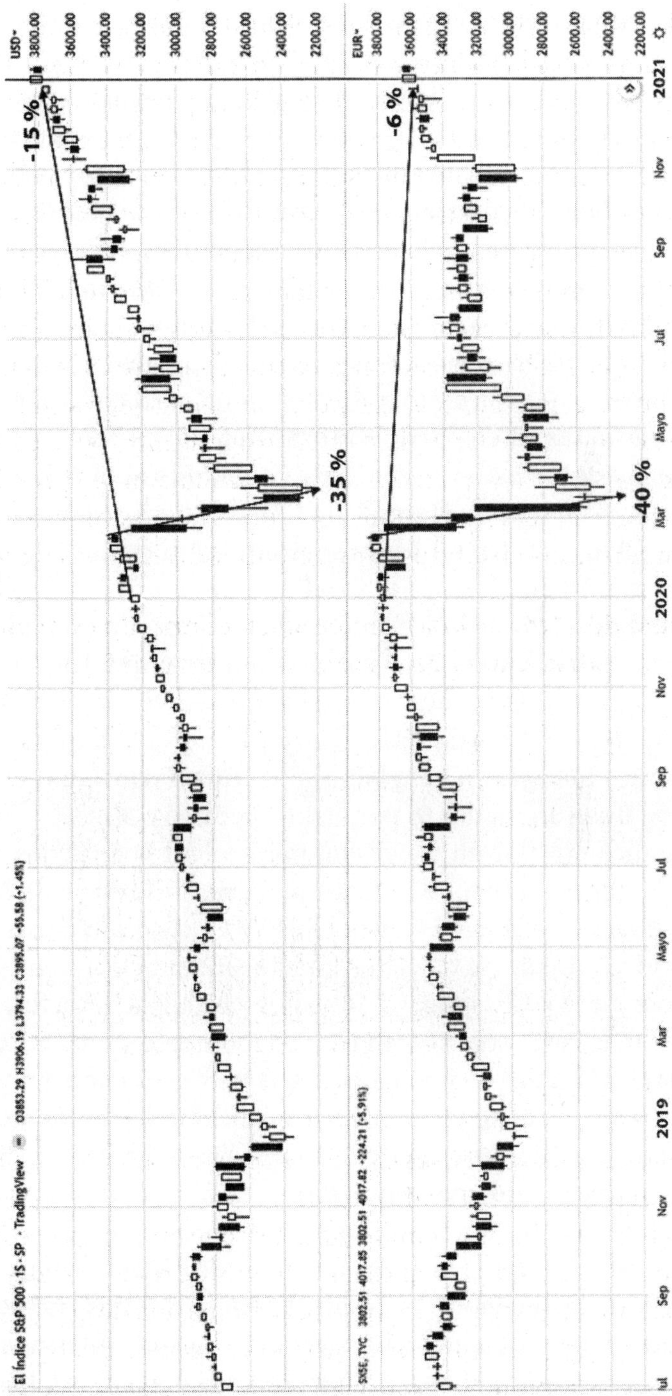

Fuente: TradingView.

La primera reacción de las bolsas de Estados Unidos (S&P500) y de Europa (Euro Stoxx 50) ante la pandemia fue un colapso rápido y profundo. En el primero, del 35 por ciento y en el segundo, del 40 por ciento. A medida que los bancos centrales y los gobiernos fueron publicando sus medidas de apoyo sin precedentes, la bolsa comenzó a recuperar lo que había caído en cuestión de mes y medio. Como las ayudas en Estados Unidos estaban siendo más directas que en Europa, la bolsa allí se recuperó con más ímpetu, hasta el punto de que al terminar 2020 el retorno del S&P500 era de un 15 por ciento aproximadamente, mientras que el índice Euro Stoxx 50 de la zona euro todavía registraba caídas netas en el año de en torno al 6 por ciento.

En cuanto a las bolsas en Asia y tomando como ejemplos lo que ocurría en China (Hang Seng China Enterprises) y en Japón (Nikkei 225), en ambos casos se produjeron caídas fuertes, del 28 por ciento en el primero y del 32 por ciento en el segundo. A finales de 2020, la bolsa china todavía seguía marcando niveles de 2,3 por ciento por debajo del inicio del año, aunque había que tener en cuenta que ya desde 2018 el índice mostraba una clara tendencia a la baja. En el caso de Japón, la recuperación fue de las más fuertes a nivel global, y el Nikkei consiguió cerrar el año con una subida del 16 por ciento (gráfico 6.133).

Analicemos por último el comportamiento de las dos principales bolsas en el bloque de Latinoamérica. El índice de México (IPC México) sufrió una caída del 30 por ciento, y a partir de ahí consiguió recuperarse hasta terminar el año prácticamente plano, -1,35 por ciento. En el caso de Brasil (Bovespa), la bolsa fue una de las que más cayó, rozando en el peor momento un desplome del 50 por ciento. Pero de igual forma que había ocurrido a nivel global, durante el resto del año fue recuperando terreno hasta concluir 2020 con ligeras subidas, 1,20 por ciento (gráfico 6.134).

En cuanto a los mercados de renta fija, la bajada de tipos de interés a nivel mundial y la implementación de programas de QE, es decir, compras masivas de bonos de distintos plazos en la mayoría de las economías desarrolladas y algunas emergentes, provocaron que el coste de financiación marcase mínimos históricos. Esta nueva realidad se extendió a todos los productos de

Gráfico 6.133. Evolución del Hang Seng China Enterprises y del Nikkei 225 desde principios de 2018 hasta finales de 2020

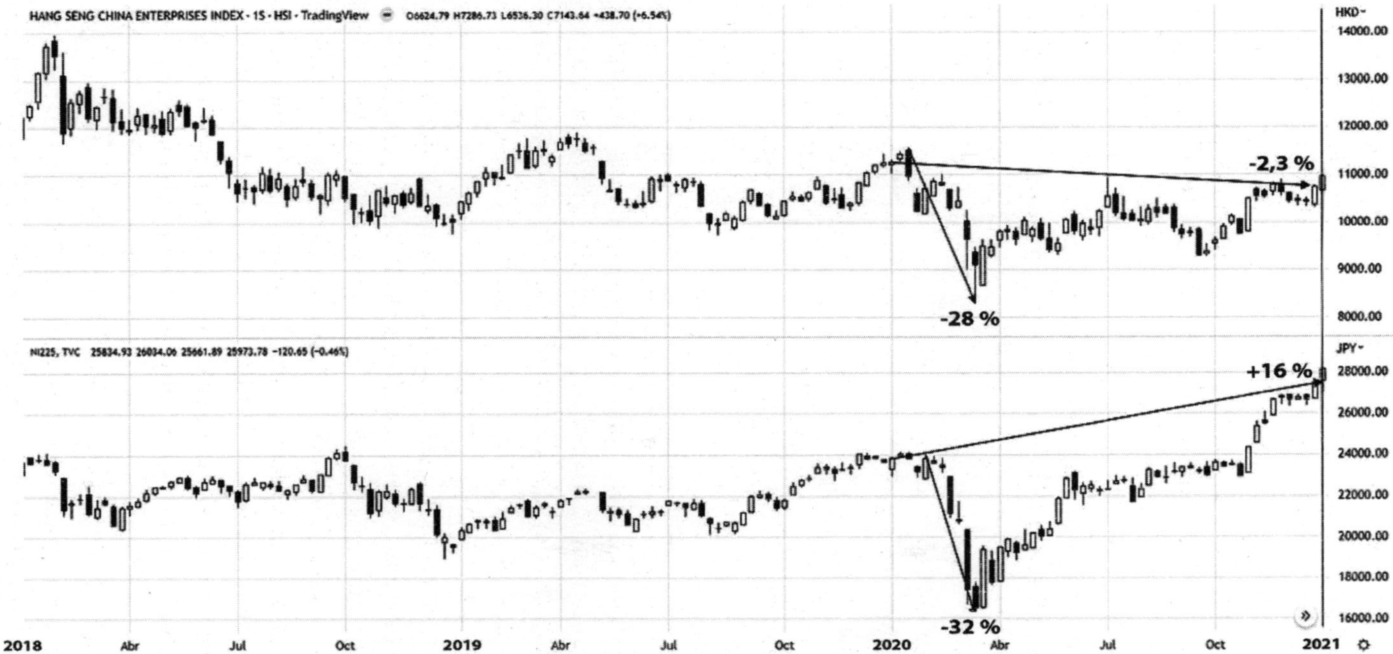

Fuente: TradingView.

Gráfico 6.134. Evolución del IPC México y del Bovespa en Brasil desde mayo de 2018 hasta finales de 2020

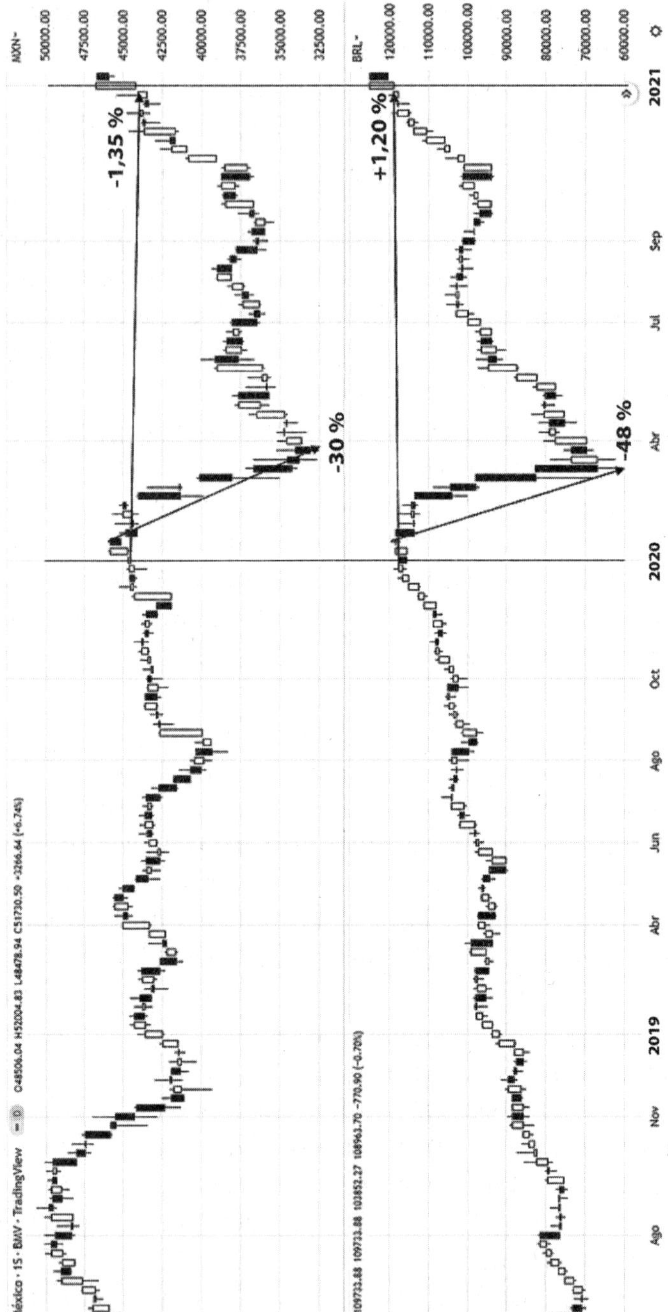

Fuente: TradingView.

renta fija: deuda soberana, corporativa, hipotecaria y *high yield* o bonos basura. Hemos visto cómo la implementación de los estímulos monetarios tenía como objetivos la inyección masiva de liquidez, por un lado, y el abaratamiento del coste del dinero, por otro. Aunque sólo he desarrollado en detalle lo que hicieron la FED y el BCE, en el resto del mundo las políticas monetarias expansivas siguieron un mismo planteamiento, de modo que durante 2020 se marcaron, de forma general, las cotas más bajas que se recuerdan en términos de coste del dinero.

Por otro lado, durante el primer año de la pandemia, y en muchos casos incluso dos años después de haberse iniciado, los bancos centrales seguían manteniendo compras masivas de deuda, hasta el punto de que el cien por cien de la financiación de algunos gobiernos la proveía su banco central. En este entorno de intervencionismo extremo, la rentabilidad del bono estadounidense a diez años cayó hasta 0,33 por ciento, y la del bono alemán a diez años tocó -0,90 por ciento; es decir, Alemania pedía prestado dinero y, además, cobraba casi un 1 por ciento de interés por ello (gráfico 6.135).

En el mercado de divisas, el dólar estadounidense fue el claro ganador, y tras una primera señal de debilidad, a partir de marzo fue fortaleciéndose frente a otras divisas del mundo, para terminar el año con una apreciación total de 7,4 por ciento. El euro acabó perdiendo casi un 10 por ciento frente al resto de las monedas principales. La libra esterlina tuvo un comportamiento volátil, pero finalizó el año casi sin cambios. El franco suizo actuó como moneda refugio y se apreció casi un 10 por ciento, mientras que el yen japonés no lo hizo mal, pero tan sólo se apreció a nivel global un 5 por ciento (gráfico 6.136).

Las divisas emergentes sufrieron mucho en la primera parte del año, ya que se percibían como activos de riesgo en un entorno de tanta incertidumbre, pero a medida que la confianza fue volviendo al mercado registraron una fuerte recuperación en la segunda parte de 2020.

Respecto a las materias primas, el comportamiento durante el confinamiento fue extraordinariamente bajista, al estar el mundo paralizado y no haber demanda de este tipo de produc-

Gráfico 6.135. Evolución de la rentabilidad del bono estadounidense y del alemán a 10 años desde finales de 2018 hasta principios de 2021

Fuente: TradingView.

Gráfico 6.136. Evolución del dólar desde finales de 2018 hasta principios de 2021

Fuente: TradingView.

tos. En tan sólo cuatro meses, el índice CRB llegó a caer más de un 42 por ciento, pero a partir de entonces comenzó a recuperarse y para finales de 2020 la caída agregada era de tan sólo un 16 por ciento (gráfico 6.137).

Uno de los episodios más sorprendentes de esta crisis se vivió en el contrato de petróleo estadounidense West Texas, cuyo precio en el vencimiento del mes de abril cotizó en negativo, alcanzando cotas de -40,32 dólares por barril. Para entender cómo pudo suceder algo así hay que recordar que en aquel momento el mundo estaba paralizado y, por lo tanto, no había demanda de petróleo. Por otro lado, la OPEP no había podido reducir la oferta ajustándola a la realidad que se vivía, y por consiguiente sobraba mucho petróleo. El coste de almacenaje del crudo se disparó, ya que había mucho más crudo del necesario. Y en ese entorno, los especuladores que habían comprado el petróleo aprovechando unos precios históricamente bajos esperaban ansiosos a que la situación cambiase y el precio del petróleo subiese. Sin embargo, nada hacía presagiar que fuese a haber una solución a corto plazo, y a medida que el precio no paraba de bajar surgió el problema del vencimiento del contrato. Cuando hablamos del mercado de futuros hay que entender que son contratos a un plazo determinado, en el que las dos partes que realizan el contrato se comprometen, uno a comprar a un precio determinado el petróleo, y otro a venderlo a dicho precio. Si cuando se acerca el vencimiento no quieres que se produzca la entrega física del petróleo, lo que debes hacer es prorrogar el contrato; o sea, vender el que tienes comprado y comprar otro con una validez hasta una fecha más lejana. El problema se presentó cuando muchos de los especuladores se encontraron con que tenían que vender sus contratos de compra a pocos días del vencimiento y no había compradores para ello. Entonces entramos en una fase de pánico, en la que lo único que querían algunos de los inversores que habían comprado el crudo era deshacerse a cualquier precio de sus posiciones antes de que vencieran, o bien renovar el contrato, en lo que se conoce como *rollover* (gráfico 6.138).

A lo largo de 2020, los países productores de petróleo fueron anunciando recortes a la producción a fin de estabilizar el de-

Gráfico 6.137. Evolución del índice de materias primas CRB desde principios de 2018 a principios de 2021

Fuente: TradingView.

Gráfico 6.138. Evolución del precio de los futuros sobre el petróleo ligero Nymex

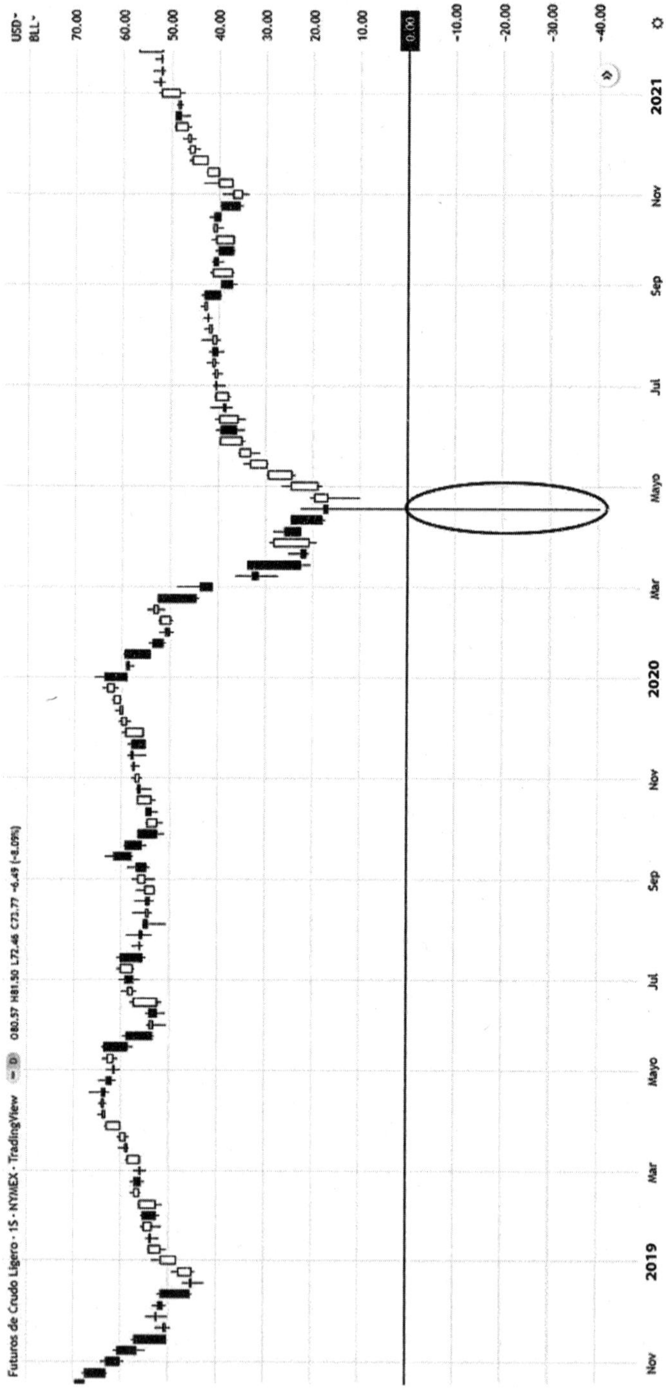

Fuente: TradingView.

sequilibrio entre demanda y oferta. Eso, unido a un mayor optimismo en los mercados, permitió que el precio del petróleo fuese recuperándose y para finales de año ya había recuperado casi la totalidad de la caída sufrida.

Analicemos ahora lo que ocurrió durante 2020 en comparación con el entorno macroeconómico global. Para no hacer demasiado extenso este punto, me voy a centrar en la situación que atravesaban Estados Unidos y Europa, aunque en general se podría decir que lo que se vivió en estos dos bloques geográficos era lo mismo que ocurría en buena parte de las economías del resto del mundo. La crisis en Estados Unidos fue menos profunda y duradera que en Europa, en parte porque las políticas fiscales expansivas llegaron de forma más directa a los ciudadanos y las empresas, evitando que la caída del consumo y la inversión fuesen tan pronunciadas (gráfico 6.139).

Gráfico 6.139. Evolución del PIB anual de Estados Unidos y Europa desde finales de 2019 hasta mediados de 2022

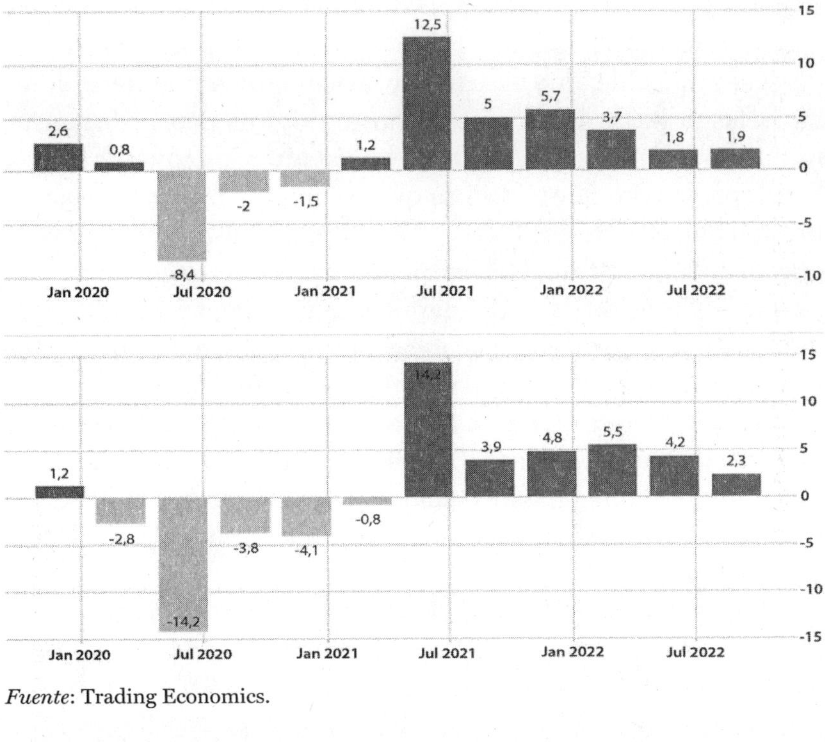

Fuente: Trading Economics.

Para el primer trimestre de 2021, Estados Unidos ya había vuelto a tasas positivas de crecimiento tras haber experimentado la recesión más profunda desde la Gran Depresión de 1929. En Europa, donde las medidas no habían sido tan directas, el desplome económico fue más fuerte y hubo que esperar hasta el segundo trimestre de 2021 para volver de nuevo a sendas de crecimiento económico.

Como se puede ver, a partir de abril de 2020 la reacción alcista de la bolsa no respondió ni a una mejoría económica ni a una menor incertidumbre sobre la COVID-19, ya que todavía estábamos confinados, y no teníamos ninguna visibilidad sobre lo que ocurriría los siguientes meses. La mejoría respondía a la batería de medidas de estímulo monetario y fiscal que de forma continua se iban vertiendo sobre el mercado semana tras semana. Estamos, por lo tanto, ante un buen ejemplo de cómo el cambio de sentimiento de los inversores fue el desencadenante del cambio de dirección en la bolsa. En el momento en que ocurrió sólo había expectativas y esperanzas, pero ningún dato real que las sustentase. Los programas de apoyo monetario y fiscal fueron llegando semana tras semana durante meses, y consiguieron lo que parecía imposible, que pese al parón económico y la fuerte subida en las tasas de desempleo el consumidor no dejase de consumir. La transferencia de riqueza del Estado a los ciudadanos y a las empresas fue de tal calibre que permitió romper la relación natural entre el crecimiento y el consumo. El único problema es que los Estados estaban transfiriendo una riqueza que no tenían, ya que la situación de endeudamiento era ya generalizada antes de la crisis. En consecuencia, ese esfuerzo por mitigar los efectos normales de una recesión económica provocó un nivel de endeudamiento histórico al que en el futuro tendremos que hacer frente. Pero no nos anticipemos más allá de la crisis de la COVID-19, y veamos ahora qué señales técnicas nos podrían haber ayudado a detectar tanto el riesgo arriba como la oportunidad abajo en los distintos activos.

Empecemos con algunas de las bolsas más representativas. Aunque no era posible anticipar la dimensión de lo que estaba a punto de ocurrir, a principio de 2020 en el S&P500 surgieron divergencias bajistas semanales en RSI, y posteriormente se rompieron las directrices alcistas tanto en precio como en indicador. La única señal positiva de que tal vez se hubiese alcanzado el suelo de mercado vino en forma de vela envolvente alcista semanal (gráfico 6.140).

En el caso de la bolsa europea estoy usando el índice Euro Stoxx 50, ya que representa al índice compuesto de las cincuenta compañías más importantes de la zona euro en términos de capitalización bursátil. Las señales que se pudieron localizar en el índice europeo fueron exactamente iguales a las que se detectaron en el S&P500 estadounidense: divergencias bajistas y ruptura de directrices como antesala a una potencial caída y, con posterioridad, una envolvente alcista tras una vela tipo «martillo» (gráfico 6.141).

En la bolsa china, Hang Seng Enterprises Index, y en el bono alemán a diez años, las velas envolventes tanto bajistas como alcistas marcaron muy bien los techos y los suelos de los movimientos (gráfico 6.142).

Podemos concluir que era imposible anticipar la dimensión de lo que estaba a punto de ocurrir cuando se desató la pandemia. Se trató de un cisne negro en toda regla, y como tal no podía haberse descontado previamente en los mercados. Ése fue el principal motivo de que el movimiento a la baja fuese tan violento, el hecho de que todos tratásemos de hacer lo mismo en un período mínimo era como si todos los asistentes a una sala de cine quisieran salir por la misma puerta a la vez.

Recuerdo que detectar el rebote no fue difícil, pero no estábamos ante un rebote, sino ante la reanudación de la tendencia alcista que llevaba desarrollándose desde el año 2009. La desconexión entre la situación macroeconómica y el comportamiento del mercado me parecía absurda, pero la dimensión de los programas de estímulo monetario y fiscal explicaban lo disparatado de la situación. De todas las señales de capitulación que se produjeron, tal vez la más clara fue lo que ocurrió con la volatilidad, VIX. En el peor momento, el índice llegó a tocar cotas del 85 por ciento, lo que encajaba con lecturas similares a las registradas en los suelos de la crisis financiera de 2008 (gráfico 6.143).

Gráfico 6.140. Evolución del S&P500 de Estados Unidos desde finales de 2018 hasta finales de 2020

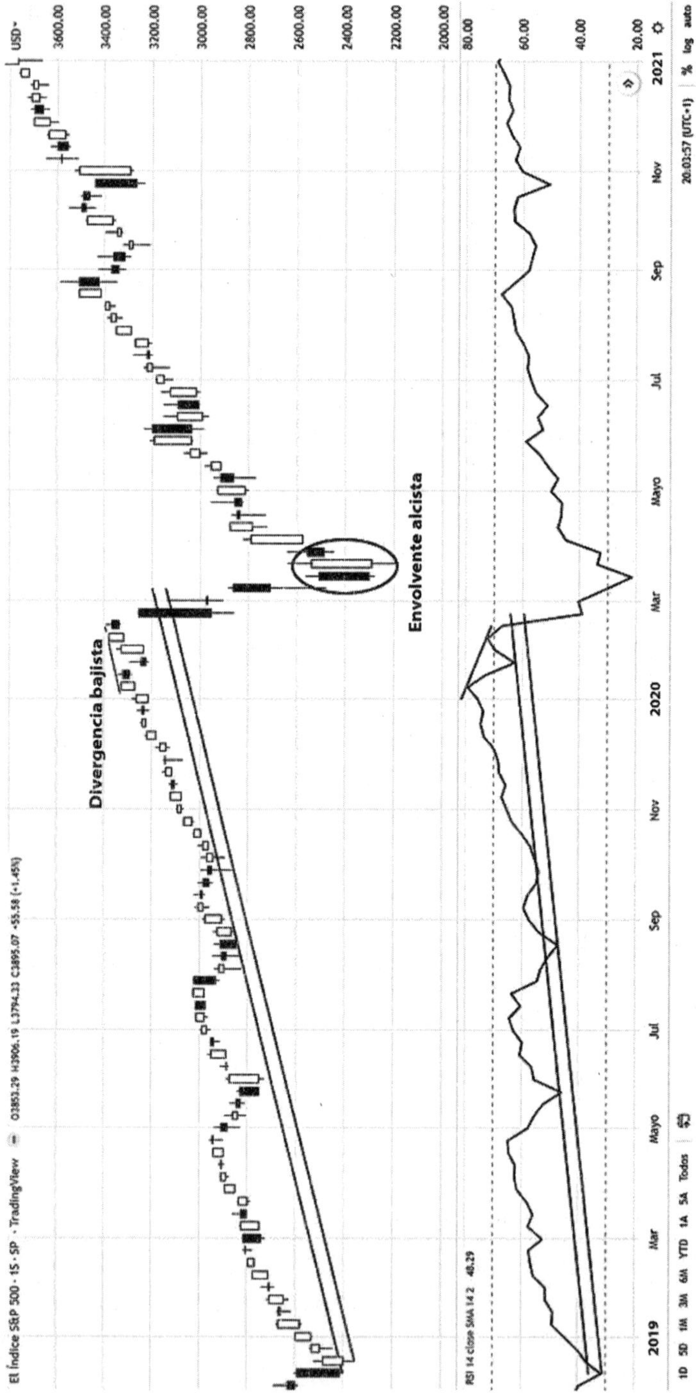

Fuente: TradingView.

Gráfico 6.141. Evolución del Euro Stoxx 50 desde finales de 2018 hasta finales de 2020

Fuente: TradingView.

Gráfico 6.142. Evolución de la bolsa china Hang Seng Enterprises Index (arriba) y de la rentabilidad del bono alemán a 10 años entre 2019 y 2021

Fuente: TradingView.

Gráfico 6.143. Evolución de la volatilidad del S&P500 (VIX) entre 1990 y 2023

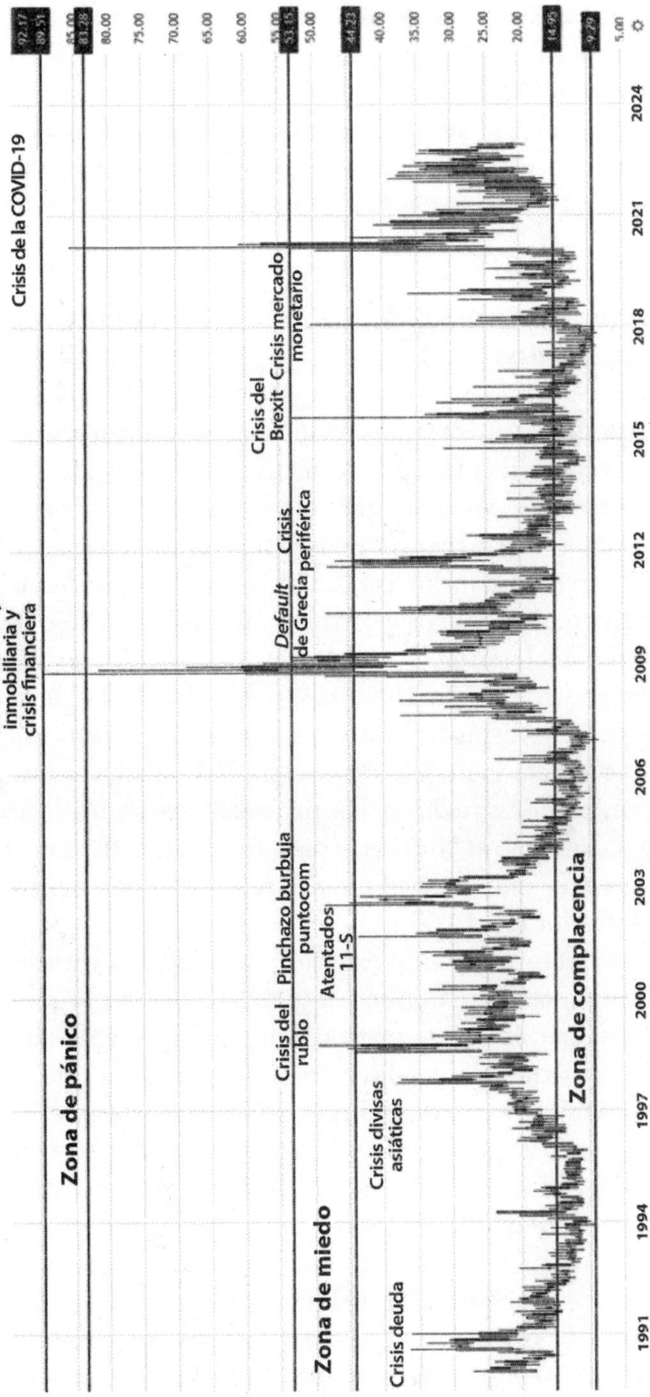

Fuente: TradingView.

Si bien a principios de año me había salido de la bolsa a tiempo, tardé demasiado en volver a comprar la bolsa, ya que no fue hasta noviembre de 2020 cuando me animé a dar por concluida la crisis y volver a comprar. A partir de ahí mantuve mi cartera sin cambios hasta enero de 2022, cuando volví a decidir liquidar mis posiciones a la espera de un nuevo cambio de tendencia global.

La crisis de 2022: El fruto de lo que sembramos dos años antes

Durante 2021, el mundo volvió una vez más a tasas de crecimiento económico fuerte. El efecto base de los datos de la recesión de 2020 provocó recuperaciones históricas del PIB, y poco a poco el ciclo expansivo se fue normalizando. Pese a que las economías crecían con fuerza, y la inflación superaba la cota del 2 por ciento, los bancos centrales y los gobiernos no levantaron el pie del acelerador, y mantuvieron sus políticas de estímulo monetario y fiscal. Llevábamos dos décadas sin haber vivido presiones inflacionistas fuertes y nos habíamos acostumbrado a tener a los bancos centrales de nuestro lado. Esta vez tampoco nos fallaron, por desgracia. A las primeras presiones inflacionistas las tacharon de transitorias, y para finales de 2021, Estados Unidos ya registraba un nivel de inflación del 7 por ciento y la zona euro del 5 por ciento.

Para entender lo que estaba ocurriendo es necesario poner todo en contexto. Cuando en 2020 se desató la pandemia el mundo se paralizó. Eso provocó que la mayoría de las empresas bajasen el ritmo de producción, a lo que hubo que sumar que parte del tejido empresarial no pudo sobrevivir en ese entorno y tuvo que cerrar sus negocios. La oferta se estaba contrayendo y, además, la velocidad a la que se servían los productos se ralentizó por los cuellos de botella generados por los controles de la COVID-19, la ausencia de trabajadores, la carencia de determinados productos de la cadena de producción y los confinamientos. Por otro lado, todas las medidas de estímulo volcadas durante 2020 y 2021 tenían como objetivo incentivar el consumo para minimizar el impacto de la recesión, y volver así lo antes posible al crecimiento económico. Cuando juntas una demanda con esteroides y una oferta anémica el resultado es inflación; es decir, la subida del precio de bienes y servicios. Al principio las presiones inflacionistas se concentraron en los bienes, ya que con las economías casi cerradas apenas había servicios disponibles (acontecimientos deportivos, conciertos, restaurantes, hoteles, cines, viajes, etcétera). Pero a medida que a finales de 2021 se volvía a la normalidad, el sector servicios fue el que comenzó a experimentar presiones en los precios. Adicionalmente, el mercado laboral no estaba funcionando con normalidad, ya que los programas de protección social habían sido de tal magnitud que nos enfrentábamos a una nueva realidad: teletrabajo, jornadas parciales, gente de baja por enfermedad, gente padeciendo problemas de la COVID-19 persistente, gente que tenía que encargarse de parientes enfermos, gente que se jubilaba antes de tiempo, etcétera. Todo ello distorsionaba el mercado de trabajo y la tasa de participación de la población activa marcaba nuevos mínimos. Para finales de 2021, y en especial a lo largo de 2022, comenzaron a surgir presiones salariales, un componente de la inflación más persistente y peligroso.

Los primeros bancos centrales que actuaron contra las presiones inflacionistas fueron los de los países emergentes, mientras en los países desarrollados nadie movía un dedo porque confiaban en que fuese un fenómeno transitorio. En Estados Unidos, Europa y Japón llevábamos décadas sin tener que preocuparnos por la inflación, y esa realidad nos parecía que sería para siempre. En cambio, en los países emergentes han tenido que lidiar con la inflación desde hace décadas, por lo que se tomaban el asunto muy en serio, a sabiendas de que una vez que se descontrola es muy difícil combatirla. La metáfora que más se ajusta, y que se la oí a un inversor de Latinoamérica, fue: «La inflación es como la pasta de dientes, muy fácil de sacarla del tubo, pero más vale que no tengas que volver a meterla dentro otra vez».

En las economías desarrolladas cometimos el error de ser muy rápidos a la hora de inyectar ayudas para combatir la crisis de la COVID-19, pero extremadamente lentos a la hora de retirarlas. Por usar una de esas metáforas a las que tanto me gusta recurrir: imagina que se declara un incendio y la Reserva Federal, es decir, el banco central de Estados Unidos, fuese el parque de bomberos. Ante la amenaza, el jefe de bomberos decide llevar todas y cada una de las unidades de apoyo disponibles al accidente. Una vez allí, se enfrenta al fuego con todos los camiones antiincendios de los que dispone, lo que permite que las llamas se vayan atenuando poco a poco hasta que empiezan a desaparecer de algunas zonas. Sin embargo, el jefe de bomberos decide mantener a todas sus unidades en el lugar del accidente y ordena que bombeen agua al mismo ritmo que en el peor momento del incendio. Cuando apenas quedan restos de las llamas, el agua sigue saliendo de las mangueras al mismo ritmo que al inicio, y el número de bomberos y dispositivos en el lugar no cambia en absoluto. Una vez extinguidas las llamas, los bomberos no cejan en su labor de seguir echando agua como en el momento más crítico, y así transcurren las horas y los días. Comienza a surgir una dicotomía entre la reacción del bombero y la situación de crisis. Es cierto que en todo incendio pueden volver a brotar algunas llamas porque los rescoldos no han sido definitivamente apagados, pero es probable que para controlar ese riesgo menor sólo hagan falta una o dos unidades de vigilancia, y no todos los efectivos del parque de bomberos, todos sus camiones y toda el agua disponible. Una vez que ha quedado extinguido el incendio, si los bomberos continúan en su afán de echar agua sin descanso cuando ya no es necesaria, acabarán por provocar una inundación, sin contar con el despilfarro de agua, y el hecho de que tal vez no han utilizado mejor sus recursos ante otras eventualidades o necesidades que hubiesen podido surgir en otro lugar.

Nuestros dirigentes, tanto aquellos que deciden la política monetaria como los encargados de la política fiscal, han demostrado una capacidad de reacción extraordinariamente rápida a la hora de poner medidas que permitan paliar cualquier situación de crisis económica. Pero de la misma manera que hay que elogiar esa rapidez de respuesta, debemos criticar la ausencia de pericia a la hora de detectar el punto en que debían comenzar a retirarse. Por desgracia, de nada sirvieron las advertencias de muchos economistas que avisaban que las políticas monetarias y fiscales ultraexpansivas aplicadas a lo largo de 2021 serían a la postre uno de esos errores históricos que recordaríamos junto a los cometidos antes por Arthur Burns y G. William Miller cuando permitieron la subida sin control de la inflación en las décadas de 1960 y 1970, o cuando la lenta actuación de Alan Greenspan a la hora de devolver los tipos de interés a su nivel de equilibrio permitió la formación de la burbuja puntocom, o cuando todo el mundo quiso mirar hacia otro lado mientras Wall Street apalancaba productos sobre la burbuja inmobiliaria existente hasta que estalló la crisis en 2008, o cuando se lanzaron programas innecesarios de «estímulos monetarios no convencionales» conocidos como QE2 y QE3 muchos años después de la crisis, incluso cuando ya no tenían sentido. Hasta los bancos centrales deberían tener una línea roja que marcase un límite a sus actuaciones, porque cada vez son más «todopoderosos», y uno tiende a olvidar que detrás del banco central no hay otra cosa que personas que toman decisiones importantísimas y que muchas veces se equivocan como tú y como yo. Por ese motivo, cuando escuché a Jerome Powell decir que usaría «QE ilimitado» con tal de conseguir la recuperación económica se me pusieron los pelos como escarpias. En la vida cada acción genera una reacción, y cuando llevas a cabo una intervención sin límite, la reacción posterior suele ser equivalente en magnitud. En 2021, todo el mundo se vanagloriaba del éxito conseguido, ¡la recuperación económica más rápida de la historia!, pero nadie hablaba del coste que habría que pagar por ello.

A medida que avanzaban los meses y se mantenían las políticas de estímulo, la factura pendiente de pago no hacía más que crecer, y con ella los desequilibrios económicos. En términos de la metáfora anterior: «Los bomberos seguían vertiendo agua sobre un fuego ya apagado», y de ese modo iban generándose otros problemas, «la inundación donde antes había fuego». La bolsa, el sector inmobiliario y el mercado de renta fija entraron en fase de euforia alimentando burbujas por doquier, mientras las cotizaciones cada vez reflejaban menos los fundamentos económicos. Al mismo tiempo crecía el endeudamiento de los gobiernos y de las empresas, aumentando el porcentaje de «compañías zombis»; es decir, las que no ganan el suficiente dinero para pagar su deuda, pero que se mantienen a flote gracias a unos estímulos que ya son innecesarios. Los inversores compraban incluso la deuda de peor calidad, porque no existía sensación de riesgo. El diferencial entre los bonos basura y los bonos soberanos con la calificación más alta se estrechó hasta mínimos históricos, lo que servía de termómetro de extrema confianza en el mercado. Los inversores parecían haber olvidado el papel crucial que desempeña el mercado de crédito como acelerador de los problemas cuando pinchan las burbujas, tal como nos recordaba lo sucedido durante el pinchazo de la burbuja bursátil conocida como puntocom en el año 2000, o en la crisis que desató el pinchazo de la burbuja inmobiliaria en 2008.

Todos los activos subían al unísono, bolsa, bonos, materias primas, criptomonedas, NFT (*non fungible tokens*), etcétera, y en medio de esa sensación de euforia se pusieron de moda las acciones *meme*; o sea, valores de empresas cuyo precio subía de forma vertical gracias a los comentarios en foros de redes sociales en los que inversores particulares, en muchos casos con escasos conocimientos financieros, se ponían de acuerdo para comprar un título concreto, en muchas ocasiones de compañías que perdían dinero y que no tenían fundamentos para justificar esas valoraciones tan altas. Comenzamos a escuchar testimonios de muchos jóvenes que, al calor de la revalorización de las criptomonedas, NFT y *meme stocks*, hablaban de cómo se habían hecho millonarios, y atraían a otros inversores incautos a participar de una burbuja histórica en la que ganar dinero parecía lo más fácil del mundo, ya que daba igual lo que comprases, al cabo de unos pocos días se convertía en beneficios seguros. Ése era el clima que se respiraba a finales de 2020 y principios de 2021. En la segunda parte de ese año comenzamos a ver los primeros ajustes fuertes a la baja, pero no afectaron al mercado en su totalidad, sino tan sólo a aquellos activos en los que se habían producido las mayores barbaridades. Las acciones *meme* pasaron de subir más de un 300 por ciento en pocos meses a perder con rapidez todas las ganancias (gráfico 6.144).

Gráfico 6.144. Evolución de algunas acciones *meme* entre septiembre de 2020 y principios de 2023

Fuente: TradingView.

De la misma forma que el grupo de compañías tecnológicas que perdían dinero de forma sistemática y que, a pesar de ello, habían experimentado subidas de casi un 500 por ciento durante la fase de euforia que vivían los inversores, poco a poco comenzaron a bajar perdiendo casi la totalidad de lo que habían subido previamente (gráfico 6.145).

Gráfico 6.145. Evolución del índice de Goldman Sachs que recoge el comportamiento de un grupo de acciones tecnológicas que pierden dinero

Fuente: Bloomberg, Goldman Sachs.

Las criptomonedas aguantaron muy bien hasta finales de 2021, al igual que las bolsas, y a partir de ahí comenzó el desplome. A la preocupación por el cambio de lenguaje usado por los bancos centrales se añadieron distintos escándalos durante el año 2022, desde la quiebra de algunos *stablecoins* como UST, creada en la *blockchain* de Terra, al colapso de uno de los mayores *exchanges* de criptomonedas del mundo como FTX, lo que provocó un cambio radical en el sentimiento de la mayoría de los inversores, que comenzaron a desconfiar del futuro de la industria y de la viabilidad de muchos de los proyectos en los que se sustentaba la fuerte revalorización de la mayoría de las criptomonedas. En cuestión de un año, la industria había pasado de valer tres billones de dólares (trillones estadounidenses), a tan sólo 800.000 millones; es decir, una caída superior al 73 por ciento desde los máximos históricos registrados en diciembre de 2021. Como suele ocurrir cuando analizamos datos medios, como en este caso, no se aprecian los casos extremos, pero podemos constatar que al menos setenta criptomonedas han perdido ya el 90 por ciento de lo que valían aproximadamente hace un año (gráfico 6.146).

Durante el año 2022 se produjo un cambio estructural en el mercado. Los bancos centrales se vieron obligados a cambiar su discurso ante una inflación persistente que no hacía más que subir. Además, el 24 de febrero, otro cisne negro golpeó al mundo: Rusia invadió Ucrania. Durante los primeros días de la invasión el debate giró en torno al alcance de la guerra. ¿Sería una campaña militar rápida como la que tuvo lugar cuando Rusia se anexionó Crimea? ¿Qué postura tomarían los distintos países del mundo? A medida que se desarrollaba el conflicto fueron quedando claras varias cosas:

- La guerra no iba a ser breve porque Ucrania no luchaba sola, sino con el apoyo financiero y militar de la OTAN y algunos otros países aliados.
- Rusia había infravalorado la reacción internacional, las sanciones y el bloqueo económico al que fue sometida.
- La comunidad internacional se estaba dividiendo en dos bloques, aquellos que condenaban sin tapujos la invasión, y que participaron en la imposición de sanciones contra Rusia, y aquellos otros que no lo criticaban y mantenían abiertas las relaciones comerciales con Putin.

A partir de ahí surgieron un sinfín de efectos económicos que es probable que extiendan su impacto más allá del propio conflicto.

- La globalización, tal como la habíamos vivido durante las últimas tres décadas, ya no volvería a ser igual. Desde que en 2018 se proclamó la guerra comercial entre Estados Unidos y China las prioridades en las decisiones de producción estaban cambiando. Con la llegada de la COVID-19 ese cambio se aceleró aún más, ya que ningún

Gráfico 6.146. Evolución de la capitalización de todas las criptomonedas desde mediados de 2017 hasta principios de 2023

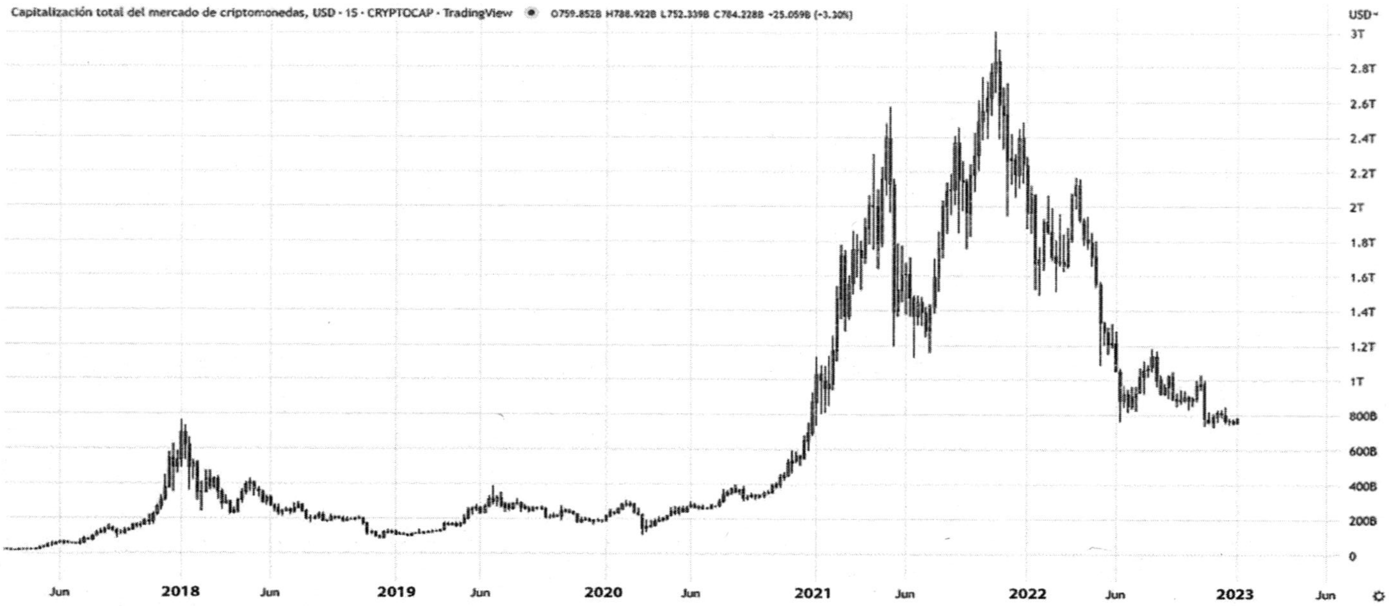

Fuente: TradingView.

país quería depender de un tercero cuando se trataba de poder suministrar un bien de primera necesidad a su población y a sus empresas. Estábamos asistiendo a un cambio clave en la toma de decisiones empresariales: pasábamos de la prioridad que había permitido la deslocalización de la producción hacia aquellos países donde el precio de fabricación era lo más bajo posible a una prioridad nueva, garantizar la disponibilidad de ciertos bienes costase lo que costase. La guerra en Ucrania exacerbó aún más esa urgencia al descubrir la fuerte dependencia que tenía Europa de la energía que nos vendía Rusia.

- A las sanciones impuestas por la comunidad internacional contra Rusia, Putin respondió con recortes en las exportaciones de petróleo y gas natural, desatando una crisis energética que retroalimentaba el problema inflacionista que ya llevaba fuera de control más de un año.
- La falta de censura por parte de China a la invasión rusa alimentó el deterioro en las relaciones entre Estados Unidos y China, alcanzando momentos muy tensos en torno a las demandas de independencia de Taiwán que respalda el gobierno estadounidense en contra de las pretensiones del gobierno de Xi Jinping.
- En este entorno convulso se produjo el cambio de estrategia de los bancos centrales, y todavía hoy, a principios de 2023, genera un debate interesante sobre las consecuencias que pueda o no acarrear en el futuro.

Veamos primero cómo ha evolucionado durante 2022, tanto en Estados Unidos como en Europa, la situación macro. Lo ocurrido durante 2020 y 2021 distorsionó como pocas veces he visto la evolución de los datos macroeconómicos. Y por ese motivo considero necesario hacer un esfuerzo por extraer las tendencias estructurales y ver dónde encaja mejor lo que estamos experimentando hoy en día. Como se puede apreciar en la evolución del PIB anual de Estados Unidos desde hace siete décadas, las tasas de crecimiento económico son cada vez más bajas, en parte debido a que sustentamos nuestro modelo en un endeudamiento crónico. En este punto merece la pena hablar de la deuda, ya que existen dos tipos: la deuda productiva y la improductiva. La primera es la que permite llevar a cabo inversiones cuyo rendimiento futuro cubre el coste del endeudamiento y la devolución del principal, y además deja un beneficio. La segunda, la improductiva, no genera mayor crecimiento económico, ni beneficios suficientes para compensar la carga financiera. Sólo permite traer bienestar futuro al presente, ya que nos da la posibilidad de consumir o comprar cosas que en otras circunstancias no podríamos adquirir. A cambio asumimos una obligación de pago futuro que drenará nuestra capacidad de consumo en años venideros, ya que una parte de nuestros ingresos se destinarán a la devolución de esa deuda. Desde que en agosto de 1971 se abandonó el patrón oro, la creación de dinero nuevo ha sido exponencial, y ello ha permitido un endeudamiento cada vez mayor. Si a eso le añadimos una tendencia a la baja en los tipos de interés desde hace décadas, es más fácil entender cómo hemos llegado a la situación presente, en la que el mundo está apuntalado en una deuda de más del 350 por ciento del PIB, y en términos absolutos hemos rebasado la astronómica cifra de los 300 billones de dólares (trillones estadounidenses) (gráfico 6.147).

Financiar tanta deuda ha sido posible gracias a la tendencia a la baja del coste de financiación, que a su vez ha requerido de ausencia de presiones inflacionistas. El gráfico 6.148 muestra la realidad que se ha vivido en la primera potencia económica mundial, aunque es un ejemplo extrapolable a lo que ha ocurrido a nivel global.

En el mundo hay un objetivo de inflación, el 2 por ciento. ¿Qué quiere decir eso? Pues que todos los bancos centrales de las economías desarrolladas persiguen que la inflación se mueva en torno a esa cota en el medio/largo plazo. Antiguamente, ese 2 por ciento no era un objetivo sino un límite que debían vigilar. Pero como lleva ocurriendo desde tiempos inmemoriales, las reglas del juego van cambiando al antojo de quien las crea. Cuando la inflación era inferior al 2 por ciento, los bancos centrales nos convencieron de que debían seguir estimulando las economías, que ya crecían a buen ritmo, porque la inflación era aún muy

Gráfico 6.147. Evolución del crecimiento del PIB anual (gráfico superior) y de la deuda pública (gráfico inferior) de Estados Unidos entre 1950 y principios de 2023

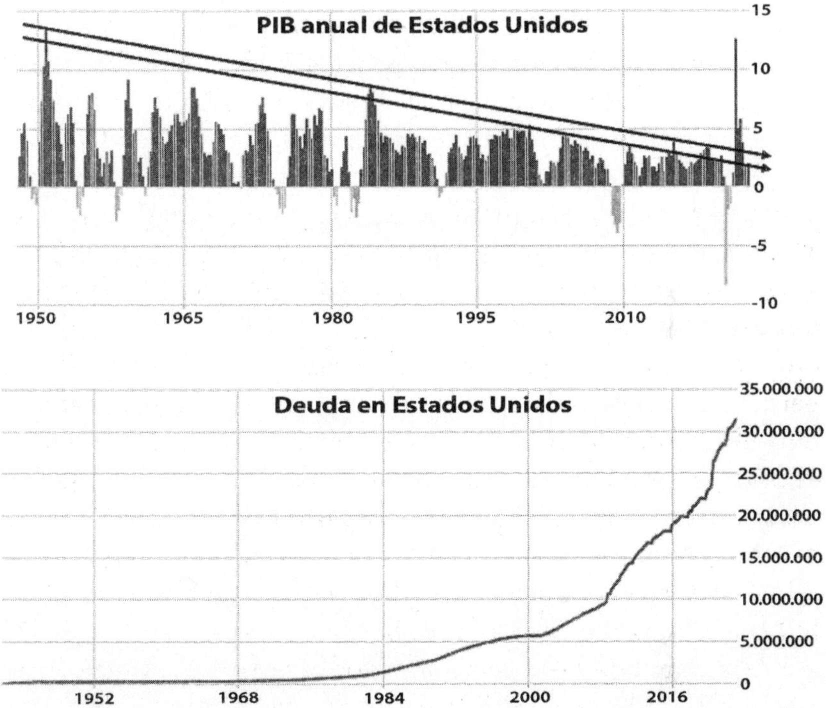

Fuente: Trading Economics.

baja. Aquí podríamos enfrascarnos en otro largo debate en torno a cómo se calcula la inflación, y los «trucos» que se han implementado durante los últimos cuarenta años para que el dato oficial no refleje la realidad de los precios que pagamos los ciudadanos. Cualquier persona que lleve apuntados en una hoja de cálculo los gastos año tras año, sabe que el dato oficial de inflación es muy inferior a la subida real del coste de la vida.

Una de las incógnitas que determinará el futuro de la crisis actual que vivimos en 2022 será precisamente la evolución de la inflación durante 2023 y 2024. Para entender este concepto, permíteme que señale la secuencia de acontecimientos que en mi opinión desató la crisis. En primer lugar, los excesos de valo-

Gráfico 6.148. Evolución de los tipos de interés y de la inflación general en Estados Unidos entre 1970 y principios de 2023

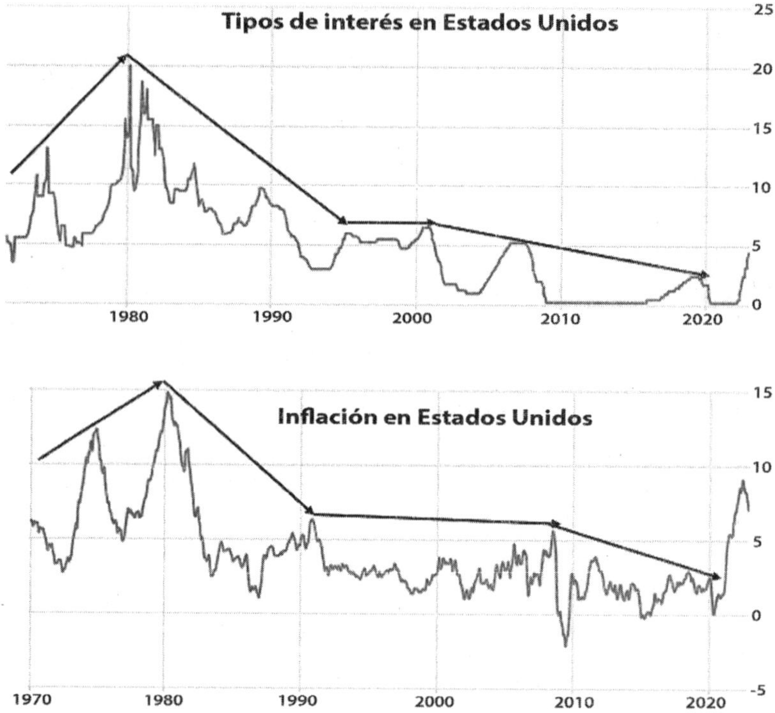

Fuente: Trading Economics.

ración y euforia en el sentimiento de los inversores a raíz del continuo flujo de estímulos monetarios y financieros cuando ya no eran necesarios. Pero como ya sabemos, un exceso de valoración es condición necesaria pero no suficiente para desatar un cambio en el sentimiento del inversor. Lo que en realidad provocó el cambio fue que los bancos centrales cerraron el grifo, y reconocieron por primera vez que la inflación era un problema y no un efecto transitorio. El primer banco central perteneciente a lo que denominamos economías desarrolladas que se atrevió a mover las tasas de interés al alza fue el Banco de Inglaterra, pero lo hizo en una cantidad irrisoria del 0,15 por ciento, en diciembre de 2021, para situar el nivel de tipos oficiales en 0,25 por ciento. El siguiente fue la Reserva Federal de Estados Unidos con un primer movimiento del 0,25 por ciento en marzo de 2022. A partir de entonces, las subidas comenzaron a ser más frecuentes, y cada vez de mayor tamaño. De ese modo, la FED se embarcó en una subida frenética de tasas de interés que le permitió en tan sólo nueve meses pasar de 0-0,25 por ciento a 4,25-4,50 por ciento. Además, anunció que llevaría a cabo la reducción de su balance de deuda; es decir, dejaría de renovar los bonos de su cartera que fuesen venciendo, en lo que calculaban que representaría una reducción de 95.000 millones de dólares al mes. Ese cambio de actitud respondía a la necesidad imperiosa de luchar contra unas presiones inflacionistas fuera de control que llegaron a superar el 9 por ciento. De esa forma, Jerome Powell, presidente de la FED, en una de las ruedas de prensa más explícitas que he escuchado durante las últimas tres décadas, explicó con claridad la necesidad de llevar a cabo una retirada de estímulos a fin de reducir el consumo, algo que veía necesario para poder controlar las presiones inflacionistas que padecía el país.

En Europa, más castigada por la crisis energética que Estados Unidos, el Banco Central Europeo se parapetaba en la excusa de que el problema de la inflación se debía en exclusiva a la fuerte subida del precio del petróleo y el gas, pero que no había un denominador común con lo que se estaba viviendo en Estados Unidos. Unos meses más tarde se demostró el error de cálculo de Christine Lagarde, presidenta del BCE, cuando la inflación subyacente, o sea, la que no tiene en cuenta el precio de la energía y los alimentos, comenzó a duplicar el objetivo del 2 por ciento. De esa forma, en verano de 2022, se inició la subida de tasas en Europa, con un primer movimiento de medio punto porcentual, al que le siguieron varios más, hasta alcanzar el 2,5 por ciento para finales de ese mismo año. Salvo en China y en Japón, el resto de los países del mundo tomaron decisiones similares en torno a la retirada de estímulo monetario.

Es curioso, porque hemos pasado de un mundo en el que los bancos centrales representaban el mayor aliado del inversor a tenerlos de enemigos. Durante décadas, ante cualquier crisis abrían las compuertas inundando de liquidez el sistema, y bajando el coste de financiación, incluso si hacía falta comprando ellos mismos activos financieros en peligro. Ahora nos dicen que tendrán que seguir subiendo el coste de financiación hasta cifras más altas y mantener esa restricción durante un largo período, hasta que se aseguren de que han eliminado por completo el riesgo inflacionista. Incluso se atreven a advertirnos de que hay una alta probabilidad de que sus actos acaben por provocar una recesión económica, y los inversores se resisten a creerles. Es como si estuviésemos asistiendo al experimento llevado a cabo con «el perro de Pávlov», en el que llevamos tanto tiempo condicionando la respuesta del inversor al apoyo continuado e inquebrantable de los bancos centrales que ahora que ese apoyo se convierte en un movimiento en sentido contrario, el inversor no acaba de creerse lo que está ocurriendo y no reacciona.

Nadie sabe qué ocurrirá en el futuro, pero tal como hemos hecho con el análisis de las otras crisis que hemos descrito antes, podemos realizar un ejercicio práctico para entender dónde nos encontramos en este momento. Para ello voy a sentar las bases de mis argumentos desde el punto de vista macro, centrándome en Estados Unidos, aunque considero que se puede extrapolar al resto de las economías del mundo. Y luego repasaré algunos indicadores de sentimiento y, por último, veremos la situación desde el prisma del análisis técnico.

A nivel macro, lo más relevante es la retirada de estímulo monetario a escala global. Se ha hecho a un ritmo tan rápido que hay que remontarse a 1980 para ver algo similar. En aquella época, en Estados Unidos se provocaron dos recesiones consecutivas, aunque entonces las tasas de interés subieron hasta el 20 por ciento. Hoy se prevé que los tipos llegarán sólo al 5 por ciento, pero también es cierto que en los ochenta el endeudamiento era inferior al 40 por ciento, mientras que hoy se acerca al 140 por ciento (gráfico 6.149).

El mercado laboral siempre es una variable retardada del ciclo económico, por lo tanto, me parece absurdo defender la tesis de que al haber pleno empleo no existe riesgo de recesión profunda. Tal como se puede observar en el gráfico 6.150 elaborado por la propia Reserva Federal de Saint Louis, los mínimos en la tasa

Gráfico 6.149. Evolución del endeudamiento sobre el PIB y los tipos de interés en Estados Unidos entre 1970 y principios de 2023

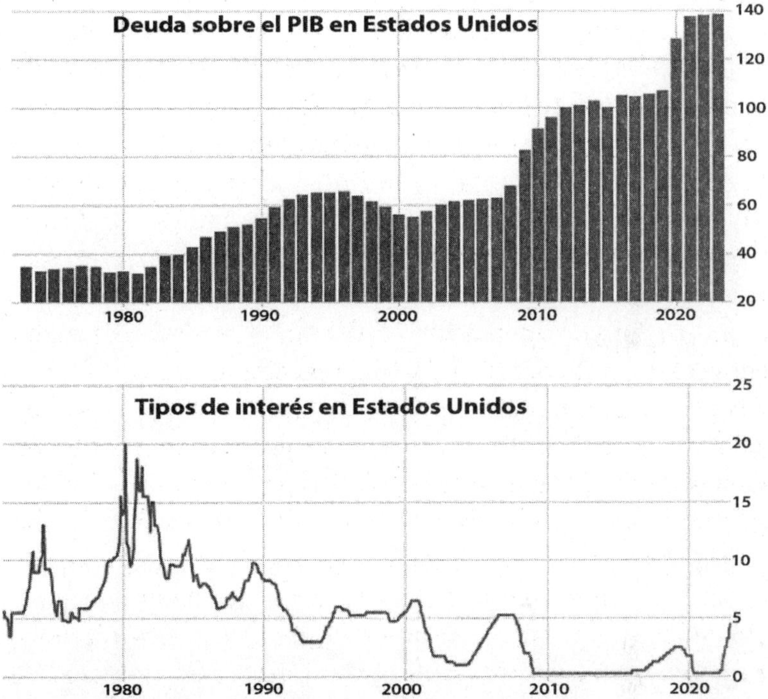

Fuente: Trading Economics.

de desempleo suelen ser los precursores de las columnas verticales en gris. Y esas columnas muestran las recesiones que ha sufrido Estados Unidos a lo largo de los últimos setenta años. En consecuencia, casi podríamos concluir que cuando la tasa de desempleo alcanza cotas tan bajas, el riesgo de recesión aumenta de manera considerable, algo contrario a lo que muchos analistas defienden, incluida la propia Reserva Federal.

Pero también he indicado que la retirada de estímulo monetario no se concentra sólo en la subida de tipos de interés al ritmo más rápido de los últimos cuarenta años, sino también a la reducción de los balances de deuda de la mayoría de los bancos centrales. El lector deber recordar que el QE, o «estímulo monetario no

Gráfico 6.150. Evolución de la tasa de desempleo y las recesiones económicas en Estados Unidos entre 1948 y principios de 2023

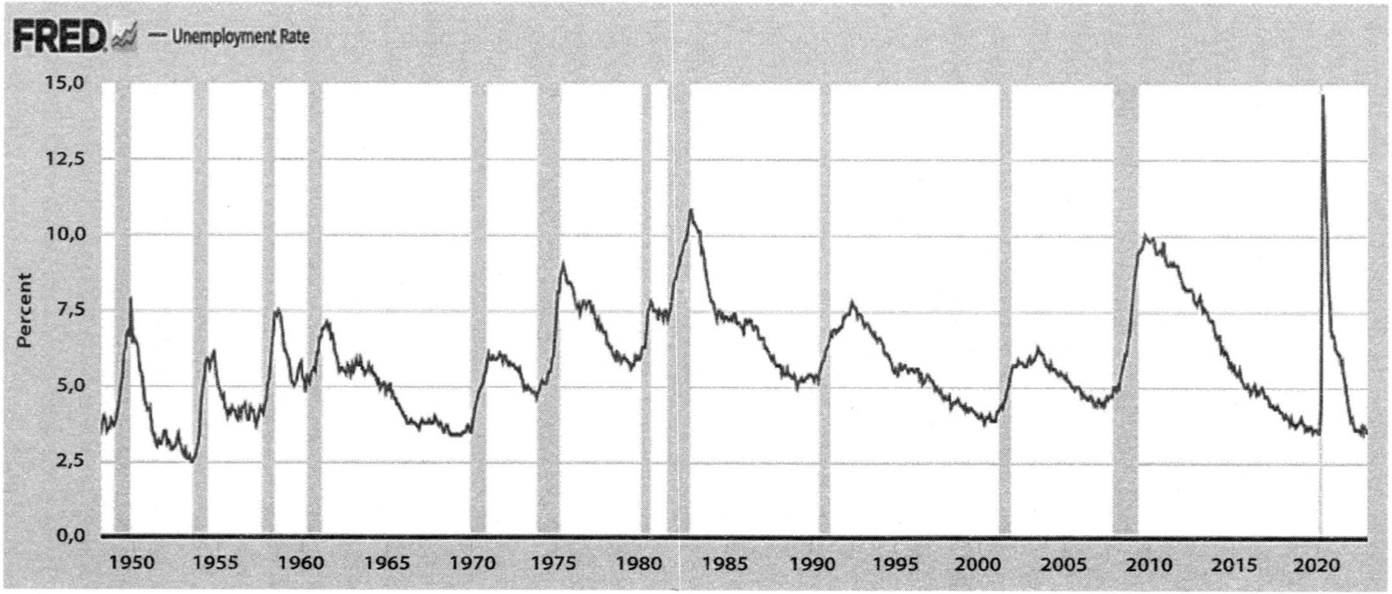

Fuente: Reserva Federal de Saint Louis.

convencional», fue una herramienta que inventaron los bancos centrales cuando ya no podían seguir bajando el coste de financiación una vez alcanzado el 0 por ciento. Por consiguiente, reducir el balance de deuda, lo que se conoce como QT, o *quantitative tightening*, no es otra cosa que realizar el proceso inverso al que se llevaba a cabo con el QE, lo que tendrá como efecto la reducción de liquidez del sistema mientras se llevan a cabo subidas de tasas de interés que encarecen el coste del dinero (gráfico 6.151).

Basta con mirar cuál ha sido la correlación durante los últimos años entre la bolsa a nivel mundial y la liquidez que proveían los bancos centrales a través de sus programas de QE para entender el riesgo que representa ahora llevar a cabo un cambio de dirección mediante el QT.

Llegados a este punto, el gran debate gira en torno a qué se puede esperar de la inflación. Soy de la opinión de que es probable que ya hayamos visto lo peor. Hay múltiples argumentos que lo avalan:

- Ya no existen cuellos de botella en el comercio internacional como los que se registraban en 2020.
- El precio de la energía ha remitido hasta niveles pre-COVID-19.
- Muchas materias primas han corregido más de la mitad de lo que subieron durante 2021.
- La restricción monetaria está provocando un menor consumo.
- La bajada de la bolsa y del mercado inmobiliario provoca una pérdida en términos de riqueza, lo que termina por provocar un menor gasto.
- La desaceleración económica es deflacionista.

Pero incluso acertando con la presunción de que la inflación remita, no sabemos hasta dónde y a qué velocidad lo hará. Y aquí tratamos un punto importantísimo, porque durante 2021 los bancos centrales perdieron su credibilidad al no ser capaces de detectar el problema que generarían las presiones inflacionistas. De modo que ahora parecen querer evitar ese error a cualquier

Gráfico 6.151. Comportamiento de la bolsa a nivel mundial (MSCI World Index) y liquidez inyectada en el sistema

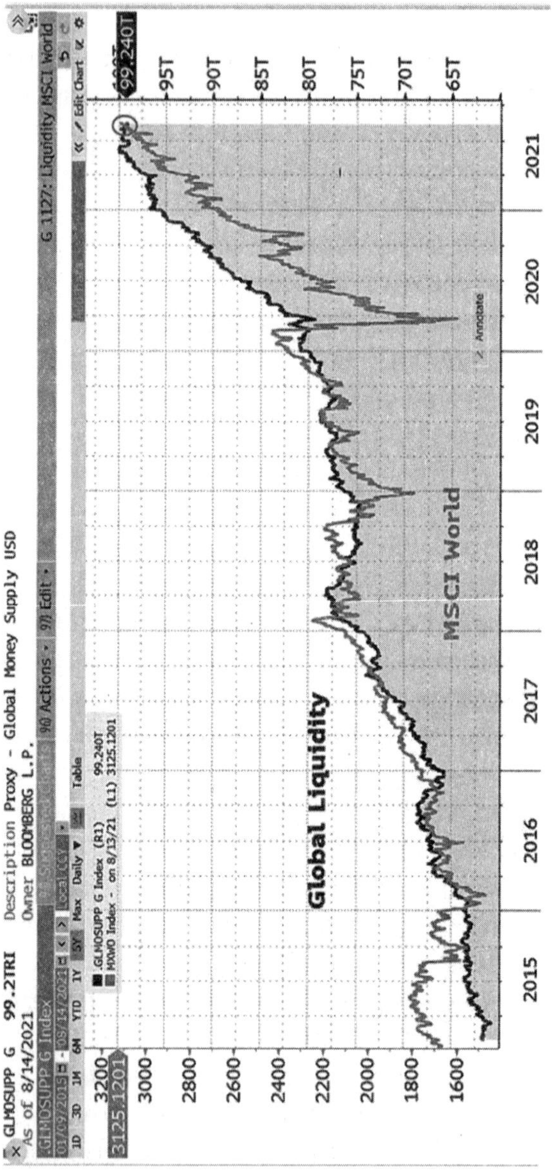

Fuente: Bloomberg.

precio, y dicen estar dispuestos a mantener la restricción monetaria hasta tener evidencias claras de que han controlado el riesgo inflacionista de una vez por todas (gráfico 6.152).

Gráfico 6.152. Comportamiento de la inflación desde 1972 hasta 1982 en Estados Unidos

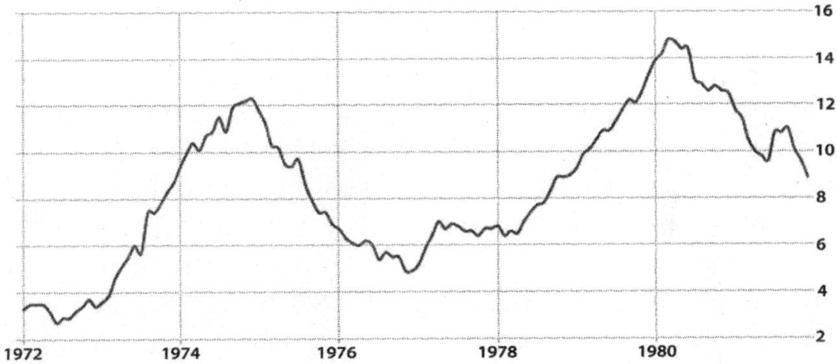

Fuente: Trading Economics.

En el caso de la FED, en varias ocasiones su presidente Powell ha hecho alusión a que no van a cometer el error en que se incurrió en la década de 1970, cuando se pensó que una bajada de la inflación desde el 12 hasta el 5 por ciento indicaba que se había contenido el riesgo, pero con posterioridad, durante los siguientes años, se volvieron a disparar las subidas de precios hasta niveles superiores al 14 por ciento. Todo parece indicar que esta vez la FED, y otros bancos centrales, no están dispuestos a cometer el mismo fallo, sino otro distinto, que podría acabar ocasionando una profunda recesión por tensionar los tipos de interés más de lo debido.

A lo largo del libro, hemos hablado de algunos indicadores de sentimiento que suelen alertarnos de cuándo se puede acercar un cambio de dirección. Teniendo en cuenta que durante 2022 hemos visto caídas generalizadas de las bolsas, y sabiendo que el consenso en el mercado acepta que habrá una profunda ralentización económica, e incluso una recesión, algunos apoyan la tesis de que tal vez lo peor ya esté descontado en el precio y, por consiguiente, la renta variable no baje mucho más. Los motivos por los que discrepo son los mismos que he expuesto en cada una de las crisis anteriores. En primer lugar, no hemos visto pánico en los mercados, y hay dos gráficos que lo demuestran: la volatilidad y el diferencial de crédito entre los productos con más riesgo y aquellos con menos riesgo (gráfico 6.153).

A diferencia de lo que ha sucedido en todas y cada una de las crisis globales que hemos vivido a lo largo de los últimos treinta años, la volatilidad no ha alcanzado niveles de estrés. Casi podríamos decir que cotiza más cerca de la zona de complacencia que de la de miedo. Por sí sola, esta señal invita a la prudencia, y a considerar seriamente que por mucho que se diga, el inversor no ha cambiado de sentimiento. Pero la confirmación más evidente de esa aseveración la encontramos en la ausencia de liquidaciones de posiciones compradas en bolsa por parte de los inversores minoristas. A lo largo de 2022, el nivel de inversión en bolsa apenas ha sufrido cambios pese a la caída del mercado (gráficos 6.154 y 6.155).

Por último, una señal de que el inversor ha entrado en fase de pánico, algo que suele ocurrir siempre que hay capitulación, se produce cuando se amplía la diferencia entre la rentabilidad de los productos más seguros y aquellos que entrañan más riesgo. Tiene sentido que cuando uno piensa que la situación no tiene solución, huya de las inversiones en las que el potencial de pérdida es mayor y se refugie en aquellos activos más seguros. Por otro lado, hemos dicho que el mercado de crédito actúa de amplificador de los problemas financieros, y en un mundo donde la tónica es el exceso de endeudamiento y apalancamiento, ahora que suben las tasas de interés con tanta rapidez sería normal que los diferenciales se disparasen si en verdad hubiese un sentimiento muy negativo por parte de los inversores. Sin embargo, como se puede ver en el gráfico 6.156, la diferencia de rentabilidades entre los bonos más seguros, en este caso los que emite el Tesoro de Estados Unidos, y los bonos menos seguros, es decir, los bonos basura, en los que la probabilidad de impago es siempre mucho más alta, apenas si han reaccionado al alza, y siguen muy lejos de las cotas alcanzadas en otras crisis.

Gráfico 6.153. Evolución de la volatilidad del S&P500 (VIX) entre 1990 y 2023

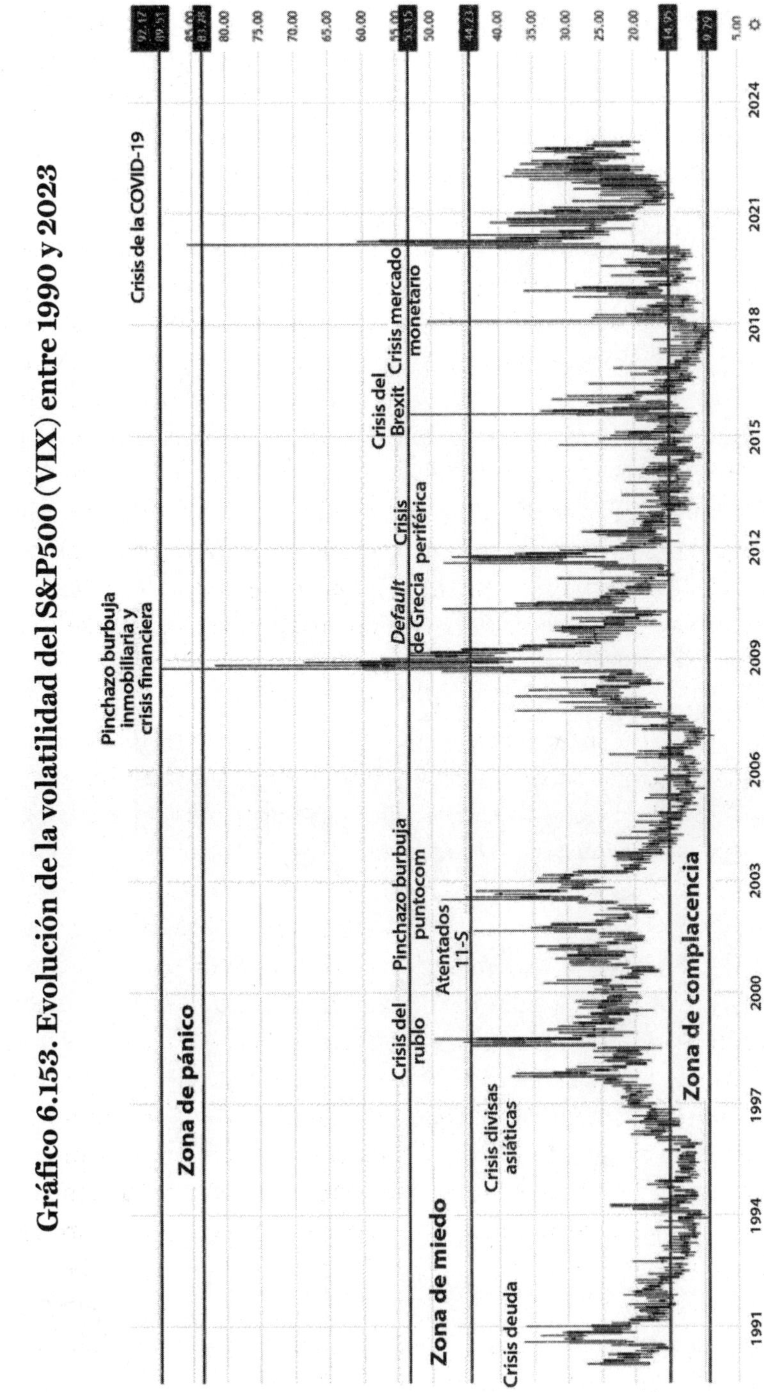

Fuente: TradingView.

Gráfico 6.154. Evolución de la exposición a bolsa del inversor minorista en Estados Unidos

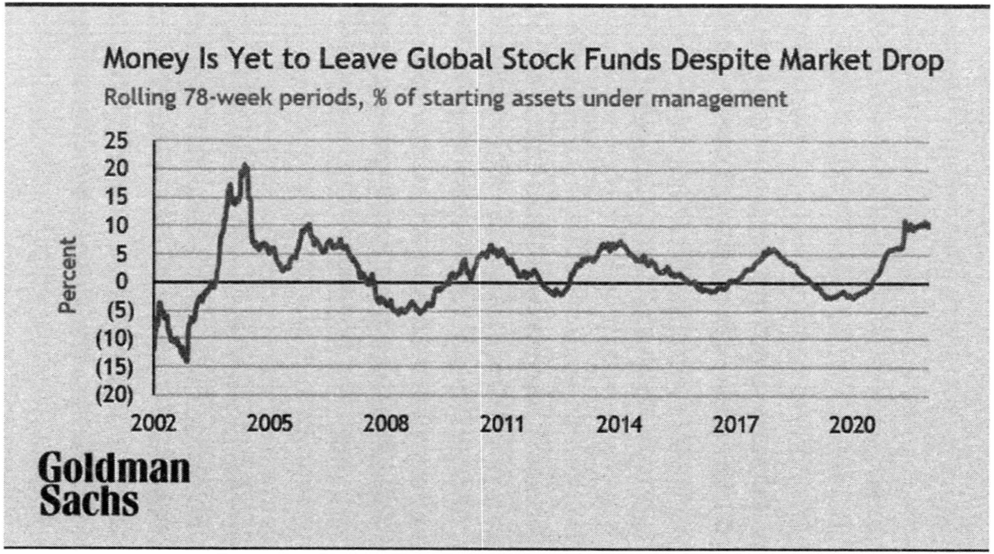

Fuente: Goldman Sachs.

Gráfico 6.155. Exposición a bolsa, bonos y dinero en efectivo del inversor minorista en Estados Unidos

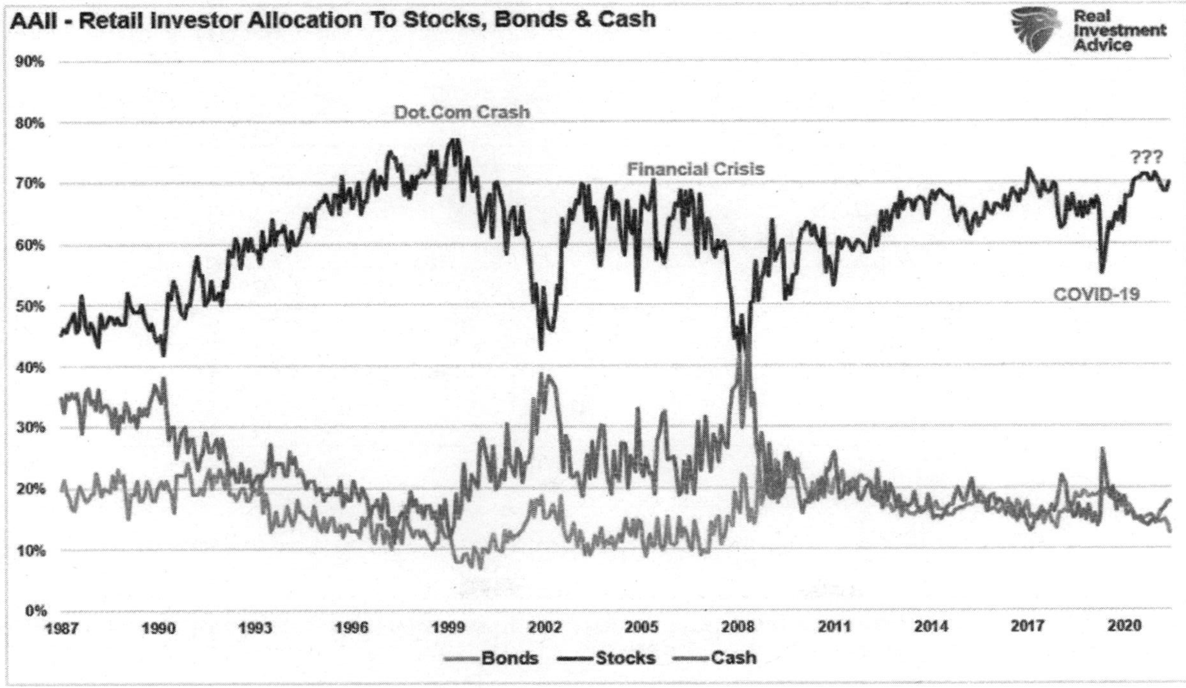

Fuente: Real Investment Advise, Lance Roberts.

Gráfico 6.156. Evolución del diferencial de tipos entre los bonos con mayor y menor riesgo

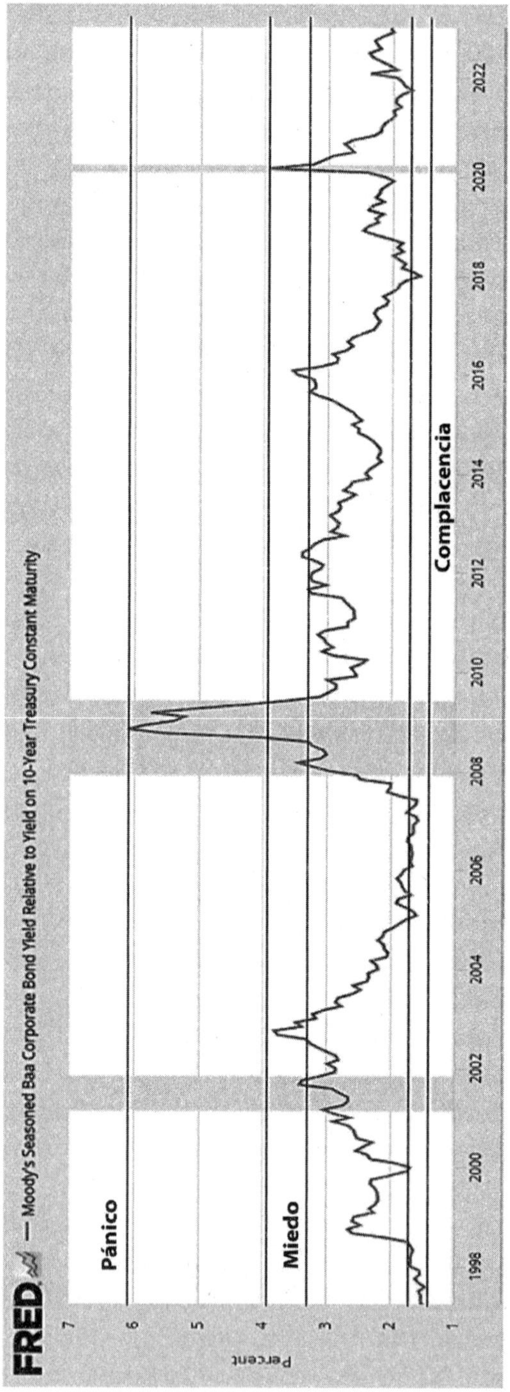

Fuente: Reserva Federal de Saint Louis.

Por lo tanto, podemos concluir que el peor escenario no se ha puesto en precio, y si bien la mayoría de los inversores acepta con resignación que la probabilidad de recesión es alta, no parecen estar dispuestos a reducir el riesgo de sus inversiones, al menos de momento.

Por último, veamos la situación que atraviesa la bolsa estadounidense. Es evidente que dependiendo de si nos centramos en índices más sesgados hacia la tecnología o hacia las pequeñas compañías las conclusiones pueden diferir ligeramente, por ese motivo he decidido analizar el S&P500, ya que al estar compuesto de 500 empresas el factor diversificación reduce un poco los sesgos de índices más concentrados (gráfico 6.157).

Las señales previas al inicio del movimiento a la baja comenzaron con una divergencia bajista en RSI, seguida de una vela tipo envolvente bajista y, por último, con una figura de distribución tipo «hombro cabeza hombro». Desde los máximos históricos, el índice exhibe una secuencia clara de máximos y mínimos decrecientes, lo que denota que está en tendencia bajista. Las últimas divergencias alcistas han propiciado un movimiento de rebote, pero no han estado acompañadas de velas o estructuras de cambio de tendencia. En consecuencia, todo parece indicar que el proceso a la baja continúa su curso, y que todavía no se ha producido una capitulación en el sentimiento de los inversores que invite a pensar que lo peor ya ha pasado y que, por lo tanto, merece la pena volver a comprar la bolsa.

Además, si aplicásemos criterios de valoración fundamental al S&P500, teniendo en cuenta si al final hay o no una recesión, y lo combinamos con el sentimiento de los inversores expresado en cuántas veces están dispuestos a pagar beneficios, podríamos elaborar un cono de probabilidad. Las dos primeras estimaciones trabajan con la hipótesis de que no habrá recesión, y las dos más bajas, con la idea de que sí la habrá. En el caso más positivo, suponiendo que los beneficios empresariales apenas se corrijan, y que los inversores estén dispuestos a pagar veintidós veces por esos beneficios, la bolsa podría volver a niveles de 4.500. Por el contrario, si los inversores tan sólo estuviesen dispuestos a pagar diecisiete veces beneficios, el S&P500 cotizaría en torno a 3.500.

Gráfico 6.157. Evolución del S&P500 desde agosto de 2020 hasta enero de 2023

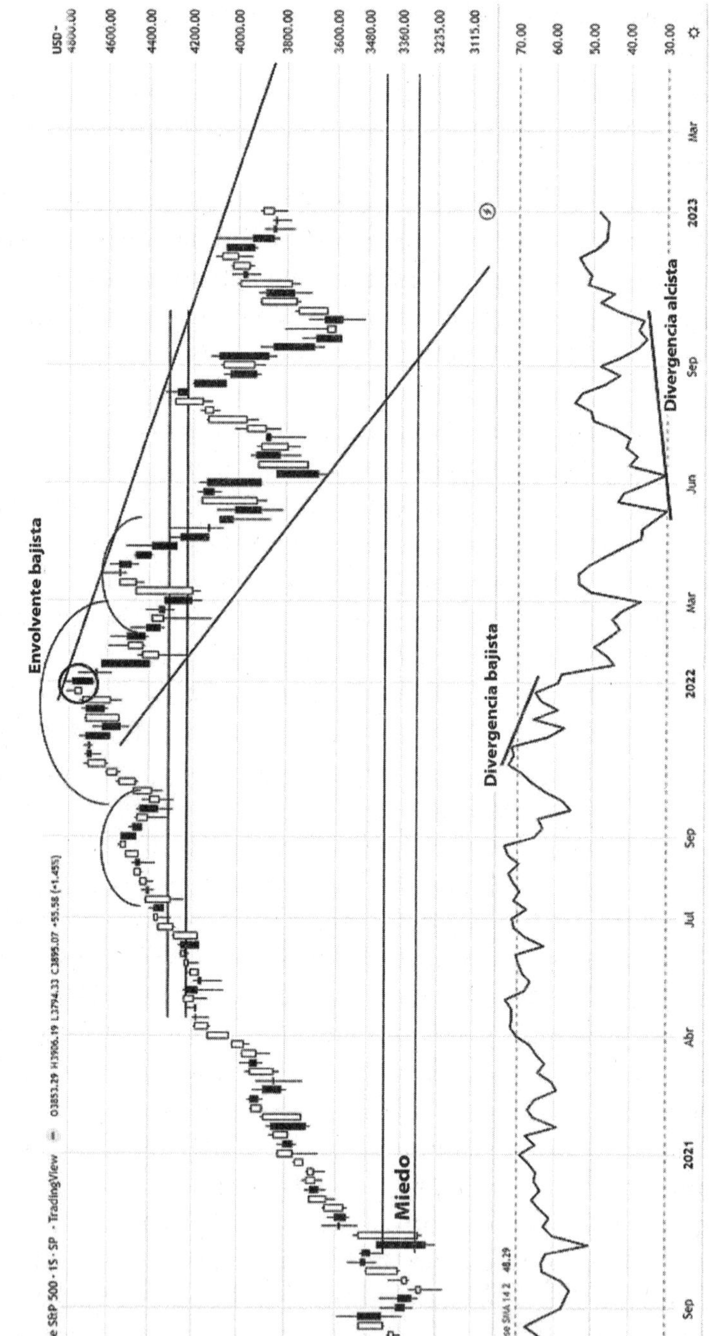

Fuente: TradingView.

En la segunda hipótesis, en la que se plantea como escenario central que haya recesión económica, en el caso de ser suave y no afectar a los beneficios corporativos, y con los inversores dispuestos a pagar quince veces beneficios, implicaría que la bolsa podría bajar hasta niveles cercanos a 3.100. En el caso más extremo, en el que al final hubiese una recesión profunda, los resultados de las compañías sufrirían mucho, y además los inversores no estarían dispuestos a pagar múltiplos tan altos. Con una combinación de 160 dólares por acción de beneficio y un múltiplo de quince veces beneficios, el S&P500 podría caer por debajo de 2.500 (gráfico 6.158).

En términos de renta variable, 2023 se presenta como un año apasionante en que tendremos que tomarle el pulso a la realidad económica en un entorno de gran incertidumbre. Como cada año, debemos estar atentos a la situación a nivel macro y técnico, pero sin perder de vista cómo cambia el sentimiento de los inversores.

Recuerda que, aunque existe una alta correlación entre activos, eso no quiere decir que todo se mueva al unísono y en la misma proporción. Sin ir más lejos, la bolsa china viene de haber corregido un 75 por ciento desde máximos históricos, y lo ha hecho a lo largo de unos años en que la bolsa estadounidense no hecho más que subir. Por otro lado, los inversores han abandonado su interés en China por cómo han gestionado la crisis de la COVID-19, y también por la incertidumbre que entraña la crisis inmobiliaria allí. Pero en el lado positivo tenemos valoraciones muy bajas y políticas monetarias y fiscales expansivas mientras que en el resto del mundo se aplican medidas restrictivas. Eso me lleva a concluir que en Estados Unidos la bolsa tiene aún mucho riesgo en tanto que la bolsa en China ofrece una buena oportunidad, todo ello sobre la base de los criterios de valoración macro, técnico y, por supuesto, de sentimiento. Es tan sólo mi opinión, y como siempre que emito un juicio de valor sobre cualquier inversión soy consciente de que puedo equivocarme, pero el análisis que he compartido a lo largo de este libro me lleva a ese tipo de conclusiones.

Otra conclusión que también quiero compartir hace referencia al mercado de renta fija, en especial en Estados Unidos. Tal

Gráfico 6.158. Evolución del S&P500 desde agosto de 2020 hasta enero de 2023

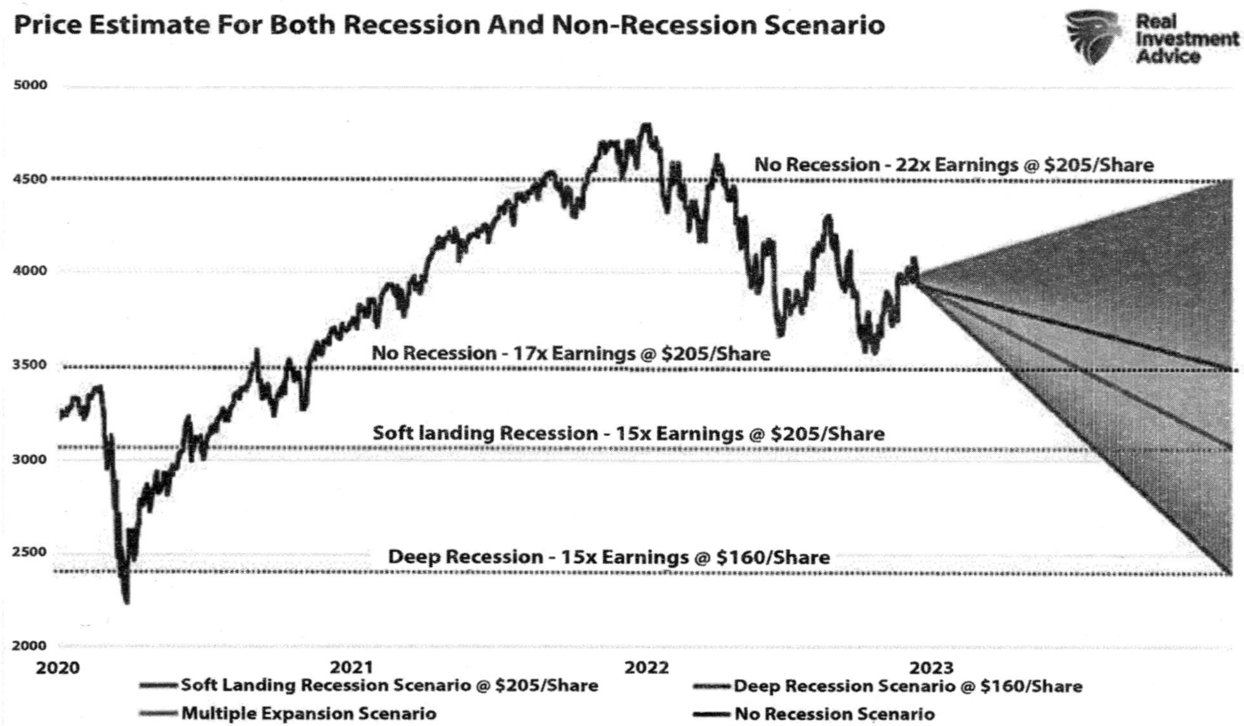

Fuente: Real Investment Advice, Lance Roberts.

vez estemos ante una de las mejores oportunidades de inversión de la última década y media. Si uno considera que lo peor de la inflación ya se ha visto y que, por lo tanto, el recorrido al alza de los tipos de interés en Estados Unidos es limitado, los bonos soberanos emitidos por el Tesoro estadounidense pueden ser una oportunidad de inversión interesante, ya que desde nuestra metodología de análisis a tres bandas —macro, técnico y sentimiento— se han cumplido la mayoría de los requisitos para comenzar a incorporar este tipo de activos a nuestra cartera.

7

Trasladando las lecciones de la historia al presente

Una de las ideas que me rondaba la cabeza al escribir este libro era poder mostrar los denominadores comunes que existen en todas y cada una de las crisis. De esa manera, el lector podría identificar ciertos patrones, más allá de los gráficos, que sirven de advertencia ante lo que es probable que llegue más tarde. Como hemos podido observar, no todas las crisis germinan del mismo modo, pero en todas ellas es necesario que antes se produzcan determinados hechos o comportamientos concretos:

- Hace falta un exceso de valoración cuando hablamos de la bolsa, y para que esto llegue a ocurrir, el sentimiento del inversor tiene que alcanzar previamente la fase de euforia. Cuando se llega a ese punto, en lugar del fundamento basado en lo macro o en los propios resultados de las compañías, lo único que parece importar es la inercia que sustenta la tendencia de los precios.
- Cuando hablamos de divisas, hace falta un desequilibrio antinatural impuesto por gobiernos y bancos centrales que se empeñan en mantener un tipo de cambio que no refleja la realidad económica.
- En el caso de las crisis de renta fija, los desequilibrios previos suelen venir provocados por políticas monetarias o

fiscales que no permiten que los precios reflejen la realidad de la situación económica que atraviesa un país o una zona geográfica en concreto.

Por lo tanto, debemos entender que las crisis son un fenómeno que permite limpiar los desequilibrios que se han ido acumulando a lo largo de los años. Con esa perspectiva podemos entender mejor por qué las crisis representan grandes oportunidades de inversión a largo plazo. Cuando el mercado limpia sus excesos, vuelve a cotizar a precios razonables, y en ocasiones incluso a precios de descuento respecto a sus fundamentales. Es ahí cuando nace la gran oportunidad, pero para sacar partido a estas ocasiones es necesario evitar o al menos mitigar el daño que provoca el propio proceso de limpieza que tiene lugar cuando estalla la burbuja.

Nadie puede saber *a priori* cuándo finalizará una burbuja alcista y cuándo terminará una crisis concreta. Pero como hemos podido observar en los cientos de gráficos de este libro, podemos aprender a identificar ciertas pautas que nos ayudarán a tomar decisiones de gestión monetaria muy útiles para que mejore la rentabilidad de nuestras inversiones. La gestión monetaria correcta nos ayudará a reducir nuestra exposición al mercado cuando el riesgo sea tan alto que ya no compense seguir invertido al cien por cien, de la misma forma que nos llevará a incrementar nuestras inversiones tras procesos fuertes de ajuste, en esos momentos en que a casi nadie le apetece aumentar el riesgo de su cartera.

Observando las crisis a lo largo de la historia, no cabe ninguna duda de que el sentimiento determina cuándo comienzan y acaban los procesos al alza y a la baja. Lo que ocurre a nivel macro y fundamental es procesado a través de los ojos de los inversores, y analizado bajo el prisma de sus sentimientos. Cuando ese sentimiento es muy positivo, el inversor es capaz de ignorar las señales de alerta o peligro más evidentes, del mismo modo que cuando el sentimiento es muy negativo parece que nada va a conseguir atraer el interés del inversor por volver al mercado. Las políticas monetarias y fiscales y los programas de estímulo son herramientas muy potentes que utilizan bancos centrales y gobiernos para influir en el sentimiento de los inversores. A veces no es suficiente y se deben implementar muchas medidas adicionales de apoyo hasta que surten su efecto, tal como ocurrió a lo largo de 2008 y principios de 2009. Sin embargo, otras veces basta con amenazar con la «bomba nuclear» para evitar tener que usarla, algo que constató Mario Draghi durante la crisis periférica y su famoso paquete de ayuda OMT que nunca se puso en marcha porque no hizo falta.

A continuación, veremos algunos conceptos vitales que están siempre presentes en el mercado y que si somos capaces de interiorizar nos permitirán sobrevivir y aprovechar las crisis venideras.

Efecto FOMO (*fear of missing out*)

Cuando se desata una gran tendencia alcista, entre los inversores se produce un proceso de retroalimentación. Es el equivalente del boca a boca. Da igual que hablemos del mercado inmobiliario, de acciones, de criptoactivos o de materias primas. El «miedo a perdérselo» está en nuestro ADN. El ser humano es ambicioso y envidioso, y eso hace que cuando en nuestro entorno la mayoría está disfrutando de algo bueno y nosotros no, nos sintamos tentados de participar, tanto si entendemos de qué trata como si no. Lo he visto con mis propios ojos a finales de los años noventa con las acciones que tenían que ver con internet. No sabíamos cómo valorarlas, no entendíamos la dimensión de lo que podía representar la llegada de internet al mundo, sin embargo, los que estábamos invertidos en alguna acción que estaba subiendo como la espuma no parábamos de contarlo en nuestros círculos cercanos atrayendo el interés de otros inversores potenciales. Antes de 2008 volví a experimentar algo similar durante la burbuja inmobiliaria. En aquella época solía ir al gimnasio tres o cuatro veces a la semana, y allí me encontraba con chavales jóvenes que se pasaban la sesión de entrenamiento hablando del mercado de la vivienda. Unos porque llevaban tiempo buscando y no conseguían comprar, otros porque alardeaban de haber comprado dos casas, ya que, según ellos, antes de tener que desembolsar una parte del pago de la primera podrían vender la segunda con tanto beneficio que la que se querían quedar realmente les saldría a precio de ganga. Otros hablaban de comprar sobre plano porque era mucho más barato, otros que era mejor a través de una cooperativa. Por supuesto, no faltaban los que alardeaban de cuánto había subido el valor de las casas que habían comprado hacía unos años. ¡En lugar de un gimnasio parecía que me hubiera ido a levantar pesas a una inmobiliaria! En 2021 viví una sensación similar con las *meme stocks* y con las criptomonedas y con los NFT y con las compañías tecnológicas que perdían dinero y con los FAANG+ stocks. En un momento dado se extendió la sensación de que si no estabas ganando dinero a raudales era porque no querías o, peor aún, porque eras tonto. Para cuando terminó 2022, la mayoría de esas ideas de inversión ya han caído desde máximos entre un 50 y un 90 por ciento, y ahora ya no escucho los mensajes de euforia que escuchaba antes.

El proceso que sustenta el efecto FOMO es innato al ser humano de la misma forma que los sentimientos son una parte inevitable del proceso de invertir. De modo que en el futuro volveremos a experimentar este mismo tipo de conductas, pero tal vez la siguiente vez que se presenten seas capaz de identificarlas y de reconocer los riesgos que llevan implícitas.

No olvides que «la tendencia es tu amiga» y, por consiguiente, participar de este tipo de tendencias puede hacerte ganar mucho dinero mientras duran. Pero jamás debes perder de vista que lo que sustenta la inercia de ese movimiento es un sentimiento de euforia y avaricia y no un fundamento sólido. Aprender a surfear esa ola de sinsentidos, ganarle dinero y salirte de ella antes de que explote y te haga añicos es un arte que tan sólo dominan los mejores gestores del mercado.

Detectar oportunidades históricas de inversión

Ya hemos dicho que nadie puede saber con exactitud dónde estará el techo o el suelo de un mercado, pero, por otro lado, hemos visto que hay ciertos patrones que se repiten en cada crisis, y que nos pueden ayudar a identificar momentos en los que es más probable que se produzcan esos cambios de dirección en la tendencia. También hemos constatado que a lo largo de los últimos cuarenta años ha habido muchas crisis, y que en varias ocasiones han provocado caídas en bolsa de entre un 50 y un 90 por ciento. Esos colapsos se han producido por todas las geografías y afectaron a bolsas en Estados Unidos, Europa y Asia. También hemos visto situaciones dramáticas en torno a los mercados de divisas, aunque más concentradas en las monedas emergentes que en las desarrolladas. En renta fija ha habido burbujas y crisis, pero dado que es un activo menos volátil, las variaciones porcentuales son menos llamativas, salvo que hubiésemos analizado el impacto en los bonos corporativos *high yield* o lo que se conoce como «bonos basura», en los que la escabechina durante las crisis puede ser tan fuerte como la que se registra en las bolsas emergentes durante las peores crisis. En cualquier caso, una lección que espero que hayas aprendido es que no estamos hablando de cosas que ocurran cada cincuenta o cien años, sino que tienen lugar de forma recurrente, al menos una cada década. Por consiguiente, tendremos que aprender a convivir con ellas o ir un paso más allá y aprovecharnos de ellas.

A lo largo de mi vida como inversor me he dado cuenta de que he tomado muchas decisiones de compra y venta en todo tipo de activo, pero en realidad han sido unas pocas estrategias las que me han permitido capitalizar mi patrimonio y optimizar mis ganancias. Es como si estuviésemos viendo una partida de póquer profesional en la que se producen cientos de apuestas menores y un puñado de apuestas clave que a la larga determinan quién es el ganador.

Cada año reviso la composición de mi cartera y me hago estas preguntas:

- ¿Cuánto debo estar invertido en vivienda? Si financio la operación, ¿a qué plazo y tipo lo hago?
- ¿Cuánto quiero estar invertido en bolsa? ¿Tengo un área o áreas geográficas que me gusten más que otras? ¿Prefiero concentrar la inversión en un sector o grupo de acciones concretas?

- ¿Cuánto quiero estar invertido en renta fija? ¿Busco exposición en Europa? ¿Compro bonos fuera del euro? Si es así, ¿qué hago con el riesgo divisa, lo cubro o no? ¿Prefiero buscar oportunidades en bonos soberanos o corporativos?
- ¿Cuánto quiero estar invertido en activos como oro y plata?
- ¿Quiero destinar una pequeña parte de mi patrimonio a algún activo disruptivo que puede tener un nivel de volatilidad extremo, pero a cambio un potencial de retorno muy grande? ¿Son las criptomonedas ese activo ahora? ¿Ves alguna otra posibilidad?

Este tipo de reflexiones no generan cambios continuos en mi cartera, sino más bien pequeños ajustes año tras año. En algunas ocasiones puede transcurrir más de un año sin que lleve a cabo ningún cambio en la composición de mis inversiones. No busco el máximo retorno, sino un retorno razonable apoyado en unas convicciones obtenidas a través de un análisis concienzudo. Si buscase el máximo retorno me vería abocado a participar del efecto FOMO descrito antes, y es probable que acabase uniéndome a la fiesta cuando está a punto de concluir. Desde hace mucho sé lo importante que es dormir con la conciencia tranquila. Te puedes equivocar cuando tomas cualquier decisión, y en el mundo de las inversiones nos pasa a todos. Pero una cosa es perder dinero invirtiendo en algo en lo que crees y tras un análisis profundo de los argumentos que sustentan esa decisión, y otra cosa muy distinta es perder dinero invirtiendo en algo que desconoces y lo haces simplemente porque «los demás lo están haciendo y parece que les va bien».

Nada más comenzar el año 2022 me salí de la bolsa y publiqué un vídeo en mi canal de YouTube PabloGilTrader explicando el porqué. Desde entonces mucha gente me pregunta si ya he vuelto a comprar, o cuánto voy a esperar, o a qué precio creo que lo haré. Casi nadie me pregunta lo más importante: ¿dónde ves la oportunidad, en qué bolsa, sector o acción? La gente no es consciente de que en la mayoría de las ocasiones la implementación de la idea es mucho más importante que la idea en sí misma.

Veamos un par de ejemplos sencillos. Imaginemos que, por una casualidad a mediados del año 2008, atraídos por la corrección de las bolsas, nos vemos tentados de comprar renta variable. En ese momento clave, muchos inversores simplemente compran un índice al azar, a veces la bolsa de su propio país, porque tienen la sensación de que la cercanía les da cierta seguridad, aunque en realidad no conozcan más porque esté más cerca. Alguno escoge la bolsa estadounidense porque es la que mejor lo ha hecho desde hace muchos años. Otros prefieren buscar oportunidades en algún mercado emergente y el último grupo prefiere optar por algún índice global para estar lo más diversificado posible. Como es lógico, cuanto más global sea el índice, menos volatilidad tendrá y más representativo será de lo que ocurre con la renta variable a nivel global, de ahí que haya optado por incluir el MSCI World ACWI representando ese concepto de índice de bolsa mundial. Analicemos brevemente qué rentabilidad habría obtenido cada uno de esos inversores hasta el 31 de diciembre de 2022 sin tener en cuenta dividendos y tampoco ajustando el retorno por inflación; es decir, vamos a comparar el retorno bruto teniendo en cuenta la diferencia porcentual entre el precio de compra y el precio de revaluación tomando como cierre el último día del año 2022 (gráfico 7.1).

Como se puede apreciar a simple vista, las diferencias son notables. El inversor que compró la bolsa estadounidense lleva acumulado un retorno positivo del 178 por ciento a lo largo de los últimos catorce años. El que invirtió en el índice mundial que ofrecía la mayor diversificación posible ha obtenido una rentabilidad del 72 por ciento, menos de la mitad que el que invirtió en la bolsa estadounidense. Los inversores que optaron por la bolsa europea, el Euro Stoxx-600, apenas han ganado un 38 por ciento. Y, por último, los que se atrevieron con la inversión en mercados emergentes y escogieron la bolsa china Hang Seng Enterprises llevan acumulada una pérdida de un 45 por ciento.

La idea original era aprovechar la corrección que estaba teniendo lugar en 2008 para comprar en la bolsa, pero la implementación correcta de esa idea fue mucho más importante que la idea en sí misma, ya que de haber invertido en China el resul-

Gráfico 7.1. Evolución del S&P500, Euro Stoxx 600, MSCI World ACWI y Hang Seng China Enterprises Index entre mediados de 2008 y finales de 2022

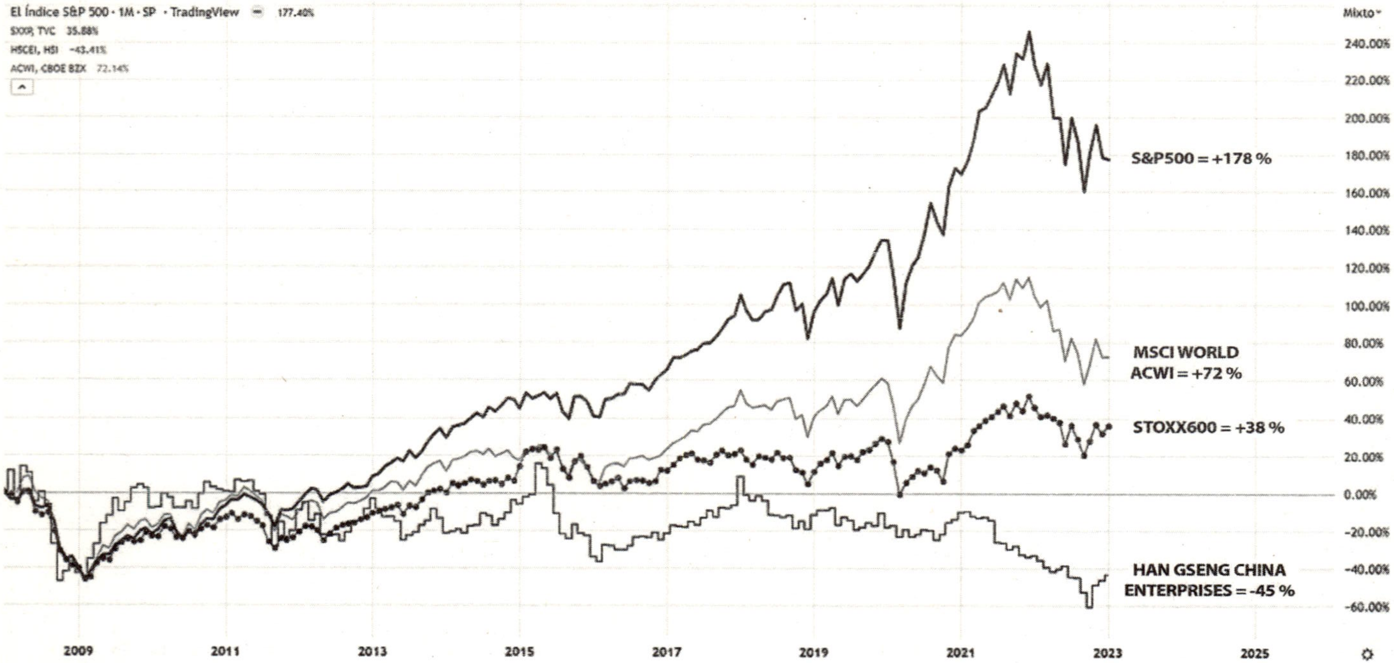

Fuente: TradingView.

tado habría sido un desastre, y de haber optado por la bolsa europea habríamos sacado menos de un 2,7 por ciento anual de retorno, muy por debajo de otras opciones, como el MSCI Mundial que estaba mejor diversificado o del S&P500 que ha demostrado ser en este ejemplo la mejor elección.

Por otro lado, tendemos a pensar que lo que estamos viviendo se va a mantener sin cambios a lo largo del tiempo, en parte porque la incertidumbre es algo muy incómodo, y uno siempre se siente reconfortado por lo que ya conoce («más vale malo conocido que bueno por conocer»). Pero cuando se producen cambios estructurales en los mercados financieros, esa creencia puede ser un problema. Aunque esos cambios se dan cada mucho tiempo, cuando ocurren pueden tener efectos devastadores en el retorno de nuestras inversiones. Veamos un ejemplo para que se entienda mejor. Imaginemos a dos inversores debatiendo hoy sobre si es mejor invertir en la bolsa estadounidense, S&P500, o en la bolsa japonesa, Nikkei 225. En este caso y para simplificar al máximo el ejemplo, no voy a tener en cuenta ni dividendos ni tampoco voy a ajustar los gráficos por inflación (gráfico 7.2).

Analizando los últimos treinta y dos años, es decir, desde 1990 a 2022, los inversores tendrían poco que discutir, es evidente que es preferible estar invertido en la bolsa de Estados Unidos antes que hacerlo en la de Japón. La historia nos demuestra que el que invirtió en el S&P500 ha obtenido un 1.100 por ciento de retorno, mientras que el que invirtió en el Nikkei 225 no ha ganado nada de nada. Ahora traslademos a esos inversores, pero remontándonos treinta y dos años antes de 1989 (gráfico 7.3).

La conversación entre los dos inversores tampoco generaría demasiado debate, era mucho mejor estar invertido en el Nikkei japonés, que se revalorizó un 7.900 por ciento, que en el S&P500 estadounidense, que tan sólo fue capaz de subir un 641 por ciento.

Lo interesante de este ejemplo es que si en 1989 hubiésemos planteado a los inversores que la bolsa japonesa no daría ningún retorno durante los siguientes treinta y dos años mientras que la bolsa estadounidense subiría un 1.100 por ciento es probable que nos hubiesen mirado con la misma cara que pondría el lector si yo me atreviese a hacer una aseveración como ésta: «Durante los

Gráfico 7.2. Evolución del S&P500 y Nikkei 225 entre mediados de 1990 y finales de 2022

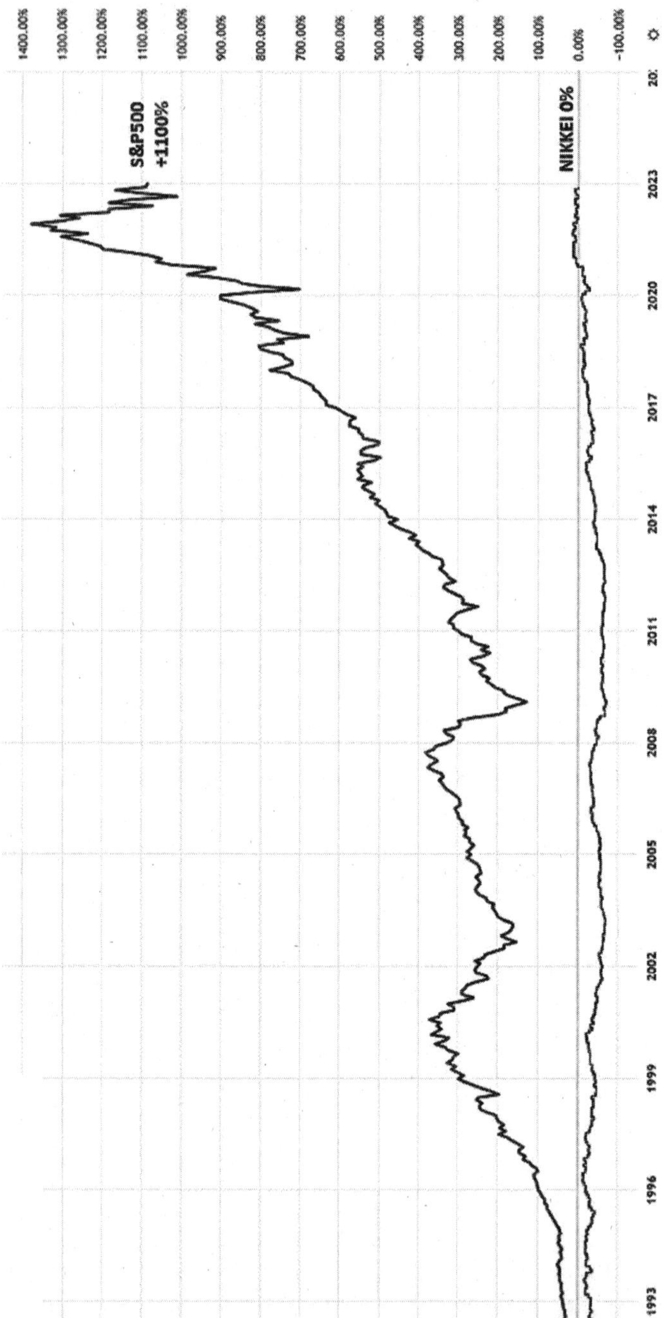

Fuente: TradingView.

Gráfico 7.3. Evolución del S&P500 y Nikkei 225 entre 1958 y 1990

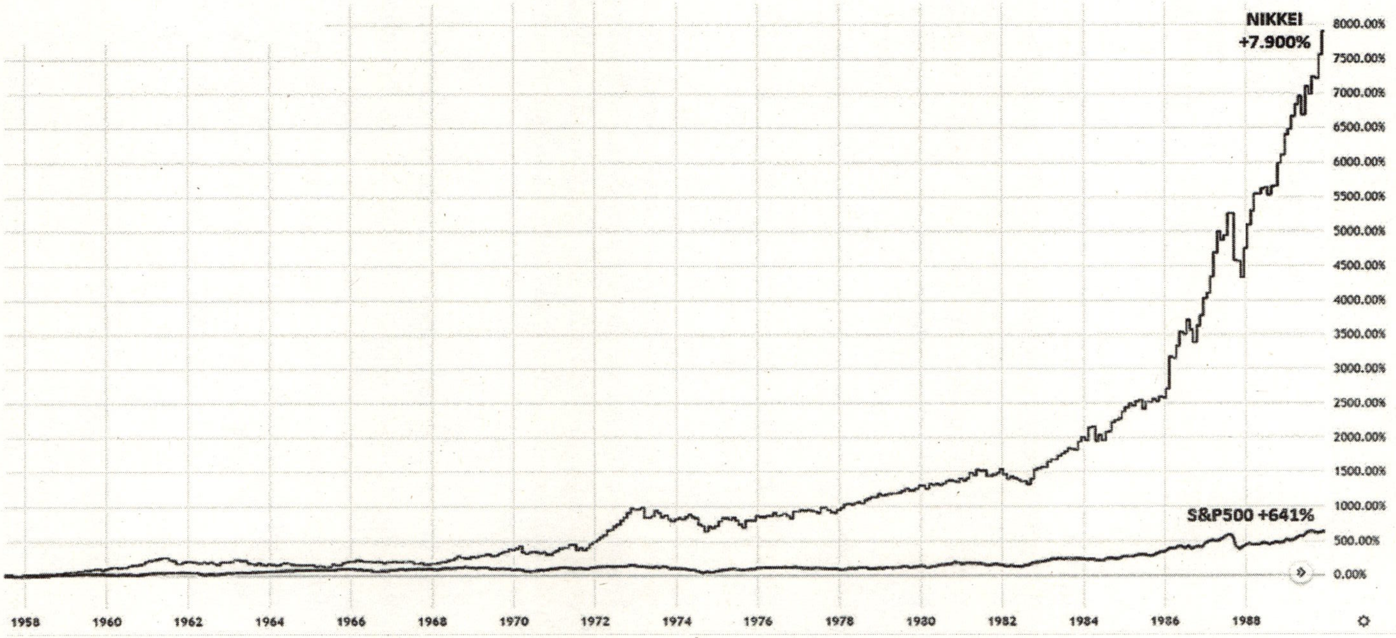

Fuente: TradingView.

próximos treinta y dos años, el S&P500 no dará ningún retorno, mientras que el Nikkei subirá más de un 1.000 por ciento». Nadie sabe realmente qué va a suceder, pero de manera inconsciente todos tendemos a extrapolar lo que vivimos en el presente y proyectarlo hacia el futuro, porque es mucho más fácil trabajar sobre la hipótesis que ya conocemos que tener que lidiar con escenarios nuevos en los que la incertidumbre es mucho mayor.

A lo largo de la historia hemos podido constatar que los cambios estructurales son parte de la evolución de los mercados financieros, y como elemento endógeno a esta industria, cada cierto tiempo se producirá un nuevo acontecimiento que cambie la forma estructural en que se comportan los distintos activos. Permíteme que deje volar la imaginación y plantee situaciones *a priori* poco probables, pero que no quiere decir que no acaben produciéndose:

- La vuelta al patrón oro para intentar evitar la pérdida de confianza total en las divisas FIAT.
- La sustitución del dinero FIAT por otro tipo de moneda digital, tal vez, con el tiempo, una o varias criptomonedas.
- China adelanta a Estados Unidos como primera potencia económica y militar mundial, generando con el tiempo que el dólar deje de ser la moneda hegemónica en favor del yuan chino.
- La crisis medioambiental cambia los objetivos que persiguen las empresas y deja de medirse el rendimiento de una compañía por criterios cuantitativos (beneficios) y en su lugar imperan los criterios cualitativos.
- El tamaño de la deuda mundial alcanza un nivel tan inmanejable que se lleva a cabo un «jubileo de la deuda». El reseteo a cero del endeudamiento provoca fuertes crisis y un cambio radical en el panorama económico mundial.
- La brecha entre clases sociales llega a tal extremo que provoca conflictos y revueltas. Los sindicatos vuelven a ser el eje central de poder de los trabajadores y la tendencia a un mayor peso en favor del capital frente al trabajo se invierte, tal como ocurría hace cincuenta años.

- La robotización de la economía alcanza un nivel de sofisticación tan elevado que las tasas de desempleo comienzan a estabilizarse en cotas que antes nos hubiesen parecido impensables.
- Los descubrimientos médicos de las próximas décadas provocan un incremento en la esperanza de vida, y el ser humano comienza a vivir de media más de cien años. Eso desata un problema en el modelo de pensiones, ya que a los sesenta y siete años casi todo el mundo quiere dejar de trabajar. Lo que unido a una natalidad cada vez menor provoca la quiebra del sistema social de prestaciones.
- El hombre descubre una forma de generar energía ilimitada y limpia, lo que cambia completamente la forma en que vivimos. Los países ricos que llevan décadas vendiendo combustibles fósiles pasan a ser pobres, y el tejido empresarial en el mundo sufre una profunda transformación.
- La inteligencia artificial entra en nuestras vidas hasta el punto de ser algo presente en todas y cada una de las tareas que desempeñamos. Mucha gente ve que su trabajo es sustituido por esa inteligencia artificial más eficiente y barata. Uno de los campos donde antes llegan esos avances y se convierten en una realidad es en el mundo de la automoción. A lo largo de las siguientes décadas, los automóviles, los trenes, el metro y los aviones dejan de ser pilotados por seres humanos y ceden el testigo a las máquinas o cerebros de inteligencia artificial de última generación.

Como ves, basta con dejar volar la imaginación y se nos ocurren decenas de cambios potenciales que podrían poner patas abajo los escenarios continuistas en los que tan cómodos nos sentimos. De hecho, un ejercicio que siempre he considerado interesante es el de trasladarnos mentalmente a un punto lejano del pasado, e intentar recordar lo que pensábamos entonces respecto a lo que sería el futuro. Personalmente, me fascina que con frecuencia la realidad supere a la ficción. Es cierto que muchas cosas con las que soñé no han ocurrido, al menos todavía. Pero también es verdad que han ocurrido otras por las que jamás hubiese apostado.

A estas alturas puede que en lugar de haber resuelto dudas haya creado más confusión todavía, así que permíteme que ponga un ejemplo real de algunas de las decisiones de inversión que he tomado recientemente, y espero tomar a lo largo del próximo año. Vayamos primero con las ideas ya implementadas:

- En 2020 invertí en vivienda. En aquel momento el precio de las casas en España no había estado subiendo tanto como en otros países donde la burbuja inmobiliaria estaba muy extendida (Estados Unidos, Canadá, Nueva Zelanda, Australia y algunos países europeos).
- La idea de invertir en bienes raíces tenía varios componentes:

    - El precio de compra era aún razonable.
    - Esperaba una subida fuerte de la inflación como respuesta a un incremento histórico de la oferta monetaria, y los programas de estímulo monetario y fiscal. Esa inflación provocaría una tremenda depreciación de la capacidad adquisitiva del dinero FIAT y, en consecuencia, prefería tenerlo invertido en un bien real que normalmente sube su precio a la par que la inflación y en ocasiones mucho más.
    - El coste de financiación estaba en mínimos históricos. Financiar a un tipo fijo del 1,40 por ciento la compra de una vivienda, o al menos una parte, era una oportunidad única. Además, si acertaba con mi pronóstico, de la misma manera que la inflación deprecia el valor de tu dinero también deprecia el valor de tu deuda, por lo tanto, era una forma de protegerme de las presiones inflacionistas.

- En 2021 compré oro y plata. La idea es mantener estas posiciones a medio/largo plazo, ya que me sirve para luchar contra las presiones inflacionistas, la depreciación del dinero FIAT, y sirven para diversificar mi exposición al tener un activo defensivo en cartera.

- A finales de 2021 vendí la mitad de mis posiciones en criptomonedas porque ya había conseguido más de un 300 por ciento de retorno, y preocupado por lo que podría ocurrir con los activos de riesgo en 2022 quería recoger una parte de la ganancia. El resto, ya una posición pequeña, decidí dejarla en cartera haciendo *staking* con una visión de largo plazo. En el peor de los casos, incluso si mis criptos se iban a cero, con los beneficios que había sacado con la primera mitad que ya había vendido, la estrategia en su conjunto generaría ganancias.
- Al inicio de 2022 vendí toda mi cartera de renta variable, porque creía que íbamos a entrar en una nueva tendencia bajista, derivada del efecto de las políticas monetarias restrictivas implementadas por los bancos centrales en un intento por luchar contra la inflación.
- A finales de 2022 comencé a comprar deuda de Estados Unidos. Los bonos soberanos emitidos por el gobierno estadounidense, con independencia del plazo, ofrecían rentabilidades superiores al 4 por ciento. Decidí cubrir mis posiciones de deuda hipotecaria por las que tenía que pagar un 1,40 por ciento al año con la compra de bonos al mismo plazo que mi hipoteca y por los que recibía un retorno anual de un 4,12 por ciento. De esa manera garantizaba un ingreso anual por el diferencial entre ambas inversiones con independencia de lo que ocurriese durante los próximos 13 años.
- En noviembre de 2022 invertí un poco en la bolsa china. Había sufrido un castigo enorme (75 por ciento de caída desde sus máximos de 2007), y percibía un clima de capitulación entre los inversores. Además, habían hecho acto de presencia algunas de las señales que a lo largo de este libro han demostrado ser catalizadores eficientes a la hora de detectar un cambio de tendencia: divergencias alcistas semanales y una vela envolvente justo en los mínimos de mercado. Nadie sabe qué ocurrirá, pero a la fe-

cha en que escribo este párrafo, el índice chino ha subido ya desde esos mínimos un 44 por ciento.

- Recién iniciado 2023 pienso que es probable que este año sea cuando tenga la oportunidad de invertir más en renta variable. Si la bolsa china corrige, aprovecharé para incrementar la posición, incluso quizá monte una estrategia relativa vendiendo el Nikkei y comprando el Hang Seng Enterprises Index, aprovechando que en Japón el presidente del banco central acaba su mandato en abril, y tal vez sea sustituido por otro candidato con un enfoque más agresivo. Este hecho debería facilitar el abandono de políticas ultra expansivas, y con ello afectar negativamente al índice nipón, mientras que en China presiento que el cambio será en el sentido opuesto. Xi Jinping parece que ha comenzado a dar prioridad a la recuperación económica, y puede implementar medidas monetarias y fiscales expansivas. Además, abandonar la política COVID cero, si bien en el corto plazo ralentizará la actividad económica, con el tiempo permitirá a China crecer con mayor fuerza.
- Respecto a otras inversiones en renta variable, es probable que concentre mis compras en el índice MSCI Mundial ACWI, pero no antes de ver una capitulación. La valoración y el sentimiento todavía no se ajustan a lo que para mí representa una oportunidad de entrar. Ten en cuenta que no hablo de un nivel concreto, sino de unas circunstancias en particular. A veces esas condiciones se alcanzan tras una caída de un 38 por ciento desde máximos y otras veces tras bajadas de un 60 por ciento. No pretendo acertar con el suelo, lo único que pretendo es comenzar a comprar cuando las circunstancias empiecen a ser razonables y ofrezcan en el largo plazo un beneficio potencial que compense.

Hay muchos activos en los que se puede invertir, y no tiene sentido forzar el punto de entrada hasta que uno siente que ha llegado el momento de hacerlo. La paciencia y la disciplina son dos de las cualidades que más valoro en un inversor, y por eso las cuido e intento tenerlas siempre presentes.

La importancia de la «preservación del capital»

Un concepto que aprendí cuando gestionaba nuestro *hedge fund* y el sector bancario se hundía más de un 80 por ciento fue el de «preservación del capital». Hablamos de momentos concretos en los que el objetivo no consiste en ganar dinero, sino en no perderlo o perder lo menos posible. A veces el entorno se vuelve tan hostil que uno se siente afortunado simplemente por salir indemne de la contienda. La preservación del capital no busca ganar, sino «no perder».

Cada vez que abro una estrategia soy plenamente consciente de que puede salir bien o salir mal. Por consiguiente, en cualquier entorno, tanto alcista como bajista, puedo estar acertado o, por el contrario, moverme a pie cambiado. Mucha gente me pregunta:

Gente: ¿Qué haces cuando detectas que la tendencia de la bolsa ha cambiado y se ha vuelto bajista?

Yo: No hay una respuesta única a ese interrogante. Depende de cada uno, pero suelo salirme por completo del mercado de renta variable.

Gente: ¿Y te vas corto? ¿Vendes para ganar si la bolsa baja?

Yo: Depende, desde mi cuenta de *trading* sí abro estrategias bajistas de vez en cuando. Pero no posiciono mi patrimonio, corto como tal.

Gente: ¿Y por qué no te vas corto a muerte?

Yo: Porque una cosa es lo que creo que va a pasar y otra lo que al final ocurre. Si me salgo por completo de la bolsa y cae un 50 por ciento, para cuando llega a ese nivel puedo comprar con el dinero que saqué a tiempo de la bolsa el doble de lo que podía comprar cuando estaba arriba. He duplicado mi capacidad de compra, y eso ya es un premio suficientemente grande como para querer forzarlo aún más.

Llegados a este punto, suele existir un debate tremendo en lo que se refiere a cómo debe actuar uno ante un cambio de tendencia en la bolsa. Muchos mantienen que el inversor en bolsa no debe salirse nunca, ya que a largo plazo la bolsa siempre sube. En principio, casi todos los activos en el largo plazo suben por efecto de la depreciación del dinero FIAT; o sea, los salarios de hace cincuenta años eran muy inferiores a los actuales, pero eso no quiere decir que ahora todos seamos ricos, sino que el coste de la vida ha subido o, dicho de otra forma, que la capacidad adquisitiva de nuestro dinero ha caído de forma constante al ritmo de la inflación durante las últimas décadas. También el oro ha subido, y el precio de la vivienda en el mercado inmobiliario, etcétera. Algunas bolsas durante las últimas dos décadas, como por ejemplo los índices estadounidenses, han aglutinado una revalorización brutal y han superado el retorno de la mayoría del resto de los otros activos. Pero no ha sido así en el caso de la bolsa europea, la bolsa china, y si nos vamos a una comparativa de tres décadas, la propia bolsa japonesa. Incluso si miramos el índice de referencia S&P500, descubriremos que a lo largo del último siglo ha atravesado por fases que han durado entre 13 y 25 años en las que no ha habido ninguna ganancia en absoluto, y sí ha habido correcciones significativas a lo largo de ese período.

Cuando tomo mis propias decisiones se sustentan en mi conocimiento sobre la materia, mi patrimonio, mis necesidades y mi nivel de aversión al riesgo, entre otras muchas cosas. Son decisiones que encajan como un guante en mi perfil inversor, pero es muy probable que no encajen en el perfil de otros. Considero que es un error garrafal pretender dar una recomendación de cómo actuar como inversor de bolsa con una visión de largo plazo sin entrar a valorar cada caso en concreto. ¿O acaso recomendarías lo mismo a un chico de veinte años que acaba de empezar a trabajar, y tiene toda su vida laboral por delante y un largo período para capitalizar el interés compuesto de sus inversiones, que a un anciano que tiene ya ochenta y cinco años y vive de su pensión y los ahorros de toda su vida?

Las decisiones de inversión en función del perfil de riesgo y el espacio temporal de las estrategias

Cada individuo tiene un perfil de riesgo concreto, y un espacio temporal distinto en función de muchos factores. Algunos de los más importantes son:

- Dinero que realmente te sobra y no necesitas para vivir.
- Dinero que te sobra en el corto plazo, pero no en el medio/largo plazo.
- Patrimonio total.
- Ingresos mensuales.
- Conocimiento del mercado.
- Edad.
- Aversión al riesgo.
- Capacidad de diversificación.
- Etcétera.

Cuando inviertes, pero tienes una fecha de caducidad porque el dinero que ahora te sobra lo vas a necesitar con toda seguridad dentro de unos años, tal vez tiene más sentido invertir en renta fija o en fondos de alto dividendo, con los que vas buscando un retorno mensual más que una revalorización del activo. Si tienes un patrimonio grande, es más probable que puedas asumir inversiones con un horizonte temporal más largo, y podrás diversificar de forma más eficiente tu cartera al poder invertir en varios productos simultáneamente. Tus conocimientos serán clave para la toma de las decisiones de inversión. Si no tienes esos conocimientos, siempre puedes contratar a alguien que los tenga, pero normalmente el asesoramiento será más profesional cuanto mayor patrimonio tengas. La edad es determinante, ya que determina el horizonte temporal de cualquier inversión. Si eres joven y acabas de comenzar a trabajar, es altamente probable que tu salario vaya creciendo con el paso de los años, lo que te permitirá generar más ahorro a futuro y hacer inversiones con importes cada vez mayores. Además, esas fases, que pueden durar quince o veinte años sin retornos positivos, serán un lapso molesto en tu larga vida como inversor, pero si tienes más de setenta y cinco años, y se produce uno de esos períodos, tal vez estés poniendo en riesgo un porcentaje importante de tu patrimonio y no tengas tiempo de recuperarlo. El grado de aversión al riesgo también es crucial, ya que si bien es cierto que a todos nos gusta ganar el máximo cuando invertimos, no siempre estamos dispuestos a asumir las pérdidas potenciales si las cosas no salen como estaban previstas. En sus inicios, el inversor presta mucha más atención al éxito que al fracaso. Es después de haberse enfrentado a estrategias que no salen bien cuando realmente empieza a entender que lo primero que debe definir en una estrategia es la pérdida máxima que se puede, o quiere, permitir. Ese nivel de pérdida marcará la ganancia potencial, y no al revés.

No hay nada más perverso que hacerse «trampas al solitario» cuando estamos invirtiendo. Analizar los aciertos y los errores nos ayudará a mejorar en el futuro, mientras que autoengañarnos sólo servirá para cometer los mismos fallos una y otra vez. La condescendencia con uno mismo no hace de un inversor un buen inversor, sino todo lo contrario.

Nunca he conocido a ningún buen inversor que no tuviese estas cualidades:

- Una metodología de análisis depurada.
- Paciencia para esperar la señal que activa su plan de inversión.
- Disciplina para seguir el plan que define su estrategia.
- Autoanálisis para depurar los errores y apuntalar los aciertos.

Recuerda que no todo el mundo puede o quiere adquirir el conocimiento necesario para ser su propio gestor. Si eres una de esas personas, lo que debes hacer es encontrar alguien con un buen *track record* como gestor y delegar la toma de decisiones en su buen criterio, pero sin olvidar que debe diseñarte un plan de inversión a medida de tus necesidades. Si por el contrario eres una de esas personas que han decidido que quieren aprender a tomar sus propias decisiones de inversión, debes recordar que has decidido participar en una maratón; es decir, en un proceso largo y duro que te ofrecerá grandes satisfacciones, a veces, y otras muchas te llevará al límite. En esta actividad, la psicología desempeña un papel fundamental, y hasta que uno no se enfrenta a momentos clave, es difícil saber cómo va a reaccionar: los hay que se crecen ante la adversidad, y otros, por el contrario, que se hunden (gráfico 7.4).

Gráfico 7.4. Evolución de la capacidad adquisitiva de un dólar actual hasta 1900

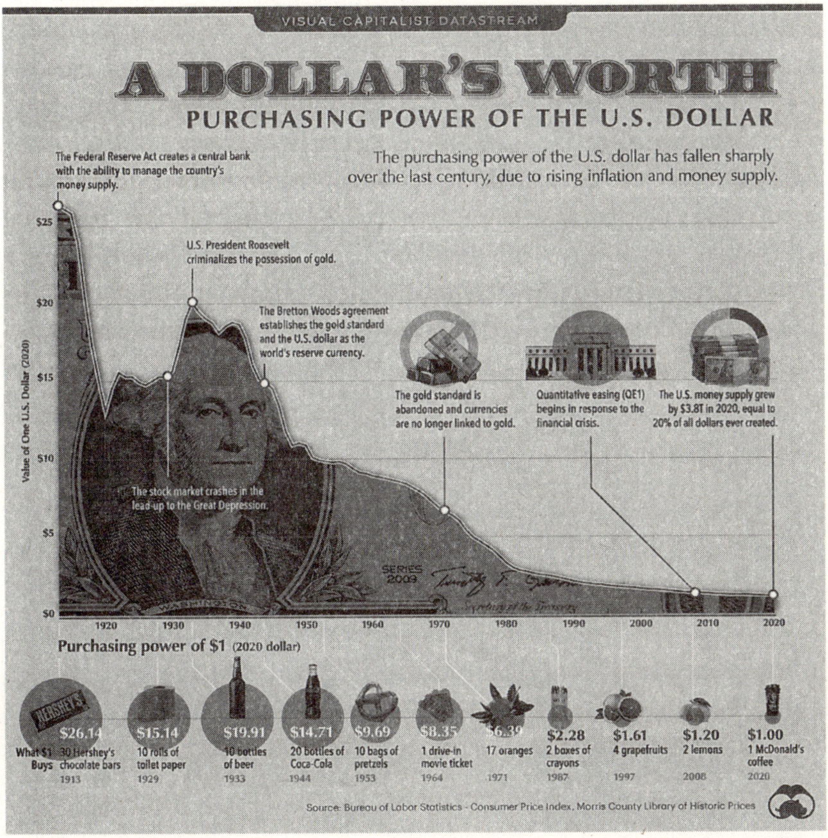

Fuente: Visual Capitalist.

Lo que sí podemos aseverar sin miedo a equivocarnos es que a lo largo de tu vida tendrás que invertir tu dinero, porque si hay una tendencia inexorable que afecta a cualquier país del mundo desde tiempos inmemoriales es la depreciación de la capacidad adquisitiva del dinero FIAT. Por lo tanto, el dinero ocioso a largo plazo se convierte sí o sí en una pérdida segura.

Espero que la lectura de este libro haya servido para abrirle los ojos al lector menos ducho en el mundo de las inversiones, y despertar su deseo por aprender lo importante que es la toma correcta de decisiones de inversión a lo largo de la vida. Y para aquellos lectores que ya llevan tiempo invirtiendo en los mercados, espero que esta lectura les ayude a comprender el papel que cumple la psicología en la toma de decisiones, ya que son los sentimientos de los inversores los que al final provocan cambios de tendencia en los extremos de mercado y reversiones hacia los niveles de equilibrio, con independencia del activo del que hablemos. Aprender a identificar algunos de esos momentos clave ofrece una gran satisfacción, y lo que es más importante, una forma eficaz de rentabilizar nuestro dinero a lo largo del tiempo.

Anexo

Medidas de política fiscal en países no europeos[16]

MEDIDAS DE POLÍTICA FISCAL EN PAÍSES NO EUROPEOS

PAÍS	APLAZAMIENTOS O SUSPENSIÓN DE IMPUESTOS	APOYO A HOGARES	SUBVENCIÓN DE COSTES LABORALES, DESEMPLEO Y APOYO A EMPRESAS	LIQUIDEZ A EMPRESAS A TRAVÉS DE CRÉDITOS	DEMANDA AGREGADA
Estados Unidos	Aplazamiento del pago de impuestos para personas y empresas, incluidas las cotizaciones a la Seguridad Social. Aumento de las deducciones sobre impuesto de la renta y por pago de intereses y pérdidas del impuesto sobre beneficios empresariales. Deducción por mantenimiento del empleo (50 % de los salarios pagados hasta un máximo de 10.000 $ por empleado). Suspensión temporal de los impuestos de aviación.	Exención del pago de intereses sobre préstamos federales a estudiantes. Bonos alimentarios y ampliación de la cobertura de Medicare. Pagos en efectivo a individuos (1.200 $) y 500 $ por hijo a cargo con reducción progresiva por renta (hasta los 99.000 $ anuales). Préstamos a consumidores.	Baja laboral remunerada para trabajadores en cuarentena; desgravaciones a pymes por bajas laborales. Se amplía la dotación de la prestación por desempleo hasta los 600 $ semanales y la duración se extiende 13 semanas más.	Préstamos a pymes sin interés ni garantías que podrían convertirse en subvenciones, dependiendo del % de la planilla que retengan. Préstamos a empresas no financieras y a empresas muy afectadas, como aerolíneas y compañías estratégicas.	Transferencias para financiar gastos extraordinarios de Administraciones estatales y locales.

16. Banco de España (2020), «El papel de las políticas económicas ante la pandemia en el plano internacional», capítulo 3, *Informe anual 2019*.

MEDIDAS DE POLÍTICA FISCAL EN PAÍSES NO EUROPEOS

PAÍS	APLAZAMIENTOS O SUSPENSIÓN DE IMPUESTOS	APOYO A HOGARES	SUBVENCIÓN DE COSTES LABORALES, DESEMPLEO Y APOYO A EMPRESAS	LIQUIDEZ A EMPRESAS A TRAVÉS DE CRÉDITOS	DEMANDA AGREGADA
China	Exención del IVA. Exención (reducción) de los impuestos sobre automóviles nuevos (usados). Reducción de Impuestos y tasas (70 mm $) y postergación del impuesto sobre beneficios a autónomos y pequeñas empresas.	Moratorias sobre el pago de créditos a estudiantes y extensión de beneficios sociales. Duplicación de los subsidios temporales de precios entre marzo y junio. Postergación del pago de cotizaciones a la Seguridad Social.	Exención/reducción de las cotizaciones a la Seguridad Social y fondo social de vivienda. Reducción de alquileres para locales y del precio de electricidad. Subsidios a empresas para expandir la capacidad productiva.	Refinanciación y extensión del crédito a pymes y empresas afectadas. Apoyo a empresas en forma de compra de bonos y directiva a los bancos comerciales para que incrementen los préstamos a micro y pequeñas empresas.	Paquete de estímulo fiscal general. Ampliación de los proyectos de renovación en comunidades rurales Creación de empleo en educación y sanidad.
Japón	Aplazamiento durante un año del pago de las contribuciones sociales y del impuesto sobre la renta para empresas afectadas por la crisis.	Mayor subsidio mensual por hijo a las familias de baja renta si ésta se ha reducido debido a la crisis. Entrega de 930 $ a todos los ciudadanos. Cobertura del 100 % del salario (tope 15.000 yenes) y subsidios de 330.000 yenes mensuales a empleados despedidos sin compensación por pymes entre abril y septiembre.	Subvenciones a las empresas que mantengan a sus trabajadores en nómina (9/10 del coste de las bajas a pymes y 3/4 a grandes empresas). 18 mm $ en subsidios a los propietarios de pymes que sufran una caída importante de la facturación. 18 mm $ en ayudas para pagar alquileres si las ventas mensuales cayeren mas del 50 %.	Préstamos a tipos de interés nulo y sin garantías que se otorgan a través de instituciones financieras públicas y privadas (586 mm $).	107 mm $ para futuras contingencias.

MEDIDAS DE POLÍTICA FISCAL EN PAÍSES NO EUROPEOS

Corea del Sur	Aplazamiento de 9 meses del impuesto de beneficios empresariales, IVA y renta. Aplazamiento de 1 año del impuesto de aduanas y riqueza. Reducción del IVA para pequeños negocios. Deducciones fiscales para propietarios que reducen el alquiler de pequeños negocios.	2.8 mm $ en cupones, ayuda familiar y retención de empleo. Deducción del 30 % de Seguridad Social a hogares con bajos ingresos. Hasta 820 $ a 14 millones de hogares en el 70 % inferior de la distribución de riqueza (7,4 mm $). 4 mm $ en redes de protección social.	Deducción del 30 % Seguridad Social a pequeños negocios 1,2 mm $ en subsidios a trabajadores autónomos y temporales que no reúnen las condiciones para recibir el paro. Subsidios a empresas para cubrir bajas y a pymes para el pago de salarios y alquileres 9 mm $ para estabilizar el empleo.	Total de 50 mm $ en préstamos a pymes, consumidores y negocios. 16 mm $ para comprar bonos y pagarés de empresas. Extensión de las fechas de vencimiento del pago de deuda e intereses. Fondo adicional de 33 mm $ de ayuda a sectores estratégicos.	Plan de inversión 2020-2025 valorado en 61 mm $ (*Korean New Deal*). Creación de 550.000 empleos públicos.
Australia	Postergación de 6 meses en la devolución de préstamos para empresas con préstamos que sumen menos de 10 millones de $ australianos. Aplazamiento para empresas en el pago de impuestos durante 4 meses.	Pago de 750 $ australianos a contribuyentes de la Seguridad Social con rentas bajas. Duplicación del pago (550 $ australianos bisemanales) a desempleados en búsqueda activa de empleo (*job seeker payment*). El gobierno cubrirá el 50 % de los ingresos del sector del cuidado de niños.	Pago del cien por cien de los Impuestos que la empresa retiene del personal (máximo de 100.000 $ y mínimo de 20.000 $ australianos en caso de no retener nada). Pago bisemanal (1.500 $ australianos) durante 6 meses para retener a trabajadores (pymes serán eligibles cuando caigan sus ingresos un 30 % y grandes empresas cuando se reduzcan un 50 %).	Programa de garantías del 50 % del préstamo por valor de 40 mm $ australianos. Se aprueban medidas que permiten mayores deducciones por compra de activos o por depreciación.	

MEDIDAS DE POLÍTICA FISCAL EN PAÍSES NO EUROPEOS

PAÍS	APLAZAMIENTOS O SUSPENSIÓN DE IMPUESTOS	APOYO A HOGARES	SUBVENCIÓN DE COSTES LABORALES, DESEMPLEO Y APOYO A EMPRESAS	LIQUIDEZ A EMPRESAS A TRAVÉS DE CRÉDITOS	DEMANDA AGREGADA
Canadá	Aplazamiento del pago de impuestos (39 mm $).	Transferencias a personas de renta baja. Pago de 1.400 $ a quien haya perdido ingresos hasta 4 meses. Extensión de políticas de apoyo sociales a distintos colectivos.	Subvención de las bajas médicas a personas que no cumplen requisitos (es decir, autónomos). Subsidio de hasta el 75 % en los salarios durante un período de hasta 6 meses. Ayudas a propietarios que rebajen o cancelen rentas de alquileres comerciales.	48 mm $ en préstamos a empresas a través del *Business Credit Availability Program*. Préstamos a grandes empresas (ingresos mínimos de 217 millones $ al año) para cubrir gastos de corto plazo.	